MANUAL DE DEVOPS

Como Obter Agilidade, Confiabilidade e Segurança em Organizações Tecnológicas

Por Gene Kim, Jez Humble, Patrick Debois e John Willis

ALTA BOOKS
GRUPO EDITORIAL
Rio de Janeiro, 2018

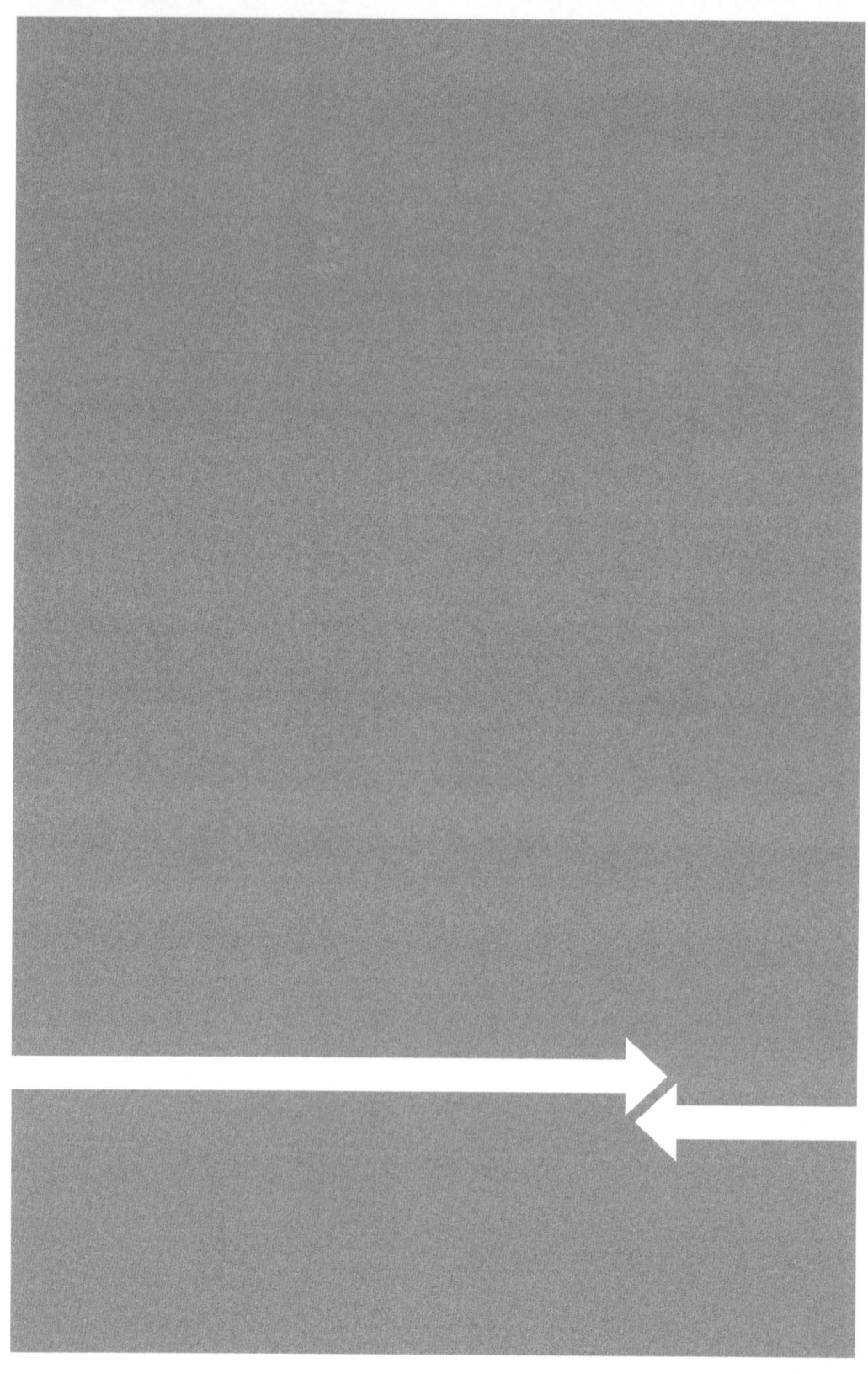

Biografia dos Autores

GENE KIM

Gene Kim é diretor técnico vencedor de vários prêmios, pesquisador e autor dos livros *O Projeto Fênix: Um Romance Sobre TI, DevOps e Sobre Ajudar o Seu Negócio a Vencer* e *The Visible Ops Handbook*. É fundador da IT Revolution e organiza as conferências DevOps Enterprise Summit.

JEZ HUMBLE

Jez Humble é coautor do livro *Entrega Contínua*, vencedor do Jolt Award, e do revolucionário *Lean Enterprise*. Seu foco é ajudar as organizações a distribuir software de valor e alta qualidade, de forma frequente e confiável, por meio da implementação de práticas de engenharia eficazes.

PATRICK DEBOIS

Patrick Debois é consultor de TI independente que está reduzindo a distância entre projetos e operações usando técnicas ágeis em desenvolvimento, gerenciamento de projetos e administração de sistemas.

JOHN WILLIS

John Willis trabalhou no setor de gerenciamento de TI por mais de 35 anos. É autor de seis IBM Redbooks e foi o fundador e arquiteto-chefe da Chain Bridge Systems. Atualmente é divulgador na Docker, Inc.

Manual de DevOps — Como Obter Agilidade, Confiabilidade e Segurança em Organizações Tecnológicas
Copyright © 2018 da Starlin Alta Editora e Consultoria Eireli. ISBN: 978-85-508-0269-5

Translated from original Deep Work. Copyright © 2016 by Gene Kim, Jez Humble, Patrick Debois, and John Willis. ISBN 978-1-942788-00-3. This translation is published and sold by permission of IT Revolution Press, LLC., the owner of all rights to publish and sell the same. PORTUGUESE language edition published by Starlin Alta Editora e Consultoria Eireli, Copyright © 2018 by Starlin Alta Editora e Consultoria Eireli.

Todos os direitos estão reservados e protegidos por Lei. Nenhuma parte deste livro, sem autorização prévia por escrito da editora, poderá ser reproduzida ou transmitida. A violação dos Direitos Autorais é crime estabelecido na Lei nº 9.610/98 e com punição de acordo com o artigo 184 do Código Penal.

A editora não se responsabiliza pelo conteúdo da obra, formulada exclusivamente pelo(s) autor(es).

Marcas Registradas: Todos os termos mencionados e reconhecidos como Marca Registrada e/ou Comercial são de responsabilidade de seus proprietários. A editora informa não estar associada a nenhum produto e/ou fornecedor apresentado no livro.

Impresso no Brasil — 2018 - Edição revisada conforme o Acordo Ortográfico da Língua Portuguesa de 2009.

Publique seu livro com a Alta Books. Para mais informações envie um e-mail para autoria@altabooks.com.br

Obra disponível para venda corporativa e/ou personalizada. Para mais informações, fale com projetos@altabooks.com.br

Produção Editorial	Produtor Editorial	Produtor Editorial (Design)	Marketing Editorial	Ouvidoria
Editora Alta Books	Thiê Alves	Aurélio Corrêa	Silas Amaro marketing@altabooks.com.br	ouvidoria@altabooks.com.br
Gerência Editorial Anderson Vieira	**Assistente Editorial** Juliana de Oliveira	**Editor de Aquisição** José Rugeri j.rugeri@altabooks.com.br	**Vendas Atacado e Varejo** Daniele Fonseca Viviane Paiva comercial@altabooks.com.br	
Equipe Editorial	Bianca Teodoro	Ian Verçosa	Illysabelle Trajano	Renan Castro
Tradução João Tortello	**Copidesque** Samantha Batista	**Revisão Gramatical** Alessandro Thomé Vivian Sbravatti	**Diagramação** Joyce Matos	**Revisão Técnica** Marconi Vieira *PMP, EXIN ASF, SFC, CUE, CUA, CACP Storage Specialist, MCP, MCT Instrutor e SCRUM Coach*

Erratas e arquivos de apoio: No site da editora relatamos, com a devida correção, qualquer erro encontrado em nossos livros, bem como disponibilizamos arquivos de apoio se aplicáveis à obra em questão.

Acesse o site www.altabooks.com.br e procure pelo título do livro desejado para ter acesso às erratas, aos arquivos de apoio e/ou a outros conteúdos aplicáveis à obra.

Suporte Técnico: A obra é comercializada na forma em que está, sem direito a suporte técnico ou orientação pessoal/exclusiva ao leitor.

Dados Internacionais de Catalogação na Publicação (CIP) de acordo com ISBD

D511	Devops: como obter agilidade, confiabilidade e segurança em organizações tecnológicas / Gene Kim ... [et al.] ; tradução de João Tortello. - Rio de Janeiro : Alta Books, 2018. 464 p. : il. ; 17cm x 24cm.
	Tradução de: The Devops Handbook: how to create world-class agility, reliability, & security in technology organizations Inclui índice e anexo. ISBN: 978-85-508-0269-5
	1. Engenharia de software. 2. Desenvolvimento de software. 3. Operação de software. 4. Devops.. I. Kim, Gene. II. Humble, Jez. III. Debois, Patrick. IV. Willis, John. V. Tortello, João. VI. Título.
2018-119	CDD 005.1 CDU 004.41

Elaborado por Vagner Rodolfo da Silva - CRB-8/9410

Rua Viúva Cláudio, 291 - Bairro Industrial do Jacaré
CEP: 20.970-031 - Rio de Janeiro (RJ)
Tels.: (21) 3278-8069 / 3278-8419
www.altabooks.com.br — altabooks@altabooks.com.br
www.facebook.com/altabooks — www.instagram.com/altabooks

SUMÁRIO

Apresentação	ix
Prefácio	xvii
Imagine um Mundo Onde Dev e Ops Se Tornam DevOps: Uma Introdução ao Manual de DevOps	xix

PARTE I — AS TRÊS MANEIRAS — 1

Parte I Introdução — 3

1. Filosofia Ágil, Entrega Contínua e as Três Maneiras — 7
2. A Primeira Maneira: *Os Princípios do Fluxo* — 15
3. A Segunda Maneira: *Os Princípios do Feedback* — 27
4. A Terceira Maneira: *Os Princípios do Aprendizado Contínuo e Experimentação* — 37

PARTE II — ONDE COMEÇAR — 47

Parte II Introdução — 49

5. Selecionando com Qual Fluxo de Valor Começar — 51
6. Entendendo o Trabalho em Nosso Fluxo de Valor, Tornando-o Visível e Expandindo-o Pela Organização — 61
7. Como Projetar Nossa Organização e Arquitetura com a Lei de Conway em Mente — 77
8. Como Obter Ótimos Resultados Integrando Operações no Trabalho Diário do Desenvolvimento — 95

PARTE III — A PRIMEIRA MANEIRA: *AS PRÁTICAS TÉCNICAS DO FLUXO* — 107

Parte III Introdução — 109

9. Criar as Bases do Nosso Pipeline de Implementação — 111
10. Possibilitar Testes Automatizados Rápidos e Confiáveis — 123
11. Permitir e Praticar Integração Contínua — 143
12. Automatizar e Permitir Releases de Baixo Risco — 153
13. Arquitetar para Releases de Baixo Risco — 179

PARTE IV — A SEGUNDA MANEIRA: AS PRÁTICAS TÉCNICAS DE FEEDBACK — 191

Parte IV Introdução — 193

14 Criar Telemetria para Ver e Resolver Problemas — 195
15 Analisar Telemetria para Melhor Antecipar Problemas e Atingir Objetivos — 215
16 Possibilitar o Feedback para que Desenvolvimento e Operações Possam Implementar Código com Segurança — 229
17 Integrar Desenvolvimento Guiado por Hipóteses e Testes A/B em Nosso Trabalho Diário — 243
18 Criar Processos de Revisão e Coordenação para Aumentar a Qualidade do Trabalho Atual — 251

PARTE V — A TERCEIRA MANEIRA: AS PRÁTICAS TÉCNICAS DE APRENDIZADO CONTÍNUO E EXPERIMENTAÇÃO — 269

Parte V Introdução — 271

19 Possibilitar e Injetar Aprendizado no Trabalho Diário — 273
20 Converter Descobertas Locais em Melhorias Globais — 289
21 Reservar Tempo para Criar Aprendizado Organizacional e Melhoria — 301

PARTE VI — AS PRÁTICAS TECNOLÓGICAS DA INTEGRAÇÃO DE SEGURANÇA DA INFORMAÇÃO, GESTÃO DA MUDANÇA E CONFORMIDADE — 311

Parte VI Introdução — 313

22 Segurança da Informação Como Atividade de Todo Mundo, Todos os Dias — 315
23 Proteger o Pipeline de Implementação — 335

CONCLUSÃO DO MANUAL DE DEVOPS
UMA CHAMADA PARA A AÇÃO — 349

MATERIAL ADICIONAL — 353

Apêndices — 355
Recursos Adicionais — 368
Notas Finais — 372
Índice — 417
Agradecimentos — 425

MANUAL DE DEVOPS

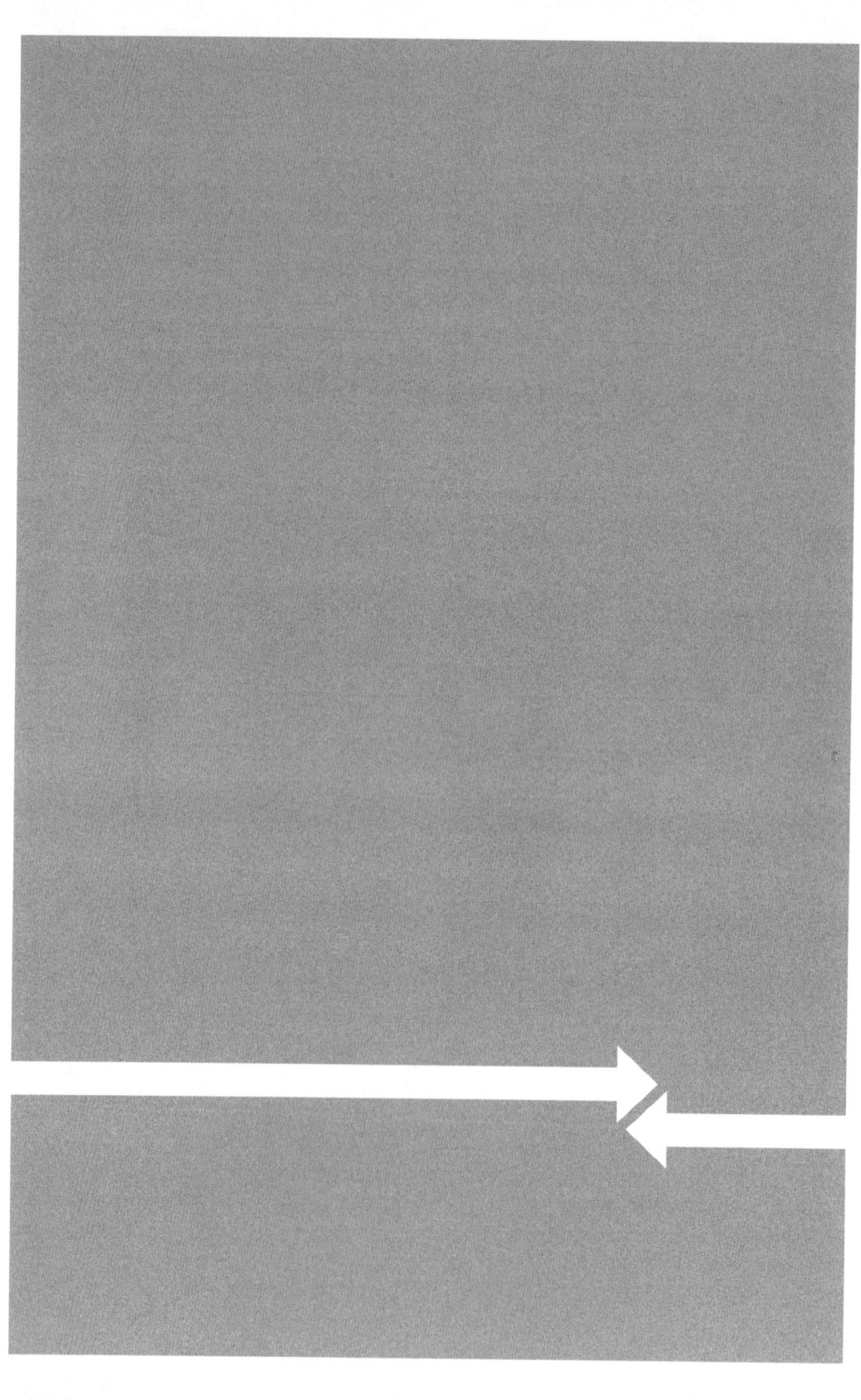

Apresentação
Ahá!

A jornada para concluir o *Manual de DevOps* foi longa — começou com chamadas semanais pelo Skype entre os coautores, em fevereiro de 2011, com o intuito de criar um guia prescritivo que servisse como companheiro do ainda não finalizado livro *O Projeto Fênix: Um Romance Sobre TI, DevOps e Sobre Ajudar o Seu Negócio a Vencer* (**Alta Books**).

Mais de cinco anos depois, com mais de duas mil horas de trabalho, o *Manual de DevOps* finalmente está aqui. Concluir este livro foi um processo extremamente longo, embora altamente gratificante e cheio de aprendizado, com uma abrangência muito mais ampla do que a imaginada originalmente. Ao longo do projeto, todos os coautores acreditaram que DevOps é genuinamente importante, formado em um momento "ahá" pessoal muito mais cedo em nossa carreira profissional, o qual suspeito que muitos de nossos leitores identificarão.

> *GENE KIM*
>
> Tive o privilégio de estudar organizações tecnológicas de alto desempenho desde 1999, e uma das primeiras descobertas foi a de que a abrangência dos limites entre os diferentes grupos funcionais de Operações de TI, Segurança da Informação e Desenvolvimento era fundamental para o sucesso. Mas ainda me lembro da primeira vez em que vi a magnitude da espiral descendente que resultava quando essas funções trabalhavam com objetivos opostos.
>
> Em 2006, tive a oportunidade de passar uma semana com o grupo que gerenciava as terceirizações de serviços de reservas nas Operações de TI de uma grande empresa aérea. Eles descreveram as consequências de seus grandes releases de software anuais: cada lançamento causava um caos imenso e interrupção para a terceirizada e para os clientes; havia penalidades no acordo de nível de serviço por causa das paralisações que

impactavam os clientes; havia demissões de muito pessoal talentoso e experiente, por causa das perdas de lucro resultantes; havia muito trabalho não planejado e combate a incêndios, de modo que o pessoal restante não podia trabalhar nos pedidos pendentes sempre crescentes dos clientes; o contrato se mantinha coeso graças ao heroísmo da gerência de nível médio; e todos sentiam que o contrato estava destinado a ir para a concorrência em três anos.

O sentimento de desesperança e fracasso resultante gerou em mim o início de uma cruzada moral. O Desenvolvimento sempre parecia ser visto como estratégico, mas as Operações de TI eram vistas como táticas, frequentemente delegadas ou totalmente terceirizadas, somente para, em cinco anos, retornar pior do que quando foram entregues.

Há muitos anos, muitos de nós sabíamos que havia um modo melhor. Lembro-me de ver as palestras do Velocity Conference de 2009, descrevendo os resultados fantásticos conseguidos pela arquitetura, por práticas técnicas e normas culturais que agora conhecemos como DevOps. Fiquei muito entusiasmado, pois claramente apontavam para a maneira melhor pela qual todos estávamos procurando. E ajudar a espalhar essa notícia foi uma de minhas motivações pessoais para ser coautor de *O Projeto Fênix*. Você pode imaginar como foi incrivelmente recompensador ver a comunidade reagir àquele livro, descrevendo como ele a ajudou a atingir seus próprios momentos "ahá".

JEZ HUMBLE

Meu momento "ahá" no DevOps foi em uma startup, em 2000 — meu primeiro emprego após a graduação. Por algum tempo, fui um dos dois técnicos. Fazia de tudo: redes, programação, suporte, administração de sistemas. Implementávamos software na produção por FTP diretamente de nossas estações de trabalho.

Então, em 2004 comecei a trabalhar na ThoughtWorks, uma empresa de consultoria onde minha primeira tarefa foi trabalhar em um projeto envolvendo cerca de 70 pessoas. Eu estava em uma equipe de oito engenheiros cujo trabalho em tempo integral era entregar nosso software para um ambiente do tipo produção. No início foi muito tenso, mas no decorrer de alguns meses passamos de implementações manuais que demoravam duas semanas para uma implementação automatizada que levava uma hora, sendo que podíamos avançar e retroceder em milissegundos, usando o padrão de implementação azul-verde durante o horário comercial.

Esse projeto inspirou muitas ideias para o livro *Continuous Delivery* (Addison-Wesley, 2000 — Entrega Contínua, em tradução livre) e para este. Grande parte do que estimula a mim e a outros a trabalhar nessa área é saber que, independente das restrições, sempre podemos fazer melhor, e há o desejo de ajudar as pessoas em suas jornadas.

PATRICK DEBOIS

Para mim foram vários momentos. Em 2007 eu trabalhava em um projeto de migração de um centro de dados com algumas equipes ágeis. Tive inveja da alta produtividade conseguida — fazer tanto em tão pouco tempo.

Em minha tarefa seguinte, comecei a experimentar Kanban em Operações e vi como a dinâmica da equipe mudou. Depois, na conferência Agile Toronto de 2008, apresentei meu artigo IEEE sobre isso, mas percebi que não repercutiu muito na comunidade ágil. Iniciamos um grupo de administração de sistemas ágil, mas desconsiderei o lado humano das coisas.

Depois de assistir à apresentação "10 Deploys per Day", de John Allspaw e Paul Hammond, na Velocity Conference de 2009, eu me convenci de que outros pensavam de modo semelhante. Então decidi organizar o primeiro DevOpsDays, cunhando acidentalmente o termo DevOps.

A energia no evento foi única e contagiante. Quando as pessoas começaram a me agradecer por mudar a vida delas para melhor, entendi o impacto. Desde então, não parei de promover o DevOps.

JOHN WILLIS

Em 2008 eu havia acabado de vender uma empresa de consultoria que focava práticas legadas de Operações de TI em grande escala em torno de gerenciamento e monitoramento de configuração (Tivoli), quando conheci Luke Kanies (fundador do Puppet Labs). Luke estava fazendo uma apresentação sobre o Puppet em uma conferência da O'Reilly sobre open source para gerenciamento de configuração (GC).

No início, fiquei no fundo da sala matando o tempo e pensando: "O que esse cara de 20 anos pode me dizer sobre gerenciamento de configuração?". Afinal, eu literalmente trabalho a vida inteira em algumas das maiores empresas do mundo, ajudando a arquitetar GC e outras soluções de gerenciamento de operações. Contudo, depois de cinco minutos de sua sessão, fui para a primeira fileira e percebi que tudo o que eu fiz nos últimos 20 anos estava errado. Luke estava descrevendo o que agora chamo de segunda geração de GC.

Depois de sua sessão, tive a oportunidade de me sentar e tomar café com ele. Eu estava totalmente de acordo com o que agora chamamos de infraestrutura como código. Contudo, durante o café, Luke começou a ir ainda mais fundo, explicando suas ideias. Ele começou a me dizer que acreditava que as operações teriam que começar a se comportar como desenvolvedores de software. Precisariam manter suas configurações em controle de fonte e adotar padrões de entrega CI/CD em seus fluxos de trabalho. Sendo profissional da antiga Operações de TI na época, acho que respondi a ele algo como: "Essa ideia vai afundar como o Led Zeppelin com o pessoal de Ops". (Claramente, eu estava errado.)

Então, cerca de um ano depois, em 2009, em outra conferência da O'Reilly, Velocity, vi Andrew Clay Shafer fazer uma apresentação sobre Infraestrutura Ágil. Nessa apresentação, Andrew mostrou a icônica imagem de um muro entre desenvolvedores e operações com uma representação metafórica do trabalho sendo jogado por cima do muro. Ele chamou isso de "o muro da confusão". As ideias expressas por ele nessa apresentação codificavam o que Luke tentou me dizer um ano antes. Esse foi o momento de iluminação para mim. Mais tarde naquele ano, fui o único americano convidado para o DevOpsDays original em Ghent. Quando o evento terminou, o que chamamos de DevOps estava nas minhas veias.

Claramente, todos os coautores deste livro tiveram uma epifania semelhante, mesmo tendo vindo de direções muito diferentes. Mas agora há fortes evidências de que os problemas descritos acontecem em quase todos os lugares e que as soluções associadas ao DevOps são aplicáveis quase universalmente.

O objetivo deste livro é descrever como reproduzir as transformações de DevOps das quais tomamos parte ou observamos e refutar muitos dos mitos sobre os motivos pelos quais DevOps não funciona em certas situações. A seguir estão alguns dos mitos mais comuns que ouvimos sobre DevOps.

Mito — *DevOps só serve para startups:* Embora as práticas de DevOps tenham sido exploradas por empresas "unicórnio" da internet, como Google, Amazon, Netflix e Etsy, em algum momento de sua história cada uma dessas organizações correu o risco de sair do mercado por causa dos problemas associados às organizações "cavalo" mais tradicionais: releases de código altamente perigosos e propensos a falha catastrófica, incapacidade de lançar recursos com rapidez suficiente para derrotar a concorrência, preocupações com conformidade, incapacidade de mudar de escala, altos níveis de desconfiança entre Desenvolvimento e Operações, e assim por diante.

Contudo, cada uma dessas organizações conseguiu transformar sua arquitetura, práticas técnicas e cultura para criar os espantosos resultados que associamos ao DevOps. Conforme o dr. Branden Williams, executivo de segurança da informação, gracejou: "Não falemos mais sobre unicórnios e cavalos de DevOps, mas apenas sobre puros-sangues e cavalos indo para a fábrica de cola".

Mito — *DevOps Substitui Ágil:* Os princípios e práticas de DevOps são compatíveis com a técnica Ágil, e muitos observam que DevOps é uma continuação lógica da jornada Ágil que começou em 2001. Ágil frequentemente serve como facilitador eficiente para DevOps, graças ao seu enfoque em pequenas equipes entregando continuamente código de alta qualidade para os clientes.

Muitas práticas de DevOps emergem se continuamos a gerenciar nosso trabalho além da meta de obter "código potencialmente enviável" ao final de cada iteração, ampliando-o para ter nosso código sempre em um estado implementável, com os desenvolvedores inserindo no trunk diariamente, e também se demonstrarmos nossos recursos em ambientes do tipo produção.

Mito — *DevOps é Incompatível com ITIL:* Muitos veem DevOps como um retrocesso ao ITIL ou ITSM (IT Service Management), originalmente publicado em 1989. ITIL influenciou amplamente várias gerações de profissionais de Ops, incluindo um dos coautores deste livro, e é uma biblioteca em constante evolução de práticas destinadas a codificar os processos e atividades que apoiam as Operações de TI, abrangendo estratégia de serviço, projeto e suporte.

As práticas de DevOps podem se tornar compatíveis com o processo de ITIL. Contudo, para suportar os tempos de execução mais curtos e as frequências de implementação mais altas associados ao DevOps, muitas áreas dos processos de ITIL são totalmente automatizadas, resolvendo muitos problemas ligados aos processos de gerenciamento de configuração e release (por exemplo, mantendo atualizados o banco de dados de gerenciamento de configuração e as bibliotecas de software definitivas). E como DevOps exige detecção e recuperação rápidas quando ocorrem incidentes de serviço, as disciplinas de ITIL de projeto de serviço, incidente e gestão de problemas permanecem relevantes.

Mito — *DevOps é Incompatível com Segurança da Informação e Conformidade:* A ausência de controles tradicionais (por exemplo, separação de tarefas, processos de aprovação de mudança, revisões de segurança manuais ao final do projeto) pode apavorar os profissionais de segurança da informação e conformidade.

Contudo, isso não significa que as organizações DevOps não possuem controles eficientes. Em vez de as atividades de segurança e conformidade serem executadas apenas no final do projeto, controles são integrados em cada estágio do trabalho diário no ciclo de desenvolvimento de software, resultando em melhor qualidade, segurança e conformidade.

Mito — *DevOps Significa Eliminar Operações de TI, ou "NoOps":* Muitos interpretam DevOps erroneamente, achando ser a completa eliminação da função de Operações de TI. Contudo, isso raramente acontece. Embora a natureza do trabalho de Operações de TI possa mudar, continua sendo importante como sempre. No ciclo de vida do software, as Operações de TI colaboram bem antes com o Desenvolvimento, que continua a trabalhar com as Operações de TI muito tempo depois que o código já está em produção.

Em vez de as Operações de TI fazerem o trabalho manual proveniente de ordens de serviço, permitem que o desenvolvedor seja produtivo com APIs e plataformas self-service que criam ambientes, testam e implementam código, monitoram e mostram telemetria de produção, e assim por diante. Fazendo isso, as Operações de TI se parecem mais com Desenvolvimento (como acontece com QA e Infosec), engajadas no desenvolvimento do produto, sendo o produto a plataforma que os desenvolvedores usam para testar, implementar e executar com segurança e rapidez seus serviços de TI na produção.

Mito — *DevOps é Apenas "Infraestrutura como Código" ou Automação:* Embora muitos padrões de DevOps mostrados neste livro exijam automação, DevOps exige também normas culturais e uma arquitetura que permita atingir os objetivos compartilhados por todo o fluxo de valor da TI. Isso vai bem além da automação. Conforme Christopher Little, executivo de tecnologia e um dos primeiros cronistas de DevOps, escreveu: "DevOps não se trata de automação, assim como astronomia não se trata de telescópios".

Mito — *DevOps Só Serve para Software Open Source:* Embora muitas histórias de sucesso com DevOps ocorram em organizações que usam software como a pilha LAMP (Linux, Apache, MySQL, PHP), atingir os resultados de DevOps independe da tecnologia usada. Há casos de sucesso com aplicativos escritos em Microsoft.NET, COBOL e código assembly de mainframe, assim como com SAP e até sistemas embarcados (por exemplo, o firmware da HP LaserJet).

PROPAGANDO O MOMENTO AHÁ!

Cada um dos autores foi inspirado pelas fantásticas inovações que acontecem na comunidade de DevOps e pelos resultados obtidos: elas estão criando sistemas seguros de trabalho e possibilitando que equipes pequenas desenvolvam e validem código rápida e independentemente, o qual pode ser entregue com segurança para os clientes. Dada nossa crença de que DevOps é uma manifestação da criação de organizações de aprendizado dinâmicas, que continuamente reforçam normas culturais de alta confiança, é inevitável que elas continuem a inovar e a vencer no mercado.

Esperamos sinceramente que o *Manual de DevOps* sirva como um recurso valioso para muitas pessoas, de diferentes modos: um guia para planejar e executar transformações de DevOps, um conjunto de estudos de caso para pesquisar e aprender, uma crônica da história do DevOps, um modo de criar uma coalizão que abranja Donos de Produtos, Arquitetura, Desenvolvimento, QA, Operações de TI e Segurança da Informação para atingir objetivos comuns, um modo de obter o apoio dos mais altos níveis de liderança para as iniciativas de DevOps e um imperativo moral para mudar o modo como gerenciamos organizações tecnológicas para permitir melhor eficácia e eficiência, assim como um ambiente de trabalho mais alegre e humano, ajudando todos a se tornarem aprendizes pela vida toda — isso não só ajuda todos a atingir seus mais altos objetivos como seres humanos, mas também ajuda suas organizações a vencer.

NOTA: Você poderá fazer o download das figuras, coloridas, em www.altabooks.com.br (Procure pelo título do livro).

Prefácio

No passado, muitos campos da engenharia passaram por um tipo de evolução notável, "elevando" continuamente o entendimento de seu trabalho. Embora existam currículos universitários e organizações de suporte profissionais situadas dentro de disciplinas específicas de engenharia (civil, mecânica, elétrica, nuclear, etc.), o fato é que a sociedade moderna precisa de todas as formas de engenharia para trabalhar de modo multidisciplinar e reconhecer seus benefícios.

Pense no projeto de um veículo de alto desempenho. Onde termina o trabalho de um engenheiro mecânico e onde começa o de um engenheiro elétrico? Onde (e como, e quando) alguém com o domínio do conhecimento de aerodinâmica (que certamente deve ter opiniões bem formadas sobre forma, tamanho e posicionamento de janelas) deve colaborar com um especialista em ergonomia para passageiros? E quanto às influências químicas da mistura de combustível e óleo nos materiais do motor e da transmissão durante a vida do veículo? Há outras perguntas que podemos fazer sobre o projeto de um automóvel, mas o resultado final é o mesmo: nos esforços técnicos modernos, o sucesso exige a colaboração absoluta de várias perspectivas e especialidades.

Para que um campo ou disciplina progrida e amadureça, precisa atingir um ponto em que possa refletir ponderadamente sobre suas origens, buscar um conjunto diversificado de perspectivas sobre essas reflexões e colocar essa síntese em um contexto que seja útil para o modo como a comunidade imagina o futuro.

Este livro representa tal síntese e deve ser encarado como uma coleção seminal de perspectivas sobre a área (vou afirmar, ainda emergente e de rápida evolução) da engenharia de software e operações.

Independente do setor em que você atua ou do produto ou serviço que sua organização fornece, este modo de pensar é superior e necessário para a sobrevivência de cada negócio e líder de tecnologia.

—John Allspaw, diretor técnico, Etsy
Brooklyn, NY, agosto de 2016

Imagine um Mundo Onde Dev e Ops Se Tornam DevOps

Uma Introdução ao Manual de DevOps

Imagine um mundo onde donos de produtos, Desenvolvimento, QA, Operações de TI e Infosec trabalham juntos, não apenas para ajudar uns aos outros, mas também para garantir o sucesso da organização como um todo. Trabalhando com um objetivo em comum, eles possibilitam o fluxo rápido do trabalho planejado até a produção (por exemplo, realizando dezenas, centenas ou mesmo milhares de implementações de código por dia), ao passo que obtêm estabilidade, confiabilidade, disponibilidade e segurança de classe mundial.

Nesse mundo, equipes multifuncionais testam rigorosamente suas hipóteses sobre quais recursos empolgarão os usuários e avançarão os objetivos organizacionais. Elas não apenas se preocupam com a implementação de recursos para o usuário, mas também garantem ativamente que seu trabalho flua suave e frequentemente por todo o fluxo de valor, sem causar caos e interrupção nas Operações de TI ou em qualquer outro cliente interno ou externo.

Simultaneamente, QA, Operações de TI e Infosec estão sempre trabalhando em maneiras de reduzir o atrito na equipe, criando sistemas de trabalho que permitam aos desenvolvedores ser mais produtivos e obter melhores resultados. Acrescentando a expertise de QA, Operações de TI e Infosec nas equipes de entrega e em ferramentas e plataformas self-service automatizadas, as equipes são capazes de usar essa expertise em seus trabalhos diários sem depender de outras equipes.

Isso permite que as organizações criem um sistema de trabalho seguro, em que equipes pequenas são capazes de desenvolver, testar e entregar código e valor de forma rápida e independente, com segurança e confiabilidade para os clientes. Isso possibilita que as organizações maximizem a produtividade do desenvolvedor, permitam o aprendizado organizacional, criem alta satisfação dos funcionários e vençam no mercado.

Tais são os resultados do DevOps. Para a maioria de nós, esse não é o mundo onde vivemos. Mais frequentemente, o sistema em que trabalhamos é falho, com resultados extremamente ruins, que não atingem nosso verdadeiro potencial. Em nosso mundo, Desenvolvimento e Operações de TI são adversários; testes e atividades de Infosec acontecem somente no final de um projeto, tarde demais para corrigir quaisquer problemas encontrados; e quase toda atividade crítica exige muito esforço manual e muitas transferências, deixando-nos sempre esperando. Isso não apenas contribui para tempos de execução extremamente longos, mas a qualidade de nosso trabalho, especialmente implementações de produção, também é problemática e caótica, resultando em impactos negativos para nossos clientes e nosso negócio.

Como resultado, não atingimos nossos objetivos, e a organização inteira fica insatisfeita com o desempenho da TI, resultando em reduções de orçamento e em funcionários frustrados e insatisfeitos que se sentem impotentes para mudar o processo e seus resultados.† A solução? Precisamos mudar o modo como trabalhamos; DevOps nos mostra o melhor caminho.

Para entendermos melhor o potencial da revolução DevOps, vamos ver a Revolução Industrial dos anos 1980. Adotando os princípios e práticas Lean, as organizações de manufatura melhoraram significativamente a produtividade da fábrica, os tempos de execução para o cliente, a qualidade do produto e a satisfação do cliente, permitindo que vencessem no mercado.

Antes da revolução, o tempo médio de execução de pedido da instalação fabril era de seis semanas, com menos de 70% dos pedidos sendo expedidos a tempo. Em 2005, com a implementação difundida das práticas Lean, o tempo médio de execução de produtos caiu para menos de três semanas, e mais de 95% dos pedidos eram expedidos a tempo. As organizações que não implementaram as práticas Lean perderam mercado, e muitas saíram completamente do negócio.

Analogamente, aumentou-se a qualidade do padrão para a entrega de produtos e serviços de tecnologia — o que era bom em décadas anteriores agora não é mais. Para cada uma das quatro últimas décadas, o custo e o tempo exigidos para desenvolver e implementar capacidades e recursos comerciais estratégicos caiu em ordens de grandeza. Durante os anos

---

† Essa é apenas uma pequena amostra dos problemas encontrados nas organizações de TI típicas.

1970 e 1980, a maioria dos novos recursos exigia de um a cinco anos para serem desenvolvidos e implementados, frequentemente custando dezenas de milhões de dólares.

Nos anos 2000, graças aos avanços da tecnologia e da adoção de princípios e práticas ágeis, o tempo exigido para desenvolver nova funcionalidade tinha caído para semanas ou meses, mas implementá-la na produção ainda exigia semanas ou meses, frequentemente com resultados catastróficos.

E em 2010, com a introdução de DevOps e da comoditização de hardware, software e, agora, da nuvem, recursos (e até empresas startup inteiras) podiam ser criados em semanas, sendo rapidamente implementados na produção em questão de horas ou minutos — para essas organizações, a implementação finalmente se tornou rotina e de baixo risco. Essas organizações são capazes de realizar experiências para testar ideias comerciais, descobrindo quais delas geram mais valor para os clientes e para a organização como um todo, as quais são então mais desenvolvidas para se tornarem recursos que podem ser implementados na produção com rapidez e segurança.

Tabela 1. *A tendência sempre acelerada da entrega de software de forma mais rápida, barata e com baixo risco*

	Anos 1970–1980	Anos 1990	Anos 2000–Presente
Era	Mainframes	Cliente/Servidor	Comoditização e Nuvem
Tecnologia representativa da era	COBOL, DB2 em MVS, etc.	C++, Oracle, Solaris, etc.	Java, MySQL, Red Hat, Ruby on Rails, PHP etc.
Tempo do ciclo	1–5 anos	3–12 meses	2–12 semanas
Custo	$1 mi–$100 mi	$100 mil–$10 mi	$10 mil–$1 mi
Risco	A empresa inteira	Uma linha de produto ou divisão	Um recurso do produto
Custo da falha	Falência, venda da empresa, demissões em massa	Perda de lucro, emprego do CIO	Insignificante

Fonte: Adrian Cockcroft, "Velocity and Volume (or Speed Wins)," apresentação na FlowCon, São Francisco, CA, novembro de 2013.

Hoje, as organizações que adotam os princípios e práticas de DevOps frequentemente implementam alterações centenas ou até milhares de vezes por dia. Em uma época em que a vantagem competitiva exige curto tempo para comercializar e experimentação contínua, as organizações que não conseguem reproduzir esses resultados estão destinadas a perder mercado para concorrentes mais ágeis, podendo sair completamente do negócio, como as organizações manufatureiras que não adotaram os princípios Lean.

Atualmente, independente da área em que estejamos competindo, o modo como adquirimos clientes e entregamos valor para eles é dependente do fluxo de valor da tecnologia. Dizendo ainda mais sucintamente, como Jeffrey Immelt, diretor-executivo da General Electric, disse: "Toda indústria e empresa que não está colocando software no centro de seu negócio será abalada". Ou, como Jeffrey Snover, membro técnico da Microsoft, disse: "Nas eras econômicas anteriores, as empresas geravam valor movendo átomos. Agora elas geram valor movendo bits".

É difícil enfatizar a enormidade desse problema — ele afeta cada organização, independente do setor em que operamos, do tamanho de nossa organização, seja com ou sem fins lucrativos. Agora, mais do que nunca, o modo como o trabalho tecnológico é gerenciado e executado prediz se nossas organizações vencerão no mercado, ou mesmo sobreviverão. Em muitos casos, precisaremos adotar princípios e práticas que parecerão muito diferentes daquelas que nos guiaram com sucesso nas décadas passadas. (Veja o Apêndice 1.)

Agora que estabelecemos a urgência do problema que DevOps resolve, vamos passar algum tempo explorando com mais detalhes sua sintomatologia, por que ele ocorre e por que, sem intervenção dramática, piora com o passar do tempo.

O PROBLEMA: ALGO EM SUA ORGANIZAÇÃO PRECISA MELHORAR (OU VOCÊ NÃO ESTARIA LENDO ESTE LIVRO)

A maioria das organizações não consegue implementar mudanças de produção em minutos ou horas, exigindo, em vez disso, semanas ou meses. Também não consegue implementar centenas ou milhares de mudanças na produção por dia. Em vez disso, lutam para implementar mensalmente ou até trimestralmente. As implementações de produção não são rotina, mas envolvem interrupções, combate a incêndio crônico e heroísmo.

Em uma época em que a vantagem competitiva exige curto tempo para comercializar, níveis de serviço altos e experimentação contínua, essas organizações estão em significativa desvantagem. Isso acontece em grande parte devido à sua incapacidade de resolver um conflito crônico básico dentro de sua organização tecnológica.

O CONFLITO CRÔNICO BÁSICO

Em quase toda organização de TI há um conflito inerente entre Desenvolvimento e Operações de TI que cria uma espiral descendente, resultando em um tempo cada vez mais longo para comercializar novos produtos e recursos, qualidade reduzida, interrupções maiores e, o pior de tudo, uma dívida técnica cada vez maior.

O termo "dívida técnica" foi cunhado pela primeira vez por Ward Cunningham. Análoga à dívida financeira, a dívida técnica descreve como as decisões que tomamos levam a problemas cada vez mais difíceis de corrigir com o passar do tempo, reduzindo continuamente as opções disponíveis no futuro — mesmo quando enfrentados prudentemente, ainda incorremos em juros.

Um fator que contribui para isso são os objetivos frequentemente concorrentes de Desenvolvimento e Operações de TI. As organizações de TI são responsáveis por muitas coisas. Entre elas estão os dois objetivos a seguir, que devem ser buscados simultaneamente:

- Responder ao cenário competitivo rapidamente mutante
- Fornecer serviço estável, confiável e seguro para o cliente

Frequentemente o Desenvolvimento assumirá a responsabilidade por responder às mudanças no mercado, implementando recursos e alterações na produção o mais rapidamente possível. Operações de TI assumirá a responsabilidade por fornecer aos clientes um serviço de TI estável, confiável e seguro, dificultando ou mesmo impossibilitando a introdução de mudanças que possam comprometer a produção. Configurados dessa maneira, Desenvolvimento e Operações de TI têm objetivos e incentivos diametralmente opostos.

O dr. Eliyahu M. Goldratt, um dos fundadores do movimento de gestão de manufatura, chamou esses tipos de configuração de "conflito crônico básico" — quando medidas e incentivos organizacionais em diferentes silos impedem a realização de objetivos globais organizacionais.[†]

[†] Existia um conflito crônico básico similar na manufatura: a necessidade de garantir simultaneamente despachos no prazo para clientes e controlar custos. Como esse conflito crônico básico foi quebrado está descrito no Apêndice 2.

Esse conflito cria uma espiral descendente tão poderosa que impede a realização dos resultados comerciais desejados, tanto dentro quanto fora da organização de TI. Esses conflitos crônicos frequentemente colocam os profissionais de tecnologia em situações que levam à baixa qualidade de software e serviço e a resultados ruins para os clientes, assim como à necessidade diária de soluções de contorno, combate a incêndios e heroísmo, seja em Gestão de Produtos, Desenvolvimento, QA, Operações de TI ou Segurança da Informação. (Veja o Apêndice 2.)

ESPIRAL DESCENDENTE EM TRÊS ATOS

Em TI, a espiral descendente tem três atos que provavelmente são conhecidos da maioria dos profissionais da área.

O primeiro ato começa em Operações de TI, sendo que o objetivo é manter aplicações e infraestrutura funcionado para que a organização possa entregar valor para os clientes. Em nosso trabalho diário, muitos problemas são devidos a aplicações e infraestrutura complexos, mal documentados e incrivelmente frágeis. Essa é a dívida técnica e as soluções de contorno diárias com que convivemos constantemente, sempre prometendo que vamos corrigir as coisas quando tivermos um pouco mais de tempo. Mas esse tempo nunca chega.

De forma alarmante, nossos artefatos mais frágeis suportam os sistemas de geração de lucros mais importantes ou os projetos mais críticos. Em outras palavras, os sistemas mais propensos à falha também são os mais importantes e estão no epicentro das mudanças mais urgentes. Quando essas mudanças falham, elas comprometem as promessas organizacionais mais importantes, como a disponibilidade para clientes, metas de lucro, segurança de dados dos clientes, informes financeiros precisos, e assim por diante.

O segundo ato começa quando alguém precisa compensar a última promessa quebrada — pode ser um gerente de produto prometendo um recurso maior e mais ousado para deslumbrar os clientes ou um executivo comercial definindo um alvo de lucro ainda maior. Então, alheio ao que a tecnologia pode ou não fazer, ou a quais fatores levaram à perda de nosso comprometimento anterior, ele compromete a organização tecnológica a entregar essa nova promessa.

Como resultado, o Desenvolvimento é incumbido de outro projeto urgente que inevitavelmente exige resolver novos desafios técnicos e tomar atalhos para atender à data de lançamento prometida, aumentando a dívida técnica— feita, é claro, com a promessa de que vamos corrigir quaisquer problemas resultantes quando tivermos um pouco mais de tempo.

Isso arma o cenário para o terceiro e último ato, no qual tudo fica um pouco mais difícil, pouco a pouco — todo mundo fica um pouco mais ocupado, o trabalho leva um pouco mais de tempo, a comunicação fica um pouco mais lenta, e as filas de trabalho ficam um pouco mais longas. Nosso trabalho se torna mais fortemente acoplado, ações menores causam falhas maiores e ficamos mais apreensivos e menos tolerantes a fazer mudanças. O trabalho exige mais comunicação, coordenação e aprovações; as equipes precisam esperar um pouco mais para que seu trabalho dependente termine; e nossa qualidade continua a piorar. As rodas começam a moer mais lentamente e a exigir mais esforço para continuar girando. (Veja o Apêndice 3.)

Embora seja difícil ver no momento, a espiral descendente é óbvia quando nos afastamos um pouco. Notamos que as implementações de código na produção estão demorando cada vez mais, mudando de minutos para horas, dias, semanas. E pior, os resultados da implementação se tornam ainda mais problemáticos, resultando em um número crescente de interrupções que impactam os clientes e exigem mais heroísmo e combate a incêndio nas Operações, diminuindo ainda mais sua capacidade de pagar a dívida técnica.

Como resultado, nossos ciclos de entrega de produto continuam a ficar cada vez mais lentos, menos projetos são realizados, e os colocados em prática são menos ambiciosos. Além disso, o feedback sobre o trabalho de todos se torna mais lento e mais fraco, especialmente os sinais de feedback de nossos clientes. E, independente do que tentamos, as coisas parecem piorar — não somos mais capazes de responder rapidamente ao nosso cenário competitivo mutante, nem conseguimos fornecer serviços estáveis e confiáveis para nossos clientes. Como resultado, perdemos no mercado.

Repetidamente, aprendemos que, quando a TI falha, a organização inteira falha. Como Steven J. Spear observou em seu livro *The High-Velocity Edge* (*A Vantagem de Alta Velocidade,* em tradução livre), se os danos "se desdobram lentamente como uma doença devastadora" ou rapidamente "como uma forte colisão..., a destruição pode ser total".

POR QUE ESSA ESPIRAL DESCENDENTE ACONTECE POR TODA PARTE?

Por mais de uma década, os autores deste livro observaram essa espiral destrutiva ocorrer em inúmeras organizações de todos os tipos e tamanhos. Entendemos melhor do que nunca por que essa espiral descendente ocorre e por que exige princípios de DevOps para mitigar. Primeiro, como já descrito, toda organização de TI tem dois objetivos opostos, e, segundo, toda empresa é uma empresa de tecnologia, saiba ela disso ou não.

Como Christopher Little, executivo de software e um dos primeiros cronistas de DevOps, disse: "Toda empresa é uma empresa de tecnologia, independente do negócio em que pense estar. Um banco é apenas uma empresa de TI com licença bancária".†

Para nos convencermos de que isso acontece, considere que a ampla maioria dos projetos de capital tem alguma dependência de TI. Como se diz, "É praticamente impossível tomar qualquer decisão comercial que não resulte em pelo menos uma mudança de TI".

No contexto empresarial e financeiro, os projetos são críticos, porque servem como o principal mecanismo de mudança dentro das organizações. Normalmente são os projetos que a gerência precisa aprovar, orçar e ser responsável, portanto, eles são os mecanismos que atingem os objetivos e as aspirações da organização, seja para crescer ou mesmo diminuir.‡

Normalmente os projetos são financiados por meio de dispêndio de capital (isto é, fábricas, equipamentos e projetos maiores, e gastos são capitalizados quando espera-se o retorno financeiro em anos), do qual 50% agora estão ligados à tecnologia. Isso vale para verticais da indústria "low tech" com os gastos históricos mais baixos em tecnologia, como energia, metal, extração de recursos, automotiva e construção. Em outras palavras, os líderes empresariais dependem bem mais do que pensam na gestão eficaz de TI para atingir seus objetivos.§

OS CUSTOS: HUMANOS E ECONÔMICOS

Quando as pessoas estão presas nessa espiral descendente por anos, especialmente para quem está no que vem após o Desenvolvimento, elas frequentemente se sentem presas a um sistema que decreta a falha e as deixa impotentes para mudar os resultados. Essa impotência frequentemente é seguida de esgotamento, com os sentimentos associados de fadiga, cinismo e até desesperança e desespero.

---

† Em 2013, o banco europeu HSBC empregou mais desenvolvedores de software do que a Google.
‡ Por ora, vamos deixar suspensa a discussão sobre se software deve ser financiado como "projeto" ou como "produto". Isso será discutido mais adiante no livro.
§ Por exemplo, o dr. Vernon Richardson e seus colegas publicaram esta surpreendente descoberta. Eles estudaram os arquivos 10-K SEC de 184 corporações públicas e os dividiram em três grupos: A) firmas com fraquezas materiais, com deficiências relacionadas a TI, B) firmas com fraquezas materiais, sem deficiências relacionadas a TI, e C) "firmas limpas", sem fraquezas materiais. As firmas do grupo A viram rotatividade de diretor-executivo oito vezes mais alta do que o grupo C, e houve rotatividade de diretor financeiro quatro vezes mais alta no grupo A do que no grupo C. Claramente, a TI pode importar muito mais do que normalmente achamos.

Muitos psicólogos afirmam que a criação de sistemas que causam sentimentos de impotência é uma das coisas mais danosas que podemos fazer aos seres humanos — privamos outras pessoas de sua capacidade de controlar seus próprios resultados e até criamos uma cultura em que elas ficam com receio de fazer a coisa certa por medo de punição, falha ou de colocar em risco sua subsistência. Isso pode criar as condições de *desamparo aprendido*, em que as pessoas não desejam ou não são capazes de agir de modo a evitar o mesmo problema no futuro.

Para nossos funcionários, isso significa horas extras, trabalhar em fins de semana e pior qualidade de vida, não apenas para eles, mas para todos que dependem deles, incluindo família e amigos. Não é de surpreender que, quando isso acontece, perdemos nosso melhor pessoal (exceto aqueles que acham que não podem sair, devido a um sentimento de dever ou obrigação).

Além do sofrimento humano proveniente do modo de trabalhar atual, o custo de oportunidade do valor que poderíamos estar criando é espantoso — os autores acreditam que perdemos aproximadamente US$2,6 trilhões em criação de valor por ano, o que, quando esta obra estava sendo produzida, era equivalente à produção econômica anual da França, a sexta maior economia do mundo.

Considere o seguinte cálculo — IDC e Gartner estimaram que, em 2011, aproximadamente 5% do produto interno bruto mundial (US$3,1 trilhões) foram gastos com TI (hardware, serviços e telecom). Se estimarmos que 50% desses US$3,1 trilhões foram gastos com custos operacionais e com a manutenção de sistemas existentes, e que um terço desses 50% foram gastos em trabalho urgente e não planejado ou retrabalho, aproximadamente US$520 bilhões foram desperdiçados.

Se adotar DevOps nos permitisse, por meio de um melhor gerenciamento e de maior excelência operacional, reduzir esse desperdício pela metade e redistribuir esse potencial humano em algo que tivesse cinco vezes o valor (uma proposta modesta), poderíamos gerar US$2,6 trilhões de valor por ano.

A ÉTICA DO DEVOPS: HÁ UM MODO MELHOR

Nas seções anteriores, descrevemos os problemas e as consequências negativas do status quo devido ao conflito crônico básico, desde a incapacidade de atingir objetivos organizacionais até o dano que causamos aos seres humanos. Resolvendo esses problemas, DevOps nos permite simultaneamente melhorar o desempenho organizacional, atingir os objetivos de todos os vários papéis tecnológicos funcionais (por exemplo, Desenvolvimento, QA, Operações de TI, Infosec) e melhorar a condição humana.

Essa empolgante e rara combinação pode explicar por que DevOps tem causado tanta agitação e entusiasmo em tanta gente em um curto período de tempo, incluindo líderes de tecnologia, engenheiros e grande parte do ecossistema de software em que residimos.

QUEBRANDO A ESPIRAL DESCENDENTE COM DEVOPS

Idealmente, pequenas equipes de desenvolvedores implementam seus recursos independentemente, validam sua correção em ambientes do tipo produção e têm seu código implementado na produção de forma rápida, precisa e segura. As implementações de código são rotineiras e previsíveis. Em vez de iniciar implementações à meia-noite da sexta-feira e passar o fim de semana todo trabalhando para concluí-las, elas ocorrem durante o horário comercial, quando todo mundo já está no escritório, e sem que nossos clientes percebam — exceto quando veem novos recursos e correções de erros que os encantam. E, implementando código no meio do dia de trabalho, pela primeira vez em décadas a Operações de TI está trabalhando durante o horário comercial normal, como todo mundo.

Com a criação de loops de feedback rápidos em cada etapa do processo, todos podem ver imediatamente os efeitos de suas ações. Quando mudanças são passadas para o controle de versão, testes automatizados rápidos são realizados em ambientes do tipo produção, oferecendo garantia contínua de que o código e os ambientes operam como projetado e estão sempre em um estado seguro e implementável.

Testes automatizados ajudam os desenvolvedores a descobrir erros rapidamente (normalmente em questão de minutos), o que permite correções mais rápidas e aprendizado genuíno — aprendizado que é impossível quando os erros são descobertos seis meses depois, durante os testes de integração, quando as memórias e a ligação entre causa e efeito desapareceram há tempos. Em vez de acumular dívida técnica, os problemas são corrigidos à medida que são encontrados, mobilizando a organização inteira, se necessário, pois os objetivos globais superam os locais.

A telemetria de produção penetrante em nosso código e nos ambientes de produção garante que os problemas sejam detectados e corrigidos rapidamente, confirmando que tudo está funcionando como pretendido e com os clientes obtendo valor do software que criamos.

Nesse cenário, todos se sentem produtivos — a arquitetura permite que equipes pequenas trabalhem com segurança e arquitetonicamente desconectadas do trabalho de outras equipes que usam plataformas self-service que aproveitam a experiência coletiva de Operações e Segurança da Informação. Em vez de todos esperarem o tempo todo, com grandes volumes de retrabalho urgente e atrasado, as equipes trabalham de forma independente e produtiva em pequenos lotes, entregando novo valor para os clientes rápida e frequentemente.

Até releases de produtos e recursos importantes viram rotina com o uso de técnicas de lançamento no escuro. Muito antes da data de lançamento, colocamos todo o código exigido para o recurso em produção, invisível para todos, exceto funcionários internos e pequenos grupos de usuários reais, nos permitindo testar e evoluir o recurso até que atinja o objetivo comercial desejado.

E, em vez de combater incêndios por dias ou semanas para fazer a nova funcionalidade dar certo, meramente mudamos uma chave ou configuração do recurso. Essa pequena mudança torna o novo recurso visível para segmentos cada vez maiores de clientes, retrocedendo automaticamente se algo der errado. Como resultado, nossos releases são controlados, previsíveis, reversíveis e de baixo estresse.

Não só os releases de recursos são mais calmos — todos os tipos de problemas estão sendo encontrados e corrigidos mais cedo, quando são menores, mais baratos e mais fáceis de corrigir. Com cada correção, também geramos aprendizados organizacionais, nos permitindo evitar a recorrência do problema e detectar e corrigir problemas similares mais rapidamente no futuro.

Além disso, todos estão aprendendo constantemente, estimulando uma cultura baseada em hipóteses em que o método científico é usado para garantir que nada passe batido — não fazemos nada sem medir e tratar o desenvolvimento do produto e a melhoria do processo como experimentos.

Como valorizamos o tempo de todos, não perdemos anos construindo recursos que nossos clientes não querem, implementando código que não funciona ou corrigindo algo que não é a causa de nosso problema.

Como nos preocupamos em atingir objetivos, criamos equipes de longo prazo responsáveis por satisfazê-los. Em vez de equipes de projeto em que os desenvolvedores são reatribuídos e misturados após cada release, nunca recebendo feedback sobre seu trabalho, mantemos as equipes intactas para que possam continuar iterando e melhorando, usando esses aprendizados para melhor atingir seus objetivos. Isso também vale para equipes de produto que estão resolvendo problemas para nossos clientes externos, assim como equipes de plataforma internas que estão ajudando outras equipes a serem mais produtivas e seguras.

Em vez de uma cultura de medo, temos uma cultura colaborativa de alta confiança, em que as pessoas são recompensadas por assumir riscos. Elas podem falar sem medo sobre os problemas, em vez de ocultá-los ou colocá--los em segundo plano — afinal, devemos ver os problemas para resolvê-los.

E como a qualidade do trabalho depende de todos, todo mundo faz testes automatizados em seu trabalho diário e usa revisões de colegas para garantir que os problemas sejam tratados muito antes de impactar um cliente. Esses processos reduzem o risco, em oposição às aprovações de autoridades distantes, permitindo-nos entregar valor de forma rápida, confiável e segura — provando até a auditores céticos que temos um sistema eficiente de controles internos.

E quando algo dá errado, conduzimos *post-mortems sem culpa*, não para punir alguém, mas para entender melhor o que causou o acidente e como evitá-lo. Esse ritual reforça nossa cultura de aprendizado. Também fazemos conferências de tecnologia internas para ampliar nossas habilidades e garantir que todos estejam sempre ensinando e aprendendo.

Como nos preocupamos com a qualidade, até injetamos falhas em nosso ambiente de produção para que possamos saber como nosso sistema falha de modo planejado. Realizamos exercícios planejados para praticar falhas em grande escala, eliminamos processos e servidores em produção aleatoriamente e injetamos latências de rede e outros atos nefastos para garantir um crescimento ainda mais resiliente. Com isso, possibilitamos melhor resiliência, assim como aprendizado e melhoria organizacional.

Neste mundo, todos têm posse em seu trabalho, independente de sua função na organização tecnológica. As pessoas têm confiança de que seu trabalho importa e está contribuindo significativamente para os objetivos organizacionais, comprovados por seu ambiente de trabalho de baixo estresse e pelo sucesso de sua organização. A prova é que a organização está mesmo vencendo no mercado.

O VALOR COMERCIAL DO DEVOPS

Temos evidência definitiva do valor comercial do DevOps. De 2013 a 2016, como parte do *State Of DevOps Report* do Puppet Labs, com o qual os autores Jez Humble e Gene Kim contribuíram, coletamos dados de mais de 25 mil profissionais de tecnologia, com o objetivo de conhecer melhor a saúde e os hábitos de organizações em todos os estágios da adoção de DevOps.

A primeira surpresa revelada por esses dados foi a quantidade de organizações de alto desempenho usando práticas de DevOps que estavam superando suas iguais que não apresentavam alto desempenho, nas seguintes áreas:

- Métrica de rendimento
- Implementações de código e mudanças (30 vezes mais frequentes)

- Tempo de execução de implementação de código e mudanças (200 vezes mais rápido)
- Métrica de confiabilidade
- Implementações de produção (taxa de sucesso de mudança 60 vezes mais alta)
- Tempo médio para restaurar serviço (168 vezes mais rápido)
- Métrica de desempenho organizacional
- Objetivos de produtividade, fatia de mercado e lucratividade (duas vezes mais provável de ultrapassar)
- Crescimento de capitalização do mercado (50% mais alto em três anos)

Em outras palavras, as empresas de alto desempenho eram mais ágeis e confiáveis, fornecendo evidência empírica de que DevOps nos permite quebrar o conflito crônico básico. As empresas de alto desempenho implementavam código 30 vezes mais frequentemente, e o tempo exigido para ir de "código confirmado" para "executando com sucesso na produção" era 200 vezes mais rápido — as empresas de alto desempenho tinham tempos de execução medidos em minutos ou horas, enquanto as empresas de baixo desempenho tinham tempos de execução medidos em semanas, meses ou mesmo trimestres.

Além disso, as empresas de alto desempenho tinham duas vezes mais probabilidade de exceder os objetivos de lucratividade, fatia de mercado e produtividade. E para as organizações que tinham código de negociação na bolsa de valores, verificamos que as de alto desempenho tiveram crescimento de capitalização no mercado 50% maior em três anos. Tiveram também satisfação mais alta dos funcionários com o trabalho, taxas de esgotamento de funcionários mais baixas, e seus empregados tinham 2,2 vezes mais probabilidade de recomendar suas organizações para amigos, como um ótimo lugar para trabalhar.[†] As empresas de alto desempenho também tinham melhores resultados em segurança da informação. Por integrar objetivos de segurança em todos os estágios dos processos de desenvolvimento e operações, elas gastavam 50% menos tempo remediando problemas de segurança.

[†] Conforme medido pelo employee Net Promoter Score (eNPS). Essa é uma descoberta significativa, pois a pesquisa mostrou que "empresas com funcionários altamente engajados tinham faturamento duas vezes e meia mais alto do que aquelas com baixos níveis de engajamento. E as ações (comercializadas publicamente) de empresas com ambiente de trabalho de alta confiança superaram os índices do mercado por um fator de três, de 1997 a 2011".

DEVOPS AJUDA A AUMENTAR A PRODUTIVIDADE DO DESENVOLVEDOR

Quando aumentamos o número de desenvolvedores, a produtividade individual de cada um frequentemente diminui bastante, devido à sobrecarga de comunicação, integração e teste. Isso está destacado no famoso livro de Frederick Brook, *O Mítico Homem-Mês*, onde ele explica que, quando os projetos estão atrasados, adicionar mais desenvolvedores não só diminui a produtividade individual de cada um, mas também a produtividade global.

Por outro lado, DevOps nos mostra que, quando temos a arquitetura certa, as práticas técnicas certas e as normas culturais certas, equipes pequenas de desenvolvedores são capazes de desenvolver, integrar, testar e implementar mudanças na produção de forma rápida, segura e independente. Como Randy Shoup, ex-diretor de engenharia da Google, observou, organizações grandes que usam DevOps "têm milhares de desenvolvedores, mas suas arquiteturas e práticas permitem que equipes pequenas ainda sejam incrivelmente produtivas, como se fossem startups".

O *2015 State of DevOps Report* examinou não somente "implementações por dia", mas também "implementações por dia por desenvolvedor". Formulamos a hipótese de que empresas de alto desempenho seriam capazes de aumentar seu número de implementações à medida que os tamanhos das equipes cresciam.

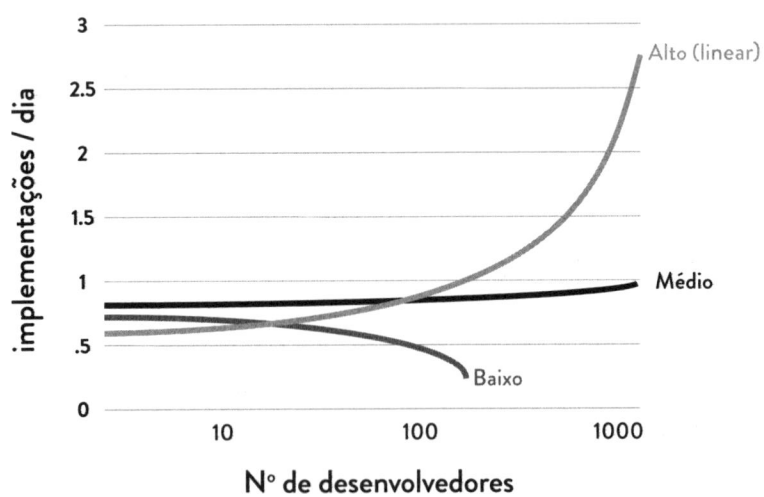

Figura 1: *Implementações/dia vs. número de desenvolvedores (Fonte: Puppet Labs, 2015 State Of DevOps Report.)*†

---

† São mostradas somente organizações que estão implementando pelo menos uma vez por dia.

De fato, foi isso que descobrimos. A Figura 1 mostra que, em empresas de baixo desempenho, as implementações por dia por desenvolvedor diminuem à medida que o tamanho das equipes aumenta, permanecem constantes para empresas de desempenho médio e aumentam linearmente para as de alto desempenho.

Em outras palavras, organizações que adotam DevOps conseguem aumentar linearmente o número de implementações por dia, à medida que aumentam o número de desenvolvedores, assim como Google, Amazon e Netflix fizeram.‡

A UNIVERSALIDADE DA SOLUÇÃO

Um dos livros mais influentes do movimento manufatura Lean é *A Meta: Um Processo de Melhoria Contínua*, escrito pelo dr. Eliyahu M. Goldratt em 1984. Ele influenciou toda uma geração de gerentes de fábrica no mundo todo. Era um romance sobre um gerente de fábrica que precisava corrigir seu custo e produto em 90 dias devido a problemas de data, caso contrário sua fábrica seria fechada.

Posteriormente em sua carreira, o dr. Goldratt descreveu as cartas que recebeu em resposta ao *A Meta*. Essas cartas normalmente diziam: "Obviamente, você esteve escondido em nossa fábrica, pois descreveu exatamente a minha vida [como gerente de fábrica]...". Mais importante, essas cartas mostravam que as pessoas eram capazes de reproduzir em seus próprios ambientes de trabalho os avanços no desempenho descritos no livro.

O Projeto Fênix: Um Romance Sobre TI, DevOps e Sobre Ajudar o Seu Negócio a Vencer, escrito por Gene Kim, Kevin Behr e George Spafford, teve *A Meta* como modelo. É um romance que acompanha um líder de TI que se depara com todos os problemas típicos que são endêmicos nas organizações de TI: um projeto atrasado, com orçamento estourado, que deve chegar ao mercado para que a empresa sobreviva. Ele experiencia implementações catastróficas, problemas de disponibilidade, segurança e conformidade, e assim por diante. No final, ele e sua equipe usam princípios e práticas de DevOps para superar esses desafios, ajudando sua organização a vencer no mercado. Além disso, o romance mostra como as práticas de DevOps melhoraram o ambiente de trabalho para a equipe, gerando menos estresse e satisfação mais alta por causa do maior envolvimento dos profissionais ao longo do processo.

---

‡ Outro exemplo mais extremo é a Amazon. Em 2011, a Amazon realizava aproximadamente 7 mil implementações por dia. Em 2015, realizava 130 mil implementações por dia.

Assim como em *A Meta*, há forte evidência da universalidade dos problemas e soluções descritas em *O Projeto Fênix*. Considere algumas das declarações encontradas nas análises da Amazon: "Eu me identifiquei com os personagens de *O Projeto Fênix*... provavelmente conheci a maioria deles durante minha carreira", "Se você já trabalhou em qualquer aspecto de TI, DevOps ou Infosec, definitivamente poderá se identificar neste livro", ou "Não há um personagem em *O Projeto Fênix* com quem eu não me identifique ou identifique alguém que eu conheça na vida real... sem mencionar os problemas encontrados e superados pelos personagens".

No restante deste livro descreveremos como reproduzir a transformação descrita em *O Projeto Fênix* e forneceremos muitos estudos de caso sobre como outras organizações usaram princípios e práticas de DevOps para replicar esses resultados.

MANUAL DE DEVOPS: UM GUIA ESSENCIAL

A finalidade do *Manual de DevOps* é fornecer a você a teoria, os princípios e as práticas necessárias para iniciar com êxito sua iniciativa de DevOps e atingir os resultados desejados. Essa orientação é baseada em décadas de teoria de gestão sólida, estudo de organizações tecnológicas de alto desempenho, trabalhos que fizemos para ajudar organizações a se transformar e pesquisas que validam a eficácia das práticas de DevOps prescritas. Além de entrevistas com especialistas relevantes no assunto e análises de quase 100 estudos de caso apresentados no DevOps Enterprise Summit.

Dividido em seis partes, este livro aborda teorias e princípios de DevOps usando as Três Maneiras, uma visão específica da teoria básica originalmente apresentada em *O Projeto Fênix*. *O Manual de DevOps* serve para qualquer um que realize ou influencie trabalho no fluxo de valor tecnológico (o qual normalmente inclui Gerência de Produtos, Desenvolvimento, QA, Operações de TI e Segurança da Informação), assim como para liderança comercial e de marketing, onde a maioria das iniciativas tecnológicas se origina.

Não se espera que o leitor tenha amplo conhecimento de nenhuma dessas áreas ou de DevOps, princípios ágeis, ITIL, princípios Lean ou aprimoramento de processos. Quando necessário, cada um desses assuntos é apresentado e explicado no livro.

Nossa intenção é gerar um conhecimento prático dos principais conceitos de cada uma dessas áreas, tanto para servir de cartilha como para apresentar a linguagem necessária para ajudar os profissionais a trabalhar com seus colegas no fluxo de valor de TI inteiro e enquadrar os objetivos compartilhados.

Este livro será valioso para líderes empresariais e interessados que confiam cada vez mais na organização tecnológica para atingir seus objetivos.

Além disso, esta obra é destinada aos leitores cujas organizações talvez não estejam com todos os problemas descritos aqui (por exemplo, tempos de execução de implementação longos ou implementações dolorosas). Mesmo os leitores nessa feliz posição se beneficiarão por entender os princípios de DevOps, especialmente os relacionados a objetivos compartilhados, feedback e aprendizado contínuo.

Na Parte I, apresentamos uma breve história do DevOps e introduzimos a teoria básica e os principais temas do conjunto de conhecimentos relevantes que abrangem décadas. Depois apresentamos os princípios de alto nível das Três Maneiras: Fluxo, Feedback e Aprendizado Contínuo e Experimentação.

A Parte II descreve como e onde começar e apresenta conceitos como fluxos de valor, princípios e padrões de design organizacional, padrões de adoção organizacional e estudos de caso.

A Parte III descreve como acelerar o Fluxo construindo a base de nosso pipeline de implementação: permitir testes automatizados rápidos e eficientes, integração contínua, entrega contínua e arquitetura para releases de baixo risco.

A Parte IV discute como acelerar e ampliar o Feedback, criando telemetria de produção eficiente para ver e resolver problemas, melhor antecipar problemas e atingir objetivos, possibilitar feedback para que Dev e Ops possam implementar mudanças com segurança, integrar testes A/B em nosso trabalho diário e criar processos de revisão e coordenação para aumentar a qualidade do nosso trabalho.

A Parte V descreve como aceleramos o Aprendizado Contínuo, estabelecendo uma cultura justa, convertendo descobertas locais em melhorias globais e reservando tempo adequadamente para criar aprendizado organizacional e melhorias.

Por fim, na Parte VI descrevemos como integrar corretamente segurança e conformidade em nosso trabalho diário, integrando controles de segurança preventivos em repositórios de código-fonte e serviços compartilhados, integrando segurança em nosso pipeline de implementação, melhorando a telemetria para possibilitar melhor detecção e recuperação, protegendo o pipeline de implementação e atingindo os objetivos da gestão da mudança.

Codificando essas práticas, esperamos acelerar a adoção das práticas de DevOps, aumentar o sucesso das iniciativas de DevOps e reduzir a energia de ativação exigida para transformações de DevOps.

PARTE I

As Três Maneiras

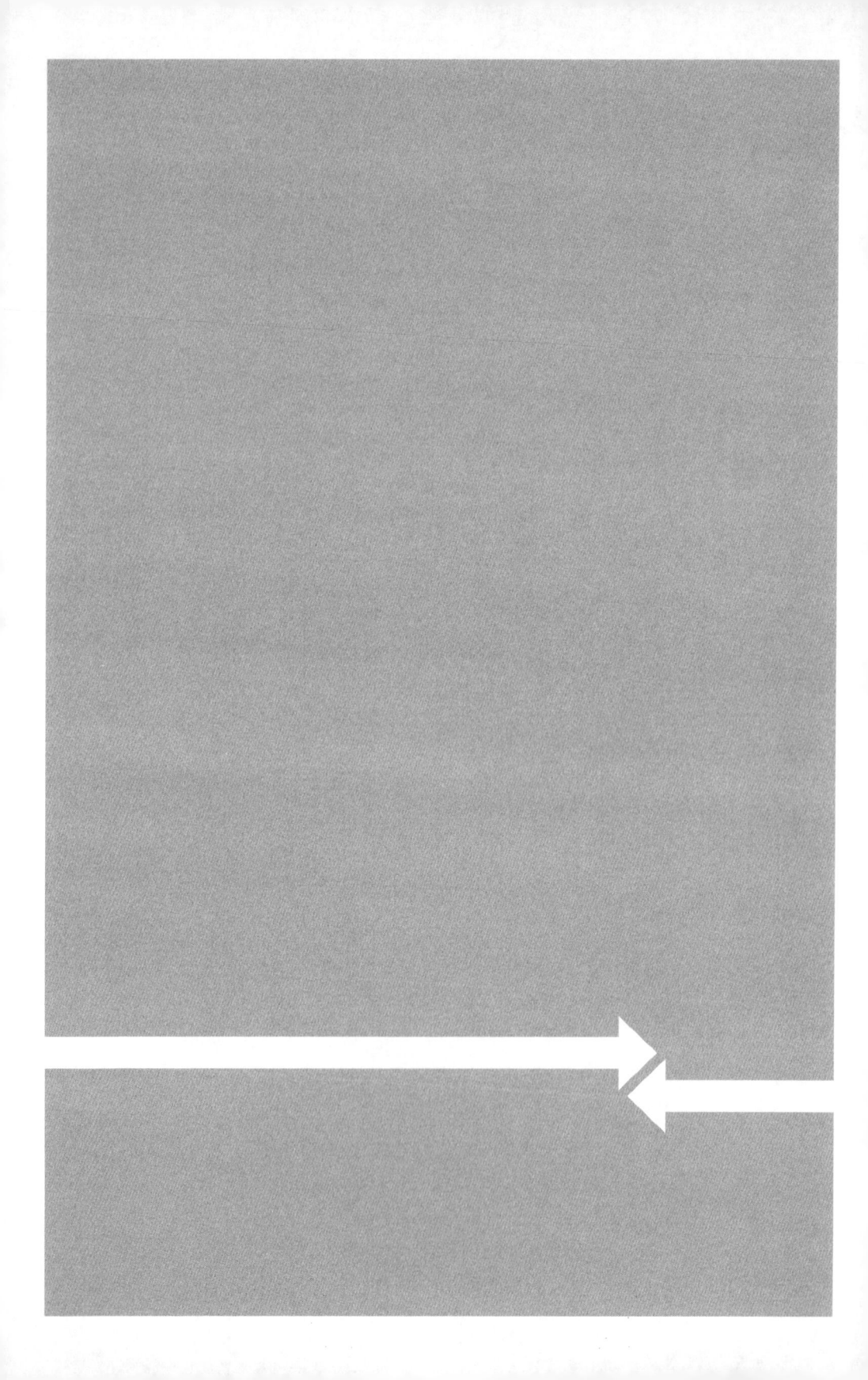

Parte I
Introdução

Na Parte I do *Manual de DevOps* vamos explorar como a convergência de vários movimentos importantes em gestão e tecnologia prepararam o terreno para o movimento DevOps. Descrevemos fluxos de valor, como DevOps é o resultado da aplicação de princípios Lean ao fluxo de valor tecnológico e as Três Maneiras: Fluxo, Feedback e Aprendizado Contínuo e Experimentação.

Os principais enfoques dentro desses capítulos incluem:

- Os princípios do Fluxo, que acelera a entrega de trabalho do Desenvolvimento para Operações e para nossos clientes
- Os princípios do Feedback, que nos permite criar sistemas de trabalho ainda mais seguros
- Os princípios do Aprendizado Contínuo e Experimentação, que estimulam uma cultura de alta confiança e uma abordagem científica para a melhoria da assunção de risco organizacional como parte de nosso trabalho diário

UMA BREVE HISTÓRIA

DevOps e suas práticas técnicas, arquitetônicas e culturais resultantes representam a convergência de muitos movimentos filosóficos e gerenciais. Embora muitas organizações tenham desenvolvido esses princípios independentemente, entender que DevOps resultou de um amplo conjunto de movimentos, um fenômeno descrito por John Willis (um dos coautores deste livro) como a "convergência de DevOps" mostra uma espantosa progressão de pensamentos e conexões improváveis. Foram décadas de lições aprendidas da manufatura, organizações de alta confiabilidade, modelos de gestão de alta confiança e outros que nos trouxeram as práticas de DevOps que conhecemos hoje.

DevOps é o resultado da aplicação dos princípios mais confiáveis da área da manufatura física e da liderança no fluxo de valor de TI. DevOps conta com conhecimentos de Lean, Teoria das Restrições, Sistema Toyota de Produção, engenharia da resiliência, organizações de aprendizado, cultura de segurança, fatores humanos e muitos outros. Outros contextos importantes nos quais DevOps se baseia incluem culturas de gestão de alta confiança, liderança de servidor e gestão da mudança organizacional. O resultado é alta qualidade, confiabilidade, estabilidade e segurança a custo e esforço cada vez menores, e fluxo acelerado e confiabilidade em todo o fluxo de valor tecnológico, incluindo Gerência de Produtos, Desenvolvimento, QA, Operações de TI e Infosec.

Embora pareça que a base do DevOps seja derivada de Lean, da Teoria das Restrições e do movimento Toyota Kata, muitos também o veem como a continuação lógica da jornada de software ágil, iniciada em 2001.

O MOVIMENTO LEAN

Técnicas como Mapeamento de Fluxo de Valor, Quadros Kanban e Manutenção Produtiva Total foram codificadas para o Sistema Toyota de Produção nos anos 1980. Em 1997, o Lean Enterprise Institute começou a pesquisar aplicações de Lean em outros fluxos de valor, como a indústria de serviços e assistência médica.

Dois dos principais dogmas de Lean são a crença profundamente arraigada de que o *tempo de execução da manufatura* exigido para converter materiais brutos em produtos acabados era o melhor previsor da qualidade, da satisfação dos clientes e da felicidade dos funcionários, e que um dos melhores previsores de tempos de execução curtos eram lotes de trabalho pequenos.

Os princípios Lean focam em como gerar valor para o cliente por meio de pensamento sistêmico, criando constância de finalidade, adotando o pensamento científico, criando fluxo e tração (*versus* impulso), garantindo a qualidade na origem, liderando com humildade e respeitando cada indivíduo.

O MANIFESTO ÁGIL

O Manifesto Ágil foi criado em 2001 por 17 líderes de pensamento do desenvolvimento de software. Eles queriam criar um conjunto de valores e princípios leves em oposição aos pesados processos de desenvolvimento de software, como o desenvolvimento em cascata, e metodologias como o Processo Unificado Racional.

Um princípio importante era "entregar software funcional frequentemente, dentro de algumas semanas a alguns meses, preferencialmente com o prazo de execução mais curto", enfatizando o desejo de lotes pequenos e releases incrementais, em vez de grandes releases em cascata. Outros princípios enfatizavam a necessidade de equipes pequenas e motivadas trabalhando em um modelo de gestão de alta confiança.

Credita-se ao princípio ágil o significativo aumento na produtividade de muitas organizações de desenvolvimento. E é interessante notar que muitos momentos importantes na história do DevOps também ocorreram dentro da comunidade ágil ou em conferências Ágeis, como descrito a seguir.

INFRAESTRUTURA ÁGIL E O MOVIMENTO VELOCITY

Na conferência Ágil de 2008, em Toronto, Canadá, Patrick Debois e Andrew Schafer organizaram uma sessão "BoF" (ou seja, informal) sobre a aplicação de princípios ágeis na infraestrutura, em vez de código de aplicação. Embora fossem os únicos a comparecer, rapidamente ganharam adeptos de mesma mentalidade, incluindo o coautor John Willis.

Posteriormente, na conferência Velocity de 2009, John Allspaw e Paul Hammond fizeram a apresentação seminal "10 Deploys per Day: Dev and Ops Cooperation at Flickr", onde descreveram como criaram objetivos compartilhados entre Dev e Ops e usaram práticas de integração contínua para tornar a implementação parte do trabalho diário de todo mundo. Segundo relatos em primeira mão, todos os que participaram da apresentação souberam imediatamente que estavam diante de algo profundo e de significado histórico.

Patrick Debois não estava presente, mas ficou tão entusiasmado com a ideia de Allspaw e Hammond que criou o primeiro DevOpsDays, em Ghent, Bélgica (onde morava), em 2009. Lá o termo "DevOps" foi cunhado.

O MOVIMENTO ENTREGA CONTÍNUA

Consolidando o desenvolvimento da disciplina de build contínuo, teste e integração contínuos, Jez Humble e David Farley ampliaram o conceito para *entrega contínua*, que definiu o papel de um "pipeline de implementação" para garantir que código e infraestrutura estejam sempre em um estado implementável e que todo código inserido no trunk possa ser implementado na produção com segurança. Essa ideia foi apresentada pela primeira vez na conferência Ágil de 2006 e também foi desenvolvida independentemente, em 2009, por Tim Fitz, em um post de seu blog, intitulado "Continuous Deployment".†

TOYOTA KATA

Em 2009, Mike Rother escreveu *Toyota Kata: Gerenciando Pessoas para Melhoria, Adaptabilidade e Resultados Excepcionais*, que enquadrava sua jornada de 20 anos para entender e codificar o Sistema Toyota de Produção. Ele foi um dos alunos graduados a viajar com executivos da GM para visitar as instalações da Toyota e que ajudaram a desenvolver o kit de ferramentas Lean, mas ficou surpreso quando nenhuma das empresas a adotar essas práticas reproduziu o nível de desempenho observado na Toyota.

Ele concluiu que a comunidade Lean não percebeu a prática mais importante de todas, a qual chamou de *melhoria kata*. Ele explica que toda organização tem rotinas de trabalho e a melhoria kata exige a criação de uma estrutura para a prática diária habitual de melhoria do trabalho, pois é essa prática diária que melhora os resultados. O ciclo constante de estabelecimento de estados futuros desejados, definir resultados-alvo semanais e a melhoria contínua do trabalho diário foi o que guiou a melhoria na Toyota.

O que foi dito descreve a história do DevOps e os movimentos relevantes aos quais recorre. No restante da Parte I, examinamos fluxos de valor, como os princípios Lean podem ser aplicados ao fluxo de valor tecnológico e as Três Maneiras de Fluxo, Feedback e Aprendizado Contínuo e Experimentação.

---

† DevOps também amplia e desenvolve as práticas de *infraestrutura como código*, cujos pioneiros foram o dr. Mark Burgess, Luke Kanies e Adam Jacob. Na infraestrutura como código, o trabalho de Operações é automatizado e tratado como código de aplicação, de modo que práticas de desenvolvimento modernas podem ser aplicadas a todo o fluxo de desenvolvimento. Isso permite um rápido fluxo de implementação, incluindo integração contínua (cujo pioneiro foi Grady Booch e foi integrada como uma das 12 práticas fundamentais da Programação Extrema), entrega contínua (cujos pioneiros foram Jez Humble e David Farley) e implementação contínua (cujos pioneiros foram Etsy, Wealthfront e o trabalho de Eric Ries na IMVU).

1 Filosofia Ágil, Entrega Contínua e as Três Maneiras

Neste capítulo é apresentada uma introdução à teoria básica da Manufatura Lean, assim como as Três Maneiras, os princípios a partir dos quais todos os comportamentos de DevOps observados podem ser derivados.

Nosso foco aqui é principalmente teoria e princípios, descrevendo muitas décadas de lições aprendidas da manufatura, organizações de alta confiabilidade, modelos de gestão de alta confiança e outros, a partir dos quais as práticas de DevOps foram derivadas. Os princípios e padrões concretos resultantes e sua aplicação prática no fluxo de valor tecnológico são apresentados nos capítulos restantes do livro.

O FLUXO DE VALOR DA MANUFATURA

Um dos conceitos fundamentais na filosofia Lean é o *fluxo de valor*. Vamos defini-lo primeiro no contexto da manufatura, e então extrapolar como ele se aplica ao DevOps e ao fluxo de valor tecnológico.

Karen Martin e Mike Osterling definem fluxo de valor, em seu livro *Value Stream Mapping: How to Visualize Work and Align Leadership for Organizational Transformation* (Mapeamento de Fluxo de Valor: Como Visualizar o Trabalho e Alinhar a Liderança para Transformação Organizacional, em tradução livre), como "a sequência de atividades em uma organização para entregar um pedido do cliente" ou "a sequência de atividades exigidas para projetar, produzir e entregar um bem ou serviço para um cliente, incluindo os fluxos duplos de informações e materiais".

Nas operações de manufatura, o fluxo de valor frequentemente é fácil de ver e observar: ele começa quando um pedido de cliente é recebido e as matérias-primas são liberadas no chão da fábrica. Para permitir tempos de execução curtos e previsíveis em qualquer fluxo de valor, normalmente há um enfoque contínuo na criação de um fluxo de trabalho suave e equilibrado, usando técnicas como lotes pequenos, reduzindo o trabalho em andamento (WIP, *work in process*), evitando retrabalho para não passarmos defeitos para os núcleos de trabalho e otimizando constantemente nosso sistema na direção de nossos objetivos globais.

O FLUXO DE VALOR TECNOLÓGICO

Os mesmos princípios e padrões que permitem o fluxo de trabalho rápido em processos físicos são igualmente aplicáveis em trabalho tecnológico (e, quanto a isso, para todo trabalho de conhecimento). Em DevOps, normalmente definimos fluxo de valor tecnológico como o processo exigido para converter uma hipótese comercial em um serviço tecnológico que entrega valor para o cliente.

A entrada de nosso processo é a formulação de um objetivo, conceito, ideia ou hipótese comercial, e começa quando aceitamos o trabalho no Desenvolvimento, adicionando-o ao nosso acúmulo de trabalho comprometido.

A partir daí, as equipes de desenvolvimento que seguem um processo ágil ou iterativo típico provavelmente transformarão essa ideia em histórias de usuário e algum tipo de especificação de recurso, a qual é implementada em código na aplicação ou serviço que está sendo criado. Então o código é inserido no repositório de controle de versão, onde cada mudança é integrada e testada com o resto do sistema de software.

Como o valor é gerado somente quando nossos serviços estão funcionando na produção, devemos garantir que não estejamos apenas entregando fluxo rápido, mas que nossas implementações também possam ser feitas sem causar caos e interrupções, como paradas de serviço, deteriorações de serviço ou falhas de segurança ou conformidade.

FOCO NO TEMPO DE EXECUÇÃO DE IMPLEMENTAÇÃO

No restante deste livro, nossa atenção se voltará ao tempo de execução de implementação, um subconjunto do fluxo de valor descrito anteriormente. Esse fluxo de valor começa quando qualquer engenheiro[†] em nosso fluxo de valor (que inclui Desenvolvimento, QA, Operações de TI e Infosec) insere uma mudança no controle de versão e termina quando essa mudança está funcionando na produção, fornecendo valor para o cliente e gerando feedback e telemetria úteis.

A primeira fase do trabalho, que inclui Design e Desenvolvimento, é parecida com o Desenvolvimento Lean de Produtos e é altamente variável e incerta,

---

† *Engenheiro* se refere a qualquer um que trabalhe em nosso fluxo de valor, não apenas desenvolvedores.

frequentemente exigindo muita criatividade e trabalho que pode nunca mais ser realizado, resultando em alta variação de tempos de processo. Em contraste, a segunda fase do trabalho, que inclui Testes e Operações, é parecida com a Manufatura Lean. Exige criatividade e expertise, e se esforça para ser previsível e mecanicista, com o objetivo de obter saídas de trabalho com variação minimizada (por exemplo, tempos de execução curtos e previsíveis, defeitos próximos a zero).

Em vez de lotes de trabalho grandes serem processados sequencialmente no fluxo de valor de design/desenvolvimento e, então, pelo fluxo de valor de testes/operações (como quando temos um processo em cascata de lote grande ou ramificações de recurso de vida longa), nosso objetivo é fazer com que testes e operações ocorram simultaneamente com design/desenvolvimento, possibilitando fluxo rápido e alta qualidade. Esse método tem êxito quando trabalhamos com lotes pequenos e incluímos qualidade em cada parte de nosso fluxo de valor.[‡]

DEFINIÇÃO DE TEMPO DE EXECUÇÃO VS. TEMPO DE PROCESSAMENTO

Na comunidade Lean, tempo de execução é uma das duas medidas comumente usadas para medir desempenho em fluxos de valor, sendo a outra o tempo de processamento (às vezes conhecido como tempo de contato ou tempo de tarefa).[§]

Enquanto o relógio do tempo de execução inicia quando o pedido é feito e termina quando é cumprido, o relógio do tempo de processo inicia somente quando começamos a trabalhar no pedido do cliente — especificamente, ele omite o tempo em que o trabalho está na fila, esperando para ser processado (Figura 2).

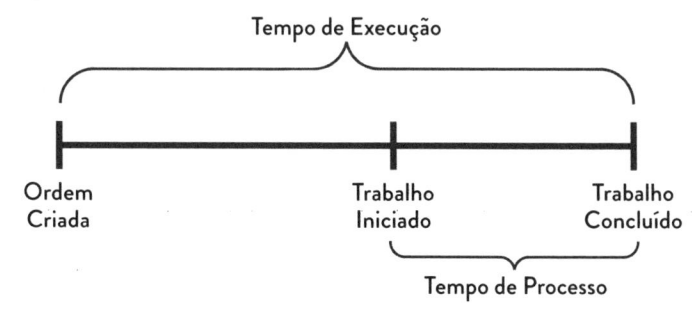

Figura 2. *Tempo de execução vs. tempo de processo de uma operação de implementação*

---

‡ Na verdade, com técnicas como o desenvolvimento guiado por testes, os testes ocorrem antes que a primeira linha de código seja escrita.

§ Neste livro, o termo *tempo de processo* será usado pelo mesmo motivo mencionado por Karen Martin e Mike Osterling: "Para minimizar a confusão, evitamos o uso do termo tempo de ciclo, pois ele tem várias definições sinônimas, como tempo de processamento e ritmo ou frequência de saída, para citar alguns".

Como o tempo de execução é o que o cliente experimenta, normalmente focamos nele nossa atenção para melhorias, em vez de no tempo de processo. Contudo, a proporção entre tempo de processo e tempo de execução serve como uma medida de eficiência importante — conseguir fluxo rápido e tempos de execução curtos quase sempre exige reduzir o tempo que nosso trabalho fica esperando nas filas.

O CENÁRIO COMUM: TEMPOS DE EXECUÇÃO DE IMPLEMENTAÇÃO EXIGINDO MESES

Nas empresas, como de costume, frequentemente nos encontramos em situações em que nossos tempos de execução de implementação exigem meses. Isso é particularmente comum em organizações grandes e complexas que trabalham com aplicações monolíticas fortemente acopladas, frequentemente com ambientes de teste de integração escassos, tempos de execução longos em ambiente de teste e produção, alta dependência de testes manuais e exigência de vários processos de aprovação. Quando isso ocorre, nosso fluxo de valor pode ser como o da Figura 3:

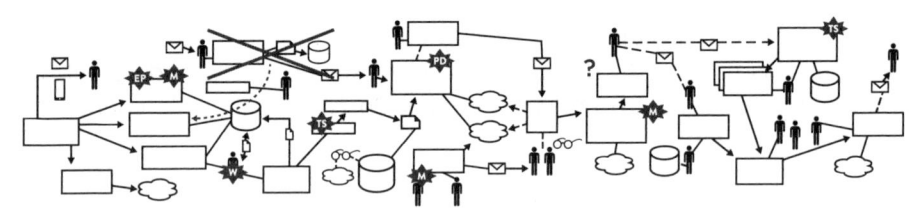

Figura 3: *Um fluxo de valor tecnológico com tempo de execução de implementação de três meses (Fonte: Damon Edwards, "DevOps Kaizen," 2015.)*

Quando temos longos tempos de execução de implementação, é exigido heroísmo em quase todos os estágios do fluxo de valor. Podemos descobrir que nada funciona no final do projeto, quando mesclamos todas as mudanças da equipe de desenvolvimento, resultando em código que não compila mais corretamente ou passa em todos os nossos testes. Corrigir cada problema exige dias ou semanas de investigação para determinar quem estragou o código e como ele pode ser corrigido, e os resultados ainda são ruins para o cliente.

NOSSO DEVOPS IDEAL: TEMPOS DE EXECUÇÃO DE IMPLEMENTAÇÃO DE MINUTOS

No DevOps ideal, os desenvolvedores recebem feedback rápido e constante sobre seu trabalho, o que permite a eles implementar, integrar e validar seu código rápida e independentemente, e implementá-lo no ambiente de produção (implementando o código eles mesmos ou sendo implementado por outros).

Conseguimos isso inserindo continuamente pequenas alterações de código em nosso repositório de controle de versão, realizando neles testes automatizados e exploratórios e implementando-os na produção. Isso nos permite ter alto grau de confiança de que nossas mudanças funcionarão na produção conforme projetadas e que quaisquer problemas poderão ser rapidamente detectados e corrigidos.

Isso é mais facilmente conseguido quando temos uma arquitetura modular, bem encapsulada e pouco acoplada, de modo que equipes pequenas consigam trabalhar com bastante autonomia, com falhas pequenas e contidas, e sem causar interrupções globais.

Nesse cenário, nosso tempo de execução de implementação é medido em minutos ou, no pior caso, em horas. Nosso mapa de fluxo de valor resultante deve ser parecido com o da Figura 4:

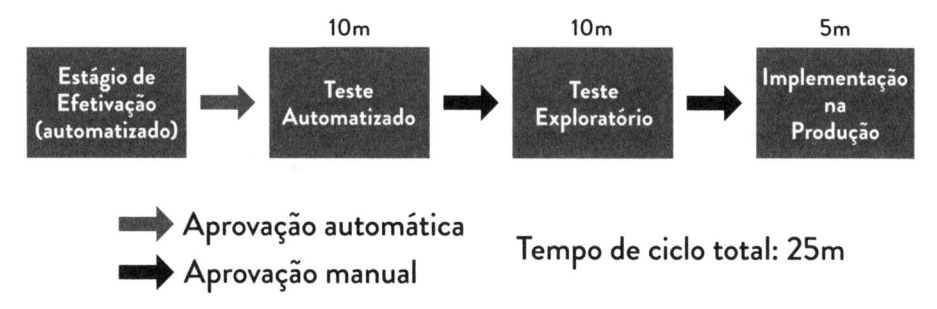

```
     10m              10m              5m
Estágio de        Teste           Teste        Implementação
Efetivação   →  Automatizado  →  Exploratório  →      na
(automatizado)                                     Produção
```

➡ Aprovação automática
➡ Aprovação manual   Tempo de ciclo total: 25m

Figura 4: *Um fluxo de valor tecnológico com tempo de execução de minutos*

OBSERVANDO "%C/P" COMO MEDIDA DE RETRABALHO

Além dos tempos de execução e dos tempos de processo, a terceira métrica importante no fluxo de valor tecnológico é o percentual de conclusão e precisão (%C/P). Essa métrica reflete a qualidade da saída de cada etapa em nosso fluxo de valor. Karen Martin e Mike Osterling dizem que "o %C/P pode ser obtido ao perguntar aos clientes qual é a porcentagem do tempo em que eles recebem trabalho 'utilizável no estado em que está', significando que podem fazer seus trabalhos sem ter de corrigir a informação fornecida, adicionar informação ausente que deveria ter sido fornecida ou esclarecer informação que deveria e poderia ser mais clara".

AS TRÊS MANEIRAS: OS PRINCÍPIOS FUNDAMENTAIS DO DEVOPS

O Projeto Fênix apresenta as Três Maneiras como o conjunto de princípios básicos a partir dos quais são derivados todos os comportamentos e padrões observados do DevOps (Figura 5).

A Primeira Maneira possibilita o fluxo de trabalho rápido da esquerda para a direita, do Desenvolvimento para Operações e para o cliente. Para maximizar o fluxo, precisamos tornar o trabalho visível, reduzir o tamanho de nossos lotes e intervalos de trabalho, incorporar qualidade, evitando que defeitos sejam passados para núcleos de trabalho mais adiante, e otimizar constantemente, tendo em vista os objetivos globais.

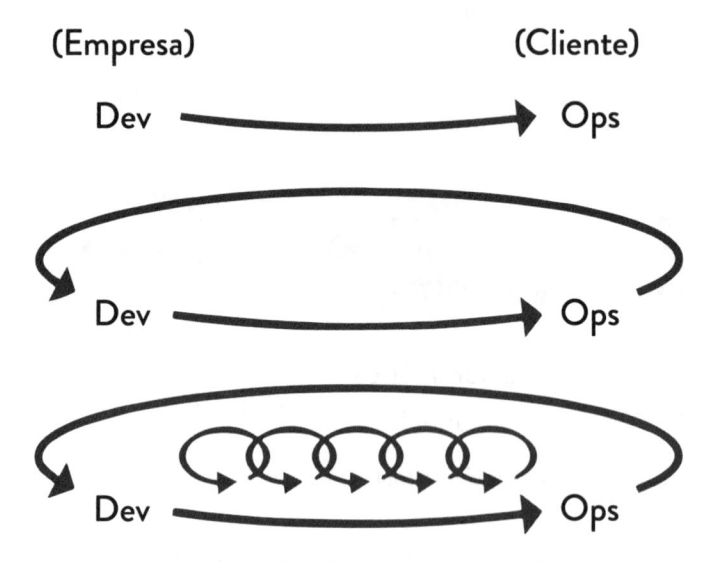

Figura 5: As Três Maneiras (Fonte: Gene Kim, "The Three Ways: The Principles Underpinning DevOps," blog IT Revolution Press, acessado em 9 de agosto de 2016, http://itrevolution.com/the-three-ways-principles-underpinning-devops/.)

Acelerando o fluxo de valor tecnológico, reduzimos o tempo de execução exigido para cumprir solicitações internas ou do cliente, especialmente o necessário para implementar código no ambiente de produção. Fazendo isso, aumentamos a qualidade do trabalho e o nosso rendimento e aumentamos nossa capacidade de experimentar a concorrência.

As práticas resultantes incluem build contínuo, integração, teste e implementação, criar ambientes por encomenda, limitar o trabalho em andamento (WIP) e construir sistemas e organizações que são seguras para mudar.

A Segunda Maneira permite fluxo de feedback rápido e constante, da direita para a esquerda, em todos os estágios de nosso fluxo de valor. Ela exige que amplifiquemos o feedback para evitar que os problemas ocorram novamente, ou permitam detecção e recuperação mais rápidas. Fazendo isso, criamos qualidade na fonte e geramos ou incorporamos conhecimento onde ele é necessário — isso nos permite criar sistemas de trabalho cada vez mais seguros, nos quais os problemas são encontrados e corrigidos bem antes que ocorra uma falha catastrófica.

Vendo os problemas à medida que ocorrem e enxameando-os até que contramedidas eficazes estejam em vigor, reduzimos e ampliamos continuamente nossos loops de feedback, um princípio básico de praticamente todas as metodologias de melhoria de processo modernas. Isso maximiza as oportunidades para nossa organização aprender e melhorar.

A Terceira Maneira possibilita a criação de uma cultura produtiva de alta confiança que dá suporte para uma abordagem científica dinâmica e disciplinada à experimentação e à tomada de risco, facilitando a criação de aprendizado organizacional, a partir de nossos sucessos e falhas. Além disso, reduzindo e ampliando continuamente nossos loops de feedback, criamos sistemas de trabalho ainda mais seguros e podemos assumir riscos e fazer experiências que nos ajudem a aprender mais rápido do que a concorrência e a vencer no mercado.

Como parte da Terceira Maneira, também projetamos nosso sistema de trabalho de modo a podermos multiplicar os efeitos de novos conhecimentos, transformando descobertas locais em melhorias globais. Independentemente de onde alguém trabalha, faz isso com a experiência acumulada e coletiva de todos na organização.

CONCLUSÃO

Neste capítulo descrevemos os conceitos de fluxos de valor, tempo de execução como uma das medidas importantes da eficácia de fluxos de valor de manufatura e tecnologia, e os conceitos de alto nível por trás de cada uma das Três Maneiras, os princípios que fundamentam o DevOps.

Nos próximos capítulos, os princípios de cada uma das Três Maneiras são descritos com mais detalhes. O primeiro desses princípios é o Fluxo, que se concentra em como criamos o fluxo de trabalho rápido em qualquer fluxo de valor, seja em manufatura ou trabalho tecnológico. As práticas que possibilitam o fluxo rápido são descritas na Parte III.

2 A Primeira Maneira: Os Princípios do Fluxo

No fluxo de valor tecnológico, o trabalho normalmente flui do Desenvolvimento para Operações, as áreas funcionais entre nossa empresa e nossos clientes. A Primeira Maneira exige fluxo de trabalho rápido e suave do Desenvolvimento para Operações, a fim de entregar valor rapidamente para os clientes. Otimizamos visando esse objetivo global, em vez de objetivos locais, como taxas de conclusão de recurso do Desenvolvimento, relações encontrar/corrigir testes ou medidas de disponibilidade de Ops.

Aumentamos o fluxo tornando o trabalho visível, reduzindo o tamanho dos lotes e os intervalos de trabalho, e incorporando qualidade, evitando que defeitos passem para núcleos de trabalho mais adiante. Acelerando a fluidez pelo fluxo de valor tecnológico, reduzimos o tempo de execução exigido para atender pedidos de clientes internos e externos, aumentando a qualidade de nosso trabalho, enquanto nos tornamos mais ágeis e capazes de experimentar a concorrência.

Nosso objetivo é diminuir o tempo exigido para implementar mudanças na produção e aumentar a confiabilidade e a qualidade desses serviços. Pistas sobre como fazemos isso no fluxo de valor tecnológico podem ser obtidas a partir de como os princípios Lean foram aplicados ao fluxo de valor da manufatura.

TORNAR NOSSO TRABALHO VISÍVEL

Uma diferença significativa entre fluxos de valor tecnológico e de manufatura é que nosso trabalho é invisível. Ao contrário dos processos físicos, no fluxo de valor tecnológico não podemos ver facilmente onde o fluxo está sendo obstruído ou quando o trabalho está se acumulando em núcleos de trabalho limitados. A transferência de trabalho entre núcleos quase sempre é altamente visível e lenta, pois o inventário precisa ser movido fisicamente.

Contudo, no trabalho tecnológico o movimento pode ser feito com um clique de um botão, como na reatribuição de uma ordem de serviço para outra equipe. Como isso é muito fácil, o trabalho pode saltar entre as equipes indefinidamente, devido a informação incompleta, ou ser passado para núcleos de trabalho mais adiante, com problemas que permanecem completamente invisíveis, até que estejamos atrasados para entregar o que prometemos para o cliente ou que nossa aplicação falhe no ambiente de produção.

Para ajudar a ver onde o trabalho está fluindo bem e onde está enfileirado ou parado, precisamos torná-lo o mais visível possível. Um dos melhores métodos para fazer isso é usar quadros de trabalho visuais, como os quadros kanban ou painéis de planejamento de sprint, onde podemos representar o trabalho em cartões físicos ou eletrônicos. O trabalho se origina na esquerda (frequentemente extraído de uma pilha), é puxado de um núcleo de trabalho para outro (representados em colunas) e termina quando atinge o lado direito do quadro, normalmente em uma coluna chamada "feito" ou "em produção".

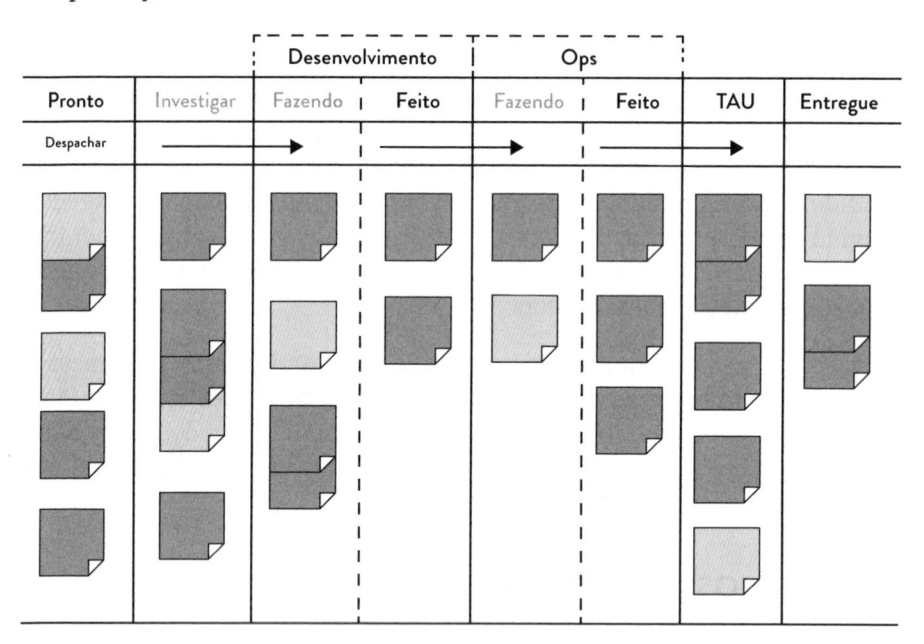

Figura 6: *Um exemplo de quadro kanban abrangendo Requisitos, Dev, Teste, Preparação e Em Produção (Fonte: David J. Andersen e Dominica DeGrandis, Kanban for ITOps, training materials for workshop, 2012.)*

Nosso trabalho não apenas se torna visível, mas também podemos gerenciá-lo para que flua da esquerda para a direita o mais rápido possível.

Além disso, podemos medir o tempo de execução desde quando um cartão é colocado no quadro até quando é movido para a coluna "Feito".

Idealmente, nosso quadro kanban abrangerá o fluxo de valor inteiro, definindo o trabalho como concluído somente quando ele atingir o lado direito do quadro (Figura 6). O trabalho não está feito quando o Desenvolvimento completa a implementação de um recurso —, mas quando nossa aplicação está funcionando na produção, entregando valor para o cliente.

Ao colocar todo o trabalho de cada núcleo de trabalho em filas e tornando-o visível, todos os interessados podem priorizá-lo mais facilmente no contexto dos objetivos globais. Isso permite que cada núcleo se dedique ao trabalho de prioridade mais alta até que ele seja concluído, aumentando o rendimento.

LIMITAR O TRABALHO EM ANDAMENTO (WIP)

Na manufatura, o trabalho diário normalmente é ditado por uma agenda de produção gerada regularmente (por exemplo, diariamente, semanalmente), estabelecendo quais tarefas devem ser executas com base em pedidos de clientes, datas de entrega do pedido, peças disponíveis, e assim por diante.

Na tecnologia, o trabalho normalmente é bem mais dinâmico — isso acontece especialmente em serviços compartilhados, nos quais as equipes precisam atender às demandas de muitos interessados diferentes. Como resultado, o trabalho diário é dominado pela prioridade *du jour*, frequentemente com pedidos de trabalho urgente chegando por meio de cada mecanismo de comunicação possível, incluindo sistemas de emissão de tíquetes, chamadas de interrupção, e-mails, ligações telefônicas, salas de bate-papo e escalas da gerência.

Na manufatura, as interrupções também são altamente visíveis e dispendiosas, frequentemente exigindo parar o trabalho atual e descartar qualquer trabalho em andamento incompleto para iniciar o novo. Esse alto nível de esforço desencoraja as interrupções frequentes.

Contudo, é fácil interromper trabalhadores da tecnologia, pois as consequências são invisíveis para quase todo mundo, mesmo que o impacto negativo na produtividade possa ser bem maior que o da manufatura. Por exemplo, um engenheiro incumbido de vários projetos deve alternar entre as tarefas, incorrendo em todos os custos de restabelecimento de contexto, assim como em regras cognitivas e objetivos.

Estudos têm mostrado que o tempo para concluir tarefas simples, como ordenar formas geométricas, degrada significativamente em casos de multitarefa. Evidentemente, como nosso trabalho no fluxo de valor tecnológico é bem mais cognitivamente complexo do que classificar formas geométricas, os efeitos da multitarefa no tempo de processo são muito piores.

Podemos limitar a multitarefa quando usamos um quadro kanban para gerenciar nosso trabalho, como ao codificar e impor limites de trabalho em andamento (WIP) por cada coluna ou núcleo de trabalho que coloque um limite máximo no número de cartões existentes em uma coluna.

Por exemplo, podemos definir um limite de WIP de três cartões para testes. Quando já houver três cartões na faixa de teste, nenhum outro poderá ser adicionado, a não ser que um cartão seja completado ou removido da coluna "em trabalho" e recolocado na fila (isto é, recolocar o cartão na coluna da esquerda). Não se pode trabalhar em nada até que seja primeiro representado em um cartão de trabalho, reforçando que todo trabalho deve estar visível.

Dominica DeGrandis, uma importante especialista no uso de kanbans em fluxos de valor de DevOps, observa que "controlar o tamanho da fila [WIP] é uma ferramenta de gerenciamento extremamente poderosa, pois é um dos principais indicadores do tempo de execução — na maioria dos itens de trabalho, não sabemos quanto tempo levará até que esteja realmente concluído".

Limitar o WIP também facilita ver os problemas que impedem a conclusão do trabalho.† Por exemplo, quando limitamos o WIP, descobrimos que talvez não possamos fazer nada, porque estamos esperando outra pessoa. Embora possa ser tentador iniciar trabalho novo (isto é, "é melhor fazer alguma coisa do que nada"), uma ação bem melhor seria descobrir o que está causando o atraso e ajudar a corrigir o problema. A multitarefa nociva frequentemente ocorre quando pessoas são designadas a vários projetos, resultando em muitos problemas de priorização.

Em outras palavras, como David J. Anderson, autor de *Kanban: Mudança Evolucionária de Sucesso Para Seu Negócio de Tecnologia*, gracejou: "Pare de começar. Comece a terminar".

REDUZIR O TAMANHO DOS LOTES

Outro componente importante para a criação de fluxo rápido e suave é executar o trabalho em lotes pequenos. Antes da revolução da manufatura Lean, era comum fabricar em lotes (ou grupos) grandes, especialmente em operações nas quais a preparação da tarefa ou a troca entre tarefas era demorada ou dispendiosa. Por exemplo, produzir grandes painéis para a lataria de

---

† Taiichi Ohno comparou a imposição de limites de WIP a drenar água do rio do inventário para revelar todos os problemas que obstruem o fluxo rápido.

carros exige preparar chapas grandes e pesadas em máquinas de estampagem de metal, um processo que pode levar dias. Quando o custo da troca de ferramenta é alto, frequentemente estampamos simultaneamente o máximo de painéis possível, criando grandes lotes para reduzir o número de trocas.

Contudo, lotes grandes resultam em níveis altíssimos de WIP e altos níveis de variação no fluxo, que se dissemina por toda a instalação de manufatura. O resultado são tempos de execução longos e qualidade ruim — se um problema for encontrado em um painel, o lote inteiro precisa ser descartado.

Uma das lições importantes na filosofia Lean é que, para reduzir os tempos de execução e aumentar a qualidade, precisamos lutar para reduzir continuamente o tamanho dos lotes. O limite inferior teórico para tamanho de lote é o *fluxo de uma peça*, em que cada operação é realizada uma unidade por vez.[‡]

As diferenças significativas entre lotes pequenos e grandes podem ser vistas na simulação de envio de boletim descrita em *A Mentalidade Enxuta nas Empresas Lean Thinking: Elimine o Desperdício e Crie Riqueza*, de James P. Womack e Daniel T. Jones.

Suponha que em nosso exemplo tenhamos dez brochuras para enviar e que remeter cada brochura exija quatro passos: dobrar o papel, inserir o papel no envelope, lacrar o envelope e colocar o selo.

A estratégia do lote grande (isto é, "produção em massa") seria executar sequencialmente uma operação em cada uma das dez brochuras. Em outras palavras, primeiro dobraríamos todas as dez folhas de papel, inseriríamos cada uma delas nos envelopes, lacraríamos todos os dez envelopes, e então os selaríamos.

Por outro lado, na estratégia do lote pequeno (isto é, "fluxo de uma peça"), todos os passos exigidos para completar cada brochura são executados sequencialmente antes de iniciar a próxima brochura. Em outras palavras, dobramos uma folha de papel, a inserimos no envelope, lacramos e selamos o envelope — somente então reiniciamos o processo com a folha de papel seguinte.

A diferença entre usar lotes pequenos e grandes é significativa (veja a Figura 7). Suponha que cada uma das quatro operações leve dez segundos para cada um dos dez envelopes. Com a estratégia do tamanho de lote grande, o primeiro envelope concluído e selado é produzido somente após 310 segundos.

Pior, suponha que durante a operação de selagem do envelope descobrimos que cometemos um erro no primeiro passo da dobragem — neste caso, o

---

‡ Também conhecido como "tamanho de lote um" ou "fluxo 1x1", termos que se referem ao tamanho do lote e a um limite de WIP igual a um.

mais cedo que descobriríamos o erro seria em 200 segundos, e precisaríamos dobrar e inserir novamente todas as dez brochuras em nosso lote.

Lotes grandes

| F1 | F2 | F3 | F4 | F5 | I1 | I2 | I3 | I4 | I5 | Se1 | Se2 | Se3 | Se4 | Se5 | St1 | St2 | St3 | St4 | St5 |

ESPERANDO ⟶ Primeiro produto pronto

Fluxo de uma peça

| F1 | I1 | Se1 | St1 | F2 | I2 | Se2 | St2 | F3 | I3 | Se3 | St3 | F4 | I4 | Se4 | St4 | F5 | I5 | Se5 | St5 |

ESPERANDO ⟶ Primeiro produto pronto

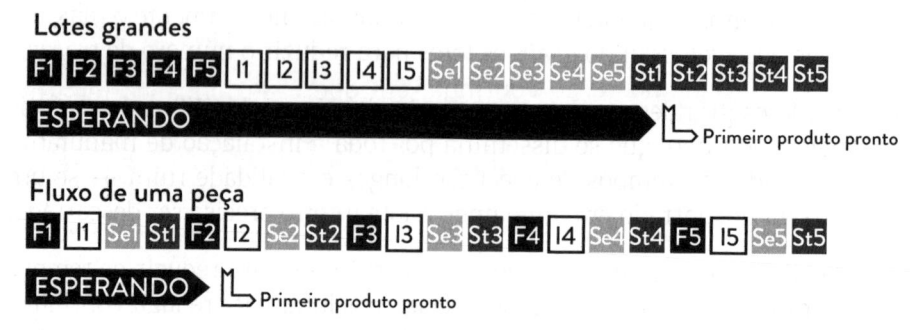

Figura 7: Simulação de "jogo do envelope" (dobrar, inserir, lacrar e selar o envelope) (Fonte: Stefan Luyten, "Single Piece Flow: Why mass production isn't the most efficient way of doing 'stuff'", Medium.com, 8 de agosto de 2014, https://medium.com/@stefanluyten/single-piece-flow-5d-2c2bec845b#.907sn74ns.)

Em contraste, na estratégia de lote pequeno, o primeiro envelope selado concluído é produzido em apenas 40 segundos, oito vezes mais rápido que na estratégia de lote grande. E se cometermos um erro no primeiro passo, só precisaremos refazer uma brochura de nosso lote. Lotes pequenos resultam em menos WIP, tempos de execução menores, detecção de erros mais rápida e menos retrabalho.

Os resultados negativos associados aos lotes grandes são tão relevantes para o fluxo de valor tecnológico quanto para a manufatura. Pense em quando temos uma agenda anual para releases de software, em que o código de um ano inteiro no qual o Desenvolvimento trabalhou é lançado para implementação na produção.

Como na manufatura, esse release de lote grande cria altos níveis repentinos de WIP e grandes interrupções em todos os núcleos de trabalho mais adiante, resultando em fluxo ruim e resultados de má qualidade. Isso valida nossa experiência comum de que, quanto maior a mudança que entra em produção, mais difícil é diagnosticar e corrigir erros de produção, e é mais demorado para remediar.

Em uma postagem em *Startup Lessons Learned*, Eric Ries afirma: "O tamanho do lote é a unidade na qual os produtos de trabalho se movem entre os estágios em um processo de desenvolvimento [ou DevOps]. Para o software, o lote mais fácil de ver é o código. Sempre que um engenheiro registra código, está colocando em um lote certo volume de trabalho. Há muitas técnicas para controlar esses lotes, variando desde lotes minúsculos, necessários para implementação contínua, até o desenvolvimento baseado em ramos mais tradicional, em que todo o código de vários desenvolvedores trabalhando por semanas ou meses é colocado em lotes e integrado".

O equivalente ao fluxo de uma peça no fluxo de valor tecnológico é percebido com a implementação contínua, em que cada mudança feita no controle de versão é integrada, testada e implementada na produção. As práticas que possibilitam isso são descritas na Parte IV.

REDUZIR O NÚMERO DE TRANSFERÊNCIAS

No fluxo de valor tecnológico, quando temos tempos de execução de implementação longos, medidos em meses, frequentemente isso acontece porque são necessárias centenas (ou até milhares) de operações para mover nosso código do controle de versão para o ambiente de produção. Transmitir código pelo fluxo de valor exige que vários departamentos trabalhem em uma variedade de tarefas, incluindo testes funcionais, testes de integração, criação de ambiente, administração de servidor, administração de armazenamento, rede, equilíbrio de carga e segurança da informação.

Sempre que o trabalho passa de uma equipe para outra, são exigidos todos os tipos de comunicação: solicitação, especificação, sinalização, coordenação e, frequentemente, priorização, agendamento, eliminação de conflitos, testes e verificação. Isso pode exigir o uso de diferentes sistemas de designação ou gestão de projeto, escrever documentos de especificação técnica, comunicação por meio de reuniões, e-mails ou ligações telefônicas, e o uso de compartilhamentos de sistema de arquivo, servidores FTP e páginas Wiki.

Cada uma dessas etapas é uma fila em potencial, na qual o trabalho esperará quando contarmos com recursos compartilhados entre diferentes fluxos de valor (por exemplo, operações centralizadas). Os tempos de execução para esses pedidos frequentemente são tão longos que há escalas constantes para que o trabalho seja executado dentro dos cronogramas necessários.

Mesmo sob as melhores circunstâncias, inevitavelmente algum conhecimento é perdido em cada transferência. Com transferências suficientes, o trabalho pode perder completamente o contexto do problema que está sendo resolvido ou o objetivo organizacional que está sendo suportado. Por exemplo, um administrador de servidor pode ver um tíquete recentemente criado, solicitando que contas de usuário sejam criadas, sem saber para qual aplicativo ou serviço, por que elas precisam ser criadas, quais são todas as dependências ou se é trabalho recorrente.

Para diminuir esses tipos de problemas, nos esforçamos para reduzir o número de transferências, ou automatizando partes significativas do trabalho ou reorganizando as equipes para que elas mesmas possam entregar valor para o cliente, em vez de serem constantemente dependentes das outras. Como resultado, aumentamos o fluxo ao reduzir a quantidade de tempo que nosso trabalho perde esperando na fila, assim como a quantidade de tempo sem valor agregado. (Veja o Apêndice 4.)

IDENTIFICAR E ELEVAR CONTINUAMENTE NOSSAS RESTRIÇÕES

Para reduzir os tempos de execução e aumentar o rendimento, precisamos identificar continuamente as restrições de nosso sistema e melhorar sua capacidade de trabalho. Em *Beyond the Goal* (*Além da Meta*, em tradução livre), dr. Goldratt afirma: "Em qualquer fluxo de valor há sempre uma direção de fluxo e há sempre uma única restrição; qualquer melhoria não feita na restrição é uma ilusão". Se melhorarmos um núcleo de trabalho que esteja posicionado antes da restrição, o trabalho simplesmente se acumulará ainda mais rápido no gargalo, esperando para ser realizado pelo núcleo de trabalho engarrafado.

Por outro lado, se melhorarmos um núcleo de trabalho posicionado depois do gargalo, ele continuará exaurido, esperando pelo trabalho para eliminar o gargalo. Como solução, o dr. Goldratt definiu as "cinco etapas de enfoque":

- Identificar a restrição do sistema.
- Decidir como explorar a restrição do sistema.
- Subordinar todo o resto às decisões acima.
- Elevar a restrição do sistema.
- Se nas etapas anteriores uma restrição foi superada, voltar à etapa um, mas não permitir que a inércia cause uma restrição de sistema.

Nas transformações de DevOps típicas, à medida que progredimos de tempos de execução de implementação medidos em meses ou trimestres para tempos de execução medidos em minutos, a restrição normalmente segue esta progressão:

- **Criação de ambiente:** Não podemos obter implementações sob demanda se sempre precisamos esperar semanas ou meses por ambientes de produção ou teste. A contramedida é criar ambientes sob demanda e completamente self-service, para que sempre estejam disponíveis quando precisarmos.

- **Implementação de código:** Não podemos obter implementações sob demanda se cada uma de nossas implementações de código de produção demora semanas ou meses (isto é, cada implementação exige 1.300 etapas manuais propensas a erros, envolvendo até 300 engenheiros). A contramedida é automatizar nossas implementações o máximo possível, com o objetivo de serem completamente automatizadas para que possam ser feitas de modo self-service por qualquer desenvolvedor.

- **Configuração e execução de teste:** Não podemos obter implementações sob demanda se toda implementação de código exige duas semanas para configurar ambientes de teste e conjuntos de dados, e outras quatro semanas para executar manualmente todos os nossos testes de regressão. A contramedida é automatizar nossos testes para que possamos executar implementações com segurança e paralelizá-las para que a velocidade dos testes acompanhe a velocidade de nosso desenvolvimento de código.

- **Arquitetura excessivamente rígida:** Não podemos obter implementações sob demanda se uma arquitetura excessivamente rígida significa que, sempre que quisermos fazer uma mudança de código, precisaremos mandar nossos engenheiros para reuniões do comitê a fim de obter permissão para fazer mudanças. Nossa contramedida é criar uma arquitetura menos acoplada para que mudanças possam ser feitas com segurança e com mais autonomia, aumentando a produtividade do desenvolvedor.

Depois que todas essas restrições forem superadas, nossa restrição provavelmente será o Desenvolvimento ou os donos de produto. Como nosso objetivo é permitir que equipes pequenas independentemente desenvolvam, testem e implementem valor para os clientes, de forma rápida e confiável, é aí onde queremos que nossa restrição esteja. As empresas de alto desempenho, independente de um engenheiro estar no Desenvolvimento, QA, Ops ou Infosec, dizem que seu objetivo é ajudar a maximizar a produtividade do desenvolvedor.

Quando a restrição está aqui, estamos limitados apenas pelo número de boas hipóteses comerciais que criamos e por nossa capacidade de desenvolver o código necessário para testá-las com clientes reais.

A progressão de restrições listada acima é uma generalização de transformações típicas — as técnicas para identificar restrição em fluxos de valor, como por meio de mapeamento de fluxo de valor e medidas, são descritas mais adiante neste livro.

ELIMINAR ADVERSIDADES E DESPERDÍCIO NO FLUXO DE VALOR

Shigeo Shingo, um dos pioneiros do Sistema Toyota de Produção, acreditava que o desperdício constituía a maior ameaça para a viabilidade das empresas — a definição comumente usada em Lean é "o uso de qualquer material ou recurso além do que o cliente exige e pelo qual está disposto a pagar". Ele definiu sete tipos principais de desperdício na manufatura: inventário, superprodução, processamento extra, transporte, espera, movimento e defeitos.

Interpretações mais modernas de Lean observam que "eliminar o desperdício" pode ter um contexto degradante e desumano. Em vez disso, o objetivo é reenquadrado para reduzir adversidade e incômodo em nosso trabalho diário por meio de aprendizado contínuo para atingir os objetivos da organização. No restante deste livro, o termo *desperdício* implicará essa definição mais moderna, pois corresponde melhor aos ideais e resultados desejados do DevOps.

No livro *Implementando o Desenvolvimento Lean de Software: Do Conceito ao Dinheiro*, Mary e Tom Poppendieck descrevem desperdício e adversidade no fluxo de desenvolvimento de software como qualquer coisa que cause atraso para o cliente, como atividades que podem ser ignoradas sem afetar o resultado.

As seguintes categorias de desperdício e adversidade vieram de *Implementando o Desenvolvimento Lean de Software*, salvo indicação contrária:

- **Trabalho parcialmente feito:** Isso inclui qualquer trabalho no fluxo de valor que não foi concluído (por exemplo, documentos de solicitação ou pedidos de mudança ainda não examinados) e trabalho que está na fila (por exemplo, esperando por revisão de QA ou tíquete do administrador do servidor). Trabalho parcialmente feito se torna obsoleto e perde valor com o tempo.

- **Processos extras:** Qualquer trabalho adicional executado em um processo que não acrescenta valor para o cliente. Isso pode incluir documentação não usada em um núcleo de trabalho mais adiante, ou exames ou aprovações que não acrescentam valor à saída. Os processos extras aumentam o esforço e os tempos de execução.

- **Recursos extras:** Recursos incorporados ao serviço que não são necessários para a organização ou para o cliente (por exemplo, "gold plating"). Os recursos extras aumentam a complexidade e o esforço para testar e gerenciar funcionalidades.

- **Troca de tarefa:** Quando pessoas são designadas para vários projetos e fluxos de valor, exigindo que troquem de contexto e gerenciem dependências entre trabalhos, aumentando o esforço e o tempo no fluxo de valor.

- **Espera:** Quaisquer atrasos entre trabalhos que exigem que os recursos esperem até que possam concluir o trabalho atual. Atrasos aumentam o tempo de ciclo e impedem que o cliente obtenha valor.

- **Movimento:** O esforço para mover informações ou materiais de um núcleo de trabalho para outro. O desperdício de movimento pode ser criado quando pessoas que precisam se comunicar frequentemente não estão no mesmo local. As transferências também criam desperdício de movimento e frequentemente exigem comunicação adicional para resolver ambiguidades.

- **Defeitos:** Informações, materiais ou produtos incorretos, ausentes ou confusos criam desperdício, pois é necessário esforço para resolver esses problemas. Quanto maior o tempo entre a criação e a detecção de defeitos, mais difícil é resolvê-los.

- **Trabalho atípico ou manual:** Dependência de trabalho atípico ou manual de outros, como usar servidores, ambientes de teste e configurações sem reconstrução. Idealmente, quaisquer dependências nas Operações devem ser automatizadas, self-service e disponíveis sob demanda.

- **Heroísmo:** Para que uma organização atinja seus objetivos, indivíduos e equipes são colocados em uma posição na qual devem agir excessivamente, o que pode até se tornar parte de seu trabalho diário (por exemplo, problemas às 2h da manhã na produção, criando centenas de ordens de serviço como parte de todo release de software).[†]

[†] Embora o heroísmo não esteja incluído nas categorias de desperdício de Poppendieck, consta aqui porque ocorre frequentemente, especialmente em serviços compartilhados da Operação.

Nosso objetivo é tornar esses desperdícios e adversidades — sempre que o heroísmo for necessário — visíveis e fazer sistematicamente o que for necessário para diminuir ou eliminar essas cargas e adversidades para atingir nosso objetivo de fluxo rápido.

CONCLUSÃO

Melhorar o fluxo de valor tecnológico é essencial para atingir os resultados de DevOps. Fazemos isso tornando o trabalho visível, limitando o WIP, reduzindo o tamanho dos lotes e o número de transferências, identificando e avaliando continuamente nossas restrições e eliminando adversidades em nosso trabalho diário.

As práticas específicas que permitem fluxo rápido no fluxo de valor de DevOps são apresentadas na Parte IV. No próximo capítulo apresentamos A Segunda Maneira: Os Princípios do Feedback.

3 A Segunda Maneira: Os Princípios do Feedback

Enquanto a Primeira Maneira descreve os princípios que possibilitam o fluxo de trabalho rápido da esquerda para a direita, a Segunda Maneira descreve os princípios que possibilitam o feedback rápido, constante e recíproco, da direita para a esquerda, em todos os estágios do fluxo de valor. Nosso objetivo é criar um sistema de trabalho mais seguro e mais resiliente.

Isso é especialmente importante ao se trabalhar em sistemas complexos, quando a primeira oportunidade de detectar e corrigir erros normalmente se dá quando um evento catastrófico está em curso, como um trabalhador se machucando no serviço ou a fusão de um reator nuclear em andamento.

Na tecnologia, nosso trabalho acontece quase inteiramente dentro de sistemas complexos, com alto risco de consequências catastróficas. Como na manufatura, frequentemente descobrimos problemas somente quando grandes falhas estão em curso, como uma parada prolongada na produção ou uma brecha de segurança resultando no roubo de dados do cliente.

Tornamos nosso sistema de trabalho mais seguro criando fluxo de informação rápido, frequente e de alta qualidade por todo nosso fluxo de valor e nossa organização, o que inclui loops de feedback e antecipados. Isso nos permite detectar e remediar problemas enquanto são menores, mais baratos e mais fáceis de corrigir, evitar problemas antes que causem uma catástrofe, e criar aprendizado organizacional, que integramos em trabalhos futuros. Quando ocorrem falhas e acidentes, os tratamos como oportunidades de aprendizado, e não como causa para punição e acusação. Para obter tudo isso, vamos primeiro explorar a natureza dos sistemas complexos e como eles podem se tornar mais seguros.

TRABALHANDO COM SEGURANÇA DENTRO DE SISTEMAS COMPLEXOS

Uma das características que definem um sistema complexo é que ele desafia a capacidade de uma pessoa de vê-lo como um todo e entender como todas as partes se encaixam. Os sistemas complexos normalmente têm alto grau de interconexão de componentes fortemente acoplados, e o comportamento em nível de sistema não pode ser explicado meramente em termos do comportamento de seus componentes.

O Dr. Charles Perrow estudou a crise de Three Mile Island e observou que era impossível alguém saber como o reator se comportaria em todas as circunstâncias e como poderia falhar. Quando um problema estava em curso em um componente, era difícil isolar dos outros componentes, fluindo rapidamente e de modos imprevisíveis pelos caminhos de menor resistência.

O Dr. Sidney Dekker, que também codificou alguns dos principais elementos da cultura da segurança, observou outra característica dos sistemas complexos: fazer a mesma coisa duas vezes não previsivelmente ou necessariamente levará ao mesmo resultado. É essa característica que torna as listas de verificação estáticas e as melhores práticas, embora valiosas, insuficientes para impedir que catástrofes ocorram. (Veja o Apêndice 5.)

Portanto, como a falha é inerente e inevitável em sistemas complexos, devemos projetar um sistema de trabalho seguro, seja na manufatura ou na tecnologia, em que possamos executar nossas tarefas sem medo, confiantes de que quaisquer erros serão detectados rapidamente, bem antes de causarem resultados catastróficos, como lesão do trabalhador, defeitos em produtos ou impacto negativo no cliente.

Após ter decodificado o mecanismo causal por trás do Sistema Toyota de Produção como parte de sua tese de doutorado na Harvard Business School, o Dr. Steven Spear disse que projetar sistemas perfeitamente seguros provavelmente está além de nossa capacidade, mas podemos tornar o trabalho em sistemas complexos mais seguro quando as quatro condições a seguir são satisfeitas:[†]

- O trabalho complexo é gerenciado de modo que problemas no projeto e nas operações sejam revelados

---

[†] O Dr. Spear ampliou seu trabalho para explicar os sucessos duradouros de outras organizações, como a rede de fornecedores da Toyota, Alcoa e o Programa de Propulsão Nuclear da Marinha dos EUA.

- Problemas são aglomerados e resolvidos, resultando na rápida construção de novo conhecimento
- Conhecimento local novo é explorado globalmente em toda a organização
- Líderes criam outros líderes, que continuamente aumentam esses tipos de capacidades

Todas essas capacidades são exigidas para trabalhar com segurança em sistemas complexos. Nas próximas seções são descritas as duas primeiras capacidades e sua importância, e também como foram criadas em outras áreas e quais práticas as possibilitam no fluxo de valor tecnológico. (A terceira e a quarta capacidades estão descritas no capítulo 4.)

VER PROBLEMAS QUANDO ELES OCORREM

Em um sistema de trabalho seguro, devemos testar constantemente nosso projeto e suposições operacionais. O objetivo é aumentar o fluxo de informações em nosso sistema no máximo de áreas possível, mais cedo, mais rápido, mais barato e com o máximo de clareza possível entre causa e efeito. Quanto mais suposições pudermos invalidar, mais rápido poderemos encontrar e corrigir os problemas, aumentando nossa resiliência, agilidade e capacidade de aprender e inovar.

Fazemos isso criando loops de feedback e antecipados em nosso sistema de trabalho. Em seu livro *A Quinta Disciplina: A Arte e A Prática da Organização Que Aprende*, o Dr. Peter Senge descreveu os loops de feedback como uma parte crítica das organizações de aprendizado e pensamento sistêmico. Os loops de feedback e antecipados fazem os componentes dentro de um sistema reforçar ou neutralizar uns aos outros.

Na manufatura, a ausência de feedback eficaz frequentemente contribui para grandes problemas de qualidade e segurança. Em um caso bem documentado na instalação fabril de Fremont da General Motors, não havia procedimentos eficazes em vigor para detectar problemas durante o processo de montagem, nem procedimentos explícitos sobre o que fazer quando problemas fossem encontrados. Como resultado, houve casos de motores sendo colocados ao contrário, carros sem volante ou pneus, e até carros sendo rebocados da linha de montagem porque não davam a partida.

Em contraste, em operações de manufatura de alto desempenho, há fluxo de informação rápido, frequente e de alta qualidade em todo o fluxo de valor — toda operação é medida e monitorada, e quaisquer defeitos ou desvios significativos são rapidamente encontrados e tratados. São essas as bases que possibilitam qualidade, segurança e aprendizado e melhoria contínuos.

No fluxo de valor tecnológico, frequentemente obtemos resultados ruins por causa da ausência de feedback rápido. Por exemplo, em um projeto de software em cascata, podemos desenvolver código por um ano inteiro e não receber feedback sobre a qualidade até iniciarmos a fase de testes — ou pior, quando lançamos nosso software para os clientes. Quando o feedback é tão atrasado e infrequente, é lento demais para que possamos evitar resultados indesejados.

Em contraste, nosso objetivo é criar loops de feedback e antecipados em todo lugar em que o trabalho seja executado, em todos os estágios do fluxo de valor tecnológico, abrangendo Gerência de Produtos, Desenvolvimento, QA, Infosec e Operações. Isso inclui a criação de build automatizado, integração e teste automatizados, para que possamos detectar imediatamente quando foi introduzida uma mudança que nos tirou de um estado de funcionamento correto e implementável.

Criamos também uma telemetria dominante para que possamos ver como os componentes de nosso sistema estão operando no ambiente de produção, para podermos detectar rapidamente quando não estão funcionando como o esperado. A telemetria também nos permite medir se estamos atingindo os objetivos pretendidos e, idealmente, é irradiada para todo o fluxo de valor para que possamos ver como as ações afetam outras partes do sistema como um todo.

Os loops de feedback não só permitem detecção e recuperação rápidas de problemas, mas também nos informam sobre como evitá-los no futuro. Isso aumenta a qualidade e a segurança de nosso sistema de trabalho e cria aprendizado organizacional.

Como Elisabeth Hendrickson, vice-presidente de Engenharia da Pivotal Software, Inc. e autora do livro *Explore It!: Reduce Risk and Increase Confidence with Exploratory Testing* (*Explore!: Reduza o Risco e Aumente a Confiança com o Teste Exploratório*, em tradução livre), disse: "Quando fui para a engenharia de qualidade, descrevi meu trabalho como a 'criação de ciclos de feedback'. O feedback é crucial porque é o que permite nos orientarmos. Devemos constantemente corroborar entre necessidades do cliente, nossas intenções e nossas implementações. O teste é apenas um tipo de feedback".

AGLOMERAR E RESOLVER PROBLEMAS PARA CONSTRUIR NOVO CONHECIMENTO

Obviamente, não é suficiente apenas detectar quando o inesperado ocorre. Quando problemas acontecem, devemos aglomerá-los, mobilizando qualquer pessoa necessária para resolvê-los.

De acordo com o Dr. Spear, o objetivo da aglomeração é conter os problemas antes que tenham a chance de se espalhar, e diagnosticá-los e tratá-los para que não possam ocorrer de novo. "Fazendo isso", ele diz, "eles formam conhecimento cada vez mais profundo sobre como gerenciar os sistemas para fazermos nosso trabalho, convertendo a inevitável ignorância futura em conhecimento".

O paradigma desse princípio é a *corda de Andon* da Toyota. Em uma instalação fabril da Toyota, acima dos núcleos de trabalho existe uma corda que todo funcionário e gerente é treinado a puxar quando algo dá errado. Por exemplo, quando uma peça apresenta um defeito, quando uma peça necessária não está disponível ou mesmo quando o trabalho demora mais do que o documentado.[†]

Quando a corda de Andon é puxada, o líder da equipe é alertado e trabalha imediatamente para resolver o problema. Se o problema não puder ser resolvido dentro de um tempo especificado (por exemplo, 55 segundos), a linha de produção para, a fim de que a organização inteira possa ser mobilizada para ajudar na solução, até que uma contramedida bem-sucedida seja desenvolvida.

Em vez de contornarmos o problema ou agendar uma correção "para quando tivermos mais tempo", nos aglomeramos para corrigi-lo imediatamente — isso é quase o oposto do comportamento na fábrica da GM em Fremont, descrito anteriormente. A aglomeração é necessária pelos seguintes motivos:

- Impede que o problema passe adiante, para quando o custo e o esforço para repará-lo aumentam exponencialmente e a dívida técnica pode acumular.

- Impede que o núcleo de trabalho inicie uma nova tarefa, que provavelmente introduzirá novos erros no sistema.

- Se o problema não for tratado, o núcleo de trabalho poderá ter o mesmo problema na próxima operação (por exemplo, 55 segundos depois), exigindo mais correções e trabalho. (Veja o Apêndice 6.)

---

† Em algumas de suas instalações, a Toyota mudou para um botão de Andon.

Essa prática de aglomeração parece contrária à prática gerencial comum, pois estamos deliberadamente permitindo que um problema local interrompa as operações globalmente. Contudo, a aglomeração possibilita o aprendizado. Ela evita a perda de informações importantes devido a esquecimentos ou mudança de circunstâncias. Isso é especialmente crítico em sistemas complexos, nos quais muitos problemas ocorrem por causa de alguma interação inesperada e peculiar de pessoas, processos, produtos, lugares e circunstâncias — à medida que o tempo passa, torna-se impossível reconstruir exatamente o que estava acontecendo quando o problema ocorreu.

Como o Dr. Spear observa, a aglomeração faz parte do "ciclo disciplinado da identificação, diagnóstico,... e tratamento (contramedidas ou medidas corretivas, no linguajar da manufatura) do problema em tempo real. Ela [é] a disciplina do ciclo de Shewhart — planejar, fazer, verificar, agir —, popularizado por W. Edwards Deming, mas acelerado à velocidade de dobra espacial".

É somente por meio da aglomeração de problemas cada vez menores, descobertos cada vez mais cedo no ciclo de vida, que podemos evitar problemas antes que ocorra uma catástrofe. Em outras palavras, quando o reator nuclear derrete, já é tarde demais para evitar os piores resultados.

Para possibilitar feedback rápido no fluxo de valor tecnológico, devemos criar o equivalente a uma corda de Andon e a resposta de aglomeração relacionada. Isso exige criar também a cultura que torna seguro, e até encoraja, puxar a corda de Andon quando algo dá errado, seja quando ocorrer um incidente na produção ou quando erros ocorrerem antes no fluxo de valor, como quando alguém introduz uma mudança que quebra nossos processos de build contínuo ou de testes.

Quando as condições disparam um puxão na corda de Andon, nos aglomeramos para resolver o problema e evitar a introdução de novo trabalho, até que ele seja resolvido.† Isso fornece feedback rápido para todos no fluxo de valor (especialmente para a pessoa que fez o sistema falhar), nos permite isolar e diagnosticar rapidamente o problema e evita mais fatores complicadores que podem encobrir causa e efeito.

Impedir a introdução de trabalho novo possibilita a integração e implementação contínuas, que é de fluxo de uma peça no fluxo de valor tecnológico. Todas as mudanças que passam em nosso build contínuo e testes integração contínuos são entregues para a produção, e quaisquer mu-

---

† Espantosamente, quando o número de puxões na corda de Andon cai, os gerentes de fábrica diminuem as tolerâncias para aumentá-los, a fim de continuar a possibilitar mais aprendizados e melhorias e para detectar sinais de falha ainda mais fracos.

danças que façam os testes falhar disparam nossa corda de Andon e são aglomeradas até serem resolvidas.

MANTER A QUALIDADE MAIS PRÓXIMA DA FONTE

Podemos, inadvertidamente, perpetuar sistemas de trabalho inseguros devido ao modo como respondemos aos acidentes e incidentes. Em sistemas complexos, acrescentar etapas de inspeção e processos de aprovação aumenta a probabilidade de falhas futuras. A eficácia dos processos de aprovação diminui à medida que colocamos a tomada de decisão mais longe de onde o trabalho é executado. Isso não apenas diminui a qualidade das decisões, mas também aumenta o tempo de ciclo, diminuindo assim a força do feedback entre causa e efeito, e reduzindo nossa capacidade de aprender com sucessos e falhas.†

Isso pode ser visto mesmo em sistemas menores e menos complexos. Quando sistemas de comando e controle burocráticos, de cima para baixo, se tornam ineficientes, normalmente é porque a divergência entre "quem deveria fazer algo" e "quem está realmente fazendo algo" é muito grande, devido à clareza e à ocasião insuficientes.

Exemplos de controles de qualidade ineficientes incluem:

- Exigir que outra equipe faça tarefas manuais maçantes e propensas a erro, que poderiam ser facilmente automatizadas e executadas quando necessário pela equipe que precisa fazer o trabalho

- Exigir aprovações de pessoas ocupadas que estão distantes do trabalho, obrigando-as a tomar decisões sem conhecimento adequado do trabalho ou das possíveis implicações, ou simplesmente carimbar suas aprovações

- Criar grandes volumes de documentação com detalhes questionáveis que se tornam obsoletos logo após serem escritos

- Empurrar grandes lotes de trabalho para equipes e comitês especiais para aprovação e processamento e esperar as respostas

---

† Nos anos 1700, o governo britânico se envolveu em um espetacular exemplo de comando e controle burocrático, de cima para baixo, que se mostrou totalmente ineficiente. Na época, a Geórgia ainda era uma colônia, e apesar de o governo britânico estar a mais de 4.800 km de distância e não ter conhecimento em primeira mão da química, das rochas, da topografia, do acesso à água e de outras condições locais, tentou planejar toda a economia agrícola da Geórgia. Os resultados da tentativa foram deploráveis e deixaram a Geórgia com os níveis mais baixos de prosperidade e população das 13 colônias.

Em vez disso, precisamos que todos em nosso fluxo de valor encontrem e corrijam problemas em suas áreas de controle, como parte de nosso trabalho diário. Ao fazer isso, colocamos a responsabilidade pela qualidade e pela segurança e a tomada de decisão onde o trabalho é realizado, em vez de contarmos com aprovações de executivos distantes.

Usamos revisões de colegas para nossas mudanças propostas a fim de obter a garantia necessária de que elas funcionarão conforme projetadas. Automatizamos o máximo possível a verificação de qualidade normalmente realizada por um departamento de QA ou Segurança da Informação. Em vez de os desenvolvedores precisarem solicitar ou agendar a execução de testes, esses testes podem ser feitos sob demanda, permitindo que os desenvolvedores testem rapidamente seu código e até implementem eles mesmos as mudanças na produção.

Assim, tornamos a qualidade uma responsabilidade de todos, não apenas de um departamento separado. A segurança da informação não é tarefa apenas da Segurança da Informação, assim como a disponibilidade não é tarefa apenas de Operações.

Fazer com que desenvolvedores compartilhem a responsabilidade pela qualidade dos sistemas que constroem não só melhora os resultados, mas também acelera o aprendizado. Isso é especialmente importante para os desenvolvedores, pois eles normalmente são a equipe mais distante do cliente. Como Gary Gruver observa: "É impossível um desenvolvedor aprender quando alguém reclama de algo que foi estragado há seis meses — é por isso que precisamos fornecer feedback para todos o mais rápido possível, em minutos, não em meses".

PERMITIR A OTIMIZAÇÃO PARA NÚCLEOS DE TRABALHO MAIS ADIANTE

Nos anos 1980, os princípios de Design para Fabricabilidade buscavam projetar peças e processos de modo que os produtos acabados pudessem ser criados com o menor custo, a mais alta qualidade e o fluxo mais rápido. Exemplos incluem o projeto de peças altamente assimétricas para evitar que sejam colocadas ao contrário e projetar prendedores de parafuso de modo que seja impossível apertá-los demais.

Isso foi um desvio de como o projeto era feito normalmente, que focava os clientes externos, mas desprezava os interessados internos, como as pessoas que realizavam a fabricação.

A filosofia Lean define dois tipos de clientes para os quais devemos projetar: o cliente externo (que mais provavelmente paga pelo serviço que estamos entregando) e o cliente interno (que recebe e processa o trabalho imediatamente depois de nós). De acordo com os princípios Lean, nosso cliente mais importante é nosso próximo passo. Otimizar nosso trabalho para ele exige que tenhamos empatia por seus problemas, a fim de identificar melhor os problemas de projeto que impedem um fluxo rápido e suave.

No fluxo de valor tecnológico, otimizamos para núcleos de trabalho mais adiante projetando operações nas quais os requisitos operacionais não funcionais (por exemplo, arquitetura, desempenho, estabilidade, testabilidade, configurabilidade e segurança) são priorizados tanto quanto os recursos de usuário.

Fazendo isso, criamos qualidade na fonte, provavelmente resultando em um conjunto de requisitos não funcionais codificados que podemos integrar proativamente em cada serviço que construímos.

CONCLUSÃO

Criar feedback rápido é fundamental para se obter qualidade, confiabilidade e segurança no fluxo de valor tecnológico. Fazemos isso vendo os problemas quando eles ocorrem, aglomerando e solucionando problemas para construir conhecimento novo, colocando a qualidade mais perto da fonte e otimizando continuamente para núcleos de trabalho mais adiante.

As práticas específicas que possibilitam o fluxo rápido no fluxo de valor de DevOps são apresentadas na Parte IV. No próximo capítulo apresentamos a Terceira Maneira, os Princípios do Aprendizado Contínuo e Experimentação.

4 A Terceira Maneira: Os Princípios do Aprendizado Contínuo e Experimentação

Enquanto a Primeira Maneira trata do fluxo de trabalho da esquerda para a direita e a Segunda Maneira trata do feedback recíproco rápido e constante, da direita para a esquerda, a Terceira Maneira foca na criação de uma cultura de aprendizagem contínua e experimentação. Esses são os princípios que possibilitam a criação constante de conhecimento individual, que é, então, transformado em conhecimento da equipe e organizacional.

Em operações de manufatura com problemas de qualidade e segurança sistêmicos, o trabalho normalmente é definido e imposto de forma rígida. Por exemplo, nas instalações da GM em Fremont, descritas no capítulo anterior, os funcionários tinham pouca capacidade de integrar melhorias e aprendizados em seu trabalho diário, com as sugestões de melhoria "tendendo a encontrar uma parede de tijolos de indiferença".

Nesses ambientes frequentemente também existe uma cultura de medo e baixa confiança, em que os trabalhadores que cometem erros são punidos e os que fazem sugestões ou apontam problemas são vistos como dedos-duros e criadores de caso. Quando isso ocorre, a chefia está ativamente suprimindo e até punindo o aprendizado e a melhoria, perpetuando problemas de qualidade e segurança.

Em contraste, as operações de manufatura de alto desempenho exigem e promovem ativamente o aprendizado — em vez de trabalho rigidamente definido, o sistema de trabalho é dinâmico, com os trabalhadores fazendo experiências em seus trabalhos diários para gerar novas melhorias, possibilitadas pela rigorosa padronização de procedimentos de trabalho e documentação de resultados.

No fluxo de valor tecnológico, nosso objetivo é criar uma cultura de alta confiança, reforçando que todos somos aprendizes e que precisamos assumir riscos em nosso trabalho diário. Aplicando uma abordagem científica à melhoria dos processos e ao desenvolvimento dos produtos, aprendemos a partir de nossos sucessos e falhas, identificando as ideias que não funcionam e reforçando as que funcionam. Além disso, quaisquer aprendizados locais são rapidamente transformados em melhorias globais, de modo que novas técnicas e práticas podem ser usadas pela organização inteira.

Reservamos tempo para a melhoria do trabalho diário e para acelerar e garantir o aprendizado. Introduzimos estresse consistentemente em nossos sistemas para forçar a melhoria contínua. Até mesmo simulamos e injetamos falhas em nossos serviços de produção, sob condições controladas, para aumentar nossa resiliência.

Criando esse sistema de aprendizagem contínua e dinâmico, permitimos que as equipes se adaptem rápida e automaticamente a um ambiente sempre mutante, o que, em última análise, nos ajuda a vencer no mercado.

POSSIBILITANDO O APRENDIZADO ORGANIZACIONAL E UMA CULTURA DE SEGURANÇA

Quando trabalhamos dentro de um sistema complexo, por definição é impossível prevermos perfeitamente todos os resultados de nossas ações. É isso que contribui para resultados inesperados ou até catastróficos e acidentes em nosso trabalho diário, mesmo quando tomamos precauções e trabalhamos com cuidado.

Quando esses acidentes afetam nossos clientes, procuramos entender o motivo. A causa-raiz frequentemente é considerada erro humano, e a resposta mais comum da gerência é "nomear, culpar e humilhar" a pessoa que causou o problema.† E, sutil ou explicitamente, a gerência sugere que a pessoa culpada pelo erro seja punida. Eles, então, criam mais processos e aprovações para evitar que o erro ocorra novamente.

O dr. Sidney Dekker, que codificou alguns dos elementos-chave da cultura da segurança e cunhou o termo *apenas cultura*, escreveu: "Respostas a incidentes e acidentes vistas como injustas podem obstruir investigações de segurança, promover medo, em vez de atenção nas pessoas que fazem trabalho cuja segurança é crítica, tornar as organizações mais burocráticas, em vez de mais cuidadosas, e cultivar sigilo profissional, evasão e autoproteção".

Essas questões são especialmente problemáticas no fluxo de valor tecnológico — nosso trabalho é quase sempre realizado em um sistema com-

---

† O padrão "nomear, culpar, humilhar" faz parte da Teoria da Maçã Podre, criticada pelo dr. Sydney Dekker e amplamente discutida em seu livro *The Field Guide to Understanding Human Error* (*O Guia de Campo para Compreender o Erro Humano*, em tradução livre).

plexo, e o modo como a gerência opta por reagir às falhas e aos acidentes leva a uma cultura de medo que torna, então, improvável que problemas e sinais de falha sejam reportados. O resultado é que os problemas permanecem ocultos até que ocorra uma catástrofe.

O dr. Ron Westrum foi um dos primeiros a observar a importância da cultura organizacional em segurança e desempenho. Ele observou que, em organizações de assistência médica, a presença de culturas "produtivas" era um dos principais previsores da segurança dos pacientes. O dr. Westrum definiu três tipos de cultura:

- As organizações patológicas são caracterizadas por muito medo e ameaças. As pessoas frequentemente escondem informações, as omitem por razões políticas ou as distorcem para se fazerem parecer melhores. A falha é escondida frequentemente.

- As organizações burocráticas são caracterizadas por regras e processos, frequentemente para ajudar departamentos individuais a manterem seu "território". A falha é processada por meio de um sistema de julgamento, resultando em punição ou em justiça e perdão.

- As organizações produtivas são caracterizadas por busca e compartilhamento ativo de informações, para melhor possibilitar que a organização atinja sua missão. As responsabilidades são compartilhadas por todo o fluxo de valor, e falhas resultam em reflexão e investigação genuína.

Patológica	Burocrática	Produtiva
A informação é ocultada	A informação pode ser ignorada	A informação é ativamente procurada
Os mensageiros são "destruídos"	Os mensageiros são tolerados	Os mensageiros são treinados
As responsabilidades são evitadas	As responsabilidades são compartimentadas	As responsabilidades são compartilhadas
A ligação entre as equipes é desencorajada	A ligação entre as equipes é permitida, mas desencorajada	A ligação entre as equipes é recompensada
A falha é encoberta	A organização é justa e misericordiosa	A falha causa investigação
Novas ideias são esmagadas	Novas ideias criam problemas	Novas ideias são bem-vindas

Figura 8: *O modelo de tipologia organizacional de Westrum: como as organizações processam informações (Fonte: Ron Westrum, "A typology of organisation culture," BMJ Quality & Safety 13, n°. 2 (2004), doi:10.1136/qshc.2003.009522.)*

Assim como o dr. Westrum descobriu em organizações de assistência médica, a cultura produtiva de alta confiança também previu desempenho de TI e organizacional em fluxos de valor tecnológicos.

No fluxo de valor tecnológico, estabelecemos as bases de uma cultura produtiva nos esforçando para criar um sistema de trabalho seguro. Quando ocorrem acidentes e falhas, em vez de procurar erro humano, buscamos como podemos reprojetar o sistema para evitar que o acidente aconteça outra vez.

Por exemplo, podemos realizar um post-mortem sem culpa após cada incidente para termos o melhor entendimento de como o acidente ocorreu e chegarmos a um acordo sobre quais são as melhores contramedidas para aprimorar o sistema, idealmente evitando que o problema ocorra novamente e permitindo detecção e recuperação mais rápidas.

Fazendo isso, criamos aprendizado organizacional. Como Bethany Macri, engenheira da Etsy que liderou a criação da ferramenta Morgue para ajudar a gravação de post-mortems, disse: "Eliminando a culpa você elimina o medo; eliminando o medo você possibilita a honestidade; e a honestidade possibilita a prevenção".

O dr. Spear observa que o resultado de eliminar a culpa e colocar aprendizado organizacional em seu lugar é que "as organizações se autodiagnosticam e melhoram, se tornando habilitadas a detectar problemas [e] resolvê-los".

Muitos desses atributos também foram descritos pelo dr. Senge como atributos de organizações de aprendizado. Em *A Quinta Disciplina*, ele escreveu que essas características ajudam os clientes, garantem qualidade, criam vantagem competitiva e uma força de trabalho energizada e comprometida, e revelam a verdade.

INSTITUCIONALIZAR A MELHORIA DO TRABALHO DIÁRIO

Frequentemente as equipes não conseguem ou não querem melhorar os processos dentro dos quais operam. O resultado não é somente que elas continuam a sofrer com os problemas atuais, mas seu sofrimento piora com o passar do tempo. Mike Rother observou em *Toyota Kata* que, na ausência de melhorias, os processos não permanecem os mesmos — devido ao caos e à entropia, na verdade os processos degradam com o passar do tempo.

No fluxo de valor tecnológico, quando deixamos de corrigir nossos problemas, contando com soluções alternativas, os problemas e a dívida técnica se acumulam até estarmos apenas encontrando alternativas, tentando evitar desastres, sem sobrar períodos de trabalho produtivo. Foi por isso que Mike Orzen, autor de *TI Lean*, observou: "Ainda mais importante que o trabalho diário é a melhoria do trabalho diário".

Melhoramos o trabalho diário reservando tempo explicitamente para pagar a dívida técnica, corrigir defeitos e refatorar e melhorar áreas problemáticas de nosso código e nossos ambientes — fazemos isso reservando períodos em cada intervalo de desenvolvimento ou agendando *kaizen blitzes*, que são períodos em que os engenheiros se organizam em equipes para trabalhar na correção de qualquer problema que queiram.

O resultado dessas práticas é que todos encontram e corrigem problemas em suas áreas de controle, o tempo todo, como parte de seus trabalhos diários. Quando finalmente corrigimos os problemas diários que contornamos por meses (ou anos), podemos erradicar de nosso sistema os problemas menos evidentes. Detectando e respondendo a esses sinais de falha cada vez mais fracos, corrigimos os problemas não apenas quando é mais fácil e mais barato, mas também quando as consequências são menores.

Considere o exemplo a seguir, que melhorou a segurança no local de trabalho da Alcoa, uma fabricante de alumínio com renda de US$7,8 bilhões em 1987. A fabricação de alumínio exige calor extremo, altas pressões e componentes químicos corrosivos. Em 1987, a Alcoa tinha um recorde de segurança assustador, com 2% dos 90 mil empregados se machucando a cada ano — isso significava sete ferimentos por dia. Quando Paul O'Neill começou como diretor-executivo, seu primeiro objetivo era zerar os ferimentos em funcionários, empreiteiras e visitantes.

O'Neill queria ser notificado dentro de 24 horas sobre quem quer que houvesse se machucado no trabalho — não para punir, mas para garantir e promover o fato de que aprendizados estavam sendo gerados e incorporados para criar um local de trabalho mais seguro. No curso de 10 anos, a Alcoa reduziu sua taxa de ferimentos em 95%.

A redução na taxa de ferimentos permitiu à Alcoa se concentrar em problemas menores e em sinais de falha mais fracos — em vez de notificar O'Neill somente quando ocorriam ferimentos, eles começaram a reportar também quaisquer quase acidentes.[†] Fazendo isso, eles melhoraram a segurança no local de trabalho nos 20 anos subsequentes e têm um dos registros de segurança mais invejáveis do setor.

Como o dr. Spear escreve: "O pessoal da Alcoa gradualmente parou de contornar as dificuldades, inconveniências e impedimentos que enfren-

---

[†] É surpreendente, instrutivo e verdadeiramente emocionante ver o nível convicção e paixão que Paul O'Neill tem em relação à responsabilidade moral que os líderes têm de criar segurança no local de trabalho.

tavam. Competição, combate a incêndios e virar-se com o que tinham foram gradualmente substituídos em toda a organização por uma dinâmica de identificar oportunidades para melhoria de processos e produtos. À medida que essas oportunidades foram identificadas e os problemas investigados, os bolsões de ignorância que eles refletiam foram convertidos em pepitas de conhecimento". Isso ajudou a dar à empresa uma maior vantagem competitiva no mercado.

Analogamente, no fluxo de valor tecnológico, à medida que tornamos nosso sistema de trabalho mais seguro, encontramos e corrigimos problemas de sinais de falha cada vez mais fracos. Por exemplo, podemos inicialmente realizar post-mortems sem culpa somente para incidentes que impactam os clientes. Com o passar do tempo, podemos realizá-los para incidentes que impactam menos a equipe e também quase acidentes.

TRANSFORMAR DESCOBERTAS LOCAIS EM MELHORIAS GLOBAIS

Quando novos aprendizados são descobertos localmente, também deve haver algum mecanismo para possibilitar que o restante da organização use e aproveite esse conhecimento. Em outras palavras, quando equipes ou indivíduos têm experiências que criam expertise, nosso objetivo é converter esse conhecimento tácito (isto é, conhecimento difícil de transferir para outra pessoa de forma escrita ou verbal) em conhecimento codificado explícito, que se transforma em expertise de outra pessoa por meio da prática.

Isso garante que, quando alguém fizer um trabalho similar, o fará com a experiência acumulada e coletiva de todos na organização que já fizeram o mesmo trabalho. Um exemplo notável de transformação de conhecimento local em conhecimento global é o Programa de Propulsão Nuclear da Marinha dos EUA (também conhecido como "NR", de "Naval Reactors" — em português, reatores navais), que tem mais de 5.700 anos-reator de operação sem nenhum acidente relacionado com o reator e nem escape de radiação.

O NR é conhecido por seu intenso comprometimento com procedimentos escritos e trabalho padronizado, e a necessidade de relatos de incidentes por qualquer desvio do procedimento ou das operações normais para acumular aprendizados, independente do quanto o sinal de falha seja pequeno — eles atualizam os procedimentos e os projetos de sistema constantemente com base nesses aprendizados.

O resultado é que, quando uma nova tripulação vai para o mar em sua primeira mobilização, ela e seus oficiais se beneficiam do conhecimento coletivo de 5.700 anos-reator sem acidentes. Igualmente impressionante é que suas próprias experiências no mar serão adicionadas a esse conhecimento coletivo, ajudando as futuras tripulações a cumprir suas missões com segurança.

No fluxo de valor tecnológico, devemos criar mecanismos semelhantes para gerar conhecimento global, como disponibilizar a pesquisa de todos os nossos relatórios de post-mortem sem culpa para equipes que estejam resolvendo problemas similares, e criar repositórios de código-fonte compartilhados que abranjam a organização inteira, nos quais código compartilhado, bibliotecas e configurações que incorporam o melhor conhecimento coletivo de toda a organização possam ser facilmente utilizados. Todos esses mecanismos ajudam a converter expertise individual em artefatos que o restante da organização pode usar.

INJETAR PADRÕES DE RESILIÊNCIA EM NOSSO TRABALHO DIÁRIO

As organizações de manufatura de desempenho mais baixo se protegem contra interrupções de muitas formas — em outras palavras, elas aumentam o volume ou acrescentam gordura. Por exemplo, para reduzir o risco de um núcleo de trabalho ficar ocioso (devido a atraso de inventário, inutilização de inventário, etc.), os gerentes podem optar por estocar mais inventário em cada núcleo de trabalho. Contudo, esse estoque intermediário também aumenta o WIP, que tem todos os tipos de resultados indesejados, como já discutido.

Analogamente, para reduzir o risco de um núcleo de trabalho deixar de funcionar devido à falha de maquinário, os gerentes podem aumentar a capacidade adquirindo mais bens de capital, contratar mais pessoas ou até aumentar a área ocupada. Todas essas opções aumentam os custos.

Em contraste, as empresas de alto desempenho obtêm os mesmos resultados (ou melhores) melhorando as operações diárias, introduzindo tensão continuamente para aumentar o desempenho, assim como introduzindo mais resiliência em seus sistemas.

Considere uma experiência típica em uma das fábricas de colchão da Aisin Seiki Global, um dos principais fornecedores da Toyota. Suponha que eles tivessem duas linhas de produção, cada uma capaz de produzir 100 unidades por dia. Em dias lentos, eles enviariam toda a produção para uma linha, experimentando maneiras de aumentar a capacidade e identificar vulnerabilidades em seu processo, sabendo que, se a sobrecarga na linha a fizesse falhar, eles poderiam enviar toda a produção para a segunda linha.

Com experimentação contínua e constante em seu trabalho diário, eles foram capazes de aumentar a capacidade continuamente, muitas vezes sem adicionar novo equipamento ou contratar mais pessoas. O padrão emergente que resulta desses tipos de rituais de melhoria não aumenta só o desempenho, mas também a resiliência, pois a organização está sempre em um estado de tensão e mudança. Esse processo de aplicar estresse para aumentar a resiliência foi chamado de *antifragilidade* pelo autor e analista de risco Nassim Nicholas Taleb.

Podemos introduzir o mesmo tipo de tensão em nossos sistemas de fluxo de valor tecnológico, buscando sempre reduzir os tempos de execução de implementação, aumentar a cobertura dos testes, diminuir os tempos de execução de testes e até rearquitetando, se necessário, para aumentar a produtividade do desenvolvedor ou a confiabilidade.

Podemos fazer exercícios *dia de jogo*, nos quais ensaiamos falhas em grande escala, como desligar centros de dados inteiros. Ou então podemos injetar falhas de escala ainda maior no ambiente de produção (como o famoso "Chaos Monkey" da Netflix, que elimina processos aleatoriamente e calcula servidores em produção) para garantir que estejamos tão resilientes quanto queremos.

LÍDERES REFORÇAM A CULTURA DE APRENDIZADO

Tradicionalmente, espera-se que os líderes sejam responsáveis por definir objetivos, alocar recursos para atingi-los e estabelecer a combinação correta de incentivos. Os líderes também estabelecem o tom emocional das organizações que lideram. Em outras palavras, os líderes lideram "tomando todas as decisões corretas".

Contudo, há evidência significativa mostrando que a grandeza não é obtida pelos líderes tomando todas as decisões corretas — em vez disso, a função do líder é criar as condições para que sua equipe possa descobrir a grandeza em seu trabalho diário. Em outras palavras, criar grandeza exige líderes e trabalhadores, cada um dos quais mutuamente dependentes entre si.

Jim Womack, autor de *Caminhadas pelo Gemba – Gemba Walks*, descreveu o relacionamento de trabalho complementar e respeito mútuo que deve ocorrer entre líderes e trabalhadores de linha de frente. De acordo com Womack, esse relacionamento é necessário porque nenhum deles pode resolver problemas sozinho — os líderes não estão próximos do trabalho o suficiente, o que é exigido para resolver qualquer problema, e os trabalhadores da linha de frente não têm o contexto organizacional mais amplo ou autoridade para fazer mudanças fora de sua área de atuação.[†]

[†] Os líderes são responsáveis pelo projeto e operação de processos em um nível mais alto de agregação, onde outros têm menos perspectiva e autoridade.

Os líderes devem elevar o valor do aprendizado e da solução disciplinada do problema. Mike Rother formalizou esses métodos no que chama de *coaching kata*. O resultado espelha o método científico, no qual declaramos explicitamente nossos objetivos de Norte Verdadeiro, como "manter zero acidentes", no caso da Alcoa, ou "duplicar o rendimento dentro de um ano", no caso da Aisin.

Esses objetivos estratégicos informam a criação de objetivos iterativos de prazo mais curto, que são colocados em cascata e executados pelo estabelecimento de condições-alvo em nível de fluxo de valor ou de núcleo de trabalho (por exemplo, "reduzir o tempo de execução em 10% dentro das próximas duas semanas").

Essas condições-alvo enquadram o experimento científico: declaramos explicitamente o problema que queremos resolver, nossa hipótese de como nossa contramedida proposta o resolverá, nossos métodos para testar essa hipótese, nossa interpretação dos resultados e nosso uso de aprendizados para informar a próxima iteração.

O líder ajuda a instruir a pessoa que está fazendo o experimento com perguntas que podem incluir:

- Qual foi seu último passo e o que aconteceu?
- O que você aprendeu?
- Qual é sua condição agora?
- Qual é sua próxima condição-alvo?
- Em qual obstáculo você está trabalhando agora?
- Qual é seu próximo passo?
- Qual é o resultado esperado?
- Quando podemos verificar?

Essa estratégia de solução de problemas, na qual os líderes ajudam os trabalhadores a ver e resolver problemas em seus trabalhos diários, está no centro do Sistema Toyota de Produção, de organizações de aprendizado, do Kata de Melhoria e de organizações de alta confiabilidade. Mike Rother observa que ele vê a Toyota "como uma organização definida principalmente pelas rotinas de comportamento únicas que ensina continuamente a todos os seus membros".

No fluxo de valor tecnológico, essa abordagem científica e esse método iterativo conduzem todos os nossos processos de melhoria internos, além de como realizamos experimentos para garantir que os produtos que construímos realmente ajudem nossos clientes internos e externos a atingir seus objetivos.

CONCLUSÃO

Os princípios da Terceira Maneira tratam da necessidade de valorizar o aprendizado organizacional, possibilitando alta confiança e expansão de limites entre as funções, aceitando que falhas sempre ocorrerão em sistemas complexos e tornando aceitável falar sobre problemas para que possamos criar um sistema de trabalho seguro. Exige também a institucionalização da melhoria do trabalho diário, convertendo aprendizados locais em aprendizados globais que possam ser usados pela organização inteira, assim como injetando tensão continuamente em nosso trabalho diário.

Embora estimular uma cultura de aprendizado contínuo e experimentação seja o princípio da Terceira Maneira, ele também está entremeado na Primeira e na Segunda Maneiras. Em outras palavras, melhorar fluxo e feedback exige uma abordagem iterativa e científica que inclui enquadrar uma condição-alvo, declarar uma hipótese do que nos ajudará a chegar lá, projetar e realizar experimentos e avaliar os resultados.

O resultado não é apenas melhor desempenho, mas também maior resiliência, satisfação mais alta no trabalho e adaptabilidade melhorada da organização.

CONCLUSÃO DA PARTE I

Na Parte I do *Manual de DevOps* examinamos vários movimentos na história que ajudaram no desenvolvimento do DevOps. Vimos também os três principais princípios que formam a base das organizações de DevOps bem-sucedidas: os princípios do Fluxo, Feedback e Aprendizado Contínuo e Experimentação. Na Parte II começaremos a ver como iniciar um movimento DevOps na sua organização.

PARTE II

Onde Começar

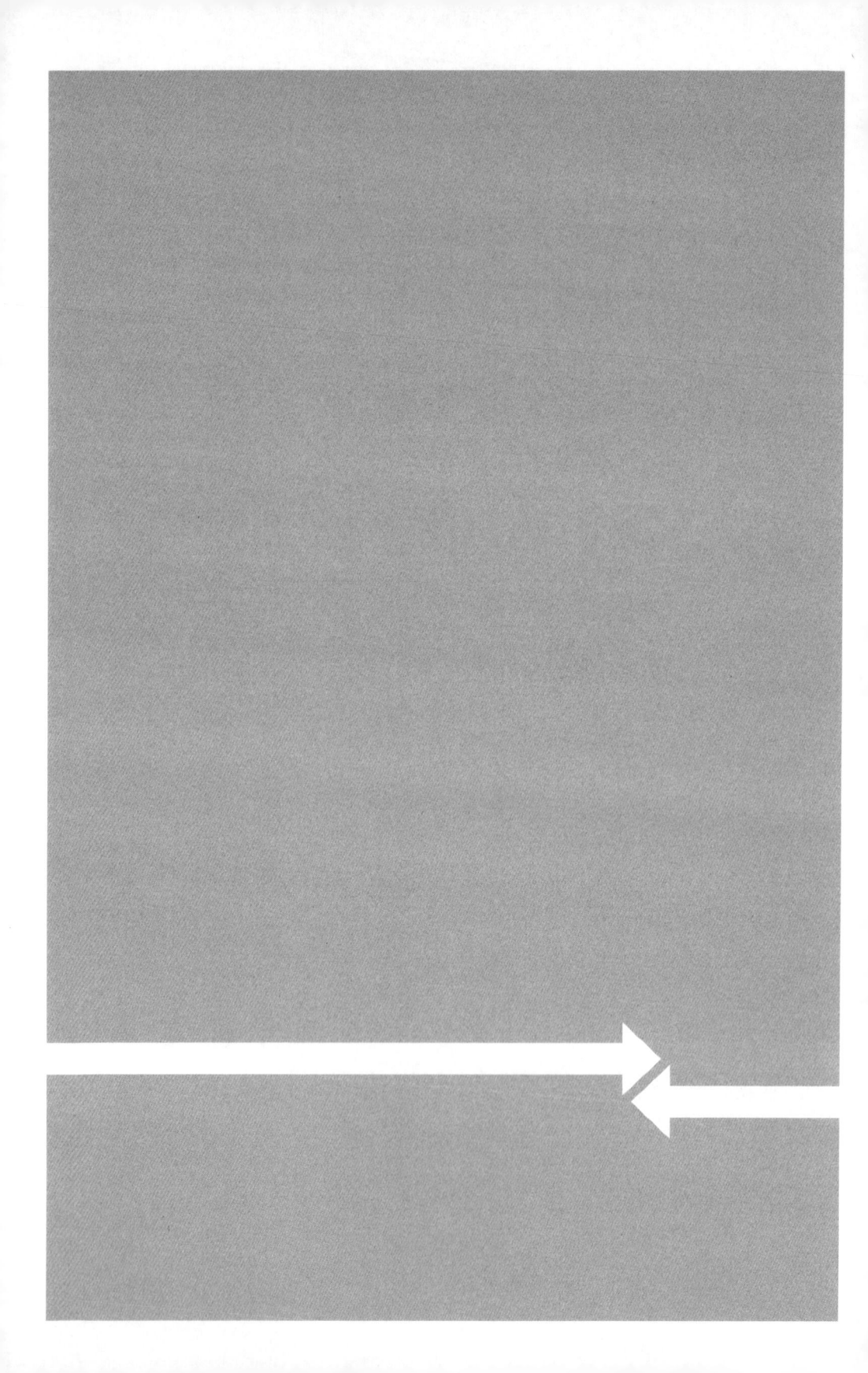

Parte II
Introdução

Como decidimos onde começar uma transformação de DevOps em nossa organização? Quem precisa se envolver? Como devemos organizar nossas equipes, proteger sua capacidade de trabalho e maximizar suas chances de sucesso? Essas são as perguntas respondidas na Parte II do *Manual de DevOps*.

Nos próximos capítulos examinaremos o processo de iniciação de uma transformação de DevOps. Começamos avaliando os fluxos de valor em nossa organização, localizando um bom lugar para começar e formando uma estratégia para criar uma equipe de transformação, com objetivos de melhoria específicos e eventual expansão. Para cada fluxo de valor transformado, identificamos o trabalho que está sendo realizado, e então examinamos as estratégias de projeto e arquétipos organizacionais que mais apoiam os objetivos da transformação.

Os principais focos nesses capítulos incluem:

- Selecionar com quais fluxos de valor começar
- Entender o trabalho que está sendo feito em nossos fluxos de valor candidatos
- Projetar nossa organização e nossa arquitetura com a Lei de Conway em mente
- Possibilitar resultados voltados ao mercado por meio da colaboração mais efetiva entre as funções em todo o fluxo de valor
- Proteger e capacitar nossas equipes

O início de qualquer transformação é repleto de incertezas — estamos empreendendo uma jornada para um estado final ideal, mas na qual praticamente todos os passos intermediários são desconhecidos. Os próximos capítulos fornecem um processo de pensamento para guiar nossas decisões, passos acionáveis que podemos dar e ilustram estudos de caso como exemplos.

5 Selecionando com Qual Fluxo de Valor Começar

A escolha de um fluxo de valor para transformação de DevOps merece consideração cuidadosa. O fluxo de valor escolhido dita não só a dificuldade de nossa transformação, mas também quem estará envolvido nela. Isso afetará como precisamos organizar as equipes e como melhor capacitá-las e aos seus membros.

Outro desafio foi observado por Michael Rembetsy, que ajudou a liderar a transformação de DevOps como Diretor de Operações da Etsy, em 2009. Ele observou: "Devemos escolher nossos projetos de transformação cuidadosamente — quando temos problemas, não temos muitas chances. Portanto, devemos escolher cuidadosamente, e então proteger os projetos de melhoria que mais melhorarão o estado de nossa organização".

Vamos examinar como a equipe da Nordstrom começou sua iniciativa de transformação de DevOps em 2013, a qual Courtney Kissler, vice-presidente de Comércio Eletrônico e Tecnologias de Armazenamento, descreveu no DevOps Enterprise Summit em 2014 e 2015.

Fundada em 1901, a Nordstrom é uma importante varejista do mercado da moda, focada na entrega da melhor experiência de compra possível para seus clientes. Em 2015, a Nordstrom teve uma renda anual de US$13,5 bilhões.

O estágio da jornada de DevOps da Nordstrom provavelmente foi definido em 2011, durante uma das reuniões anuais de seus diretores. Naquele ano, um dos assuntos estratégicos discutidos foi a necessidade de crescimento do lucro online. Eles estudaram o drama de Blockbuster, Borders e Barnes & Noble, que demonstrou as consequências terríveis de quando varejistas tradicionais demoram a criar recursos de comércio eletrônico competitivos — essas organizações estavam claramente correndo o risco de perder sua posição no mercado ou mesmo de sair completamente do negócio.[†]

[†] Essas organizações eram conhecidas como os "Os Formidáveis Bs que Estão Morrendo".

Na época, Courtney Kissler era a diretora sênior de Distribuição de Sistemas e Tecnologia de Vendas, responsável por uma parte significativa da organização tecnológica, incluindo seus sistemas em loja física e o site de comércio eletrônico online. Como Kissler descreveu: "Em 2011, a organização tecnológica da Nordstrom era muito otimizada para custo — tínhamos terceirizado grande parte de nossas funções tecnológicas, tínhamos um ciclo de planejamento anual com releases de software 'em cascata' de lote grande. Mesmo tendo uma taxa de sucesso de 97% de acertos em nossos objetivos de cronograma, orçamento e escopo, estávamos mal equipados para atingir o que a estratégia comercial de cinco anos exigia de nós, quando a Nordstrom começou a otimizar para velocidade, em vez de apenas otimizar para custo".

Kissler e a equipe de gerenciamento de tecnologia da Nordstrom tiveram que decidir onde começar seus esforços iniciais de transformação. Eles não queriam causar uma reviravolta no sistema inteiro. Em vez disso, queriam se concentrar em áreas muito específicas do negócio para que pudessem experimentar e aprender. O objetivo era demonstrar vitórias iniciais, que dariam a todos a confiança de que essas melhorias poderiam ser reproduzidas em outras áreas da organização. Mas ainda não sabiam como exatamente isso seria feito.

Eles se concentraram em três áreas: o aplicativo móvel do cliente, seus sistemas de restaurante em lojas físicas e suas propriedades digitais. Cada uma dessas áreas tinha objetivos comerciais que não estavam sendo atingidos. Assim, estavam mais receptivas a considerar um modo diferente de trabalho. As histórias das duas primeiras estão descritas a seguir.

O aplicativo móvel da Nordstrom tinha experimentado um início desfavorável. Como Kissler disse: "Nossos clientes estavam extremamente frustrados com o produto, e tivemos análises negativas uniformes quando o lançamos na App Store. Pior, a estrutura e os processos existentes (também conhecidos como "o sistema") haviam projetado seus processos para que pudessem lançar atualizações apenas duas vezes por ano". Em outras palavras, quaisquer correções no aplicativo teriam de esperar meses para chegar ao consumidor.

O primeiro objetivo era possibilitar releases mais rápidos ou sob demanda, fornecendo iteração mais rápida e a capacidade de responder ao feedback dos clientes. Eles criaram uma equipe de produto dedicada, voltada unicamente para dar suporte ao aplicativo móvel, com o objetivo de permitir que essa equipe pudesse implementar, testar e entregar valor para o cliente de maneira independente. Fazendo isso, eles não teriam mais que depender de outras equipes dentro da Nordstrom. Além disso, mudaram de um planejamento uma vez por ano para um processo de planejamento contínuo. O resultado foi um único acúmulo de trabalho priorizado para o aplicativo móvel baseado na necessidade do cliente — ficaram no passado todas as prioridades conflitantes de quando a equipe tinha de dar suporte a vários produtos.

No decorrer do ano seguinte, eles eliminaram os testes como uma fase de trabalho separada, integrando-os no trabalho diário de todos.[†] Eles duplicaram os recursos entregues por mês e diminuíram o número de defeitos pela metade — gerando um resultado de sucesso.

A segunda área em que se concentraram foi nos sistemas de apoio aos seus restaurantes *Café Bistro*. Ao contrário do fluxo de valor do aplicativo móvel, em que a necessidade comercial era reduzir tempo de release e aumentar a produtividade dos recursos, aqui a necessidade comercial era diminuir o custo e aumentar a qualidade. Em 2013, a Nordstrom completou 11 "reconceitos de restaurante", que exigiram mudanças nas aplicações de lojas físicas, causando vários incidentes que impactaram os clientes. De modo preocupante, eles tinham planejado mais 44 desses reconceitos para 2014 — quatro vezes mais que no ano anterior.

Como Kissler disse: "Um de nossos líderes empresariais sugeriu que triplicássemos o tamanho de nossa equipe para encarar essas novas demandas, mas propus que precisávamos parar de colocar mais gente no problema e, em vez disso, melhorar o modo como trabalhávamos".

Eles conseguiram identificar áreas problemáticas, como em seus processos de consumo e implementação de trabalho, que foi onde concentraram seus esforços por melhorias. Conseguiram reduzir os tempos de execução de implementação de código em 60% e o número de incidentes na produção em 60% a 90%.

Esses êxitos deram às equipes a confiança de que os princípios e práticas de DevOps eram aplicáveis a uma ampla variedade de fluxos de valor. Em 2014, Kissler foi promovida a vice-presidente de Comércio Eletrônico e Tecnologias de Armazenamento.

Em 2015, Kissler disse que, para a organização tecnológica de vendas e interface com o cliente permitir que o negócio atingisse seus objetivos, "precisamos aumentar a produtividade em todos os fluxos de valor tecnológicos, não apenas em alguns. Em nível gerencial, demos uma ordem geral para reduzir os tempos de ciclo em 20% para todos os serviços de interface com o cliente".

---

† A prática de contar com uma fase de estabilização ou de endurecimento ao final de um projeto frequentemente tem resultados muito ruins, pois isso significa que os problemas não estão sendo encontrados e corrigidos como parte do trabalho diário e são deixados de lado, com o potencial de se tornarem uma bola de neve, causando problemas maiores.

Ela continuou: "É um desafio audacioso. Temos muitos problemas em nosso estado atual — os processos e tempos de ciclo não são medidos consistentemente entre as equipes, além de não serem visíveis. Nosso primeiro alvo é ajudar todas as nossas equipes a medir, tornar visível e realizar experimentos para começar a reduzir seus tempos de processo, iteração por iteração".

Kissler concluiu: "Do ponto de vista de alto nível, acreditamos que técnicas como mapear fluxo de valor, reduzir o tamanho de nossos lotes para fluxo de uma peça, bem como usar entrega contínua e microsserviços nos levarão ao estado desejado. Contudo, embora ainda estejamos aprendendo, temos confiança de que estamos indo na direção certa, e todos sabem que esse esforço tem apoio dos níveis mais altos de gestão".

Neste capítulo são apresentados vários modelos que nos permitirão reproduzir os processos de pensamento utilizados pela equipe da Nordstrom para decidir com quais fluxos de valor começar. Vamos avaliar nossos fluxos de valor candidatos de muitas maneiras, incluindo se são um serviço *virgem* ou *abandonado*, um *sistema de engajamento* ou um *sistema de registro*. Também vamos estimar o equilíbrio risco/recompensa de transformar e avaliar o grau provável de resistência que teremos das equipes com que trabalharmos.

SERVIÇOS VIRGENS *VS.* ABANDONADOS

Frequentemente classificamos nossos serviços ou produtos de software como virgens ou abandonados. Esses termos foram usados originalmente em planejamento urbano e projetos de construção. Desenvolvimento virgem acontece quando construímos em terreno inexplorado. Desenvolvimento abandonado ocorre quando construímos em terreno anteriormente utilizado para propósitos industriais, possivelmente contaminado com dejetos perigosos ou poluição. No desenvolvimento urbano, muitos fatores podem tornar os projetos virgens mais simples que os abandonados — não há estruturas que precisem ser demolidas nem materiais tóxicos a serem removidos.

Em tecnologia, um projeto virgem é um novo projeto ou iniciativa de software, provavelmente nos primeiros estágios de planejamento ou implementação, no qual construímos nossas aplicações e infraestrutura de uma forma nova, com poucas restrições. Começar com um projeto de software virgem pode ser mais fácil, especialmente se já está financiado e uma equipe está sendo criada ou já existe. Além disso, como estamos começando do zero, nos preocupamos menos com bases de código, processos e equipes existentes.

Os projetos de DevOps virgens frequentemente são pilotos para demonstrar a viabilidade de nuvens públicas ou privadas, fazer um piloto de automação de implementação, e ferramentas semelhantes. Um exemplo de projeto de DevOps virgem é o produto Hosted LabVIEW, de 2009, da National Instruments, uma organização de 30 anos, com 5 mil empregados e US$1 bilhão de renda anual. Para colocar esse produto rapidamente no mercado, uma nova equipe foi criada e recebeu permissão de operar fora dos processos de TI existentes e explorar o uso de nuvens públicas. A equipe inicial incluía um arquiteto de aplicações, um arquiteto de sistemas, dois desenvolvedores, um desenvolvedor de automação de sistema, um líder de operações e dois grupos de operações externas. Usando práticas de DevOps, eles foram capazes de entregar o Hosted LabVIEW ao mercado na metade do tempo de suas introduções normais de produto.

No outro lado do espectro estão os projetos de DevOps abandonados, que são produtos ou serviços existentes que já estão atendendo aos clientes e possivelmente estão em operação há anos ou décadas. Os projetos abandonados frequentemente vêm com quantidades significativas de dívida técnica, como o fato de não haver automação de testes ou funcionar em plataformas não suportadas. No exemplo da Nordstrom, apresentado anteriormente neste capítulo, os sistemas de restaurante em loja física e os sistemas de comércio eletrônico eram projetos abandonados.

Embora muitos acreditem que DevOps serve principalmente para projetos virgens, ele também é usado com sucesso para transformar projetos abandonados de todos os tipos. Na verdade, mais de 60% das histórias de transformação compartilhadas no DevOps Enterprise Summit, em 2014, eram de projetos abandonados. Nesses casos, havia uma grande lacuna de desempenho entre o que os clientes precisavam e o que a organização estava entregando, e as transformações de DevOps criaram uma vantagem comercial tremenda.

Aliás, uma das constatações no *2015 State of DevOps Report* comprovou que a idade da aplicação não era um previsor significativo do desempenho. Em vez disso, o que previa o desempenho era se a aplicação tinha sido arquitetada (ou poderia ser rearquitetada) para testabilidade e implementação.

As equipes que dão suporte para projetos abandonados podem ser muito receptivas a experimentar DevOps, particularmente quando há a crença de que os métodos tradicionais são insuficientes para atingir seus objetivos — e especialmente se existe forte senso de urgência em torno da necessidade de melhoria.[†]

Ao transformarmos projetos abandonados, podemos enfrentar impedimentos e problemas significativos, especialmente quando não existem testes au-

---

† Não deve surpreender o fato de que os serviços de maior potencial para uma vantagem comercial sejam os sistemas abandonados. Afinal, esses são os sistemas com que mais se conta e que têm o maior número de clientes ou a maior quantia de lucro dependendo deles.

tomatizados ou quando há uma arquitetura fortemente acoplada que impede equipes pequenas de desenvolver, testar e implementar código independentemente. O modo como superamos esses problemas é discutido neste livro.

Exemplos de transformações abandonadas de sucesso incluem:

- **CSG (2013):** Em 2013, a CSG International tinha US$747 milhões de renda e mais de 3.500 funcionários, possibilitando que mais de 90 mil agentes de atendimento ao cliente fornecessem operações de cobrança e cuidado com o cliente para mais de 50 milhões de clientes em vídeo, voz e dados, executando mais de seis bilhões de transações e imprimindo e remetendo mais de 70 milhões de boletos de pagamento em papel por mês. O escopo inicial de melhoria era a impressão de contas, um de seus principais negócios, envolvendo um aplicativo de mainframe em COBOL e as 20 plataformas de tecnologia circundantes. Como parte da transformação, eles começaram a fazer implementações diárias em um ambiente do tipo produção e duplicaram a frequência de releases para o cliente, de duas para quatro vezes ao ano. Como resultado, eles aumentaram significativamente a confiabilidade do aplicativo e reduziram os tempos de execução de implementação de código, de duas semanas para menos de um dia.

- **Etsy (2009):** Em 2009, a Etsy tinha 35 empregados e estava gerando US$87 milhões em renda, mas após terem "mal sobrevivido ao período de varejo do feriado do fim de ano", começaram a transformar praticamente todos os aspectos do funcionamento da organização, finalmente transformando a empresa em uma das organizações de DevOps mais admiradas, e preparando o terreno para uma oferta pública inicial (OPI) de sucesso em 2015.

CONSIDERE SISTEMAS DE REGISTRO E SISTEMAS DE ENGAJAMENTO

Recentemente, a empresa de pesquisa Gartner popularizou a noção de *TI bimodal*, referindo-se ao amplo espectro de serviços suportados pelas empresas típicas. Dentro do TI bimodal existem *sistemas de registro*, os sistemas do tipo ERP que conduzem nossa empresa (por exemplo, PRM, RH, sistemas de informes financeiros), nos quais a exatidão das transações e dados é fundamental, e *sistemas de engajamento*, que são sistemas voltados ao cliente ou ao funcionário, como os de comércio eletrônico e aplicativos de produtividade.

Os sistemas de registro normalmente têm um ritmo de mudança mais lento e frequentemente têm requisitos normativos e de conformidade (por exemplo, SOX). A Gartner chama esses tipos de sistemas de "Tipo 1", pois a organização se concentra em "fazer direito".

Os sistemas de engajamento normalmente têm um ritmo de mudança muito maior para suportar os rápidos loops de feedback que permitem fazer experimentação para descobrir como melhor atender às necessidades dos clientes. A Gartner chama esses tipos de sistemas de "Tipo 2", pois a organização se concentra em "fazer rápido".

Pode ser conveniente dividir nossos sistemas nessas categorias, contudo, sabemos que o conflito crônico básico entre "fazer direito" e "fazer rápido" pode ser desfeito com DevOps. Os dados do State of DevOps Reports do Puppet Labs — seguindo as lições da manufatura Lean — mostram que as organizações de alto desempenho são capazes de entregar simultaneamente níveis mais altos de rendimento e confiabilidade.

Além disso, como nossos sistemas são interdependentes, nossa capacidade de fazer mudanças em qualquer um desses sistemas é limitada pelo sistema mais difícil de mudar com segurança, que quase sempre é um sistema de registro.

Scott Prugh, vice-presidente de Desenvolvimento de Produtos na CSG, observou: "Adotamos uma filosofia que rejeita a TI bimodal, pois todos os nossos clientes merecem velocidade e qualidade. Isso significa que precisamos de excelência técnica, esteja a equipe dando suporte para um aplicativo de mainframe de 30 anos, um aplicativo Java ou um aplicativo móvel".

Consequentemente, quando melhoramos sistemas abandonados, não devemos apenas nos esforçar para reduzir sua complexidade e melhorar sua confiabilidade e estabilidade, devemos também torná-los mais rápidos, mais seguros e mais fáceis de alterar. Mesmo quando uma nova funcionalidade é adicionada apenas a sistemas de engajamento virgens, ela frequentemente causa problemas de confiabilidade nos sistemas de registro abandonados dos quais dependem. Tornando esses sistemas mais seguros de mudar, ajudamos a organização inteira a atingir seus objetivos com mais rapidez e segurança.

COMEÇAR COM OS GRUPOS MAIS FAVORÁVEIS E INOVADORES

Dentro de toda organização existirão equipes e indivíduos com uma grande variedade de posturas diante da adoção de novas ideias. Geoffrey A. Moore representou esse espectro na forma do ciclo de vida de adoção de tecnologia em *Atravessando o Abismo*, em que o abismo representa a dificuldade clássica de encontrar grupos além dos *inovadores e adotantes iniciais* (veja a Figura 9).

Em outras palavras, ideias novas frequentemente são adotadas rapidamente por inovadores e adotantes iniciais, enquanto outros, com posturas mais conservadoras, resistem a elas (*a maioria inicial, a maioria tardia e retardatários*). Nosso objetivo é encontrar as equipes que já acreditam na necessidade de princípios e práticas de DevOps e que possuem o desejo e a capacidade demonstrada de inovar e melhorar seus próprios processos. Idealmente, esses grupos serão apoiadores entusiastas da jornada de DevOps.

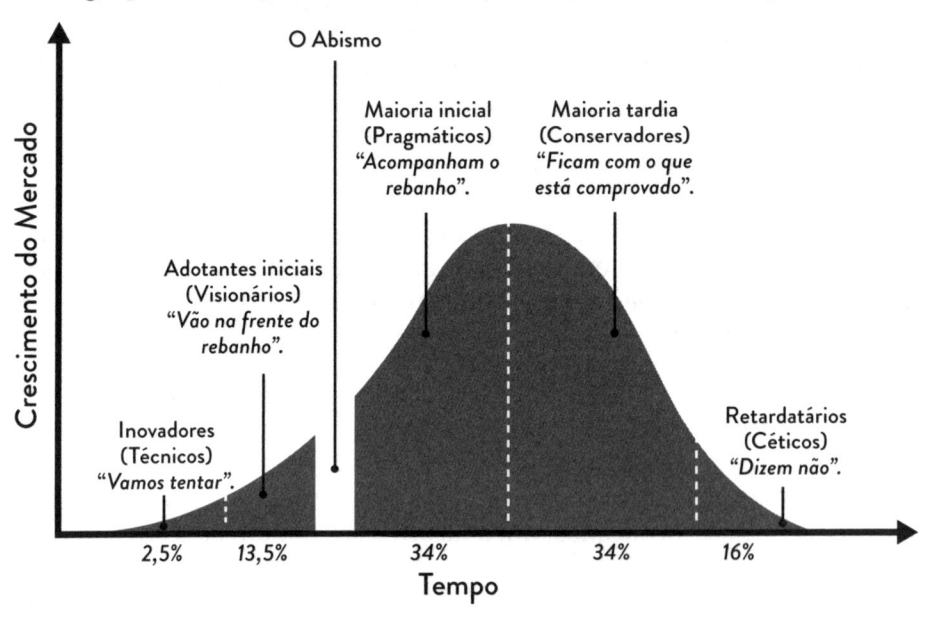

Figura 9: *A Curva de Adoção de Tecnologia (Fonte: Moore and McKenna, Atravessando o Abismo, 15.)*

Especialmente nos primeiros estágios, não passaremos muito tempo tentando converter os grupos mais conservadores. Em vez disso, concentraremos nossa energia na geração de sucessos com grupos menos contrários ao risco e construiremos nossa base a partir daí (um processo discutido na próxima seção). Mesmo que tenhamos os níveis mais altos de patrocínio executivo, evitaremos a *estratégia do big bang* (isto é, começar em todos os lugares ao mesmo tempo), optando, em vez disso, por concentrar nossos esforços em algumas áreas da organização, garantindo que essas iniciativas sejam bem-sucedidas e expandindo a partir daí.[†]

[†] Transformações big bang, de cima para baixo, são possíveis, como a transformação Ágil no PayPal, em 2012, liderada por sua vice-presidente de tecnologia, Kirsten Wolberg. Con-

EXPANDINDO DEVOPS PELA NOSSA ORGANIZAÇÃO

Independente do escopo de nosso esforço inicial, devemos demonstrar as primeiras vitórias e divulgar nossos sucessos. Fazemos isso dividindo nossos objetivos de melhoria maiores em pequenas etapas incrementais. Isso não apenas gera melhorias mais rapidamente, mas também nos permite saber quando fizemos a escolha errada de fluxo de valor — detectando nossos erros no início, podemos voltar rapidamente e tentar de novo, tomando decisões diferentes perante novos aprendizados.

À medida que geramos sucessos, ganhamos o direito de expandir o escopo de nossa iniciativa de DevOps. Queremos seguir uma sequência segura que aumente nossos níveis de credibilidade, influência e apoio metodicamente. A lista a seguir, adaptada de um curso ministrado pelo dr. Roberto Fernandez, um professor de William F. Pounds na Administração do MIT, descreve as fases ideais usadas por agentes de mudança para construir e expandir sua coalizão e sua base de apoio:

1. **Encontrar Inovadores e Adotantes Iniciais:** No início, concentramos nossos esforços em equipes que realmente querem ajudar — pessoas com interesses iguais e simpatizantes que sejam os primeiros voluntários a começar a jornada de DevOps. Idealmente, essas também são pessoas respeitadas, com alto grau de influência sobre o restante da organização, dando mais credibilidade à nossa iniciativa.

2. **Construir Massa Crítica e Maioria Silenciosa:** Na fase seguinte, buscamos expandir as práticas de DevOps para mais equipes e fluxos de valor, com o objetivo de criar uma base de apoio estável. Trabalhando com equipes receptivas às nossas ideias, mesmo não sendo os grupos mais visíveis ou influentes, expandimos nossa coalizão que está gerando mais êxitos, criando um "efeito manada" que aumenta ainda mais nossa influência. Evitamos especificamente batalhas políticas perigosas que poderiam prejudicar nossa iniciativa.

3. **Identificar os Oponentes:** Os "oponentes" são os detratores influentes e conhecidos, que têm mais propensão a resistir (e talvez até sabotar) aos nossos esforços. Em geral, atacamos esse grupo somente depois de termos obtido uma

---

tudo, como em qualquer transformação sustentável e bem-sucedida, isso exigiu o apoio da gerência de mais alto nível e um enfoque contínuo e prolongado em obter os resultados necessários.

maioria silenciosa, quando tivermos estabelecido sucessos o suficiente para proteger nossa iniciativa.

Expandir DevOps em uma organização não é uma tarefa pequena. Isso pode criar risco para indivíduos, departamentos e a organização como um todo. Mas, como disse Ron van Kemenade, diretor-executivo de informação da ING, que ajudou a transformar a empresa em uma das organizações tecnológicas mais admiradas: "Liderar mudanças exige coragem, especialmente em ambientes corporativos onde as pessoas estão assustadas e disputam com você. Mas se você começar pequeno, não terá nada a temer. Qualquer líder precisa ser corajoso o suficiente para alocar equipes e assumir algum risco calculado".

CONCLUSÃO

Peter Drucker, líder no desenvolvimento de educação gerencial, observou que "um peixe pequeno aprende a ser grande em pequenos lagos". Escolhendo cuidadosamente onde e como começar, podemos experimentar e aprender em áreas de nossa organização que criam valor, sem prejudicar o restante da organização. Fazendo isso, construímos nossa base de apoio, obtemos o direito de expandir o uso de DevOps em nossa organização e ganhamos o reconhecimento e a gratidão de um público cada vez maior.

6 Entendendo o Trabalho em Nosso Fluxo de Valor, Tornando-o Visível e Expandindo-o Pela Organização

Uma vez identificado um fluxo de valor ao qual queremos aplicar princípios e padrões de DevOps, nosso próximo passo é entender o suficiente como o valor é entregue para o cliente: que trabalho é realizado e por quem, e quais passos podemos dar para melhorar o fluxo.

No capítulo anterior aprendemos sobre a transformação de DevOps liderada por Courtney Kissler e equipe na Nordstrom. Com o passar dos anos, eles aprenderam que um dos modos mais eficientes de começar a melhorar qualquer fluxo de valor é realizar um workshop com todos os principais interessados e fazer um exercício de mapeamento de fluxo de valor — um processo (descrito mais adiante neste capítulo) destinado a ajudar a capturar todas as etapas exigidas para gerar valor.

O exemplo favorito de Kissler das ideias valiosas e inesperadas que podem vir do mapeamento de fluxo de valor foi quando eles tentaram melhorar os longos tempos de execução associados aos pedidos feitos no aplicativo Cosmetics Business Office, um aplicativo para mainframe em COBOL que dava suporte para todos os gerentes de piso e departamento de seus departamentos de beleza e cosméticos nas lojas físicas.

Esse aplicativo permitia que os gerentes registrassem novos vendedores para várias linhas de produto existentes em suas lojas, para que pudessem controlar as comissões de vendas, permitir descontos para o vendedor, e assim por diante.

Kissler explicou:

> Eu conhecia bem esse aplicativo de mainframe em particular — já havia dado suporte a essa equipe de tecnologia anterior-

mente, de modo que sei, por experiência própria, que por quase uma década, durante cada ciclo de planejamento anual, debatíamos sobre como precisávamos retirá-lo do mainframe. Evidentemente, assim como na maioria das organizações, mesmo quando havia total apoio da direção, parecia que nunca encontrávamos tempo para migrá-lo.

Minha equipe queria realizar um exercício de mapeamento de fluxo de valor para saber se o aplicativo em COBOL era realmente o problema, ou talvez houvesse um problema maior que precisássemos tratar. Eles fizeram um workshop que reuniu todos os responsáveis por entregar valor para nossos clientes internos, incluindo nossos parceiros comerciais, a equipe de mainframe, as equipes de serviço compartilhado, e assim por diante.

O que descobriram foi que, quando os gerentes de departamento estavam enviando o formulário de pedido de "tarefa de linha de produto", estávamos solicitando deles um número de funcionário que eles não tinham — assim, eles deixavam em branco ou colocavam algo como "Não sei". Pior, para preencher o formulário, os gerentes de departamento tinham que sair da loja para usar um PC no escritório. O resultado final era todo aquele tempo desperdiçado, com trabalho indo e voltando no processo.

Durante o workshop, os participantes realizaram várias experiências, inclusive excluindo o campo de número de funcionário do formulário e deixando outro departamento obter essa informação em uma etapa posterior. Essas experiências, realizadas com a ajuda de gerentes de departamento, mostrou uma redução de quatro dias no tempo de processamento. Depois a equipe substituiu o aplicativo de PC por um de iPad, que permitia que os gerentes enviassem as informações necessárias sem sair da loja, e o tempo de processamento foi reduzido ainda mais, para segundos.

Ela disse orgulhosamente: "Com essas melhorias fantásticas, todos os pedidos para retirar esse aplicativo do mainframe desapareceram. Além disso, outros líderes empresariais repararam e começaram a vir até nós com uma lista inteira de experiências que queriam fazer conosco em suas organizações. Todos das equipes empresariais e tecnológicas ficaram entusiasmados com o resultado, porque resolveram um problema comercial real e, mais importante, aprenderam algo no processo".

No restante deste capítulo examinaremos as seguintes etapas: identificar as equipes necessárias para gerar valor para o cliente, criar um mapa de fluxo de valor para tornar visível o trabalho exigido e usá-lo para orientar as equipes sobre como criar valor melhor e mais rapidamente. Fazendo isso, poderemos reproduzir os espantosos resultados descritos no exemplo da Nordstrom.

IDENTIFICANDO AS EQUIPES QUE DÃO SUPORTE AO NOSSO FLUXO DE VALOR

Como esse exemplo da Nordstrom demonstra, em fluxos de valor de qualquer complexidade, ninguém sabe todo o trabalho que deve ser feito para gerar valor para os clientes — especialmente quando o trabalho exigido deve ser executado por muitas equipes diferentes, frequentemente longe umas das outras nos quadros da organização, geograficamente ou por incentivos.

Como resultado, depois de selecionarmos um aplicativo ou serviço candidato à nossa iniciativa de DevOps, devemos identificar todos os membros do fluxo de valor responsáveis por trabalhar em conjunto para gerar valor para os clientes. Em geral, isso inclui:

- **Dono do produto:** A voz interna da empresa que define o próximo conjunto de funcionalidades no serviço
- **Desenvolvimento:** A equipe responsável por desenvolver funcionalidades de aplicação no serviço
- **QA:** A equipe responsável pela existência de loops de feedback para garantir que o serviço funcione como desejado
- **Operações:** A equipe frequentemente responsável por manter o ambiente de produção e ajudar a garantir que os níveis de serviço exigidos sejam atingidos
- **Infosec:** A equipe responsável pela segurança de sistemas e dados
- **Gerentes de releases:** As pessoas responsáveis por administrar e coordenar a implementação da produção e os processos de releases
- **Executivo de tecnologia ou gerente de fluxo de valor:** Na literatura Lean, o responsável por "garantir que o fluxo de valor satisfaça ou exceda os requisitos do cliente [e organizacionais] para o fluxo de valor global, do início ao fim"

CRIAR UM MAPA DE FLUXO DE VALOR PARA VER O TRABALHO

Depois de identificarmos os membros de nosso fluxo de valor, o próximo passo é ter um entendimento concreto de como o trabalho é realizado, documentado na forma de um mapa de fluxo de valor. Em nosso fluxo de valor, o trabalho provavelmente começa com o dono do produto, na forma de um pedido de cliente ou da formulação de uma hipótese comercial. Algum tempo depois, esse trabalho é aceito pelo Desenvolvimento, onde recursos são implementados em código e inseridos em nosso repositório de controle de versão. Então os builds são integrados, testados em um ambiente do tipo produção e, finalmente, implementados na produção, onde (idealmente) geram valor para nosso cliente.

Em muitas organizações tradicionais, esse fluxo de valor consistirá em centenas, se não milhares, de etapas, exigindo trabalho de centenas de pessoas. Como documentar qualquer mapa de fluxo de valor complexo assim provavelmente exigirá vários dias, podemos fazer um workshop de alguns dias para reunir todos os principais componentes e os retiramos das distrações de seus trabalhos diários.

Nosso objetivo não é documentar cada passo e as minúcias associadas, mas entender suficientemente as áreas de nosso fluxo de valor que estão colocando em risco nossos objetivos de fluxo rápido, tempos de execução curtos e resultados confiáveis para o cliente. Idealmente, reunimos pessoas com autoridade de mudar sua parte no fluxo de valor.[†]

Damon Edwards, coapresentador do podcast *DevOps Cafe*, observou: "Na minha experiência, esses tipos de exercícios de mapeamento de fluxo de valor são sempre reveladores. Frequentemente é a primeira vez que as pessoas veem o trabalho e o heroísmo exigidos para entregar valor para o cliente. Para Operações, pode ser a primeira vez que eles veem as consequências que resultam quando os desenvolvedores não têm acesso a ambientes configurados corretamente, o que contribui para ainda mais trabalho durante as implementações de código. Para o Desenvolvimento, pode ser a primeira vez que veem todo o heroísmo exigido por Teste e Operações para implementar seu código na produção, muito depois de terem sinalizado um recurso como 'concluído'".

Usando todo o conhecimento obtido pelas equipes envolvidas no fluxo de valor, devemos focar nossa investigação e escrutínio nas seguintes áreas:

---

† O que torna mais importante limitarmos o nível de detalhes coletados — o tempo de todos é valioso e escasso.

- Lugares onde o trabalho precisa esperar semanas ou até meses, como obter ambientes do tipo produção, processos de aprovação de mudança ou processos de análise de segurança
- Lugares onde retrabalho significativo é gerado ou recebido

Nossa primeira investida na documentação de nosso fluxo de valor só deve consistir em blocos de processo de alto nível. Normalmente, mesmo para fluxos de valor complexos, os grupos podem criar um diagrama contendo de 5 a 15 blocos de processo dentro de poucas horas. Cada bloco de processo deve incluir o tempo de execução e o tempo de processo para um item de trabalho a ser processado, assim como o %C/P medido pelos consumidores da saída.[†]

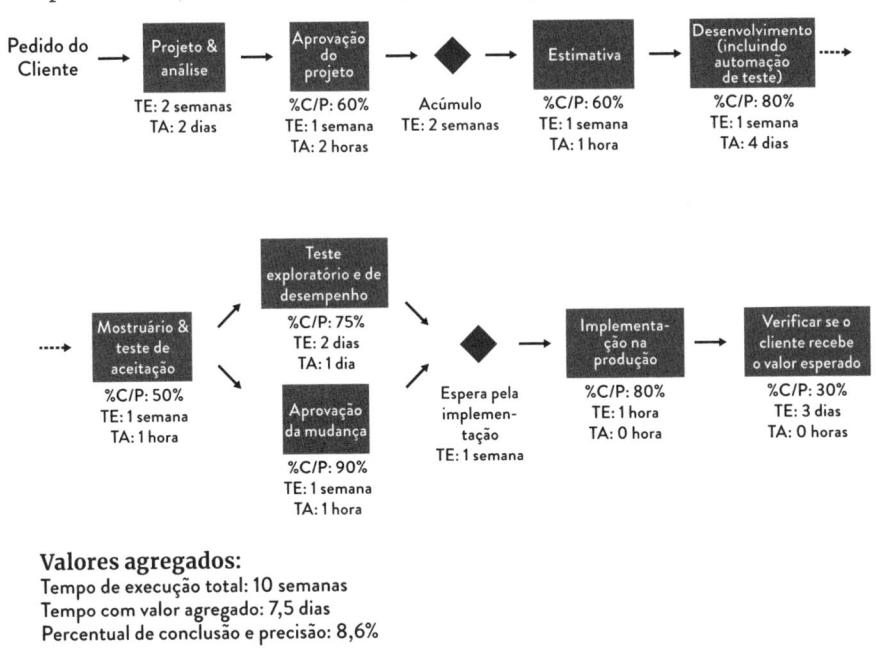

Figura 10: *Um exemplo de mapa de fluxo de valor*
(Fonte: Humble, Molesky, e O'Reilly, Lean Enterprise, 139.)

Usamos a métrica de nosso mapa de fluxo de valor para guiar nossos esforços por melhoria. No exemplo da Nordstrom, eles se concentraram nas baixas taxas de %C/P no formulário de pedido enviado pelos gerentes de departamento, devido à ausência de números de funcionário. Em outros

---

† Inversamente, existem muitos exemplos de uso de ferramentas de modo a garantir que não ocorra nenhuma mudança de comportamento. Por exemplo, uma organização faz questão de uma ferramenta de planejamento ágil, mas então a configura para um processo em cascata, o que apenas mantém o status quo.

casos, podem ser tempos de execução longos ou taxas de %C/P baixas ao entregar ambientes de teste corretamente configurados para equipes de Desenvolvimento, ou os longos tempos exigidos para executar e passar nos testes de regressão antes de cada release de software.

Uma vez identificada a métrica que queremos melhorar, devemos realizar o próximo nível de observações e medidas para entender melhor o problema, e então construir um mapa de fluxo de valor futuro idealizado, o qual servirá como condição-alvo a se obter em alguma data (por exemplo, de 3 a 12 meses).

A liderança ajuda a definir esse estado futuro, e então guia e capacita a equipe a imaginar hipóteses e contramedidas para obter a melhoria desejada nesse estado, realizar experimentos para testar essas hipóteses e interpretar os resultados para saber se as hipóteses estavam corretas. As equipes continuam a repetir e interagir, usando quaisquer novos aprendizados para informar os próximos experimentos.

CRIANDO UMA EQUIPE DE TRANSFORMAÇÃO DEDICADA

Um dos desafios inerentes a iniciativas como as transformações de DevOps é que elas estão inevitavelmente em conflito com as operações comerciais em andamento. Parte disso é um resultado natural da evolução dos negócios de sucesso. Uma organização que teve sucesso por um período de tempo prolongado (anos, décadas ou mesmo séculos) criou mecanismos para perpetuar as práticas que a fizeram ter êxito, como desenvolvimento de produtos, administração de pedidos e operações da cadeia de abastecimento.

Muitas técnicas são usadas para perpetuar e proteger as operações de processos atuais, como especialização, enfoque na eficiência e repetitividade, burocracias que impõem processos de aprovação e controles para proteção contra variação. Em particular, as burocracias são incrivelmente resilientes e feitas para sobreviver a condições adversas — é possível remover metade dos burocratas, e o processo ainda sobreviverá.

Embora isso seja bom para preservar o status quo, frequentemente precisamos mudar o modo de trabalhar para nos adaptarmos às condições variáveis do mercado. Isso exige interrupção e inovação, o que nos coloca em conflito com os grupos responsáveis pelas operações diárias e pelas burocracias internas, que quase sempre vencem.

Em seu livro *O Outro Lado da Inovação: A Execução como Fator Crítico de Sucesso*, os drs. Vijay Govindarajan e Chris Trimble, ambos membros do corpo docente da Tuck School of Business da Dartmouth College, descreveram seus estudos sobre como se consegue a inovação de ruptura, apesar das forças poderosas das operações diárias. Eles documentaram como seguros automotivos foram desenvolvidos e comercializados com sucesso na Allstate, como a lucrativa empresa de publicação digital foi criada no *Wall Street Journal*, o desenvolvimento do revolucionário sapato para trilhas na Timberland e o desenvolvimento do primeiro carro elétrico na BMW.

Com base em sua pesquisa, os drs. Govindarajan e Trimble afirmam que as organizações precisam criar uma equipe de transformação dedicada, capaz de operar fora da organização responsável pelas operações diárias (a qual chamam de "equipe dedicada" e "mecanismo de desempenho", respectivamente).

Em primeiro lugar, manteremos essa equipe dedicada responsável por atingir um resultado em nível de sistema mensurável e claramente definido (por exemplo, reduzir em 50% o tempo de execução de implementação de "código enviado para o controle de versão para funcionando com sucesso na produção"). Para executar tal iniciativa, fazemos o seguinte:

- Designamos membros da equipe dedicada para serem alocados unicamente aos esforços de transformação de DevOps (em oposição a "manter todas as suas responsabilidades atuais, mas passar 20% de seu tempo nessa nova coisa de DevOps").

- Selecionar membros da equipe que sejam generalistas, que tenham habilidades em uma ampla variedade de áreas.

- Selecionar membros da equipe que tenham relações de longa data e mutuamente respeitosa com o restante da organização.

- Se possível, criar um espaço físico separado para a equipe dedicada, para maximizar o fluxo de comunicação dentro da equipe e criar certo isolamento do restante da organização.

Se possível, liberaremos a equipe de transformação das muitas regras e políticas que restringem o restante da organização, como fez a National Instruments, descrita no capítulo anterior. Afinal, os processos estabelecidos são uma forma de memória institucional — precisamos que a equipe dedicada crie novos processos e aprendizados exigidos para gerar nossos resultados desejados, criando nova memória institucional.

Criar uma equipe dedicada é bom não só para a equipe, mas também para o mecanismo de desempenho. Com uma equipe separada, criamos espaço para ela experimentar novas práticas, protegendo o restante da organização das possíveis interrupções e distrações associadas.

CONCORDAR COM UM OBJETIVO COMPARTILHADO

Uma das partes mais importantes de qualquer iniciativa de melhoria é definir um objetivo mensurável com prazo final claramente definido, entre seis meses e dois anos no futuro. Ele deve exigir esforço considerável, mas ainda ser realizável. E a realização do objetivo deve gerar valor óbvio para a organização como um todo e para nossos clientes.

Esses objetivos e o prazo devem ser acordados pelos executivos e conhecidos por todos na organização. Também queremos limitar o número de iniciativas simultâneas desse tipo, para não forçar demais a capacidade de gestão de mudança organizacional dos líderes e da organização. Exemplos de objetivos de melhoria podem incluir:

- Reduzir em 50% a porcentagem do orçamento gasto em suporte ao produto e trabalho não planejado.

- Garantir que o tempo de execução da inserção de código até o release na produção seja de uma semana ou menos para 95% das alterações.

- Garantir que os releases sempre possam ser feitos durante o horário de expediente normal, com paralisação zero.

- Integrar todos os controles de segurança da informação exigidos no pipeline de implementação para passar em todos os requisitos de conformidade necessários.

Uma vez que o objetivo de alto nível esteja claro, as equipes devem decidir sobre o ritmo do trabalho de melhoria. Como no trabalho de desenvolvimento de produtos, queremos que o trabalho de transformação seja feito de modo iterativo e incremental. Uma iteração típica estará no intervalo de duas a quatro semanas. Para cada iteração, as equipes devem combinar um pequeno conjunto de objetivos que gerem valor e façam algum progresso em direção ao objetivo de longo prazo. Ao final de cada iteração, as equipes devem examinar seu progresso e definir novos objetivos para a próxima iteração.

MANTER CURTOS NOSSOS HORIZONTES DE PLANEJAMENTO DE MELHORIA

Em qualquer projeto de transformação de DevOps, precisamos manter curtos nossos horizontes de planejamento, como se estivéssemos em uma startup fazendo desenvolvimento de produto ou para o cliente. Nossa iniciativa deve se esforçar para gerar melhorias mensuráveis ou dados acionáveis dentro de semanas (ou, no pior caso, meses).

Ao manter curtos nossos horizontes de planejamento e intervalos de iteração, obtemos o seguinte:

- Flexibilidade e capacidade de repriorizar e replanejar rapidamente

- Diminuição no atraso entre trabalho consumido e melhoria realizada, o que reforça nosso loop de feedback, tornando mais provável reforçar os comportamentos desejados — quando iniciativas de melhoria têm sucesso, isso estimula mais investimento

- Aprendizado mais rápido, gerado da primeira iteração, significando integração mais rápida de nossos aprendizados na próxima iteração

- Redução na energia de ativação para obter melhorias

- Realização mais rápida de melhorias que fazem diferenças significativas em nosso trabalho diário

- Menos risco de que nosso projeto seja cancelado antes que possamos gerar resultados demonstráveis

RESERVAR 20% DOS CICLOS PARA REQUISITOS NÃO FUNCIONAIS E REDUZIR A DÍVIDA TÉCNICA

Um problema comum em qualquer esforço de melhoria de processo é como priorizá-lo corretamente — afinal, as organizações que mais precisam dele são aquelas que têm menos tempo para gastar em melhoria. Isso é especialmente verdade em organizações tecnológicas, por causa da dívida técnica.

Organizações que lutam com dívidas financeiras só pagam os juros e nunca reduzem o principal do empréstimo, e eventualmente podem se encontrar em situações em que não conseguem mais pagar os juros. Analogamente, organizações que não pagam a dívida técnica podem ficar tão sobrecarregadas com soluções alternativas diárias para problemas deixados sem correção, que não conseguem mais concluir nenhum trabalho novo. Em outras palavras, agora estão pagando somente os juros de sua dívida técnica.

Vamos gerenciar ativamente essa dívida técnica, garantindo um investimento de pelo menos 20% de todos os ciclos de Desenvolvimento e Operações em refatoração, investindo em trabalho e arquitetura de automação e em requisitos não funcionais, como manutenção, capacidade de gerenciamento, escalabilidade, confiabilidade, testabilidade, capacidade de implementação e segurança.

	Visível para o usuário	Invisível para o usuário
Valor Positivo	Recurso	Arquitetura, requisitos não funcionais, melhoria de processo
Valor Negativo	Defeito	Dívida técnica

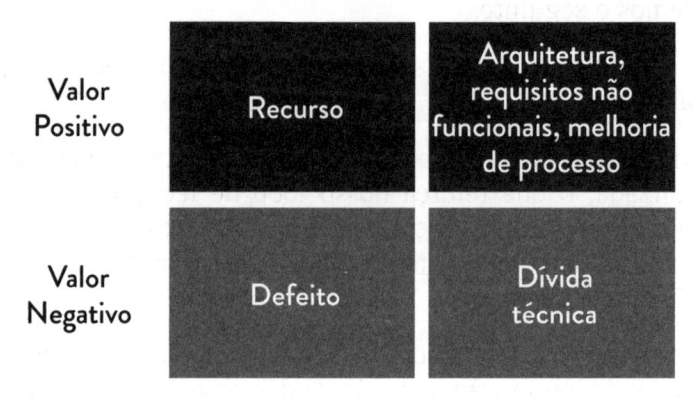

Figura 11: *Invista 20% dos ciclos naqueles que geram valor positivo, invisível para o usuário (Fonte: "Machine Learning and Technical Debt with D. Sculley", podcast* **Software Engineering Daily***, 17 de novembro de 2015, http://softwareengineeringdaily.com/2015/11/17/machine-learning-and-technical-debt-with-d-sculley/.)*

Após a experiência de quase morte do eBay no final dos anos 1990, Marty Cagan, autor de *Inspired: How To Create Products Customers Love* (*Inspirado: Como Criar Produtos que os Clientes Amam*, em tradução livre), o livro seminal sobre design e gerenciamento de produtos, codificou a seguinte lição:

> O negócio [entre donos de produto e] a engenharia é assim: a gerência de produtos pega 20% da capacidade da equipe e a fornece para a engenharia gastar como quiser. Ela pode usar para reescrever, rearquitetar ou refatorar partes problemáticas da base de código... o que acharem necessário para não terem de ir até a equipe e dizer: 'precisamos parar e reescrever [todo o nosso código]'. Se você não estiver bem hoje, talvez precise ocupar 30% dos recursos ou ainda mais. Contudo, fico nervoso quando encontro equipes que acham que podem se virar com muito menos de 20%.

Cagan observa que, quando as organizações não pagam sua "taxa de 20%", a dívida técnica aumenta a ponto de uma organização inevitavelmente gastar todos os seus ciclos pagando a dívida técnica. Em algum ponto, os serviços se tornam tão frágeis, que a entrega de recursos paralisa, pois todos os engenheiros estão trabalhando em questões de confiabilidade ou contornando problemas.

Dedicando 20% de nossos ciclos para que Dev e Ops possam criar contramedidas duradouras para os problemas que encontramos em nosso trabalho diário, garantimos que a dívida técnica não impeça nossa capacidade de desenvolver e operar os serviços na produção, rapidamente e com segurança. Elevar a pressão da dívida técnica de trabalhadores também pode reduzir os níveis de esgotamento.

Estudo de Caso
Operação InVersion no LinkedIn (2011)

A Operação InVersion do LinkedIn apresenta um estudo de caso interessante que ilustra a necessidade de pagar a dívida técnica como parte do trabalho diário. Seis meses depois de sua OPI (Oferta Pública Inicial) bem-sucedida em 2011, o LinkedIn continuava a lutar com implementações problemáticas que se tornaram tão complicadas que eles lançaram a Operação InVersion, na qual pararam todo o desenvolvimento de recursos por dois meses a fim de reformular seus ambientes de computação, implementações e arquitetura.

O LinkedIn foi criado em 2003 para ajudar os usuários a "se conectar em sua rede, em busca de melhores oportunidades de trabalho". Ao final da primeira semana de operação, eles tinham 2.700 membros. Um ano depois, tinham mais de um milhão de membros, e desde então cresceram exponencialmente. Em novembro de 2015, o LinkedIn tinha mais de 350 milhões de membros, que geravam dezenas de milhares de pedidos por segundo, resultando em milhões de consultas por segundo em seus sistemas de backend.

Desde o início, o LinkedIn foi executado principalmente em seu aplicativo doméstico Leo, um aplicativo monolítico feito em Java que servia cada página por meio de servlets e conexões JDBC gerenciadas para vários bancos de dados de backend Oracle. Contudo, para acompanhar o tráfego crescente em seus anos iniciais, dois serviços críticos foram desacoplados do Leo: o primeiro manipulava consultas em torno do gráfico de conexão de membros totalmente na memória, e o segundo era pesquisa de membros, sobreposta ao primeiro.

Em 2010, a maior parte do desenvolvimento estava ocorrendo em novos serviços, com quase 100 serviços executando fora do Leo. O problema era que o Leo estava sendo distribuído uma vez a cada duas semanas.

Josh Clemm, gerente de engenharia sênior do LinkedIn, explicou que, em 2010, a empresa tinha problemas significativos com o Leo. Apesar de escalonado verticalmente pela adição de memória e CPUs, "o Leo estava frequentemente caindo na produção, era difícil de depurar e recuperar, e difícil de lançar novo código.... Estava claro que precisávamos 'Eliminar o Leo' e dividi-lo em muitos serviços pequenos, funcionais e sem estado".

Em 2013, o jornalista Ashlee Vance da Bloomberg escreveu que "quando o LinkedIn tentava adicionar várias coisas novas de uma vez, o site desmoronava, exigindo que os engenheiros trabalhassem até tarde da noite para corrigir os problemas". No terceiro trimestre de 2011, as longas noites não eram mais um rito de passagem nem uma atividade obrigatória, pois os problemas tinham se tornado intoleráveis. Alguns dos principais engenheiros do LinkedIn, incluindo Kevin Scott, que ingressou como vice-presidente de Engenharia no LinkedIn três meses antes da oferta pública inicial da empresa, decidiram parar completamente o trabalho de engenharia em novos recursos e dedicar o departamento inteiro para corrigir a infraestrutura básica do site. Eles chamaram o esforço de Operação InVersion.

Scott lançou a Operação InVersion como um modo de "injetar o início de um manifesto cultural na engenharia de sua equipe. Não haveria nenhum desenvolvimento de recurso novo até que a arquitetura de computação do LinkedIn fosse remodelada — era disso que a empresa e sua equipe precisavam".

Scott descreveu um inconveniente: "Você vai a público, tem o mundo todo olhando, e então diz à diretoria que não vai entregar nada novo enquanto toda a engenharia trabalha nesse projeto [InVersion] pelos próximos dois meses. Era assustador".

Contudo, Vance descreveu os resultados enormemente positivos da Operação InVersion. "O LinkedIn criou todo um conjunto de software e ferramentas para ajudar a desenvolver código para o site. Em vez de esperar semanas para novos recursos entrarem no site principal do LinkedIn, os engenheiros podiam desenvolver um novo serviço, ter uma série de sistemas automatizados examinando o código em busca de erros e problemas que o serviço poderia ter ao interagir com os recursos já existentes, e lançá-lo diretamente no site do LinkedIn... O corpo de engenharia do LinkedIn [agora] realiza grandes atualizações no site três vezes por dia". Criando um sistema de trabalho mais seguro, o valor que geraram incluiu menos sessões tarde da noite, com mais tempo para desenvolver novos recursos inovadores.

Como Josh Clemm descreveu em seu artigo sobre escalonamento no LinkedIn: "O escalonamento pode ser medido em muitas dimensões, incluindo a organizacional.... [A Operação InVersion] permitiu que a organização de engenharia inteira se concentrasse em melhorar as ferramentas e a implementação, a infraestrutura e a produtividade dos desenvolvedores. Ela teve sucesso em possibilitar a agilidade de engenharia que precisamos para construir os novos produtos escalonáveis que temos hoje.... [Em] 2010, já tínhamos mais de 150 serviços separados. Hoje temos mais de 750".

Kevin Scott disse: "Seu trabalho como engenheiro e seu objetivo como equipe de tecnologia é ajudar sua empresa a vencer. Se você lidera uma equipe de engenheiros, é melhor adotar a perspectiva de um diretor-presidente. Sua tarefa é descobrir do que sua empresa, seu negócio, seu mercado, seu ambiente competitivo precisam. Aplique isso à sua equipe de engenharia para que sua empresa vença".

Permitindo que o LinkedIn pagasse quase uma década de dívida técnica, o Projeto InVersion possibilitou estabilidade e segurança, enquanto definiu o próximo estágio de crescimento da empresa. Contudo, isso exigiu dois meses de foco total em requisitos não funcionais, à custa de todos os recursos prometidos ao público durante uma OPI. Encontrando e corrigindo problemas como parte de nosso trabalho diário, gerenciamos nossa dívida técnica de modo a evitar essas experiências de "quase morte".

AUMENTAR A VISIBILIDADE DO TRABALHO

Para sabermos se estamos tendo progresso em direção ao nosso objetivo, é essencial que todos na organização conheçam o estado atual do trabalho. Existem muitas maneiras de tornar o estado atual visível, mas o mais importante é que a informação mostrada esteja atualizada e que revisemos constantemente o que medimos, para termos certeza de que isso está nos ajudando a entender o progresso em direção às nossas condições-alvo atuais.

A seção a seguir discute padrões que podem ajudar a dar visibilidade e alinhamento entre equipes e funções.

USAR FERRAMENTAS PARA REFORÇAR O COMPORTAMENTO DESEJADO

Como Christopher Little, executivo de software e um dos primeiros cronistas de DevOps, observou: "Os antropólogos descrevem ferramentas como um artefato cultural. Qualquer discussão sobre cultura após a invenção do fogo também deve ser sobre ferramentas". Analogamente, no fluxo de valor de DevOps usamos ferramentas para reforçar nossa cultura e acelerar as mudanças de comportamento desejadas.

Um objetivo é que nossas ferramentas reforcem o fato de que Desenvolvimento e Operações não têm apenas objetivos compartilhados, mas um acúmulo de trabalho comum, idealmente armazenado em um sistema de trabalho comum e usando um vocabulário compartilhado, para que o trabalho possa ser priorizado globalmente.

Ao fazer isso, Desenvolvimento e Operações podem acabar criando uma fila de trabalho compartilhada, em vez de cada silo usar uma diferente (por exemplo, Desenvolvimento usa JIRA, enquanto Operações usa ServiceNow). Uma vantagem significativa disso é que, quando incidentes de produção são mostrados nos mesmos sistemas que o trabalho de desenvolvimento, será óbvio quando incidentes em andamento devem parar o outro trabalho, especialmente quando temos um quadro kanban.

Outra vantagem de ter Desenvolvimento e Operações usando uma ferramenta compartilhada é o acúmulo unificado, em que todos priorizam projetos de melhoria a partir de uma perspectiva global, selecionando o trabalho que tem o valor mais alto para a organização ou que mais reduz a dívida técnica. Quando identificamos a dívida técnica, a adicionamos ao nosso acúmulo priorizado, caso não possamos tratá-la imediatamente. Para problemas que permanecem não resolvidos, podemos usar nossos "20% de tempo para requisitos não funcionais" para corrigir os principais itens de nosso acúmulo.

Outras tecnologias que reforçam objetivos compartilhados são salas de bate-papo, como os canais IRC, HipChat, Campfire, Slack, Flowdock e OpenFire. As salas de bate-papo permitem o compartilhamento rápido de informações (em oposição a preencher formulários que são processados por meio de fluxos de trabalho predefinidos), a capacidade de convidar outras pessoas quando necessário e os históricos que são gravados automaticamente para a posteridade e podem ser analisados durante sessões de post-mortem.

Uma dinâmica espantosa é criada quando temos um mecanismo que permite a qualquer membro da equipe ajudar rapidamente outros membros, ou mesmo pessoas de fora da equipe — o tempo exigido para obter informações ou trabalho necessário pode cair de dias para minutos. Além disso, como tudo está sendo gravado, talvez não precisemos pedir ajuda a alguém no futuro — basta pesquisar.

Contudo, o ambiente de comunicação rápida facilitado pelas salas de bate-papo também pode ser um inconveniente. Como Ryan Martens, fundador e diretor técnico da Rally Software, observa: "Em uma sala de bate-papo, se alguém não recebe uma resposta em alguns minutos, é totalmente aceito e esperado que você possa incomodar de novo até que forneçam o que é necessário".

As expectativas de uma resposta imediata podem, evidentemente, levar a resultados indesejados. Uma barragem constante de interrupções e questões pode impedir que as pessoas façam o trabalho necessário. Como resultado, as equipes podem decidir que certos tipos de pedidos devem passar por ferramentas mais estruturadas e assíncronas.

CONCLUSÃO

Neste capítulo identificamos todas as equipes que dão suporte para nosso fluxo de valor e capturamos, em um mapa de fluxo de valor, o trabalho exigido para entregar valor para o cliente. O mapa de fluxo de valor fornece a base para entender nosso estado atual, incluindo nosso tempo de execução e métrica %C/P para áreas problemáticas, e informa como definimos um estado futuro.

Isso permite que equipes de transformação dedicadas iterem e experimentem rapidamente para melhorar o desempenho. Também garantimos a alocação de tempo suficiente para melhoria, corrigir problemas e questões arquitetônicas conhecidas, incluindo nossos requisitos não funcionais. Os estudos de caso da Nordstrom e do LinkedIn demonstram como melhorias significativas podem ser feitas nos tempos de execução e na qualidade, quando encontramos problemas em nosso fluxo de valor e pagamos a dívida técnica.

7 Como Projetar Nossa Organização e Arquitetura com a Lei de Conway em Mente

Nos capítulos anteriores identificamos um fluxo de valor para iniciar nossa transformação de DevOps e estabelecemos objetivos compartilhados e práticas para permitir que uma equipe de transformação dedicada melhore o modo como entregamos valor para o cliente.

Neste capítulo começaremos a pensar em como nos organizar para atingir nossos objetivos de fluxo de valor. Afinal, o modo como organizamos nossas equipes afeta o modo como executamos nosso trabalho. O dr. Melvin Conway realizou um famoso experimento em 1968 com uma organização de pesquisa que tinha oito pessoas incumbidas de produzir um compilador de COBOL e um de ALGOL. Ele observou: "Após algumas estimativas de dificuldade e tempo iniciais, cinco pessoas foram designadas para a tarefa em COBOL, e três para a tarefa em ALGOL. O compilador de COBOL resultante executava em cinco fases, o compilador de ALGOL, em três".

Essas observações levaram ao que agora é conhecida como Lei de Conway, que diz que "organizações que projetam sistemas... ficam restritas a produzir projetos que são cópias das estruturas de comunicação dessas organizações... Quanto maior a organização, menos flexibilidade ela tem e mais pronunciado é o fenômeno". Eric S. Raymond, autor do livro *A Catedral e o Bazar*, produziu uma versão simplificada (e agora mais famosa) da Lei de Conway em seu Jargon File: "A organização do software e a organização da equipe de software serão congruentes; declarado comumente como 'se você tiver quatro grupos trabalhando em um compilador, terá um compilador de quatro passagens'".

Em outras palavras, o modo como organizamos nossas equipes tem um efeito poderoso no software que produzimos, assim como em nossos resultados arquitetônicos e de produção. Para obter fluxo de trabalho rápido do Desenvolvimento para Operações, com alta qualidade e excelentes resultados para o cliente, devemos organizar nossas equipes e nosso trabalho de modo que a Lei de Conway trabalhe a nosso favor. Se for mal-usada, a Lei de Conway impedirá que as equipes trabalhem com segurança e independentemente. Em vez disso, estarão fortemente acopladas, uma esperando que o trabalho da outra seja feito, e até mesmo pequenas mudanças criarão consequências globais potencialmente catastróficas.

Um exemplo de como a Lei de Conway pode impedir ou reforçar nossos objetivos pode ser visto em uma tecnologia chamada Sprouter, desenvolvida na Etsy. A jornada de DevOps da Etsy começou em 2009, e essa é uma das organizações de DevOps mais admiradas, com lucros de quase US$200 milhões em 2014 e uma OPI bem-sucedida em 2015.

Originalmente desenvolvido em 2007, o Sprouter conectava pessoas, processos e tecnologia de uma maneira que gerava muitos resultados indesejados. O Sprouter, abreviatura de "stored procedure router — roteador de procedimento armazenado", foi originalmente projetado para ajudar a facilitar a vida de desenvolvedores e equipes de banco de dados. Como Ross Snyder, engenheiro sênior da Etsy, disse durante sua apresentação na Surge 2011: "O Sprouter foi projetado para permitir que as equipes de Dev escrevam código em PHP no aplicativo, e que os DBAs escrevam SQL dentro do Postgres, com o Sprouter ajudando-os a se encontrar no meio".

O Sprouter ficava entre o aplicativo de front-end em PHP e o banco de dados Postgres, centralizando o acesso ao banco de dados e ocultando a implementação do banco de dados da camada de aplicativo. O problema era que a adição de quaisquer mudanças na lógica do negócio resultava em atrito significativo entre os desenvolvedores e as equipes de banco de dados. Como Snyder observou: "Para praticamente toda nova funcionalidade no site, o Sprouter exigia que os DBAs escrevessem um novo procedimento armazenado. Como resultado, sempre que os desenvolvedores queriam adicionar nova funcionalidade, precisavam de algo dos DBAs, o que frequentemente exigia que eles passassem por muita burocracia". Em outras palavras, os desenvolvedores que criavam novas funcionalidades dependiam da equipe de DBA, que precisava ser priorizada, comunicada e coordenada, resultando em trabalho ficando em filas, reuniões, tempos de execução mais longos, e assim por diante. Isso porque o Sprouter criou um forte acoplamento entre as equipes de desenvolvimento e de banco de dados, impedindo que os desenvolvedores fossem capazes de desenvolver, testar e implementar seu código na produção independentemente.

Além disso, os procedimentos armazenados de banco de dados eram fortemente acoplados ao Sprouter — sempre que um procedimento armazenado mudava, exigia mudanças também no Sprouter. O resultado foi que o Sprouter se tornou um ponto de falha cada vez maior. Snyder explicou que tudo era tão fortemente acoplado e, como resultado, exigia um nível de sincronismo tão alto, que quase toda implementação causava uma mini-interrupção.

Os dois problemas associados ao Sprouter e sua solução final podem ser explicados pela Lei de Conway. Inicialmente, a Etsy tinha duas equipes, os desenvolvedores e os DBAs, responsáveis cada uma por duas camadas do serviço: a camada lógica de aplicativo e a camada de procedimento armazenado. Duas equipes trabalhando em duas camadas, como a Lei de Conway prediz. O Sprouter pretendia facilitar a vida das duas equipes, mas não funcionou como o esperado — quando as regras do negócio mudaram, em vez de mudar apenas duas camadas, agora eles precisavam fazer mudanças em três (no aplicativo, nos procedimentos armazenados e, agora, no Sprouter). Os desafios resultantes de coordenar e priorizar o trabalho entre as três equipes aumentou significativamente os tempos de execução e causou problemas de confiabilidade.

No primeiro trimestre de 2009, como parte do que Snyder chamou de "a grande transformação cultural da Etsy", Chad Dickerson ingressou como o novo diretor técnico. Dickerson colocou muitas coisas em movimento, incluindo um investimento maciço na estabilidade do site, fazendo os desenvolvedores realizarem suas próprias implementações na produção e iniciando uma jornada de dois anos para eliminar o Sprouter.

Para fazer isso, a equipe decidiu mudar toda a lógica do negócio da camada de banco de dados para a camada de aplicativo, eliminando a necessidade do Sprouter. Eles criaram uma equipe pequena que escreveu uma camada de mapeamento objeto-relacional (ORM, Object Relational Mapping) em PHP,[†] permitindo que os desenvolvedores de front-end fizessem chamadas diretamente para o banco de dados e reduzindo de três para uma o número de equipes exigidas para mudar a lógica do negócio.

Como Snyder descreveu: "Começamos usando o ORM para quaisquer áreas novas do site e, com o passar do tempo, migramos pequenas partes dele, do Sprouter para o ORM. Demorou dois anos para migrarmos o site inteiro do Sprouter. E mesmo que reclamássemos do Sprouter, ele permaneceu na produção o tempo todo".

[†] Dentre muitas coisas, uma ORM abstrai um banco de dados, permitindo que os desenvolvedores façam consultas e manipulação de dados como se fossem apenas outro objeto na linguagem de programação. ORMs populares incluem Hibernate para Java, SQLAlchemy para Python e ActiveRecord para Ruby on Rails.

Eliminando o Sprouter, eles também eliminaram os problemas associados a várias equipes precisando coordenar mudanças na lógica do negócio, diminuíram o número de transferências e aumentaram significativamente a velocidade e o sucesso das implementações para produção, melhorando a estabilidade do site. Além disso, como equipes pequenas podiam desenvolver e entregar código independentemente, sem exigir que outra equipe fizesse alterações em outras áreas do sistema, a produtividade dos desenvolvedores aumentou.

O Sprouter foi finalmente retirado da produção e dos repositórios de controle de versão da Etsy no início de 2001. Como Snyder disse: "Nos sentimos bem".†

Como Snyder e a Etsy experimentaram, o modo de projetarmos nossa organização dita como o trabalho é realizado e, portanto, os resultados que obtemos. No restante deste capítulo exploraremos como a Lei de Conway pode impactar negativamente o desempenho de nosso fluxo de valor e, mais importante, como organizamos nossas equipes para tirar proveito dela.

ARQUÉTIPOS ORGANIZACIONAIS

No campo das teorias da decisão existem três tipos principais de estruturas organizacionais que informam como projetamos nossos fluxos de valor de DevOps com a Lei de Conway em mente: *funcional*, *matriz* e *mercado*. Elas são definidas pelo dr. Roberto Fernandez como segue:

- As organizações voltadas ao funcional otimizam para expertise, divisão do trabalho ou redução de custos. Elas centralizam a expertise, o que ajuda a possibilitar o crescimento na carreira e o desenvolvimento de habilidades, e frequentemente têm estruturas hierárquicas organizacionais altas. Esse tem sido o método predominante de organização para Operações (isto é, administração de servidor, administração de rede, administração de banco de dados etc., são todas organizadas em grupos separados).

- As organizações voltadas à matriz tentam combinar orientação funcional e de mercado. Contudo, como observam muitos que trabalham nessas organizações ou as gerenciam, elas frequentemente resultam em estruturas organizacionais complicadas, como colaboradores individuais

---

† O Sprouter foi uma das muitas tecnologias usadas em desenvolvimento e produção que a Etsy eliminou como parte de sua transformação.

reportando-se a dois ou mais gerentes e, às vezes, não atingindo nem os objetivos da orientação funcional, e nem os de mercado.

- As organizações voltadas ao mercado otimizam para responder rapidamente às necessidades do cliente. Elas tendem a ser planas, compostas de várias disciplinas multifuncionais (por exemplo, marketing, engenharia etc.), o que frequentemente leva a possíveis redundâncias na organização. É assim que muitas organizações importantes que adotam DevOps operam — em exemplos extremos, como na Amazon ou na Netflix, cada equipe de serviço é simultaneamente responsável pela entrega de recursos e pelo suporte ao serviço.[‡]

Tendo em mente essas três categorias de organizações, exploraremos como uma orientação excessivamente funcional, especialmente em Operações, pode causar resultados indesejados no fluxo de valor tecnológico, como prevê a Lei de Conway.

PROBLEMAS FREQUENTEMENTE CAUSADOS POR ORIENTAÇÃO EXCESSIVAMENTE FUNCIONAL ("OTIMIZAÇÃO PARA CUSTO")

Em organizações de Operações de TI tradicionais, frequentemente usamos orientação funcional para organizar nossas equipes de acordo com suas especialidades. Colocamos os administradores de banco de dados em um grupo, os administradores de rede em outro, os administradores de servidor em um terceiro, e assim por diante. Uma das consequências mais visíveis disso são os longos tempos de execução, especialmente para atividades complexas, como grandes implementações para as quais devemos abrir tíquetes com vários grupos e coordenar transferências de trabalho, fazendo com que nosso trabalho espere em longas filas em cada etapa.

Compondo o problema, a pessoa que faz o trabalho frequentemente tem pouca visibilidade ou entendimento de como sua parte se relaciona com quaisquer objetivos do fluxo de valor (por exemplo: "Estou configurando servidores apenas porque alguém me pediu".). Isso coloca os trabalhadores em um vácuo de criatividade e motivação.

O problema é agravado quando cada área funcional de Operações precisa atender a vários fluxos de valor (isto é, várias equipes de Desenvolvimento),

---

[‡] Contudo, conforme será explicado mais adiante, organizações igualmente importantes, como Etsy e GitHub, têm orientação funcional.

todos competindo por seus ciclos escassos. Para que as equipes de Desenvolvimento façam seu trabalho oportunamente, frequentemente precisamos expandir os problemas para um gerente ou diretor, e, por fim, para alguém (normalmente um executivo) que possa finalmente priorizar o trabalho em relação aos objetivos organizacionais globais, em vez dos objetivos de silo funcionais. Então essa decisão deve descer até cada uma das áreas funcionais para mudar as prioridades locais, e isso, por sua vez, atrasa outras equipes. Quando todas as equipes apressam seus trabalhos, o resultado líquido é que todo o projeto acaba se movendo lentamente.

Além das longas filas e dos longos tempos de execução, essa situação resulta em transferências ruins, grandes quantidades de retrabalho, problemas de qualidade, gargalos e atrasos. Esse engarrafamento impede a realização de objetivos organizacionais importantes, que frequentemente superam em muito o desejo de reduzir os custos.[†]

Analogamente, orientação funcional também pode ser encontrada em funções de QA e Infosec centralizadas, que podem ter funcionado bem (ou, pelo menos, bem o suficiente) em releases de software menos frequentes. Contudo, à medida que aumentarmos o número de equipes de Desenvolvimento e suas frequências de implementação e releases, a maioria das organizações voltadas à funcionalidade terá dificuldade de manter e entregar resultados satisfatórios, especialmente quando o trabalho estiver sendo realizado manualmente. Agora estudaremos o funcionamento das organizações voltadas ao mercado.

HABILITAR EQUIPES VOLTADAS AO MERCADO ("OTIMIZAR PARA VELOCIDADE")

Em linhas gerais, para atingir os resultados do DevOps, precisamos reduzir os efeitos da orientação funcional ("otimizar para custo") e permitir orientação ao mercado ("otimizar para velocidade"), para podermos ter muitas equipes pequenas trabalhando com segurança e independentemente, entregando valor rapidamente para o cliente.

[†] Adrian Cockcroft observou: "Para empresas que agora estão deixando contratos de cinco anos de terceirização de TI, é como se tivessem sido congeladas no tempo durante uma das épocas mais perturbadoras da tecnologia". Em outras palavras, a terceirização de TI é uma tática usada para controlar custos por meio de imobilismo forçado contratualmente, com preços fixos firmes que determinam reduções de custo anuais. Contudo, isso frequentemente resulta em organizações sendo incapazes de responder às necessidades mutantes do negócio e da tecnologia.

Levadas ao extremo, as equipes voltadas ao mercado são responsáveis não só pelo desenvolvimento de recursos, mas também por testar, tornar seguro, implementar e dar suporte para seu serviço na produção, da concepção da ideia à retirada. Essas equipes são projetadas para serem multifuncionais e independentes — capazes de projetar e executar experimentos de usuário, construir e entregar novos recursos, entregar e executar seu serviço na produção e corrigir quaisquer defeitos sem dependências manuais de outras equipes, permitindo assim que se movam mais rápido. Esse modelo foi adotado pela Amazon e pela Netflix e é elogiado pela Amazon como uma das principais razões por trás de sua capacidade de se mover rápido, mesmo enquanto cresce.

Para obtermos orientação ao mercado, não faremos uma grande reorganização de cima para baixo, o que frequentemente gera grandes quantidades de interrupção, medo e paralisia. Em vez disso, vamos incorporar os engenheiros e habilidades funcionais (por exemplo, Ops, QA, Infosec) em cada equipe de serviço ou fornecer suas capacidades para equipes por meio de plataformas self-service automatizadas que fornecem ambientes do tipo produção, iniciam testes automatizados ou fazem implementações.

Isso permite que cada equipe de serviço entregue valor para o cliente independentemente, sem ter que abrir tíquetes com outros grupos, como Operações de TI, QA ou Infosec.‡

FAZENDO A ORIENTAÇÃO FUNCIONAL FUNCIONAR

Tendo acabado de recomendar equipes voltadas ao mercado, vale notar que é possível criar organizações eficientes, de alta velocidade, com orientação funcional. Equipes multifuncionais e voltadas ao mercado são uma maneira de obter fluxo rápido e confiabilidade, mas não são o único caminho. Também podemos conseguir os resultados de DevOps desejados por meio de orientação funcional, desde que todos no fluxo de valor vejam os resultados para o cliente e organizacionais como um objetivo compartilhado, independentemente de onde estejam na organização.

---

‡ No restante deste livro usaremos o termo *equipes de serviço* indistintamente com *equipes de recurso*, *equipes de produto*, *equipes de desenvolvimento* e *equipes de entrega*. O objetivo é especificar a equipe que principalmente desenvolve, testa e torna o código seguro, para que valor seja entregue ao cliente.

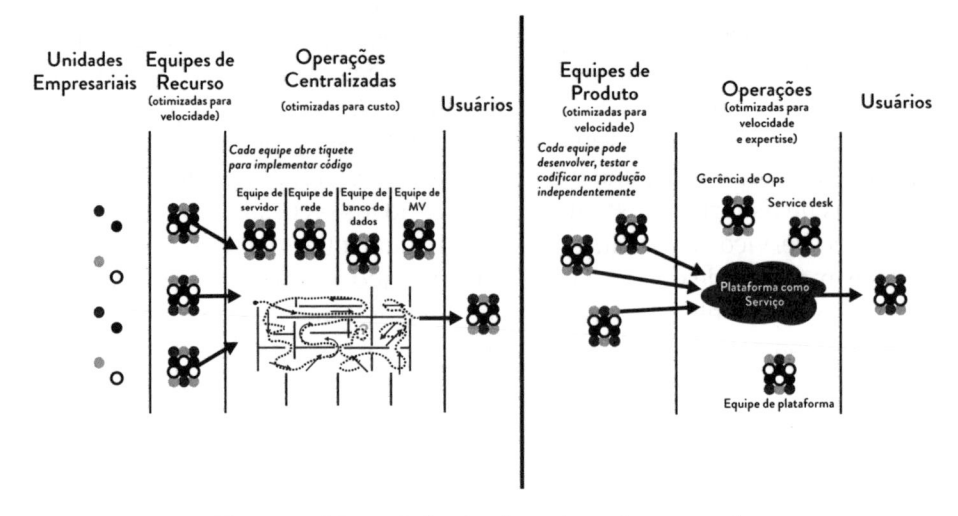

Figura 12: *Orientação funcional vs. orientação ao mercado*

Esquerda: Orientação funcional: todo trabalho flui por Operações de TI centralizadas; Direita: Orientação ao mercado: todas as equipes de produto podem implementar seus componentes self-service pouco acoplados na produção. (Fonte: Humble, Molesky, and O'Reilly, Lean Enterprise, Kindle edition, 4523 e 4592.)

Por exemplo, é possível alto desempenho com um grupo de Operações centralizado e voltado ao funcional, desde que as equipes de serviço obtenham o que precisam de Operações de forma confiável e rápida (idealmente, sob demanda), e vice-versa. Muitas das organizações de DevOps mais admiradas mantêm orientação funcional para Operações, incluindo Etsy, Google e GitHub.

O que essas organizações têm em comum é uma cultura de alta confiança que permite que todos os departamentos trabalhem em conjunto com eficiência, e todo o trabalho é priorizado de forma transparente, e há folga suficiente no sistema para permitir que o trabalho de alta prioridade seja concluído rapidamente. Em parte, isso é possibilitado por plataformas self-service automatizadas que dão qualidade aos produtos que todos estão construindo.

No movimento Manufatura Lean dos anos 1980, muitos pesquisadores ficaram surpresos com a orientação funcional da Toyota, que estava em desacordo com a melhor prática de ter equipes multifuncionais voltadas ao mercado. Eles ficaram tão perplexos que isso foi chamado de "o segundo paradoxo da Toyota".

Como Mike Rother escreveu em *Toyota Kata:* "Apesar de parecer tentador, não se pode reorganizar seu caminho para melhoria contínua e capacidade de adaptação. O que é decisivo não é a forma da organização, mas como as pessoas agem e reagem. As raízes do sucesso da Toyota não estão em suas estruturas organizacionais, mas no desenvolvimento de capacidade e hábitos em seu pessoal. Na verdade, surpreende muitas pessoas descobrir que a Toyota é amplamente organizada em um estilo de departamento funcional tradicional". O enfoque de nossas próximas seções é esse desenvolvimento de hábitos e capacidades nas pessoas e na força de trabalho.

TESTES, OPERAÇÕES E SEGURANÇA COMO TAREFAS DE TODOS, DIARIAMENTE

Em organizações de alto desempenho, todos dentro da equipe compartilham um objetivo comum — qualidade, disponibilidade e segurança não são responsabilidade de departamentos individuais, mas uma parte do trabalho de todo mundo, todos os dias.

Isso significa que o problema mais urgente do dia pode ser trabalhar em um recurso ou entregá-lo para o cliente ou corrigir um incidente de produção de Severidade 1. Por outro lado, o dia pode exigir a revisão de uma mudança de um engenheiro, aplicar patches de segurança emergenciais em servidores de produção ou fazer melhorias para que os engenheiros sejam mais produtivos.

Refletindo os objetivos compartilhados entre Desenvolvimento e Operações, Jody Mulkey, diretor técnico da Ticketmaster, disse: "Por quase 25 anos eu usei uma metáfora do futebol americano para descrever Dev e Ops. Ops é a defesa, que impede a outra equipe de pontuar, e Dev é o ataque, tentando fazer pontos. Um dia, percebi como essa metáfora era falha, pois eles nunca jogavam ao mesmo tempo. Na verdade, não estão na mesma equipe!"

Ele continuou: "A analogia que uso agora é a de que Ops são os offensive linemen (atacantes), e Dev são as posições de 'habilidade' (como o quarterback e os wide receivers), cuja tarefa é fazer a bola avançar — a tarefa de Ops é ajudar a garantir que Dev tenha tempo suficiente para executar as jogadas".

Um exemplo notável de como a dor compartilhada pode reforçar objetivos compartilhados foi quando o Facebook passou por um crescimento enorme em 2009. Eles estavam com problemas significativos, relacionados às implementações de código — embora nem todos os problemas impactassem os clientes, havia combate crônico a incêndio e horas extras de trabalho. Pedro Canahuati, diretor de engenharia de produção, descreveu uma reunião repleta de engenheiros de Ops, na qual alguém pediu para que todas as pessoas que não estivessem trabalhando em um incidente fechassem seus laptops, e ninguém pôde fazer isso.

Uma das coisas mais significativas que fizeram para ajudar a mudar os resultados das implementações foi um rodízio da responsabilidade de todos os engenheiros, gerentes de engenharia e arquitetos de plantão no Facebook pelos serviços que construíam. Fazendo isso, todos que trabalhavam no serviço tiveram forte feedback sobre o resultado das decisões arquitetônicas e de código que tomavam, o que teve um enorme impacto positivo nos resultados futuros.

CAPACITAR TODO MEMBRO DE EQUIPE A SER GENERALISTA

Em casos extremos de organização de Operações voltadas à funcionalidade, temos departamentos de especialistas, como administradores de rede, administradores de armazenamento, e assim por diante. Quando departamentos são especializados demais, isso causa *siloização*, o que o dr. Spear descreve como sendo quando os departamentos "operam como países soberanos". Então, qualquer atividade operacional complexa exige várias transferências e filas entre as diferentes áreas da infraestrutura, levando a tempos de execução mais longos (por exemplo, por que toda mudança de rede deve ser feita por alguém do departamento de rede).

Como dependemos de um número sempre crescente de tecnologias, precisamos ter engenheiros especializados e com domínio das áreas tecnológicas necessárias. Contudo, não queremos criar especialistas "congelados no tempo", que só entendem e são capazes de contribuir naquela única área do fluxo de valor.

Uma contramedida é capacitar e estimular cada membro de equipe a ser generalista. Fazemos isso dando oportunidades para os engenheiros aprenderem todas as habilidades necessárias para construir e executar os sistemas pelos quais são responsáveis, e fazendo regularmente um rodízio das pessoas por diferentes funções. O termo *engenheiro full stack* agora é comumente usado (às vezes como uma ótima fonte para paródias) para descrever generalistas que conhecem — pelo menos têm um nível de entendimento geral — a pilha de aplicações inteira (por exemplo, código da aplicação, bancos de dados, sistemas operacionais, rede, nuvem).

Tabela 2: *Especialistas vs. Generalistas vs. Pessoal "em forma de E"*
(experiência, expertise, exploração e execução)

"Em forma de I" (Especialistas)	"Em forma de T" (Generalistas)	"Em forma de E"
Expertise profunda em uma área	Expertise profunda em uma área	Expertise profunda em algumas áreas
Pouquíssimas habilidades ou experiência em outras áreas	Amplas habilidades em muitas áreas	Experiência em muitas áreas Habilidades de execução comprovadas Sempre inovando
Criam gargalos rapidamente	Podem adiantar-se para eliminar gargalos	Potencial quase ilimitado
Insensíveis a desperdício e impacto mais adiante	Sensíveis a desperdício e impacto mais adiante	
Impedem flexibilidade de planejamento ou absorção de variação	Ajudam a tornar o planejamento flexível e absorvem variação	

(Fonte: Scott Prugh, "Continuous Delivery", ScaledAgileFramework.com, 14 de fevereiro de 2013, http:// scaledagileframework.com/continuous-delivery/.)

Scott Prugh escreve que a CSG International passou por uma transformação que incumbiu uma única equipe da maioria dos recursos exigidos para construir e executar o produto, incluindo análise, arquitetura, desenvolvimento, teste e operações. "Com o treinamento multifuncional e o aumento nas habilidades de engenharia, os generalistas podem fazer muito mais trabalho que seus colegas especialistas; e isso também melhora nosso fluxo de trabalho global, eliminando filas e tempo de espera". Essa estratégia diverge das práticas de contratação tradicionais, mas, como Prugh explica, vale a pena. "Os gerentes tradicionais frequentemente farão objeção à contratação de engenheiros com habilidades generalistas, argumentando que são mais caros e que 'posso contratar dois administradores de servidor por cada engenheiro de operações com várias habilidades'". Contudo, as vantagens comerciais de permitir um fluxo mais rápido são claríssimas. Além disso, como Prugh observa: "[I]nvestir em treinamento multifuncional é a coisa certa para o crescimento na carreira [dos funcionários] e torna o trabalho de todo mundo mais divertido".

Quando valorizamos as pessoas simplesmente por suas habilidades existentes ou pelo desempenho em sua função atual, em vez de sua capacidade de adquirir e entregar novas habilidades, reforçamos (muitas vezes inadvertidamente) o que a dra. Carol Dweck descreve como *mentalidade fixa*, em que as pessoas veem sua inteligência e suas habilidades como "certezas" estáticas que não podem ser significativamente modificadas.

Em vez disso, queremos encorajar o aprendizado, ajudar as pessoas a superar a ansiedade do aprendizado, ajudar a garantir que elas tenham habilidades relevantes, um roteiro definido na carreira, e assim por diante. Fazendo isso, ajudamos a promover uma *mentalidade de crescimento* em nossos engenheiros — afinal, uma organização de aprendizado exige pessoas dispostas a aprender. Estimulando todos a aprender, assim como a dar treinamento e suporte, criamos o modo mais sustentável e menos dispendioso de gerar grandeza em nossas equipes — investindo no desenvolvimento do pessoal que já temos.

Como Jason Cox, diretor de Engenharia de Sistemas da Disney, descreveu: "Dentro de Operações, tivemos que mudar nossas práticas de contratação. Procuramos pessoas que tinham 'curiosidade, coragem e sinceridade', que não fossem apenas capazes de ser generalistas, mas também renegados... Queremos promover interrupção positiva para que nosso negócio não fique travado e possa mudar no futuro". Como veremos na próxima seção, o modo de financiar as equipes também afeta nossos resultados.

FINANCIAR, NÃO PROJETOS, MAS SERVIÇOS E PRODUTOS

Outro modo de possibilitar resultados de alto desempenho é criar equipes de serviço estáveis, com financiamento contínuo para executar sua própria estratégia e roteiro de iniciativas. Essas equipes têm os engenheiros dedicados necessários para entregar os comprometimentos concretos feitos a clientes internos e externos, como recursos, histórias e tarefas.

Compare com o modelo mais tradicional, no qual equipes de Desenvolvimento e Teste são designadas para um "projeto" e, então, transferidas para outro assim que o projeto é concluído e o financiamento se esgota. Isso leva a todos os tipos de resultados indesejados, incluindo os desenvolvedores sendo incapazes de ver as consequências de longo prazo das decisões que tomam (uma forma de feedback) e um modelo de financiamento que só valoriza e paga pelos estágios iniciais do ciclo de vida do software — que, tragicamente, também são a parte menos dispendiosa de produtos ou serviços bem-sucedidos.[†]

[†] Como John Lauderbach, atual vice-presidente de Tecnologia da Informação da Roche Bros. Supermarkets, gracejou: "Todo aplicativo novo é como um cachorrinho livre. Não é o custo de capital inicial que mata você... Mas a manutenção e o suporte contínuos".

Nosso objetivo com um modelo de financiamento baseado em produtos é valorizar a obtenção de resultados organizacionais e para o cliente, como receita, valor de tempo de vida do cliente ou sua taxa de adoção, idealmente com o mínimo de saída (por exemplo, quantidade de esforço ou tempo, linhas de código). Compare isso com o modo normal de medir os projetos, como o fato de ser concluído dentro do orçamento, tempo e escopo prometidos.

PROJETAR OS LIMITES DA EQUIPE DE ACORDO COM A LEI DE CONWAY

À medida que as organizações crescem, um dos maiores desafios é manter comunicação e coordenação eficientes entre pessoas e equipes. Com muita frequência, quando pessoas e equipes ficam em pavimentos diferentes, em prédios diferentes ou em um fuso horário diferente, fica mais difícil criar e manter um entendimento compartilhado e confiança mútua, impedindo a colaboração efetiva. A colaboração também é impedida quando os principais mecanismos de comunicação são ordens de serviço e pedidos de mudança, ou pior, quando as equipes estão separadas por limites contratuais, como quando o trabalho é realizado por uma equipe terceirizada.

Como vimos no exemplo do Sprouter da Etsy, no início deste capítulo, o modo como organizamos as equipes pode gerar resultados ruins, um efeito colateral da Lei de Conway. Isso inclui dividir as equipes por função (por exemplo, colocando desenvolvedores e verificadores em locais diferentes ou terceirizando totalmente os verificadores) ou por camada arquitetônica (por exemplo, aplicação, banco de dados).

Essas configurações exigem comunicação e coordenação significativas entre as equipes, mas ainda resultam em um alto volume de retrabalho, desacordos sobre especificações, transferências ruins e pessoas de braços cruzados esperando alguém.

De preferência, nossa arquitetura de software deve possibilitar que equipes pequenas sejam produtivas, com independência e suficientemente desacopladas entre si para que o trabalho possa ser feito sem comunicação e coordenação excessivas ou desnecessárias.

CRIAR ARQUITETURAS POUCO ACOPLADAS PARA POSSIBILITAR PRODUTIVIDADE E SEGURANÇA AO DESENVOLVEDOR

Quando temos uma arquitetura fortemente acoplada, pequenas mudanças podem resultar em falhas de grande escala. Como resultado, os que trabalham em uma parte do sistema devem estar constantemente coordenados com quem trabalha em outra parte que possa ser afetada, incluindo navegar em processos complexos e burocráticos de gestão de mudança.

Além disso, testar se o sistema inteiro funciona exige integrar as alterações de centenas, ou mesmo milhares, de outros desenvolvedores, que, por sua vez, têm dependências em dezenas, centenas ou milhares de sistemas interligados. O teste é feito em ambientes de teste de integração escassos, e frequentemente obtê-los e configurá-los leva semanas. Os resultados não são apenas tempos de execução longos para mudanças (normalmente medidos em semanas ou meses), mas também baixa produtividade do desenvolvedor e resultados de implementação ruins.

Em contraste, quando temos uma arquitetura que permite que equipes pequenas de desenvolvedores implementem, testem e entreguem, de forma independente, código na produção com segurança e rapidez, podemos aumentar e manter a produtividade dos desenvolvedores e melhorar os resultados da implementação. Essas características podem ser encontradas em *arquiteturas voltadas ao serviço* (SOAs - service-oriented architectures), descritas pela primeira vez nos anos 1990, nas quais os serviços podem ser testados e implementados independentemente. Uma característica importante das SOAs é serem compostas de serviços *pouco acoplados*, com *contextos delimitados*.[†]

Ter arquitetura pouco acoplada significa que os serviços podem ser atualizados na produção com independência, sem precisar atualizar outros serviços. Os serviços devem ser desacoplados de outros serviços e, igualmente importante, de bancos de dados compartilhados (embora possam compartilhar um *serviço* de banco de dados, desde que não tenham esquemas em comum).

Os contextos delimitados estão descritos no livro *Domain-Driven Design*, de Eric J. Evans. A ideia é a de que os desenvolvedores devem ser capazes de entender e atualizar o código de um serviço sem saber nada sobre o funcionamento interno de seus serviços pares. Os serviços interagem com seus pares estritamente por meio de APIs e, assim, não compartilham estruturas de dados, esquemas de banco de dados ou outras representações internas de objetos. Os contextos delimitados garantem que os serviços sejam compartimentados e tenham interfaces bem definidas, o que também facilita os testes.

Randy Shoup, antigo diretor de Engenharia do Google App Engine, observou que "organizações com esses tipos de arquiteturas voltadas ao

---

† Essas propriedades também são encontradas nos "microsserviços", que consolidam os princípios da SOA. Um conjunto de padrões popular para arquitetura web moderna baseada nesses princípios é o "app 12-factor".

serviço, como Google e Amazon, têm flexibilidade e escalabilidade incríveis. Essas organizações têm dezenas de milhares de desenvolvedores, e mesmo equipes pequenas ainda podem ser incrivelmente produtivas".

MANTER PEQUENO O TAMANHO DAS EQUIPES (A REGRA "EQUIPE DUAS PIZZAS")

A Lei de Conway ajuda a projetar os limites de nossa equipe no contexto dos padrões de comunicação desejados e também estimula a manter pequeno o tamanho das equipes, reduzindo a quantidade de comunicação entre elas, e encoraja a manter pequeno e delimitado o escopo do domínio de cada uma.

Como parte de sua iniciativa de transformação para sair da base de código monolítica em 2002, a Amazon usou a regra das *duas pizzas* para manter pequeno o tamanho das equipes — uma única equipe que possa ser alimentada com duas pizzas —, normalmente, de cinco a dez pessoas.

Esse limite de tamanho tem quatro efeitos importantes:

1. Garante que a equipe tenha um entendimento claro e compartilhado do sistema em que está trabalhando. À medida que as equipes ficam maiores, a comunicação exigida para que todos saibam o que está acontecendo aumenta de modo combinatório.

2. Limita a taxa de crescimento do produto ou serviço em que se está trabalhando. Limitando o tamanho da equipe, limitamos a velocidade em que o sistema pode evoluir. Isso também ajuda a garantir que a equipe mantenha um entendimento compartilhado do sistema.

3. Descentraliza o poder e possibilita a autonomia. Cada equipe duas pizzas (2PT) é tão autônoma quanto possível. O líder da equipe, trabalhando com a equipe executiva, decide sobre a principal métrica comercial pela qual a equipe é responsável, conhecida como função de aptidão, que se torna o critério de avaliação global para os experimentos da equipe. A equipe é, então, capaz de atuar de forma autônoma para maximizar essa métrica.[†]

4. Liderar uma 2PT é uma maneira de os funcionários ganharem alguma experiência de liderança em um ambiente onde a falha não tem consequências catastróficas. Um elemento

---

[†] Na cultura Netflix, um dos sete valores-chave é "altamente alinhada, pouco acoplada".

fundamental da estratégia da Amazon foi a ligação entre a estrutura organizacional de uma 2PT e a abordagem arquitetônica de uma arquitetura voltada a serviços."

O diretor técnico da Amazon, Werner Vogels, explicou as vantagens dessa estrutura para Larry Dignan, da *Baseline*, em 2005. Dignan escreveu:

> "Equipes pequenas são rápidas... e não ficam presas em detalhes administrativos.... Cada grupo atribuído a um negócio em particular é completamente responsável por ele.... A equipe dimensiona a correção, a projeta, constrói, implementa e monitora seu uso. Assim, programadores e arquitetos de tecnologia obtêm feedback direto do pessoal do negócio que usa seu código ou aplicativo — em reuniões regulares e conversas informais".

Outro exemplo de como a arquitetura pode melhorar profundamente a produtividade é o programa API Enablement da Target, Inc.

Estudo de Caso
API Enablement na Target (2015)

A Target é a sexta maior varejista dos EUA e gasta mais de US$1 bilhão em tecnologia anualmente. Heather Mickman, diretora de desenvolvimento da Target, descreveu o início da jornada de DevOps deles: "Nos maus velhos tempos eram necessárias 10 equipes diferentes para provisionar um servidor na Target, e quando algo estragava, tendíamos a fazer mudanças para evitar maiores problemas, o que, é claro, piorava tudo".

As adversidades associadas à obtenção de ambientes e realização de implementações criavam dificuldades significativas para as equipes de desenvolvimento, assim como acontecia com a obtenção do acesso aos dados de que precisavam. Como Mickman descreveu:

> O problema era que grande parte de nossos dados básicos, como informações sobre inventário, preços e lojas, estava presa a sistemas legados e mainframes. Frequentemente tínhamos várias fontes de verdades dos dados, especialmente entre o comércio eletrônico e nossas lojas físicas, que pertenciam a equipes diferentes, com diferentes estruturas de dados e diferentes prioridades.... O resultado era que, se uma nova equipe de desenvolvimento quisesse construir algo para nossos visitantes, levava de três a seis meses para fazer as integrações a fim de obter os dados necessários. Pior, levava

mais três a seis meses para fazer os testes manuais, a fim de garantir que as mudanças não tivessem estragado nada que fosse importante, devido às muitas integrações ponto a ponto personalizadas que tínhamos em um sistema muito acoplado. Gerenciar as interações com 20 a 30 equipes diferentes, junto com todas as suas dependências, exigia muitos gerentes de projeto, por causa de toda a coordenação e transferências. Isso significava que o desenvolvimento estava gastando todo o seu tempo esperando em filas, em vez de entregar resultados e fazer seu trabalho.

Esse tempo de execução longo para recuperar e criar dados em seus sistemas de registro estava pondo em risco importantes objetivos comerciais, como integrar as operações da cadeia de abastecimento das lojas físicas da Target e seu site de comércio eletrônico, que agora exigia obter o inventário das lojas e casas dos clientes. Isso levou a cadeia de abastecimento da Target para bem além do que foi projetada a fazer, que era apenas facilitar o movimento de bens dos vendedores para centros de distribuição e lojas.

Em uma tentativa de resolver o problema dos dados, em 2012, Mickman levou a equipe API Enablement a possibilitar que equipes de desenvolvimento "entregassem novos recursos em dias, em vez de meses". Eles queriam que qualquer equipe de engenharia dentro da Target pudesse obter e armazenar os dados de que precisavam, como informações sobre seus produtos ou suas lojas, incluindo horários de operação, local, se havia uma Starbucks no local, e assim por diante.

As restrições de tempo desempenharam um papel importante na seleção da equipe. Mickman explicou que:

> Como nossa equipe também tinha que entregar recursos em dias, não em meses, eu precisava de uma equipe que pudesse fazer o trabalho, não o passar a empreiteiras — queríamos pessoas com excelentes habilidades de engenharia, não pessoas que soubessem gerenciar contratos. E para garantir que nosso trabalho não ficasse na fila, precisávamos possuir a pilha inteira, o que significou que também assumimos os requisitos de Ops.... Trouxemos muitas ferramentas novas para dar suporte para integração e entrega contínuas. E como sabíamos que, se tivéssemos sucesso, precisaríamos mudar de escala com crescimento extremamente alto, trouxemos novas ferramentas, como o banco de dados Cassandra e o cor-

retor de mensagens Kafka. Quando pedimos permissão, disseram que não, mas fizemos de qualquer modo, pois sabíamos que precisávamos daquilo.

Nos dois anos seguintes, a equipe API Enablement habilitou 53 novos recursos comerciais, incluindo Ship to Store e Gift Registry, assim como suas integrações com o Instacart e o Pinterest. Como Mickman descreveu: "Trabalhar com o Pinterest ficou repentinamente muito fácil, pois apenas fornecemos a eles nossas APIs".

Em 2014, a equipe API Enablement serviu mais de 1,5 bilhão de chamadas de API por mês. Em 2015, isso havia aumentado para 17 bilhões de chamadas por mês, abrangendo 90 APIs diferentes. Para dar suporte a essa capacidade, eles realizaram rotineiramente 80 implementações por semana.

Essas mudanças geraram grandes benefícios comerciais para a Target — as vendas digitais aumentaram 42% durante os feriados de fim do ano de 2014 e outros 32% no segundo trimestre. Durante o fim de semana da Black Friday de 2015, foram gerados mais de 280 mil pedidos de coleta nas lojas. Em 2015, o objetivo era possibilitar que 450 de suas 1.800 lojas pudessem atender os pedidos pelo comércio eletrônico, acima de 100.

"A equipe API Enablement mostra o que uma equipe de agentes de mudança apaixonados pode fazer", diz Mickman. "E isso ajuda a nos preparar para o próximo estágio, que é expandir o DevOps por toda a organização tecnológica".

CONCLUSÃO

Por meio dos estudos de caso da Etsy e da Target, podemos ver como a arquitetura e o projeto organizacional podem melhorar significativamente nossos resultados. Usada incorretamente, a Lei de Conway garantirá que a organização gere resultados ruins, impedindo a segurança e a agilidade. Se bem utilizada, a organização possibilita que os desenvolvedores desenvolvam, testem e implementem valor para o cliente com segurança e independência.

8 Como Obter Ótimos Resultados Integrando Operações no Trabalho Diário do Desenvolvimento

Nosso objetivo é possibilitar resultados voltados ao mercado em que muitas equipes pequenas podem entregar valor para o cliente rápida e independentemente. Isso pode ser um desafio quando Operações é centralizada e voltada à funcionalidade, tendo que atender muitas equipes de desenvolvimento diferentes, com necessidades potencialmente diversas. Frequentemente o resultado pode ser longos tempos de execução para trabalho obrigatório de Ops, repriorização e escalonamento constantes, e resultados de implementação ruins.

Podemos gerar mais resultados voltados ao mercado integrando melhor os recursos de Ops nas equipes de Dev, tornando ambos mais eficientes e produtivos. Neste capítulo exploraremos modos de conseguir isso em nível organizacional e por meio de rituais diários. Com isso, Ops pode melhorar significativamente a produtividade das equipes de Dev em toda a organização, assim como possibilitar melhores resultados de colaboração e organizacionais.

Na Big Fish Games, que desenvolve e dá suporte para centenas de games para dispositivos móveis e milhares para PC, e teve lucros de mais de US$266 milhões em 2013, o vice-presidente de Operações de TI, Paul Farrall, era o responsável pela organização centralizada de Operações. Seu papel era dar suporte para muitas unidades empresariais diferentes bastante autônomas.

Cada uma dessas unidades empresariais tinha equipes de desenvolvimento dedicadas que frequentemente escolhiam tecnologias completamente diferentes. Quando esses grupos queriam implementar nova funcionalidade, precisavam competir por um conjunto comum de recursos escassos de Ops. Além disso, todos lutavam com ambientes de Teste e Integração não confiáveis, assim como com processos de releases extremamente inconvenientes.

Farrall pensou que a melhor maneira de resolver esse problema era incorporar a expertise de Ops nas equipes de Desenvolvimento. Ele observou: "Quando as equipes de Dev tinham problemas com teste ou implementação, precisavam mais do que apenas tecnologia ou ambientes. Precisavam também de ajuda e coaching. Inicialmente, incorporamos engenheiros e arquitetos de Ops em cada uma das equipes de Dev, mas simplesmente não havia engenheiros de Ops suficientes para cobrir tantas equipes. Pudemos ajudar mais equipes com o que chamamos de modelo de *ligação de Ops*, e com menos pessoas".

Farrall definiu dois tipos de ligações de Ops: o gerente de relacionamento comercial e o engenheiro de release dedicado. Os gerentes de relacionamento comercial trabalhavam com gerência de produtos, donos de linha de negócios, gerência de projetos, gerência de Dev e desenvolvedores. Eles se tornaram intimamente familiarizados com impulsionadores de negócios de grupo de produtos e roteiros de produto, atuaram como defensores de donos de produto dentro de Operações e ajudaram suas equipes de produto a navegar no cenário de Operações para priorizar e otimizar as solicitações de trabalho.

Analogamente, os engenheiros de release dedicados se tornaram intimamente familiarizados com as questões de Desenvolvimento e QA do produto e os ajudaram a obter o que precisavam da organização de Ops para atingir seus objetivos. Eles conheciam os pedidos típicos de Dev e QA para Ops, e frequentemente executavam eles mesmos o trabalho necessário. De acordo com a necessidade, eles também influenciavam engenheiros de Ops dedicados (por exemplo, DBAs, Infosec, engenheiros de armazenamento, engenheiros de rede) e ajudavam a determinar quais ferramentas self-service o grupo de Operações inteiro devia priorizar para construir.

Com isso, Farrall pôde ajudar equipes de Dev de toda a organização a se tornarem mais produtivas e atingir seus objetivos. Além disso, ele ajudou as equipes a priorizar suas restrições de Ops globais, reduzindo o número de surpresas descobertas no meio do projeto, aumentando o rendimento global do projeto.

Farrall observa que as relações de trabalho com Operações e a velocidade de lançamento de código eram perceptivelmente melhoradas como resultado das mudanças. Ele conclui: "O modelo de ligação de Ops nos permitiu incorporar expertise de Operações de TI nas equipes de Dev e Produto sem acrescentar força de trabalho".

A transformação de DevOps na Big Fish Games mostra como uma equipe de Operações centralizada conseguiu atingir os resultados normalmente associados a equipes voltadas ao mercado. Podemos empregar as três estratégias amplas a seguir:

- Criar recursos self-service para permitir que os desenvolvedores das equipes de serviço sejam produtivos.
- Incorporar engenheiros de Ops nas equipes de serviço.
- Atribuir ligações de Ops nas equipes de serviço quando não for possível incorporar Ops.

Por último, descrevemos como engenheiros de Ops podem ser integrados nos rituais da equipe de Dev usados em seu trabalho diário, incluindo stand-ups diários, planejamento e retrospectivas.

CRIAR SERVIÇOS COMPARTILHADOS PARA AUMENTAR A PRODUTIVIDADE DO DESENVOLVEDOR

Um modo de possibilitar resultados voltados ao mercado é a Operações criar um conjunto de plataformas centralizadas e serviços de ferramentas que qualquer equipe de Dev possa usar para se tornar mais produtiva, como obter ambientes do tipo produção, pipelines de implementação, ferramentas de teste automatizadas, painéis de telemetria de produção, e assim por diante.[†] Ao fazer isso, permitimos que as equipes de Dev passem mais tempo construindo funcionalidade para seus clientes, em vez de obterem toda a infraestrutura exigida para entregar e dar suporte a esse recurso na produção.

Todas as plataformas e serviços que fornecemos devem (idealmente) ser automatizados e disponíveis sob demanda, sem exigir que um desenvolvedor abra um tíquete e espere que alguém faça o trabalho manualmente. Isso garante que a Operações não se torne um gargalo para seus clientes (por exemplo, "Recebemos sua solicitação de trabalho e levará seis semanas para configurar manualmente esses ambientes de teste".).[‡]

Com isso, permitimos que as equipes de produto obtenham o que precisam, quando precisam, e reduzimos a necessidade de comunicação e coordenação. Como Damon Edwards observou: "Sem essas plataformas de Operações self-service, a nuvem é apenas Hospedagem Cara 2.0".

[†] Os termos *plataforma*, *serviço compartilhado* e *toolchain* serão usados indistintamente neste livro.

[‡] Ernest Mueller observou: "Na Bazaarvoice, o acordo era que as equipes de plataforma que fazem ferramentas aceitassem requisitos de outras equipes, mas não trabalho".

Em quase todos os casos, não exigiremos que as equipes internas usem essas plataformas e serviços — as equipes de plataforma terão que vencer e satisfazer seus clientes internos, às vezes até competindo com fornecedores externos. Criando esse mercado interno de recursos eficiente, ajudamos a garantir que as plataformas e serviços que criamos sejam a escolha mais fácil e atraente disponível (o caminho de menor resistência).

Por exemplo, podemos criar uma plataforma que forneça um repositório de controle de versão compartilhado, com bibliotecas de segurança consagradas, um pipeline de implementação que executa automaticamente ferramentas de varredura de qualidade e segurança de código, que implementam nossos aplicativos em *ambientes reconhecidamente bons*, que já contêm ferramentas de monitoramento de produção instaladas. Idealmente, facilitamos tanto a vida das equipes de Dev que, predominantemente, acharão que usar nossa plataforma é o modo mais fácil, seguro e garantido de colocar seus aplicativos na produção.

Incorporamos nessas plataformas a experiência acumulada e coletiva de todos na organização, incluindo QA, Operações e Infosec, o que ajuda a criar um sistema de trabalho ainda mais seguro. Isso aumenta a produtividade do desenvolvedor e facilita que equipes de produto aproveitem processos comuns, como realizar testes automatizados e satisfazer os requisitos de segurança e conformidade.

Criar e manter essas plataformas e ferramentas é desenvolvimento de produto real — os clientes de nossa plataforma não são nossos clientes externos, mas sim nossas equipes de Dev internas. Assim como na criação de qualquer bom produto, criar ótimas plataformas que todo mundo gosta não acontece por acidente. Uma equipe de plataforma interna com foco ruim no cliente provavelmente criará ferramentas que todos odeiam e rapidamente abandonarão por outras alternativas, seja de outra equipe de plataforma interna ou de um fornecedor externo.

Dianne Marsh, diretora de Ferramentas de Engenharia da Netflix, diz que a diretriz de sua equipe é "dar suporte para a inovação e velocidade de nossas equipes de engenharia. Não construímos, preparamos ou implementamos nada para essas equipes, nem gerenciamos suas configurações. Em vez disso, construímos ferramentas para possibilitar o self-service. Tudo bem as pessoas serem dependentes de nossas ferramentas, mas é importante que não se tornem dependentes de nós".

Frequentemente essas equipes de plataforma fornecem outros serviços para ajudar seus clientes a aprenderem sua tecnologia, migrarem de outras tecnologias e até fornecem coaching e consultoria para ajudar a elevar o estado da prática dentro da organização. Esses serviços compartilhados também facilitam a padronização, o que permite que engenheiros se tornem produtivos rapidamente, mesmo que troquem de equipe. Por exemplo, se cada equipe de produto escolher um toolchain diferente, talvez os engenheiros precisem aprender um conjunto inteiramente novo de tecnologias para fazer seu trabalho, colocando os objetivos da equipe à frente dos objetivos globais.

Em organizações nas quais as equipes só podem usar ferramentas aprovadas, podemos começar eliminando esse requisito para algumas delas, como a equipe de transformação, para que possamos experimentar e descobrir quais recursos tornam essas equipes mais produtivas.

Equipes internas de serviços compartilhados devem procurar continuamente toolchains internos que estejam sendo amplamente adotados na organização, decidir para quais faz sentido ter suporte centralizado e disponibilizar para todos. Em geral, pegar algo que já está funcionando em algum lugar e expandir sua utilização tem muito mais probabilidade de sucesso do que construir esses recursos do zero.[†]

INCORPORAR ENGENHEIROS DE OPS EM NOSSAS EQUIPES DE SERVIÇO

Outro modo de possibilitar mais resultados voltados ao mercado é permitir que as equipes de produto se tornem mais autossuficientes pela incorporação de engenheiros de Operações, reduzindo assim sua dependência de Operações centralizadas. Essas equipes de produto também podem ser completamente responsáveis por entrega e suporte de serviço.

Incorporando engenheiros de Operações nas equipes de Dev, suas prioridades são guiadas quase inteiramente pelos objetivos das equipes de produto em que são incorporados — em oposição a Ops ter foco para dentro na solução de seus próprios problemas. Como resultado, os engenheiros de Ops se tornam mais intimamente ligados aos seus clientes internos e externos. Além disso, as equipes de produto frequentemente têm orçamento para bancar a contratação desses engenheiros de Ops, embora as decisões de entrevistar e contratar provavelmente ainda sejam tomadas no grupo de Operações centralizado, para garantir consistência e qualidade de pessoal.

Jason Cox disse: "Em muitas partes da Disney, incorporamos Ops (engenheiros de sistema) nas equipes de produto de nossas unidades empresariais, junto com Desenvolvimento, Teste e até Segurança da Informação internos. Isso mudou totalmente a dinâmica do nosso trabalho. Como en-

---

[†] Afinal, projetar de antemão um sistema para reuso é uma falha comum e dispendiosa de muitas arquiteturas empresariais.

genheiros de Operações, criamos as ferramentas e os recursos que transformam o modo de trabalhar das pessoas e até seu modo de pensar. No Ops tradicional, apenas dirigimos o trem que outros construíram. Mas na Engenharia de Operações moderna, não só ajudamos a construir o trem, mas também as pontes por onde ele passa".

Para novos projetos grandes de Desenvolvimento, inicialmente podemos incorporar engenheiros de Ops nessas equipes. O trabalho pode ser ajudar a decidir o que construir e como, influenciar a arquitetura do produto, ajudar a influenciar escolhas de tecnologia interna e externa, ajudar a criar novos recursos nas plataformas internas e até gerar novos recursos operacionais. Depois que o produto é lançado na produção, os engenheiros de Ops incorporados podem ajudar com as responsabilidades de produção da equipe de Dev.

Eles farão parte de todos os rituais da equipe de Dev, como reuniões de planejamento, standups diários e demonstrações nas quais a equipe apresenta novos recursos e decide quais serão lançados. À medida que a necessidade de conhecimento e capacidades de Ops diminui, os engenheiros de Ops podem passar para outros projetos ou compromissos, seguindo o padrão geral de que a composição das equipes de produto muda por todo seu ciclo de vida.

Esse paradigma tem outra vantagem importante: unir engenheiros de Dev e Ops é um modo extremamente eficiente de treinar o conhecimento e a expertise de operações em uma equipe de serviço. Também pode ter a poderosa vantagem de transformar conhecimento de operações em código automatizado que pode ser bem mais confiável e amplamente reutilizado.

ATRIBUIR UMA LIGAÇÃO DE OPS A CADA EQUIPE DE SERVIÇO

Por vários motivos, como custo e escassez, talvez não possamos incorporar engenheiros de Ops em cada equipe de produto. Mas podemos obter muitos dos mesmos benefícios atribuindo uma ligação designada a cada equipe de produto.

Na Etsy, esse modelo é chamado de "Ops designado". Seu grupo de Operações centralizado continua a gerenciar todos os ambientes — não apenas ambientes de produção, mas também ambientes de pré-produção — para ajudar a garantir que permaneçam consistentes. O engenheiro de Ops designado é responsável por entender:

- Qual é a funcionalidade do novo produto e por que o estamos construindo.
- Como funciona com relação à operabilidade, escalabilidade e facilidade de observação (a diagramação é fortemente encorajada).

- Como monitorar e coletar métricas para garantir o progresso, o sucesso ou a falha da funcionalidade.
- Quaisquer desvios das arquiteturas e padrões anteriores, e suas justificativas.
- Quaisquer necessidades extras de infraestrutura e como a utilização afetará a capacidade da infraestrutura.
- Planos de lançamento de recurso.

Além disso, assim como no modelo de Ops incorporado, essa ligação participa de standups de equipe, integrando suas necessidades ao roteiro de Operações e executando quaisquer tarefas necessárias. Contamos com essas ligações para escalonar qualquer contenção de recurso ou problema de priorização. Fazendo isso, identificamos quais conflitos de recurso ou tempo devem ser avaliados e priorizados no contexto dos objetivos organizacionais mais amplos.

A atribuição de ligações de Ops nos permite dar suporte para mais equipes de produto do que o modelo de Ops incorporado. Nosso objetivo é garantir que Ops não seja uma restrição para as equipes de produto. Se verificarmos que as ligações de Ops estão sobrecarregadas, impedindo as equipes de produto de atingir seus objetivos, então provavelmente precisaremos reduzir o número de equipes que cada ligação suporta ou incorporar temporariamente um engenheiro de Ops em equipes específicas.

INTEGRAR OPS NOS RITUAIS DE DEV

Quando engenheiros de Ops são incorporados ou designados como ligações em nossas equipes de produto, podemos integrá-los nos rituais de nossa equipe de Dev. Nesta seção nosso objetivo é ajudar os engenheiros de Ops e outros que não são desenvolvedores a entender melhor a cultura de Desenvolvimento existente e integrá-los proativamente em todos os aspectos do planejamento e trabalho diário. Como resultado, Operações tem mais capacidade de planejar e irradiar qualquer conhecimento necessário para as equipes de produto, influenciando o trabalho bem antes de ir para a produção. As seções a seguir descrevem alguns dos rituais-padrão usados pelas equipes de Desenvolvimento empregando métodos ágeis e como integraríamos engenheiros de Ops nelas. As práticas ágeis não são um pré-requisito para este passo — como engenheiros de Ops, nosso objetivo é descobrir quais rituais as equipes de produto seguem, nos integrarmos a eles e agregar valor.[†]

[†] Contudo, se descobrirmos que a organização de Desenvolvimento inteira fica simplesmente sentada em suas mesas o dia todo, sem jamais trocar ideias, podemos encontrar um modo diferente de engajá-los, como pagar o almoço deles, iniciar um clube de livro,

Como Ernest Mueller observou: "Acredito que DevOps funciona muito melhor se as equipes de Operações adotam os mesmos rituais ágeis que as equipes de Dev têm usado — tivemos sucessos fantásticos resolvendo muitos problemas associados a pontos de dificuldade de Ops e nos integrando melhor com as equipes de Dev".

CONVIDAR OPS PARA STANDUPS DE DEV

Um dos rituais de Dev popularizados pela Scrum é o standup diário, uma rápida reunião na qual todos da equipe se encontram e apresentam três coisas: o que foi feito ontem, o que será feito hoje e o que está impedindo que seu trabalho seja feito.[†]

A finalidade dessa cerimônia é irradiar informações por toda a equipe e entender o trabalho que está sendo e que será feito. Ao fazer os membros da equipe apresentar essas informações, aprendemos sobre quais tarefas estão enfrentando barreiras e descobrimos maneiras de ajudar uns aos outros para levar o trabalho ao término. Além disso, com a presença de gerentes, podemos resolver rapidamente conflitos de priorização e recursos.

Um problema comum é que essas informações são compartilhadas dentro da equipe de Desenvolvimento. Com a participação de engenheiros de Ops, a Operações pode ter ciência das atividades da equipe de Desenvolvimento, permitindo melhor planejamento e preparação — por exemplo, se descobrirmos que a equipe de produto está planejando um grande lançamento de recursos em duas semanas, podemos garantir que as pessoas e os recursos certos estejam disponíveis para dar suporte ao lançamento. Por outro lado, podemos destacar áreas nas quais é necessária uma interação maior ou mais preparação (por exemplo, criando mais verificações de monitoramento ou scripts de automação). Fazendo isso, criamos as condições em que a Operações pode ajudar a resolver nossos problemas de equipe atuais (por exemplo, melhorar o desempenho ajustando o banco de dados, em vez de otimizar o código) ou futuros, antes que se transformem em uma crise (por exemplo, criando mais ambientes de teste de integração para permitir testes de desempenho).

---

 fazer revezamento em apresentações "almoce e aprenda" ou conversando para descobrir quais são os maiores problemas de cada um, para que possamos saber como podemos melhorar a vida deles.

[†] Scrum é uma metodologia de desenvolvimento ágil, descrita como "uma estratégia de desenvolvimento de produtos flexível e holística, em que uma equipe de desenvolvimento trabalha como uma unidade para atingir um objetivo comum". Ela foi descrita completamente pela primeira vez por Ken Schwaber e Mike Beedle, no livro *Agile Software Development with Scrum* (Desenvolvimento de Software Ágil com Scrum, em tradução livre). Neste livro usamos o termo "desenvolvimento ágil" ou "desenvolvimento iterativo" para abranger as várias técnicas usadas por metodologias especiais, como Ágil e Scrum.

CONVIDAR OPS PARA AS RETROSPECTIVAS DO DEV

Outro ritual ágil difundido é a retrospectiva. Ao final de cada intervalo de desenvolvimento, a equipe discute o que teve êxito, o que poderia ser melhorado e como incorporar os êxitos e as melhorias em futuras iterações ou projetos. A equipe dá ideias para melhorar as coisas e examina experimentos da iteração anterior. Esse é um dos principais mecanismos nos quais ocorrem aprendizado organizacional e o desenvolvimento de contramedidas, com o trabalho resultante implementado imediatamente ou adicionado ao acumulado da equipe.

Fazer com que engenheiros de Ops participem das retrospectivas de nossa equipe de projeto significa que eles também usufruem de quaisquer novos aprendizados. Além disso, quando há uma implementação ou release nesse intervalo, Operações deve apresentar os resultados e quaisquer aprendizados obtidos, gerando feedback para a equipe de produto. Com isso, podemos melhorar o modo como o trabalho futuro é planejado e realizado, aprimorando nossos resultados. Exemplos de feedback que a Operações pode trazer para uma retrospectiva incluem:

- "Há duas semanas, encontramos um ponto cego no monitoramento e concordamos sobre como corrigi-lo. Funcionou. Tivemos um incidente na última terça-feira, e conseguimos detectá-lo e corrigi-lo rapidamente, antes que qualquer cliente fosse impactado."

- "A implementação da semana passada foi uma das mais difíceis e prolongadas que tivemos no ano. Veja algumas ideias sobre como ela pode ser melhorada."

- "A campanha promocional que fizemos na semana passada foi bem mais difícil do que imaginávamos, e provavelmente não devemos mais fazer uma oferta como essa. Estas são algumas ideias sobre outras ofertas que podemos fazer para atingir nossos objetivos."

- "Durante a última implementação, o maior problema foram nossas regras de firewall, que agora têm milhares de linhas, tornando sua alteração extremamente difícil e arriscada. Precisamos rearquitetar o modo como impedimos tráfego de rede não autorizado."

O feedback de Operações ajuda nossas equipes de produto a ver e entender melhor o impacto futuro das decisões que tomam. Quando houver resultados negativos, podemos fazer as mudanças necessárias para evitá-los no futuro. O feedback de Operações provavelmente também identificará mais problemas e defeitos que devem ser corrigidos — poderá até revelar problemas arquitetônicos maiores que precisem ser resolvidos.

O trabalho adicional identificado durante as retrospectivas da equipe de projeto cai na categoria ampla de trabalho de melhoria, como corrigir defeitos, refatorar e automatizar trabalho manual. Os gerentes de produto e de projeto talvez queiram adiar ou tirar a prioridade do trabalho de melhoria em favor de recursos para o cliente.

Contudo, devemos lembrar a todos que a melhoria do trabalho diário é mais importante do que o próprio trabalho diário, e que todas as equipes devem ter capacidade dedicada para isso (por exemplo, reservando 20% de todos os ciclos para trabalho de melhoria, agendando um dia por semana ou uma semana por mês etc.). Sem isso, a produtividade da equipe quase certamente ficará paralisada sob o peso de sua própria dívida técnica e processual.

TORNAR O TRABALHO RELEVANTE DE OPS VISÍVEL NOS QUADROS KANBAN COMPARTILHADOS

Frequentemente as equipes de Desenvolvimento tornarão seu trabalho visível em um quadro de projeto ou kanban. Contudo, é bem menos comum esses quadros mostrarem o trabalho relevante de Operações, que deve ser executado para que a aplicação funcione na produção, onde o valor para o cliente é realmente gerado. Como resultado, não sabemos do trabalho necessário de Operações até que se torne uma crise urgente, pondo em risco prazos finais ou criando interrupção de produção.

Como Operações faz parte do fluxo de valor do produto, devemos colocar seu trabalho relevante para a entrega do produto no quadro kanban compartilhado. Isso nos permite ver mais claramente todo o trabalho exigido para colocar nosso código na produção, assim como monitorar todo o trabalho de Operações necessário para dar suporte ao produto. Além disso, nos permite ver onde o trabalho de Ops está bloqueado e onde precisa de escalonamento, realçando áreas nas quais talvez precisemos de melhorias.

Os quadros kanban são uma ferramenta ideal para dar visibilidade, e visibilidade é um componente importante no reconhecimento e na integração adequados do trabalho de Ops em todos os fluxos de valor relevantes. Quando fazemos isso bem, obtemos resultados voltados ao mercado, independentemente de como desenhamos os gráficos de nossa organização.

CONCLUSÃO

Por todo este capítulo exploramos modos de integrar Operações no trabalho diário do Desenvolvimento, e vimos como tornar nosso trabalho mais visível para Operações. Para isso, exploramos três estratégias amplas, incluindo criar recursos self-service para possibilitar que os desenvolvedores das equipes de serviço sejam produtivos, incorporar engenheiros de Ops nas equipes de serviço e, quando não for possível incorporar engenheiros de Ops, atribuir ligações de Ops às equipes de serviço. Por último, descrevemos como os engenheiros de Ops podem ser integrados na equipe de Dev por meio da inclusão de seu trabalho diário, englobando standups diários, planejamento e retrospectivas.

CONCLUSÃO DA PARTE II

Na Parte II: *Onde Começar* exploramos uma variedade de maneiras de pensar sobre transformações de DevOps, incluindo como escolher onde começar, aspectos relevantes da arquitetura e design organizacional e como organizar nossas equipes. Exploramos também como integrar Ops em todos os aspectos do planejamento e do trabalho diário de Dev.

Na Parte III: *A Primeira Maneira, As Práticas Técnicas do Fluxo*, começaremos a explorar como implementar as práticas técnicas específicas para concretizar os princípios de fluxo, que permitem o fluxo de trabalho rápido do Desenvolvimento para Operações, sem causar caos e interrupção adiante.

PARTE III

A Primeira Maneira
As Práticas Técnicas do Fluxo

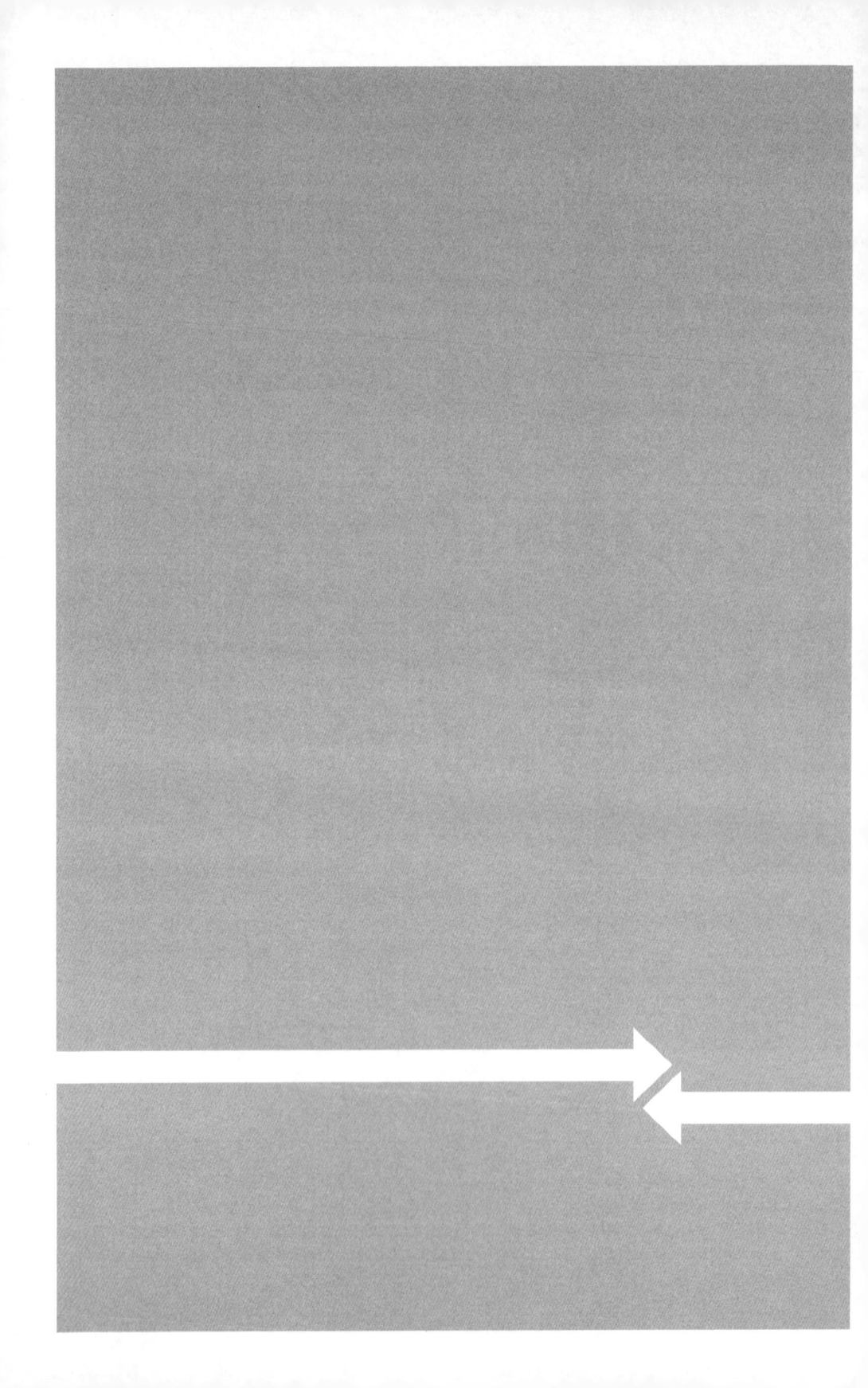

Parte III
Introdução

Na Parte III, nosso objetivo é criar as práticas técnicas e a arquitetura exigidas para possibilitar e manter o fluxo de trabalho rápido do Desenvolvimento para Operações, sem causar caos e interrupção no ambiente de produção ou para nossos clientes. Isso significa que precisamos reduzir o risco associado à implementação e ao release de mudanças na produção. Faremos isso implementando um conjunto de práticas técnicas conhecido como *entrega contínua*.

A entrega contínua inclui criar as bases de nosso pipeline de implementação automatizado, garantindo que tenhamos testes automatizados que validem constantemente o fato de estarmos em um estado implementável, com desenvolvedores integrando seu código no trunk diariamente e arquitetando nossos ambientes e nosso código para possibilitar releases de baixo risco. Os principais enfoques destes capítulos incluem:

- Criar a base do nosso pipeline de implementação
- Permitir testes automatizados rápidos e confiáveis
- Permitir e praticar integração contínua e teste
- Automatizar, capacitar e arquitetar releases de baixo risco

Implementar essas práticas reduz o tempo de execução para se obter ambientes do tipo produção, permite testes contínuos que fornecem feedback rápido a todos sobre seus trabalhos, possibilita que equipes pequenas desenvolvam, testem e implementem seu código na produção de forma segura e independente, e torna as implementações de produção e releases uma parte rotineira do trabalho diário.

Além disso, integrar os objetivos de QA e Operações no trabalho diário de todos reduz o combate a incêndios, a adversidade e o trabalho duro, ao passo que torna as pessoas mais produtivas e aumenta a alegria no trabalho que fazemos. Não só melhoramos os resultados, mas nossa organização tem mais capacidade para vencer no mercado.

9 Criar as Bases do Nosso Pipeline de Implementação

Para criar um fluxo rápido e confiável de Dev para Ops, devemos garantir que sempre usemos ambientes do tipo produção em cada estágio do fluxo de valor. Além disso, esses ambientes devem ser criados de modo automatizado, idealmente sob demanda de scripts e informações de configuração armazenadas no controle de versão, e ser totalmente self-service, sem nenhum trabalho manual exigido de Operações. Nosso objetivo é garantir que possamos recriar o ambiente de produção inteiro com base no que está no controle de versão.

Com muita frequência, só descobrimos como nossos aplicativos funcionam em algo semelhante a um ambiente do tipo produção durante a implementação na produção — tarde demais para corrigir problemas sem que o cliente seja impactado negativamente. Um exemplo ilustrativo da gama de problemas que podem ser causados pela construção inconsistente de aplicativos e ambientes é o programa Enterprise Data Warehouse, liderado por Em Campbell-Pretty em uma grande empresa de telecomunicações australiana, em 2009. Campbell-Pretty tornou-se a gerente geral e patrocinadora desse programa de US$200 milhões, herdando a responsabilidade por todos os objetivos estratégicos que contavam com essa plataforma.

Em sua apresentação no DevOps Enterprise Summit de 2014, Campbell-Pretty explicou: "Na época, havia dez fluxos de trabalho em andamento, todos usando processos em cascata e todos significativamente atrasados. Somente um dos dez tinha chegado ao Teste de Aceitação do Usuário [UAT — User Acceptance Testing] no prazo, e demorou outros seis meses para esse fluxo concluir o UAT, com a capacidade resultante muito abaixo das expectativas comerciais. Esse mau desempenho foi o principal catalisador para a transformação Ágil do departamento".

Contudo, depois de usar a metodologia Ágil por quase um ano, eles tiveram apenas pequenas melhorias, ainda aquém dos resultados comerciais desejados. Campbell-Pretty fez uma retrospectiva em nível de programa e perguntou: "Após refletirmos sobre todas as nossas experiências no último release, o que poderíamos fazer para dobrar nossa produtividade?"

Ao longo do projeto, houve resmungos sobre a "falta de engajamento da empresa". Contudo, durante a retrospectiva, "melhorar a disponibilidade de ambientes" estava no topo da lista. Retrospectivamente, era óbvio — as equipes de Desenvolvimento precisavam de ambientes em condições para começar a trabalhar, e frequentemente ficavam esperando até oito semanas.

Eles criaram uma nova equipe de integração e construção que era responsável por "dar qualidade aos nossos processos, em vez de tentar inspecionar a qualidade depois do fato". Inicialmente, ela era composta de administradores de banco de dados (DBAs) e especialistas em automação incumbidos de automatizar o processo de criação de ambientes. Rapidamente, a equipe fez uma descoberta surpreendente: somente 50% do código-fonte em seus ambientes de desenvolvimento e teste correspondiam ao que era executado na produção.

Campbell-Pretty observou: "De repente, entendemos por que encontrávamos tantos defeitos sempre que implementávamos nosso código em novos ambientes. Em cada ambiente, continuávamos fazendo as correções, mas as mudanças que fazíamos não eram repostas no controle de versão".

Cuidadosamente, a equipe fez a engenharia reversa de todas as alterações realizadas nos diferentes ambientes e colocou todas no controle de versão. Também automatizou o processo de criação de ambientes para que pudessem montar ambientes repetida e corretamente.

Campbell-Pretty descreveu os resultados, observando que "o tempo que levava para obter um ambiente correto caiu de oito semanas para um dia. Esse foi um dos principais ajustes que nos permitiu atingir nossos objetivos com relação ao tempo de execução, custo de entrega e número de defeitos não detectados que chegaram na produção".

A história de Campbell-Pretty mostra a variedade de problemas que podem estar relacionados a ambientes construídos de forma inconsistente e mudanças que não são sistematicamente repostas no controle de versão.

No restante deste capítulo discutiremos a construção de mecanismos que nos permitirão criar ambientes sob demanda, expandir o uso do controle de versão para todos no fluxo de valor, facilitar a reconstrução em vez da reparação da infraestrutura e garantir que os desenvolvedores executem seu código em ambientes do tipo produção ao longo de cada estágio do ciclo de vida de desenvolvimento de software.

POSSIBILITAR A CRIAÇÃO SOB DEMANDA DE AMBIENTES DE DEV, TESTE E PRODUÇÃO

Como visto no exemplo de armazenamento de dados empresarial anterior, uma das principais causas que colaboram para releases de software caóticos, disruptivos e, às vezes, até catastróficos, na primeira vez em que vemos como nossa aplicação se comporta em um ambiente do tipo produção, com carga e conjuntos de dados de produção realistas, é durante o release.† Em muitos casos, as equipes de desenvolvimento podem ter solicitado ambientes de teste nos primeiros estágios do projeto.

Contudo, quando a Operações exige longos tempos de execução para entregar ambientes de teste, as equipes podem não os receber cedo o bastante para realizar os testes adequados. Pior, os ambientes de teste frequentemente são mal configurados ou são tão diferentes de nossos ambientes de produção que acabamos com grandes problemas de produção, apesar de termos feito testes de pré-implementação.

Nessa etapa, queremos que os desenvolvedores executem ambientes do tipo produção em suas próprias estações de trabalho, criados sob demanda e que sejam self-service. Com isso, os desenvolvedores podem executar e testar código nesses ambientes como parte do trabalho diário, fornecendo feedback cedo e constante sobre a qualidade de seu trabalho.

Em vez de apenas registrarmos as especificações do ambiente de produção em um documento ou em uma página wiki, geramos um mecanismo de construção comum que cria todos os nossos ambientes, como para desenvolvimento, teste e produção. Assim, qualquer um pode obter ambientes do tipo produção em questão de minutos, sem abrir um tíquete e muito menos esperar semanas.‡

Isso exige definir e automatizar a criação de nossos próprios ambientes, que são estáveis, seguros e estão em um estado de risco reduzido, incorporando o conhecimento coletivo da organização. Todos os nossos requisitos estão incorporados, não em documentos ou como conhecimento na

---

† Nesse contexto, ambiente é definido como tudo o que está na pilha de aplicações, exceto a aplicação, incluindo os bancos de dados, sistemas operacionais, rede, virtualização e todas as configurações associadas.

‡ A maioria dos desenvolvedores quer testar seu código, e frequentemente chega a extremos para obter ambientes de teste para isso. Os desenvolvedores são conhecidos por reutilizar ambientes de teste antigos, de projetos anteriores (frequentemente muito velhos) ou pedir para alguém que tenha a reputação de conseguir encontrar um — eles simplesmente não perguntam de onde veio, porque, invariavelmente, alguém, em algum lugar, está sentindo falta de um servidor.

cabeça de alguém, mas codificados em nosso processo automatizado de construção de ambientes.

Em vez de a Operações construir e configurar o ambiente manualmente, podemos usar a automação para um ou todos os seguintes:

- Copiar um ambiente virtualizado (por exemplo, uma imagem VMware, executar um script Vagrant, iniciar um arquivo Amazon Machine Image em EC2).

- Construir um processo de criação de ambiente automatizado que inicia a partir do "bare metal" (por exemplo, instalação de PXE a partir de uma imagem de linha de base).

- Usar ferramentas de gerenciamento de configuração de "infraestrutura como código" (por exemplo, Puppet, Chef, Ansible, Salt, CFEngine etc.).

- Usar ferramentas de configuração de sistema operacional automatizadas (por exemplo, Solaris Jumpstart, Red Hat Kickstart, Debian preseed).

- Montar um ambiente a partir de um conjunto de imagens ou contêineres virtuais (por exemplo, Vagrant, Docker).

- Criar um novo ambiente em uma nuvem pública (por exemplo, Amazon Web Services, Google App Engine, Microsoft Azure), nuvem privada ou outra PaaS (plataforma como serviço, como OpenStack ou Cloud Foundry etc.).

Como já definimos cuidadosamente todos os aspectos do ambiente, não apenas conseguimos criar novos ambientes rapidamente, como também garantimos que esses ambientes sejam estáveis, confiáveis, consistentes e seguros. Isso beneficia a todos.

A Operações se beneficia dessa capacidade de criar novos ambientes rapidamente, pois a automação do processo de criação de ambientes impõe a consistência e reduz o trabalho manual maçante e propenso a erros. Além disso, o Desenvolvimento se beneficia por ser capaz de reproduzir todas as partes necessárias do ambiente de produção para construir, executar e testar seu código em suas estações de trabalho. Com isso, possibilitamos que os desenvolvedores encontrem e corrijam muitos problemas, mesmo nos estágios mais iniciais do projeto, e não durante o teste de integração ou, pior, na produção.

Fornecendo aos desenvolvedores um ambiente que eles controlam totalmente, permitimos que reproduzam, diagnostiquem e corrijam defeitos rapidamente, seguramente isolados dos serviços de produção e de outros recursos compartilhados. Eles também podem experimentar mudanças nos ambientes, assim como no código de infraestrutura que os criam (por exemplo, scripts de gerenciamento de configuração), gerando mais conhecimento compartilhado entre Desenvolvimento e Operações.†

CRIAR NOSSO REPOSITÓRIO ÚNICO DE VERDADE PARA O SISTEMA INTEIRO

Na etapa anterior, possibilitamos a criação sob demanda dos ambientes de desenvolvimento, teste e produção. Agora devemos assegurar todas as partes do nosso sistema de software.

Por décadas, o uso amplo do controle de versão tem se tornado cada vez mais uma prática obrigatória de desenvolvedores individuais e equipes de desenvolvimento.‡ Um sistema de controle de versão registra mudanças em arquivos ou conjuntos de arquivos nele armazenados. Pode ser código-fonte, recursos ou outros documentos que façam parte de um projeto de desenvolvimento de software. Fazemos mudanças em grupos, chamadas efetivações ou revisões. Cada revisão, junto com metadados, como quem fez a alteração e quando, é armazenada dentro do sistema de um modo ou de outro, nos permitindo efetivar, comparar, mesclar e restaurar revisões passadas em objetos ao repositório. Isso também minimiza os riscos, estabelecendo um modo de reverter objetos em produção para versões anteriores. (Neste livro, os seguintes termos serão usados indistintamente: inserido no controle de versão, efetivado no controle de versão, efetivação de código, efetivação de alteração, efetivação.)

Quando os desenvolvedores colocam todos os seus arquivos-fonte de aplicativo e configurações no controle de versão, ele se torna o único repositório de verdade que contém o estado preciso pretendido do sistema. Contudo, como entregar valor para o cliente exige nosso código e os ambientes em que ele é executado, também precisamos de nossos ambientes no controle de versão. Em outras palavras, o controle de versão serve para todos em nosso fluxo de valor, incluindo QA, Operações, Infosec e desenvolvedores.

---

† De preferência, devemos encontrar erros antes dos testes de integração, quando é tarde demais no ciclo de teste para gerar feedback rápido para os desenvolvedores. Se não somos capazes de fazer isso, provavelmente temos um problema arquitetônico que precisa ser resolvido. Projetar nossos sistemas para testabilidade, para incluir a capacidade de descobrir a maioria dos defeitos usando um ambiente virtual não integrado em uma estação de trabalho de desenvolvimento, é uma parte importante da criação de uma arquitetura que suporta fluxo rápido e feedback.

‡ O primeiro sistema de controle de versão provavelmente foi o UPDATE, no CDC6600 (1969). Posteriormente surgiu o SCCS (1972), CMS em VMS (1978), RCS (1982), e assim por diante.

Com a colocação de todos os artefatos de produção no controle de versão, nosso repositório de controle de versão nos permite reproduzir, confiável e repetidamente, todos os componentes de nosso sistema de software funcional — isso inclui nossas aplicações e o ambiente de produção, assim como todos os nossos ambientes de pré-produção.

Para termos certeza de que podemos restaurar o serviço de produção repetida e previsivelmente (e, idealmente, rapidamente), mesmo quando ocorrem eventos catastróficos, devemos inserir os seguintes recursos em nosso repositório de controle de versão compartilhado:

- Todo o código do aplicativo e dependências (por exemplo, bibliotecas, conteúdo estático etc.).

- Qualquer script usado para criar esquemas de banco de dados, dados de referência de aplicativo etc.

- Todas as ferramentas de criação de ambiente e artefatos descritos na etapa anterior (por exemplo, VMware ou imagens AMI, Puppet ou receitas do Chef etc.).

- Qualquer arquivo usado para criar contêineres (por exemplo, arquivos de definição ou composição Docker ou Rocket).

- Todos os testes automatizados de apoio e quaisquer scripts de teste manual.

- Qualquer script que suporte empacotamento de código, implementação, migração de banco de dados e provisionamento de ambiente.

- Todos os artefatos de projeto (por exemplo, documentação de requisitos, procedimentos de implementação, notas de release etc.).

- Todos os arquivos de configuração de nuvem (por exemplo, modelos AWS Cloudformation, arquivos Microsoft Azure Stack DSC, OpenStack HEAT).

- Qualquer outro script ou informação de configuração exigida para criar infraestrutura que suporte vários serviços (por exemplo, barramentos de serviço empresarial, sistemas de gerenciamento de banco de dados, arquivos de zona DNS, regras de configuração de firewalls e outros dispositivos de rede).[†]

[†] É possível notar que o controle de versão representa algumas das construções ITIL da Definitive Media Library (DML) e do Configuration Management Database (CMDB), inventariando tudo o que é exigido para recriar o ambiente de produção.

Podemos ter vários repositórios para diferentes tipos de objetos e serviços, sendo que eles são rotulados e etiquetados ao lado de nosso código-fonte. Por exemplo, podemos armazenar grandes imagens de máquina virtual, arquivos ISO, binários compilados etc., em repositórios de artefato (por exemplo, Nexus, Artifactory). Por outro lado, podemos colocá-los em armazenamentos blob (por exemplo, cestas Amazon S3) ou colocar imagens Docker em registros Docker, e assim por diante.

Não é suficiente apenas poder recriar qualquer estado anterior do ambiente de produção, também precisamos poder recriar os processos de pré-produção e construção. Consequentemente, precisamos colocar no controle de versão tudo de que nossos processos de construção dependem, inclusive nossas ferramentas (por exemplo, compiladores, ferramentas de teste) e os ambientes de que dependem.‡

No 2014 *State of DevOps Report*, do Puppet Labs, o uso de controle de versão por Ops foi o maior previsor do desempenho de TI e do desempenho organizacional. Na verdade, o uso de controle de versão por Ops foi um previsor melhor para o desempenho de TI e do desempenho organizacional do que se Dev tivesse usado o controle de versão.

As constatações do 2014 *State of DevOps Report*, do Puppet Labs, destacam o papel fundamental do controle de versão no processo de desenvolvimento de software. Agora sabemos quando todas as mudanças de aplicativo e ambiente são registradas no controle de versão, e isso nos permite não só ver rapidamente todas as alterações que podem ter contribuído para um problema, mas também fornece o modo de retroceder para um estado funcional conhecido, permitindo uma recuperação mais rápida de falhas.

Mas por que o uso de controle de versão para nossos ambientes prevê desempenho de TI e organizacional melhor do que usar o controle de versão para nosso código?

Porque, em quase todos os casos, há muito mais ajustes configuráveis em nosso ambiente do que em nosso código. Consequentemente, é o ambiente que mais precisa estar no controle de versão.§

---

‡ Em etapas futuras também colocaremos no controle de versão toda a infraestrutura de apoio que construirmos, como os conjuntos de teste automatizado e nossa infraestrutura de integração contínua e pipeline de implementação.

§ Qualquer um que tenha feito uma migração de código para um sistema ERP (por exemplo, SAP, Oracle Financials etc.) pode reconhecer a seguinte situação: quando uma migração de código falha, raramente é devido a um erro de codificação. Em vez disso, é bem mais provável que a migração tenha falhado graças a alguma diferença nos ambientes, como entre Desenvolvimento e QA ou QA e Produção.

O controle de versão também oferece um meio de comunicação para quem trabalha no fluxo de valor — a capacidade de Desenvolvimento, QA, Infosec e Operações verem as mudanças uns dos outros ajuda a reduzir as surpresas, cria visibilidade para o trabalho uns dos outros e ajuda a construir e a reforçar a confiança. (Veja o Apêndice 7.)

TORNAR A RECONSTRUÇÃO DA INFRAESTRUTURA MAIS FÁCIL DO QUE O REPARO

Quando podemos reconstruir e recriar rapidamente nossos aplicativos e ambientes sob demanda, também podemos reconstruí-los rapidamente, em vez de repará-los quando as coisas dão errado. Embora quase todas as operações da web de larga escala façam isso (isto é, mais de mil servidores), também devemos adotar essa prática, mesmo que tenhamos apenas um servidor em produção.

Bill Baker, notável engenheiro da Microsoft, gracejou que costumávamos tratar os servidores como animais de estimação: "Você dava nomes a eles e, quando ficavam doentes, cuidava deles até ficarem saudáveis. [Agora] os servidores são [tratados] como gado. Você os enumera e, quando ficam doentes, os elimina".

Com sistemas de criação de ambiente que podem ser repetidos, podemos facilmente aumentar a capacidade adicionando mais servidores no rodizio (isto é, escalonamento horizontal). Também evitamos o desastre que inevitavelmente resulta quando precisamos restaurar serviço após uma falha catastrófica de infraestrutura que não pode ser reproduzida, criada através de anos de mudanças de produção não documentadas e manuais.

Para garantir a consistência de nossos ambientes, quando fazemos mudanças de produção (mudanças de configuração, patches, atualizações etc.), elas precisam ser reproduzidas em nossos ambientes de produção e pré-produção, assim como em quaisquer ambientes criados recentemente.

Em vez de fazer login manualmente nos servidores e fazer alterações, devemos fazê-las de um modo que garanta que todas elas sejam reproduzidas automaticamente em todos os lugares, e que todas as nossas mudanças sejam colocadas no controle de versão.

Podemos contar com nossos sistemas de configuração automatizados para garantir a consistência (por exemplo, Puppet, Chef, Ansible, Salt, Bosh etc.) ou criar novas máquinas virtuais ou contêineres a partir de nosso mecanismo de construção automatizado e implementá-los na produção, destruindo os antigos ou retirando-os do rodízio.[†]

Este último padrão é o que se tornou conhecido como *infraestrutura imutável*, na qual não são mais permitidas alterações manuais no ambiente de produção — o único modo de fazer mudanças na produção é colocá-las no controle de versão e recriar o código e os ambientes a partir do zero. Com isso, nenhuma variação é capaz de entrar na produção.

Para evitar variações de configuração descontroladas, podemos desabilitar logins remotos nos servidores de produção[‡] ou eliminar e substituir rotineiramente as instâncias de produção, garantindo que mudanças na produção aplicadas manualmente sejam removidas. Essa ação motiva a todos a inserir suas alterações corretamente, por meio do controle de versão. Aplicando tais medidas, estamos reduzindo sistematicamente as maneiras pelas quais nossa infraestrutura pode divergir dos estados reconhecidamente bons (por exemplo, desvio de configuração, artefatos frágeis, obras de arte, flocos de neve etc.).

Além disso, devemos manter nossos ambientes de pré-produção atualizados — especificamente, precisamos que os desenvolvedores continuem executando em nosso ambiente mais atual. Frequentemente, os desenvolvedores querem continuar executando em ambientes mais antigos, porque temem que atualizações de ambiente possam estragar a funcionalidade existente. Contudo, queremos atualizá-los frequentemente para podermos encontrar problemas mais no início do ciclo de vida.[§]

MODIFICAR NOSSA DEFINIÇÃO DE DESENVOLVIMENTO "PRONTO" PARA INCLUIR A EXECUÇÃO EM AMBIENTES DO TIPO PRODUÇÃO

Agora que nossos ambientes podem ser criados sob demanda e tudo é inserido no controle de versão, nosso objetivo é garantir que esses ambientes sejam usados no trabalho diário do Desenvolvimento. Precisamos verificar se nosso aplicativo executa conforme o esperado em um ambiente do tipo

---

[†] Na Netflix, a idade média de instância do Netflix AWS é de 24 dias, com 60% tendo menos de uma semana.

[‡] Ou permitir somente em emergências, garantindo que uma cópia do log do console seja enviada por e-mail automaticamente para a equipe de operações.

[§] A pilha de aplicativos inteira e o ambiente podem ser empacotados em contêineres, o que pode permitir simplicidade e velocidade sem precedentes em todo o pipeline de implementação.

produção bem antes do fim do projeto ou antes de nossa primeira implementação na produção.

A maioria das metodologias de desenvolvimento de software modernas prescreve intervalos de desenvolvimento curtos e iterativos, em oposição à estratégia do big bang (por exemplo, o modelo em cascata). Em geral, quanto maior o intervalo entre implementações, piores os resultados. Por exemplo, na metodologia Scrum, um *sprint* é um intervalo de desenvolvimento com tempo definido (normalmente um mês ou menos), dentro do qual somos obrigados a estar prontos, geralmente definido como quando temos "código funcionando e que pode ser entregue".

Nosso objetivo é garantir que Desenvolvimento e QA integrem rotineiramente o código com ambientes do tipo produção em intervalos cada vez mais frequentes ao longo do projeto.† Fazemos isso expandindo a definição de "pronto" para além de apenas funcionalidade de código correta (adição em negrito): ao final de cada intervalo de desenvolvimento, temos código integrado, testado, funcionando e que pode ser entregue, **demonstrado em um ambiente do tipo produção**.

Em outras palavras, só aceitaremos o trabalho do desenvolvimento como pronto quando puder ser construído, implementado e confirmado que executa como o esperado em um ambiente do tipo produção, e não apenas quando um desenvolvedor acha que está pronto — idealmente, ele executa sob uma carga do tipo produção, com um conjunto de dados do tipo produção, bem antes do final de um sprint. Isso evita situações nas quais um recurso é denominado pronto apenas porque um desenvolvedor pode executá-lo em seu laptop, mas em mais nenhum outro lugar.

Fazendo com que os desenvolvedores escrevam, testem e executem seu código em um ambiente do tipo produção, a maior parte do trabalho para integrar nosso código e nossos ambientes com sucesso acontece durante o trabalho diário, não no final do release. No final do primeiro intervalo pode-se demonstrar que nosso aplicativo executa corretamente em um ambiente do tipo produção, com o código e o ambiente integrados muitas vezes, idealmente com todas as etapas automatizadas (sem exigências de nenhuma correção manual).

---

† O termo *integração* tem muitos usos ligeiramente diferentes em Desenvolvimento e Operações. No Desenvolvimento, integração normalmente se refere à integração de código, que é a integração de vários ramos de código no trunk do controle de versão. Em entrega contínua e DevOps, *teste de integração* se refere ao teste do aplicativo em um ambiente do tipo produção ou em um ambiente de teste integrado.

Melhor ainda, no final do projeto teremos entregue e executado nosso código em ambientes do tipo produção centenas ou mesmo milhares de vezes, dando-nos confiança de que a maior parte de nossos problemas de implementação na produção foram encontrados e corrigidos.

Idealmente, usamos em nossos ambientes de pré-produção as mesmas ferramentas que usamos na produção, como monitoração, login e implementação. Fazendo isso, temos familiaridade e experiência, que nos ajudarão a implementar e executar suavemente, assim como diagnosticar e corrigir nosso serviço quando estiver na produção.

Possibilitando que Desenvolvimento e Operações tenham domínio compartilhado de como o código e o ambiente interagem, e praticando implementações precoce e frequentemente, reduzimos significativamente os riscos de implementação associados a releases de código de produção. Isso também nos permite eliminar uma classe inteira de defeitos operacionais e de segurança, e problemas arquitetônicos normalmente detectados tarde demais no projeto para serem corrigidos.

CONCLUSÃO

O fluxo de trabalho rápido do Desenvolvimento para Operações exige que todos possam obter ambientes do tipo produção sob demanda. Possibilitando que os desenvolvedores usem ambientes do tipo produção mesmo nos estágios iniciais de um projeto de software, reduzimos significativamente o risco de problemas de produção posteriores. Essa é uma de muitas práticas que demonstram como Operações pode tornar os desenvolvedores bem mais produtivos. Impomos a prática de os desenvolvedores executarem seu código em ambientes do tipo produção incorporando-a na definição de "pronto".

Além disso, colocando todos os artefatos de produção no controle de versão, temos uma "única fonte de verdade" que nos permite recriar o ambiente de produção inteiro de modo rápido, passível de repetição e documentado, usando para o trabalho de Operações as mesmas práticas de desenvolvimento que usamos para trabalho do Desenvolvimento. E tornando a reconstrução de infraestrutura de produção mais fácil do que seu reparo, facilitamos e aceleramos a solução de problemas, assim como facilitamos a expansão de capacidades.

Ter essas práticas em vigor prepara o terreno para uma automação de teste abrangente, que é explorada no próximo capítulo.

10 Possibilitar Testes Automatizados Rápidos e Confiáveis

Neste ponto, Desenvolvimento e QA estão usando ambientes do tipo produção em seus trabalhos diários e estamos integrando e executando nosso código em um ambiente do tipo produção para cada recurso aceito, com todas as mudanças inseridas no controle de versão. Contudo, provavelmente obteremos resultados indesejados se encontrarmos e corrigirmos erros em uma fase de teste separada, executada por um departamento de QA separado somente depois de concluído todo o desenvolvimento. E se os testes são feitos apenas algumas vezes por ano, os desenvolvedores ficam sabendo de seus erros meses depois que introduziram a mudança que os causou. Até lá, a ligação entre causa e efeito provavelmente desapareceu, então a resolução do problema exige combate a incêndios e escavação de ruínas, e, o pior de tudo, nossa capacidade de aprender com o erro e integrar isso em nosso trabalho futuro é significativamente diminuída.

Os testes automatizados tratam de outro problema significativo e inquietante. Gary Gruver observa que "sem testes automatizados, quanto mais código escrevemos, mais tempo e dinheiro são necessários para testá-lo — na maioria dos casos, esse é um modelo empresarial totalmente não escalonável para qualquer organização tecnológica".

Embora agora a Google sem dúvida exemplifique uma cultura que valoriza testes automatizados em grande escala, isso nem sempre foi assim. Em 2005, quando Mike Bland ingressou na organização, implementar na Google.com muitas vezes era extremamente problemático, especialmente para a equipe do Google Web Server (GWS).

Como Bland explica: "Em meados dos anos 2000, a equipe do GWS estava em uma posição em que era extremamente difícil fazer mudanças no servidor web, um aplicativo em C++ que tratava de todos os pedidos da home page do Google e de muitas outras de suas páginas web. Apesar de a Google.com ser importante e proeminente, estar na equipe do GWS não era uma tarefa fascinante — frequentemente era o local de despejo de todas as diferentes equipes que estavam criando várias funcionalidades de pesquisa, todas desenvolvendo código independentemente umas das outras. Eles tinham problemas como construções e testes demorando demais, código sendo colocado na produção sem ser testado e equipes inserindo mudanças grandes e infrequentes que conflitavam com as de outras equipes".

As consequências disso foram grandes — resultados de busca podiam ter erros ou se tornar inaceitavelmente lentos, afetando milhares de consultas no Google.com. O resultado em potencial não era a perda apenas de renda, mas da confiança do cliente.

Bland descreve como isso afetava os desenvolvedores que implementavam mudanças: "O medo se tornou um problema. O medo impedia que novos membros da equipe alterassem as coisas por não compreenderem o sistema. Mas o medo também impedia que pessoas experientes alterassem as coisas, porque o compreendiam bem demais".[†] Bland fazia parte do grupo que estava determinado a resolver esse problema.

O líder da equipe do GWS, Bharat Mediratta, acreditava que testes automatizados ajudariam. Como Bland descreve: "Eles criaram uma regra rígida: nenhuma mudança seria aceita no GWS sem testes automatizados acompanhantes. Estabeleceram um build contínuo e religiosamente o mantinham em aprovação. Estabeleceram um monitoramento da cobertura de teste e garantiram que o nível da cobertura aumentasse com o passar do tempo. Escreveram guias de política e teste, e insistiram em que os colaboradores de dentro e de fora da equipe os seguissem".

Os resultados foram impressionantes. Como Bland observa: "A equipe do GWS rapidamente se tornou uma das mais produtivas da empresa, integrando grandes números de mudanças de diferentes equipes a cada semana, enquanto mantinha um cronograma rápido de releases. Novos membros da equipe eram capazes de fazer contribuições produtivas para esse sistema complexo rapidamente, graças à boa cobertura de teste e à saúde do código. No final, sua política radical permitiu que a home page do Google.com expandisse rapidamente suas capacidades e desenvolveu um cenário tecnológico competitivo e de mudança espantosamente rápida".

[†] Bland descreveu que, na Google, uma das consequências de ter tantos desenvolvedores talentosos era que isso criava a "síndrome do impostor", um termo cunhado pelos psicólogos para descrever informalmente as pessoas incapazes de internalizar suas realizações. A Wikipédia diz que "Não importando a evidência externa de sua competência, essas pessoas permanecem convencidas de que não merecem o sucesso alcançado e que, de fato, são nada menos do que fraudes. As provas de sucesso são desmerecidas como resultado de simples sorte, ter estado no lugar certo na hora certa, ou por ter enganado as outras pessoas, fazendo-as acreditar que são mais inteligentes do que o são em realidade".

Mas a equipe do GWS ainda era relativamente pequena, em uma empresa grande e em crescimento. A equipe queria expandir essas práticas por toda a organização. Assim nasceu o Testing Grouplet, um grupo informal de engenheiros que queriam promover as práticas de testes automatizados por toda a organização. Nos cinco anos seguintes, eles ajudaram a reproduzir essa cultura de testes automatizados em toda a Google.[†]

Agora, quando um desenvolvedor da Google efetiva código, ele é executado automaticamente em um conjunto de centenas de milhares de testes automatizados. Se o código passa, é automaticamente mesclado no trunk, pronto para ser implementado na produção. Muitas propriedades da Google são construídas por hora ou diariamente, e então são escolhidas quais construções serão lançadas; outras adotam uma filosofia de entrega contínua "Push on Green".

As apostas estão mais altas do que nunca — um único erro de implementação de código na Google pode derrubar cada propriedade, tudo ao mesmo tempo (como uma mudança de infraestrutura global ou quando um defeito é introduzido em uma biblioteca básica da qual cada propriedade é dependente).

Eran Messeri, engenheiro do grupo Google Developer Infrastructure, observa: "Grandes falhas ocasionalmente acontecem. Você receberá muitas mensagens instantâneas e engenheiros vão bater à sua porta. [Quando o pipeline de implementação é quebrado], precisamos corrigi-lo imediatamente, pois os desenvolvedores não podem mais efetivar código. Consequentemente, queremos facilitar a reversão".

O que possibilita que esse sistema funcione na Google é o profissionalismo da engenharia e a cultura de alta confiança que presume que todos querem fazer um bom trabalho, assim como a capacidade de detectar e corrigir os problemas rapidamente. Messeri explica: "Não existem políticas rígidas na Google, como, 'Se você estragar a produção de mais de dez projetos, o acordo de nível de serviço diz para corrigir o problema em dez minutos'. Em vez disso, há respeito mútuo entre as equipes e um acordo implícito de que todos farão o que for necessário para manter o pipeline de implementação funcionando. Todos sabemos que um dia vou estragar seu projeto acidentalmente; no dia seguinte, você pode estragar o meu".

[†] Eles criaram programas de treinamento, promoveram o famoso boletim *Testing on the Toilet* (que postavam nos banheiros), o roteiro e programa de certificação Test Certified, e lideraram vários dias "corrija isso" (isto é, blitzes de melhoria), que ajudaram as equipes a melhorar seus processos de testes automatizados para que pudessem reproduzir os espantosos resultados que a equipe do GWS foi capaz de obter.

O que Mike Bland e a equipe Testing Grouplet conseguiram transformou a Google em uma das organizações tecnológicas mais produtivas do mundo. Em 2013, os testes automatizados e a integração contínua na Google permitiram que mais de 4 mil equipes pequenas trabalhassem juntas e permanecessem produtivas, todas desenvolvendo, integrando, testando e implementando seus códigos na produção simultaneamente. Todo o código está em um único repositório compartilhado, constituído de bilhões de arquivos, todos sendo continuamente construídos e integrados, com 50% do código sendo alterado a cada mês. Algumas outras estatísticas impressionantes de seu desempenho incluem:

- 40 mil efetivações de código/dia
- 50 mil construções/dia (em dias da semana podem passar de 90 mil)
- 120 mil conjuntos de testes automatizados
- 75 milhões de casos de teste executados diariamente
- Mais de 100 engenheiros trabalhando em engenharia de teste, integração contínua e ferramentas de engenharia de release para aumentar a produtividade dos desenvolvedores (constituindo 0,5% da força de trabalho de P&D)

No restante deste capítulo veremos as práticas de integração contínua exigidas para reproduzir esses resultados.

BUILD CONTÍNUO, TESTAR E INTEGRAR NOSSO CÓDIGO E NOSSOS AMBIENTES CONTINUAMENTE

Nosso objetivo é incorporar qualidade ao nosso produto, mesmo nos primeiros estágios, fazendo com que os desenvolvedores construam testes automatizados como parte de seu trabalho diário. Isso cria um loop de feedback rápido que ajuda os desenvolvedores a encontrar problemas cedo e a corrigi-los rapidamente, quando existem restrições (por exemplo, de tempo, de recursos).

Nessa etapa, criamos conjuntos de testes automatizados que aumentam de periódica para contínua a frequência de integração e teste de nosso código e de nossos ambientes. Fazemos isso construindo nosso pipeline de implementação, que fará a integração de nosso código e nossos ambientes e disparará uma série de testes sempre que uma nova mudança for colocada no controle de versão.† (Veja a Figura 13.)

O pipeline de implementação, primeiramente definido por Jez Humble e David Farley, no livro *Entrega Contínua: Como Entregar Software de Forma Rápida e Confiável*, garante que todo código inserido no controle de versão seja automaticamente construído e testado em um ambiente do tipo produção. Com isso, encontramos quaisquer erros de build, teste ou integração assim que uma mudança é introduzida, permitindo corrigi-los imediatamente. Se feito corretamente, isso nos permite sempre ter certeza de que estamos em um estado passível de entrega e implementação.

Para conseguir isso, devemos criar processos de teste e construção automatizados que funcionam em ambientes dedicados. Isso é fundamental pelos seguintes motivos:

- Nosso build e processo de teste pode funcionar o tempo todo, independente dos hábitos de trabalho de engenheiros individuais.
- Um build e processo de teste separado garante que entendamos todas as dependências exigidas para construir, empacotar, executar e testar nosso código (isto é, eliminando o problema do "funcionou no laptop do desenvolvedor, mas estragou na produção").
- Podemos empacotar nosso aplicativo para permitir a instalação repetida de código e configurações em um ambiente (por exemplo, em Linux RPM, yum, npm; Windows, OneGet; como alternativa, podem ser usados sistemas de empacotamento com estrutura específica, como arquivos EAR e WAR para Java, gems para Ruby etc.).
- Em vez de colocarmos nosso código em pacotes, podemos optar por empacotar nossos aplicativos em contêineres móveis (por exemplo, Docker, Rkt, LXD, AMIs).
- Os ambientes podem ser mais do tipo produção, por serem consistentes e repetíveis (por exemplo, compiladores são removidos do ambiente, flags de depuração são desligados etc.)

---

† No Desenvolvimento, *integração contínua* frequentemente se refere à integração contínua de vários ramos de código no trunk e à garantia de que eles passem nos testes unitários. Contudo, no contexto de entrega contínua e DevOps, integração contínua também exige executar em ambientes do tipo produção e passar nos testes de aceitação e integração. Jez Humble e David Farley esclarecem essa ambiguidade chamando esta última de CI+. Neste livro, *integração contínua* sempre será em referência às práticas de CI+.

Nosso pipeline de implementação valida após cada mudança que nosso código integra com sucesso em um ambiente do tipo produção. Ele se torna a plataforma por meio da qual os verificadores solicitam e certificam construções durante testes de aceitação e de utilização, e executa validações de desempenho e segurança automatizadas.

| Estágio de efetivação (automatizado) | → | Estágio de aceitação (automatizado) | → | Teste exploratório (manual) | → | UAT (manual) | → | Preparação (manual) | → | Produção (manual) |

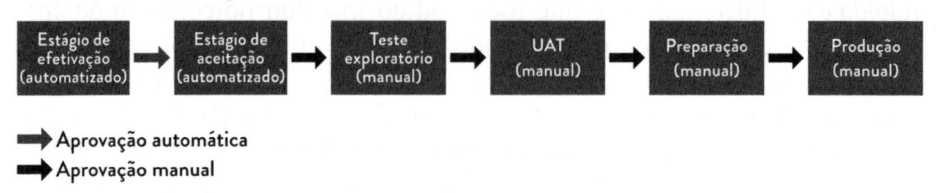

➡ Aprovação automática
➡ Aprovação manual

Figura 13: *O pipeline de implementação (Fonte: Humble e Farley,* Entrega Contínua, *3.)*

Além disso, será usado para construções self-service no UAT (Teste de Aceitação do Usuário), teste de integração e ambientes de teste de segurança. Em etapas futuras, à medida que evoluímos o pipeline de implementação, ele também será usado para gerenciar todas as atividades exigidas para levar nossas mudanças do controle de versão para a implementação.

Diversas ferramentas foram projetadas para fornecer funcionalidade de pipeline de implementação, muitas delas open source (por exemplo, Jenkins, ThoughtWorks Go, Concourse, Bamboo, Microsoft Team Foundation Server, TeamCity, Gitlab CI, assim como soluções baseadas em nuvem, como Travis CI e Snap).†

Começamos o pipeline de implementação executando o estágio de efetivação, que constrói e empacota o software, executa testes unitários automatizados e realiza validação adicional, como análise estática de código, duplicação e análise de cobertura de teste e verificação de estilo.‡ Se tiver êxito, isso dispara o estágio de aceitação, que entrega automaticamente os pacotes criados no estágio de efetivação para um ambiente do tipo produção e executa os testes de aceitação automatizados.

---

† Se criarmos contêineres em nosso pipeline de implementação e tivermos uma arquitetura como microsserviços, podemos permitir que cada desenvolvedor construa artefatos imutáveis, nos quais os desenvolvedores montam e executam todos os componentes de serviço em suas estações de trabalho, em um ambiente idêntico à produção. Isso permite que os desenvolvedores construam e executem mais testes em suas estações, em vez de usar servidores de teste, dando-nos feedback ainda mais rápido sobre seu trabalho.

‡ Podemos até exigir a execução dessas ferramentas antes que mudanças sejam aceitas no controle de versão (por exemplo, obter ganchos pré-efetivação). Também podemos executar essas ferramentas dentro do *ambiente de desenvolvimento integrado* (IDE; onde o desenvolvedor edita, compila e executa código), o que cria um loop de feedback ainda mais rápido.

Uma vez aceitas as alterações no controle de versão, queremos empacotar nosso código apenas uma vez, para que os mesmos pacotes sejam usados para entregar código por todo o nosso pipeline de implementação. Com isso, o código será implementado em nossos ambientes de teste integrados e de preparação da mesma maneira como é implementado na produção. Isso reduz as variações, o que pode evitar erros de difícil diagnóstico mais tarde (por exemplo, usar compiladores, flags de compilador, versões de biblioteca ou configurações diferentes).§

O objetivo do pipeline de implementação é fornecer a todos que estão no fluxo de valor, especialmente os desenvolvedores, o feedback mais rápido possível de que uma mudança nos tirou de um estado implementável. Poderia ser uma mudança em nosso código, em qualquer um dos ambientes, em nossos testes automatizados ou mesmo na infraestrutura do pipeline de implementação (por exemplo, um ajuste na configuração de Jenkins).

Como resultado, nossa infraestrutura de pipeline de implementação se torna tão fundamental para nossos processos de desenvolvimento quanto a infraestrutura de controle de versão. O pipeline de implementação também armazena o histórico de cada código de build, incluindo informações sobre quais testes foram realizados em qual build, quais builds foram entregues em qual ambiente e quais foram os resultados do teste. Em conjunto com as informações do histórico de nosso controle de versão, podemos determinar rapidamente o que quebrou o pipeline de implementação e, provavelmente, como corrigir o erro.

Essa informação também nos ajuda a cumprir requisitos de evidência para propósitos de auditoria e conformidade, sendo a evidência gerada automaticamente como parte do trabalho diário.

Agora que temos uma infraestrutura de pipeline de implementação funcionando, devemos criar nossas *práticas de integração contínua*, que exigem três capacidades:

- Um conjunto de testes automatizados amplo e confiável, que valide o fato de estarmos em um estado implementável.
- Uma cultura que "interrompa a linha de produção inteira" quando nossos testes de validação falharem.

---

§ Também podemos usar contêineres, como o Docker, como mecanismo de empacotamento. Os contêineres possibilitam a capacidade de escrever uma vez e executar em qualquer lugar. Esses contêineres são criados como parte de nosso processo de build e podem ser rapidamente implementados e executados em qualquer ambiente. Como o mesmo contêiner é executado em cada ambiente, ajudamos a impor a consistência de todos os nossos artefatos de build.

- Desenvolvedores trabalhando em lotes pequenos no trunk, em vez de ramos de recurso de vida longa.

Na próxima seção descrevemos por que testes automatizados rápidos e confiáveis são necessários e como construí-los.

CONSTRUIR UM CONJUNTO DE TESTE DE VALIDAÇÃO AUTOMATIZADO RÁPIDO E CONFIÁVEL

Na etapa anterior, começamos a criar a infraestrutura de testes automatizados que valida o fato de termos uma *green build* (isto é, o que está no controle de versão está em um estado que pode ser construído e implementado). Para sublinhar o motivo de precisarmos dessa etapa de integração e teste continuamente, considere o que acontece quando só executamos essa operação periodicamente, como durante um processo de build noturno.

Suponha que temos uma equipe de dez desenvolvedores, todos inserindo seu código no controle de versão diariamente, e um deles introduz uma mudança que estraga nosso build noturno e job de teste. Nesse cenário, quando descobrirmos no dia seguinte que não temos mais uma green build, levará minutos, ou mais provavelmente horas, para que nossa equipe de desenvolvimento perceba qual mudança causou o problema, quem a introduziu e como corrigi-la.

Pior, suponha que o problema não tenha sido causado por uma mudança de código, mas por um defeito no ambiente de teste (por exemplo, uma configuração incorreta em algum lugar). A equipe de desenvolvimento pode acreditar que corrigiu o problema, porque todos os testes unitários passaram, mas descobrirão que os testes ainda falharão mais tarde naquela noite.

Complicando ainda mais o problema, outras dez mudanças serão inseridas no controle de versão pela equipe nesse dia. Cada uma delas tem o potencial de introduzir mais erros que podem danificar nossos testes automatizados, aumentando a dificuldade de diagnosticar e corrigir o problema.

Em resumo, feedback lento e periódico mata. Especialmente para equipes de desenvolvimento maiores. O problema é ainda mais assustador quando temos dezenas, centenas ou mesmo milhares de outros desenvolvedores inserindo suas alterações no controle de versão a cada dia. O resultado é que nossas construções e testes automatizados são frequentemente danificados, e os desenvolvedores até param de inserir suas mudanças no controle de versão ("Por que se preocupar, já que as construções e os testes são sempre danificados?"). Em vez disso, eles esperam para integrar seu código no final do projeto, causando todos os resultados indesejados de tamanhos de lote grandes, integrações big bang e implementações de produção.[†]

Para evitar esse cenário, precisamos de testes automatizados rápidos, que sejam executados dentro de nossos ambientes de build e teste quando uma nova mudança for introduzida no controle de versão. Assim podemos encontrar e corrigir quaisquer problemas imediatamente, como demonstrou o exemplo do Google Web Server. Fazendo isso, garantimos que nossos lotes permaneçam pequenos e continuemos em um estado implementável a qualquer momento.

Em geral, os testes automatizados caem em uma das seguintes categorias, dos mais rápidos para os mais lentos:

- **Testes unitários:** Normalmente eles testam um único método, classe ou função isolados, garantindo ao desenvolvedor que seu código funciona conforme projetado. Por muitos motivos, incluindo a necessidade de manter nossos testes rápidos e sem estado, os testes unitários frequentemente "extinguem" bancos de dados e outras dependências externas (por exemplo, funções são modificadas para retornar valores estáticos predefinidos, em vez de chamar o banco de dados real).[‡]

- **Testes de aceitação:** Normalmente testam o aplicativo como um todo para garantir que um nível mais alto de funcionalidade aja conforme o projetado (por exemplo, os critérios de aceitação empresariais para uma história de usuário, a exatidão de uma API) e que não foram introduzidos erros de regressão (isto é, estragamos uma funcionalidade que antes estava operando corretamente). Humble e Farley definem a diferença entre testes unitários e de aceitação como: "O objetivo de um teste unitário é mostrar que uma parte do aplicativo faz o que o programador pretende.... O objetivo dos testes de aceitação é provar que nosso aplicativo faz o que o cliente pretendia dele, não que ele funciona como seus programadores acham que deveria". Depois que um build passa em nossos testes unitários, o pipeline de implementação o

---

[†] Foi exatamente esse problema que levou ao desenvolvimento das práticas de integração contínua.

[‡] Há uma categoria ampla de técnicas arquitetônicas e de teste para tratar dos problemas de testes que exigem entrada de pontos de integração externos, incluindo "stubs", "mocks", "virtualização de serviço" etc. Isso se torna ainda mais importante para testes de aceitação e integração, que dependem bem mais de estados externos.

executa em nossos testes de aceitação. Todo build que passa nos testes de aceitação normalmente se torna disponível para testes manuais (por exemplo, testes exploratórios, testes de IU etc.), assim como para testes de integração.

- **Testes de integração:** É nos testes de integração que garantimos que nosso aplicativo interage corretamente com outros aplicativos e serviços de produção, em oposição a chamar interfaces extintas. Como Humble e Farley observam: "grande parte do trabalho no ambiente SIT envolve implementar novas versões de cada um dos aplicativos, até que todos cooperem. Nessa situação, o teste de fumaça normalmente é um conjunto completo de testes de aceitação executados no aplicativo inteiro". Os testes de integração são realizados em construções que passaram em nossos testes unitários e de aceitação. Como os testes de integração frequentemente são frágeis, queremos minimizar o número deles e descobrir o maior número de defeitos possível durante os testes unitários e de aceitação. A capacidade de usar versões virtuais ou simuladas de serviços remotos ao executar testes de aceitação se torna um requisito arquitetônico fundamental.

Ao enfrentar pressões de prazo final, os desenvolvedores podem parar de criar testes unitários como parte do trabalho diário, independentemente de como definimos "pronto". Para detectar isso, podemos optar por medir e tornar visível nossa cobertura de teste (como uma função do número de classes, linhas de código, permutações etc.), talvez até fazendo nosso conjunto de teste de validação falhar quando cair abaixo de certo nível (por exemplo, quando menos de 80% de nossas classes tiverem testes unitários).[†]

Martin Fowler observa que, em geral, "um build [e processo de teste] de 10 minutos está perfeitamente dentro do razoável... [Primeiro] fazemos os testes de compilação e execução, que são testes unitários mais localizados, com o banco de dados completamente extinto. Tais testes podem ser executados com muita rapidez, mantendo-se dentro da diretriz dos dez minutos. Contudo, quaisquer erros em interações de maior escala, particularmente os que envolvem o banco de dados real, não serão encontrados. O build de segundo estágio executa um conjunto de testes diferente [testes de aceitação], que utiliza o banco de dados real e envolve mais comportamento de ponta a ponta. Esse conjunto pode levar umas duas horas para executar".

[†] Só devemos fazer isso quando nossas equipes já valorizarem os testes automatizados — esse tipo de métrica é facilmente manipulada por desenvolvedores e gerentes.

CAPTURAR ERROS O MAIS CEDO POSSÍVEL EM NOSSOS TESTES AUTOMATIZADOS

Um objetivo de projeto específico de nosso conjunto de testes automatizados é encontrar erros o mais cedo possível. É por isso que realizamos testes automatizados de execução rápida (por exemplo, testes unitários) antes dos de execução mais lenta (por exemplo, testes de aceitação e de integração), que são realizados antes de qualquer teste manual.

Outro corolário desse princípio é que quaisquer erros devem ser encontrados com a categoria de teste mais rápida possível. Se a maioria de nossos erros é encontrada em testes de aceitação e de integração, o feedback que fornecemos aos desenvolvedores é muito mais lento do que com testes unitários — e o teste de integração exige o uso de ambientes de teste de integração escassos e complexos, que só podem ser usados por uma equipe por vez, atrasando ainda mais o feedback.

Além disso, não apenas os erros detectados durante o teste de integração são de reprodução difícil e demorada para os desenvolvedores, como é difícil validar se isso foi corrigido (isto é, um desenvolvedor cria uma correção, mas então precisa esperar quatro horas para saber se os testes de integração agora passaram).

Portanto, quando encontramos um erro em um teste de aceitação ou de integração, devemos criar um teste unitário que possa encontrar o erro de forma mais rápida, antecipada e barata. Martin Fowler descreveu a noção da "pirâmide de teste ideal", em que podemos capturar a maioria dos erros usando nossos testes unitários. (Veja a Figura 14.) Em contraste, em muitos programas de teste, o inverso é verdadeiro, sendo que a maior parte do investimento é em teste manual e de integração.

Pirâmides de Teste Ideal vs. Não Ideal

(Pirâmide de Automação de Teste Ideal)
- Teste Manual Baseado em Sessão
- Testes de GUI Automatizados
- Testes de API Automatizados
- Testes de Integração Automatizados
- Testes de Componente Automatizados
- Testes Unitários Automatizados

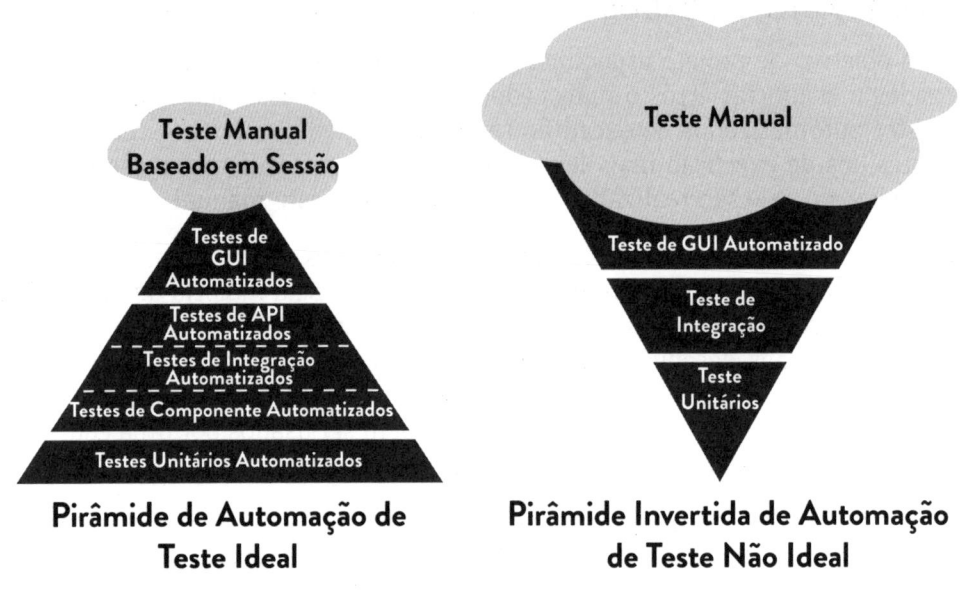

(Pirâmide Invertida de Automação de Teste Não Ideal)
- Teste Manual
- Teste de GUI Automatizado
- Teste de Integração
- Teste Unitários

Figura 14: *As pirâmides de testes automatizados ideais e não ideais (Fonte: Martin Fowler, "TestPyramid".)*

Se descobrirmos que a escrita e a manutenção dos testes unitários ou de aceitação são difíceis e caras demais, provavelmente temos uma arquitetura demasiadamente acoplada, na qual não existe mais uma forte separação entre nossos limites de módulo (ou talvez nunca tenha existido). Nesse caso, precisaremos criar um sistema menos acoplado para que os módulos possam ser testados independentemente, sem ambientes de integração. São possíveis conjuntos de teste de aceitação para os aplicativos mais complexos, que executam em questão de minutos.

GARANTIR A EXECUÇÃO RÁPIDA DOS TESTES (EM PARALELO, SE NECESSÁRIO)

Como queremos que nossos testes sejam realizados rapidamente, precisamos projetá-los para executar em paralelo, possivelmente em muitos servidores diferentes. Talvez também queiramos executar diferentes categorias de testes em paralelo. Por exemplo, quando um build passa em nossos testes de aceitação, podemos executar o teste de desempenho em paralelo com o teste de segurança, como mostrado na Figura 15. Podemos ou não permitir testes exploratórios manuais até que o build tenha passado em todos os nossos testes automatizados — o que permite feedback mais rápido, mas também pode permitir testes manuais em builds que acabarão falhando.

Disponibilizamos qualquer build que passe em todos os nossos testes automatizados para uso em testes exploratórios, assim como para outras formas de testes manuais ou que usem muitos recursos (como testes de desempenho). Queremos fazer todos esses testes com a maior frequência e prática possível, continuamente ou de acordo com um cronograma.

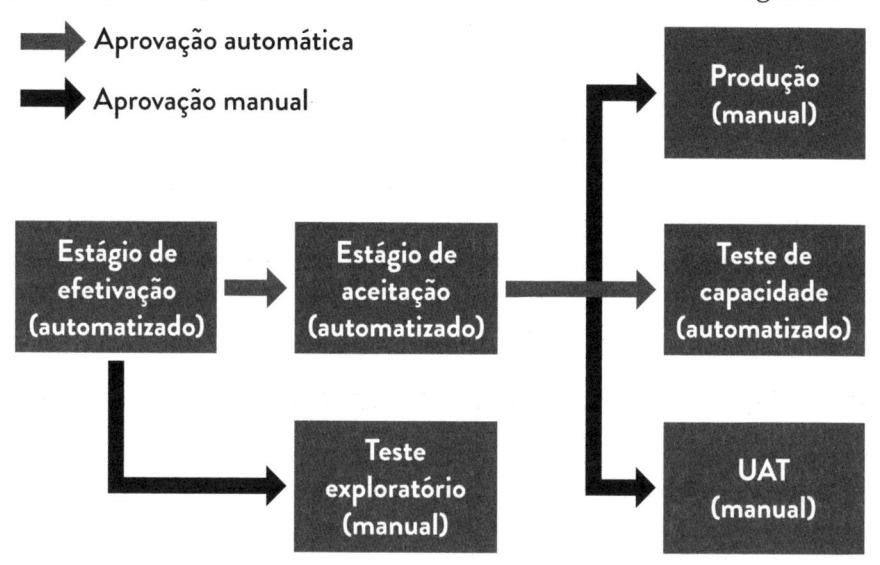

Figura 15: *Executando testes automatizados e manuais em paralelo*
(Fonte: Humble e Farley, Continuous Delivery, *Kindle edition.)*

Qualquer verificador (o que inclui todos os nossos desenvolvedores) deve usar o build mais recente que passou em todos os testes automatizados, e não esperar que os desenvolvedores sinalizem um build específico como pronto para teste. Com isso, garantimos que os testes aconteçam o mais breve possível no processo.

ESCREVER NOSSOS TESTES AUTOMATIZADOS ANTES DE ESCREVER O CÓDIGO ("DESENVOLVIMENTO GUIADO POR TESTE")

Uma das maneiras mais eficazes de garantir que temos testes automatizados confiáveis é escrevê-los como parte de nosso trabalho diário, usando técnicas como o *desenvolvimento guiado por testes* (TDD — test-driven development) e *desenvolvimento guiado por testes de aceitação* (ATDD — acceptance test-driven development). É quando iniciamos cada mudança no sistema escrevendo primeiro um teste automatizado que valide as falhas de comportamento esperadas e, então, escrevemos o código para fazer os testes passarem.

Essa técnica foi desenvolvida por Kent Beck, no final dos anos 1990, como parte da Programação Extrema, e tem os três passos a seguir:

1. Garantir que os testes falhem. "Escrever um teste para a próxima funcionalidade que você quer adicionar". Inserir.
2. Garantir que os testes passem. "Escrever o código funcional até que o teste passe". Inserir.
3. "Refatorar o código novo e o antigo para torná-los bem estruturados". Garantir que os testes passem. Inserir de novo.

Esses conjuntos de testes automatizados são inseridos no controle de versão junto com nosso código, o que fornece uma especificação viva e atualizada do sistema. Os desenvolvedores que queiram saber como o sistema é usado podem examinar esse conjunto de testes para encontrar exemplos funcionais do uso da API do sistema.†

AUTOMATIZAR O MÁXIMO POSSÍVEL NOSSOS TESTES MANUAIS

Nosso objetivo é descobrir o máximo de erros de código por meio de nossos conjuntos de testes automatizados, reduzindo a dependência de testes manuais. Em sua apresentação no Flowcon, em 2013, intitulada "On the Care and Feeding of Feedback Cycles" (Sobre o Cuidado e a Alimentação de Ciclos de Feedback), Elisabeth Hendrickson observou: "Embora os testes possam ser automatizados, a geração de qualidade não pode. Fazer seres humanos executar testes que devem ser automatizados é um desperdício de potencial humano".

Com isso, possibilitamos que todos os nossos verificadores (o que, evidentemente, inclui os desenvolvedores) trabalhem em atividades de alto valor, que não podem ser automatizadas, como testes exploratórios ou melhorar o próprio processo de teste.

Contudo, apenas automatizar todos os nossos testes manuais pode gerar resultados indesejados — não queremos testes automatizados não confiáveis ou que gerem falsos positivos (isto é, testes que deveriam ter passado porque o código é funcionalmente correto, mas falhou devido a problemas como baixo desempenho, causando esgotamentos de tempo, estado inicial descontrolado ou estado não pretendido devido ao uso de stubs de banco de dados ou ambientes de teste compartilhados).

---

† Nachi Nagappan, E. Michael Maximilien e Laurie Williams (da Microsoft Research, IBM Almaden Labs e Universidade Estadual da Carolina do Norte, respectivamente) realizaram um estudo que mostrou que equipes usando TDD produziam código de 60% a 90% melhor, em termos de densidade de defeitos, do que equipes não TDD, demorando apenas de 15% a 35% mais tempo.

Testes não confiáveis que geram falsos positivos criam problemas significativos — desperdiçam tempo valioso (por exemplo, obrigando os desenvolvedores a executar o teste novamente para determinar se há realmente um problema), aumentam o esforço global de executar e interpretar os resultados e frequentemente resultam em desenvolvedores estressados, ignorando os resultados do teste inteiramente ou desativando os testes automatizados a favor de se concentrarem na criação de código.

O resultado é sempre o mesmo: detectamos os problemas depois, sua correção é mais difícil, e nossos clientes têm resultados piores, o que, por sua vez, cria estresse no fluxo de valor.

Para suavizar isso, um pequeno número de testes automatizados confiáveis quase sempre é preferível no lugar de um grande número de testes manuais ou automatizados ou não confiáveis. Portanto, nos concentramos na automatização apenas dos testes que genuinamente validam os objetivos comerciais que estamos tentando alcançar. Se abandonar um teste resulta em defeitos na produção, devemos adicioná-lo novamente em nosso conjunto de testes manuais, com o ideal de finalmente automatizá-lo.

Como Gary Gruver, antigo vice-presidente de Engenharia de Qualidade, Engenharia de Releases e Operações da Macys.com, observa: "Para um grande site de comércio eletrônico varejista, deixamos de executar 1.300 testes manuais, realizados a cada dez dias, para executar apenas dez testes automatizados em cada efetivação de código — é bem melhor executar alguns testes em que confiamos do que executar testes não confiáveis. Com o passar do tempo, aumentamos esse conjunto para centenas de milhares de testes automatizados".

Em outras palavras, começamos com um pequeno número de testes automatizados confiáveis e os aumentamos com o passar do tempo, criando um nível cada vez maior de garantia de que rapidamente detectaremos quaisquer mudanças no sistema que nos tire de um estado implementável.

INTEGRAR TESTES DE DESEMPENHO EM NOSSO CONJUNTO DE TESTE

Com muita frequência, descobrimos que nosso aplicativo funciona mal durante o teste de integração ou depois que foi implementado na produção. Frequentemente é difícil detectar problemas de desempenho, como quando as coisas ficam lentas com o passar do tempo, passando despercebidas até que seja tarde demais (por exemplo, consultas de banco de dados sem índice). E muitos problemas são de difícil resolução, especialmente quando são causados por decisões arquitetônicas que tomamos ou por limitações imprevistas de rede, banco de dados, armazenamento ou outros sistemas.

Nosso objetivo é escrever e executar testes de desempenho automatizados que validem nosso desempenho na pilha de aplicativos inteira (código, banco de dados, armazenamento, rede, virtualização etc.) como parte do pipeline de implementação, para detectarmos problemas cedo, quando as correções são mais baratas e rápidas.

Sabendo como nosso aplicativo e nossos ambientes se comportam sob uma carga do tipo produção, podemos fazer um trabalho bem melhor no planejamento da capacidade, assim como ao detectar condições como:

- Quando os tempos de consulta ao nosso banco de dados aumentam não linearmente (por exemplo, esquecemos de ativar a indexação do banco de dados, e o carregamento de páginas cai de 100 minutos para 30 segundos).
- Quando uma mudança de código faz com que o número de chamadas de banco de dados, o uso de armazenamento ou o tráfego de rede fique dez vezes maior.

Quando temos testes de aceitação capazes de executar em paralelo, podemos usá-los como base de nossos testes de desempenho. Por exemplo, suponha que temos um site de comércio eletrônico e identificamos "busca" e "caixa" como duas operações de alto valor que devem funcionar bem sob carga. Para testar isso, podemos executar milhares de testes de aceitação de busca paralelos simultaneamente a milhares de testes de caixa paralelos.

Devido à grande quantidade de computação e E/S exigidos para executar testes de desempenho, criar um ambiente para eles pode facilmente ser mais complexo do que criar o ambiente de produção para o aplicativo em si. Por isso, podemos construir nosso ambiente de teste de desempenho no início de qualquer projeto e garantir que dediquemos os recursos necessários para construí-lo cedo e corretamente.

Para descobrir problemas de desempenho cedo, devemos registrar resultados de desempenho e avaliar cada execução de desempenho em relação a resultados anteriores. Por exemplo, podemos falhar nos testes de desempenho se o desempenho se desviar mais de 2% da execução anterior.

INTEGRAR TESTES DE REQUISITOS NÃO FUNCIONAIS EM NOSSO CONJUNTO DE TESTES

Além de testar se nosso código funciona como projetado e suporta cargas do tipo produção, também queremos validar todos os outros atributos do sistema com que nos preocupamos. Frequentemente eles são chamados de requisitos não funcionais, os quais incluem disponibilidade, escalabilidade, capacidade, segurança, e assim por diante.

Muitos desses requisitos são atendidos pela configuração correta de nossos ambientes, portanto, devemos também construir testes automatizados para validar se nossos ambientes foram construídos e configurados corretamente. Por exemplo, queremos impor a consistência e a exatidão do seguinte, do que muitos requisitos não funcionais dependem (por exemplo, segurança, desempenho, disponibilidade):

- Suporte para aplicativos, bancos de dados, bibliotecas etc.
- Interpretadores de linguagem, compiladores etc.
- Sistemas operacionais (por exemplo, registro de auditoria habilitado etc.)
- Todas as dependências.

Quando usamos ferramentas de gerenciamento de configuração de infraestrutura como código (por exemplo, Puppet, Chef, Ansible, Salt, Bosh), podemos utilizar as mesmas estruturas de teste usadas para testar nosso código para testar também se nossos ambientes estão configurados e funcionando corretamente (por exemplo, testes de ambiente de codificação em testes cucumber ou gherkin).

Além disso, semelhante a como executamos ferramentas de análise em nosso aplicativo no pipeline de implementação (por exemplo, análise de código estática, análise de cobertura de teste), devemos executar ferramentas que analisem o código que constrói nossos ambientes (por exemplo, Foodcritic da Chef, puppet-lint da Puppet). Também devemos executar quaisquer verificações de rigidez de segurança como parte de nossos testes automatizados, para garantir que tudo seja configurado de forma segura e correta (por exemplo, especificação do servidor).

A qualquer momento, nossos testes automatizados podem validar que temos um green build e estamos em um estado implementável. Agora devemos criar uma corda de Andon para que, quando alguém quebrar o pipeline de implementação, possamos dar todos os passos necessários para voltar a um estado de green build.

PUXAR NOSSA CORDA DE ANDON QUANDO O PIPELINE DE IMPLEMENTAÇÃO QUEBRAR

Quando temos uma green build em nosso pipeline de implementação, temos um alto grau de confiança de que nosso código e nosso ambiente operarão conforme projetados, quando implementarmos nossas mudanças na produção.

Para manter nosso pipeline de implementação em um estado verde, criaremos uma corda de Andon virtual, semelhante à física do Sistema Toyota de Produção. Quando alguém introduz uma mudança que faz nosso build ou nossos testes automatizados falhar, nenhum trabalho novo pode entrar no sistema até que o problema seja corrigido. E se alguém precisar de ajuda para resolver o problema, podem incluir qualquer ajuda necessária, como no exemplo da Google no início deste capítulo.

Quando nosso pipeline de implementação é quebrado, no mínimo notificamos a equipe inteira sobre a falha, para que qualquer um possa corrigir o problema ou reverter a efetivação. Podemos até configurar o sistema de controle de versão para impedir mais efetivações de código, até que o primeiro estágio (isto é, construções e testes unitários) do pipeline de implementação esteja novamente em um estado verde. Se o problema foi causado por um teste automatizado gerando um erro de falso positivo, o teste deve ser reescrito ou removido.[†] Todos os membros da equipe devem ter o poder de reverter a efetivação para voltar a um estado verde.

Randy Shoup, antigo diretor de engenharia do Google App Engine, escreveu sobre a importância de colocar a implementação de volta a um estado verde. "Priorizamos os objetivos da equipe em detrimento dos objetivos individuais — quando ajudamos alguém a prosseguir com seu trabalho, ajudamos a equipe inteira. Isso se aplica estejamos ajudando alguém a corrigir o build ou um teste automatizado, ou mesmo realizando uma revisão de código. E, evidentemente, sabemos que farão o mesmo por nós, quando precisarmos de ajuda. Esse sistema funcionou sem muita formalidade ou política — todos sabiam que seu trabalho não era apenas 'escrever código', mas 'executar um serviço'. É por isso que priorizamos todos os problemas de qualidade, especialmente aqueles relacionados à confiabilidade e ao escalonamento, no nível mais alto, tratando-os como problemas 'para tudo' de prioridade zero. Do ponto de vista dos sistemas, essas práticas nos impedem de recuar".

Quando estágios posteriores do pipeline de implementação falharem, como testes de aceitação ou testes de desempenho, em vez de interromper todo o trabalho novo, teremos desenvolvedores e verificadores de plantão, responsáveis por corrigir esses problemas imediatamente. Eles também devem criar novos testes, que executam em um estágio anterior no pipe-

---

[†] Se o processo para reverter o código não for bem conhecido, uma possível contramedida é agendar uma *reversão programada em pares*, para que possa ser melhor documentada.

line de implementação, para capturar quaisquer regressões futuras. Por exemplo, se descobrimos um defeito em nossos testes de aceitação, devemos escrever um teste unitário para capturar o problema. Analogamente, se descobrimos um defeito em testes exploratórios, devemos escrever um teste unitário ou de aceitação.

Para aumentar a visibilidade das falhas de testes automatizados, devemos criar indicadores altamente visíveis para que a equipe inteira possa ver quando nosso build ou nossos testes automatizados estão falhando. Muitas equipes têm criado indicadores de build bem visíveis, montados em uma parede, indicando o status atual do build, ou outras maneiras divertidas de dizer à equipe que o build está danificado, incluindo lâmpadas de lava, reproduzir uma amostra de voz ou tocar uma música, buzinas elétricas, sinais de trânsito, e assim por diante.

De muitas maneiras, esta etapa é mais desafiadora do que criar nossas construções e servidores de teste — essas eram atividades puramente técnicas, enquanto esta etapa exige mudança de comportamento humano e incentivos. Contudo, integração contínua e entrega contínua exigem essas mudanças, conforme exploramos na próxima seção.

POR QUE PRECISAMOS PUXAR A CORDA DE ANDON

A consequência de não puxar a corda de Andon e corrigir imediatamente quaisquer questões do pipeline de implementação é o conhecido problema que faz com que colocar nossos aplicativos e ambientes de volta a um estado implementável seja cada vez mais difícil. Considere a seguinte situação:

- Alguém insere código que estraga o build ou nossos testes automatizados, mas ninguém o corrige.

- Outra pessoa insere uma alteração no build danificado, que também não passa em nossos testes automatizados — mas ninguém vê os resultados do teste falhos, o que nos permitiria ver o novo defeito, sem falar em corrigi-lo.

- Nossos testes existentes não executam de forma confiável, de modo que é muito improvável que construamos novos testes. (Por que se preocupar? Não conseguimos nem mesmo executar os testes atuais.)

Quando isso acontece, nossas implementações em qualquer ambiente se tornam tão duvidosas quanto quando não tínhamos testes automatizados ou estávamos usando um método em cascata, em que a maioria dos problemas era descoberta na produção. O resultado inevitável desse ciclo vicioso é que acabamos onde começamos, com uma "fase de estabilização" imprevisível que dura semanas ou meses, com nossa equipe inteira mergulhada na crise, tentando fazer todos os nossos testes passarem, tomando atalhos por causa de pressões de prazo final e aumentando nossa dívida técnica.[†]

CONCLUSÃO

Neste capítulo criamos um amplo conjunto de testes automatizados para confirmar que temos uma green build que ainda está em um estado de aprovação e implementável. Organizamos nossos conjuntos e atividades de teste em um pipeline de implementação. Criamos também a norma cultural de fazer o que for necessário para voltar a um estado de green build, caso alguém introduza uma mudança que estrague um de nossos testes automatizados.

Com isso, preparamos o terreno para implementar a integração contínua, que permite que muitas equipes pequenas desenvolvam, testem e implementem código na produção de forma independente e segura, entregando valor para os clientes.

[†] Às vezes isso é chamado de *antipadrão water-Scrum-fall*, que se refere a quando uma organização diz estar usando práticas do tipo ágeis, mas, na realidade, todos os testes e correções de defeitos são realizados no final do projeto.

11 Permitir e Praticar Integração Contínua

No capítulo anterior criamos as práticas de testes automatizados para garantir que os desenvolvedores obtenham feedback rápido sobre a qualidade de seu trabalho. Isso se torna ainda mais importante quando aumentamos o número de desenvolvedores e de ramos em que trabalham no controle de versão.

A capacidade de "ramificar" em sistemas de controle de versão foi criada principalmente para permitir que os desenvolvedores trabalhem em diferentes partes do sistema de software em paralelo, sem o risco de desenvolvedores individuais inserirem mudanças que possam desestabilizar ou introduzir erros no trunk (às vezes também chamado de mestre ou linha principal).[†]

Contudo, quanto mais tempo os desenvolvedores trabalham em seus ramos isoladamente, mais difícil fica integrar e mesclar as mudanças de todos no trunk. De fato, integrar essas mudanças se torna exponencialmente mais difícil à medida que aumentamos o número de ramos e mudanças em cada ramificação do código.

Problemas de integração resultam em um volume significativo de retrabalho para voltar a um estado implementável, incluindo alterações conflitantes que precisam ser mescladas manualmente ou mesclagens que estragam nossos testes automatizados ou manuais, normalmente exigindo vários desenvolvedores para resolver. E como a integração tradicionalmente ocorre no final do projeto, quando ela demora bem mais que o planejado, frequentemente somos obrigados a fazer as coisas malfeitas para atender à data de release.

Isso causa outra espiral descendente: quando é difícil mesclar código, tendemos a fazer isso com menos frequência, piorando ainda mais as mescla-

---

[†] A ramificação no controle de versão é usada de muitas maneiras, mas normalmente é usada para dividir o trabalho entre membros da equipe por lançamento, promoção, tarefa, componente, plataformas tecnológicas, e assim por diante.

gens futuras. A integração contínua foi concebida para resolver esse problema, tornando a mesclagem no trunk parte do trabalho diário de todos.

A surpreendente quantidade de problemas que a integração contínua resolve, assim como as próprias soluções, é exemplificada na experiência de Gary Gruver como diretor de engenharia da divisão LaserJet Firmware da HP, que constrói o firmware usado em scanners, impressoras e dispositivos multifunção.

A equipe consistia em 400 desenvolvedores distribuídos nos EUA, Brasil e Índia. Apesar do tamanho da equipe, seu progresso era muito lento. Por anos, foram incapazes de entregar novos recursos com a rapidez que a empresa precisava.

Gruver descreveu o problema assim: "O marketing aparecia com um milhão de ideias para deslumbrar nossos clientes, e apenas dizíamos a eles: 'Escolham duas coisas em sua lista que gostariam de ter nos próximos 6 a 12 meses'".

Eles estavam concluindo apenas dois lançamentos de firmware por ano, com a maior parte do tempo gasto portando código para suportar novos produtos. Gruver estimou que apenas 5% do tempo era gasto na criação de novos recursos — o resto do tempo era usado em trabalho não produtivo, associado à dívida técnica, como o gerenciamento de vários ramos de código e testes manuais, como mostrado a seguir:

- 20% em planejamento detalhado (o rendimento fraco e os altos tempos de execução foram atribuídos erroneamente à estimativa falha e, assim, esperando obter uma resposta melhor, foram obrigados a estimar o trabalho com mais detalhes.)
- 25% gastos portando códigos, todos mantidos em ramos separados
- 10% gastos integrando código entre ramos de desenvolvedor
- 15% gastos concluindo testes manuais

Gruver e sua equipe estabeleceram o objetivo de aumentar o tempo gasto em inovação e nova funcionalidade por um fator de dez. A equipe esperava que esse objetivo pudesse ser alcançado por meio de:

- Integração contínua e desenvolvimento baseado no trunk
- Investimento significativo em automação de testes
- Criação de um simulador de hardware para que os testes pudessem ser executados em uma plataforma virtual

- Reprodução de falhas de teste nas estações de trabalho dos desenvolvedores
- Uma nova arquitetura para suportar a execução de todas as impressoras em build e release em comum

Antes disso, cada linha de produto exigia um novo ramo de código, com cada modelo tendo um build de firmware exclusivo, com capacidade definida em tempo de compilação.[†] Com a nova arquitetura, todos os desenvolvedores trabalhariam em uma base de código comum, com um único lançamento de firmware suportando todos os modelos de LaserJet construídos no trunk, e os recursos de impressora seriam estabelecidos em tempo de execução, em um arquivo de configuração XML.

Quatro anos depois, eles tinham uma base de código suportando todas as 24 linhas do produto HP LaserJet sendo desenvolvidas no trunk. Gruver admite que desenvolvimento baseado em trunk exige uma enorme mudança de mentalidade. Os engenheiros achavam que o desenvolvimento baseado em trunk nunca funcionaria, mas quando começaram, não podiam mais imaginar voltar atrás. No decorrer dos anos, vários engenheiros deixaram a HP, e eles me ligavam para dizer como era o desenvolvimento regressivo em suas novas empresas, mostrando como é difícil ser eficiente e lançar código bom quando não há o feedback que a integração contínua lhes dá.

Contudo, o desenvolvimento baseado em trunk exigia a construção de testes automatizados mais eficientes. Gruver observou: "Sem testes automatizados, a integração contínua é o modo mais rápido de conseguir uma enorme pilha de lixo que nunca compila ou executa corretamente". No início, um ciclo de testes manuais completo exigia seis semanas.

Para testar todas as construções de firmware automaticamente, eles investiram pesadamente em seus simuladores de impressora e criaram um piloto experimental em seis semanas — dentro de poucos anos, 2 mil simuladores de impressora funcionavam em seis racks de servidores que carregavam as construções de firmware do pipeline de implementação. O sistema de integração contínua executava o conjunto inteiro de testes unitários, aceitação e integração automatizados em construções do trunk, exatamente como descrito no capítulo anterior. Além disso, eles criaram a cultura de interromper todo o trabalho sempre que um desenvolvedor quebrasse o pipeline de implementação, garantindo que os desenvolvedores colocassem rapidamente o sistema de volta a um estado verde.

[†] Flags de compilador (#define e #ifdef) eram usados para habilitar/desabilitar execução de código na presença de copiadoras, tamanho de papel suportado etc.

Testes automatizados geraram feedback rápido que permitia que os desenvolvedores confirmassem rapidamente se seu código efetivado realmente funcionava. Testes unitários executavam em suas estações de trabalho em minutos, três níveis de testes automatizados eram executados em cada efetivação a cada duas e quatro horas. Os testes de regressão completos finais eram executados a cada 24 horas. Durante esse processo, eles:

- Reduziram o build para uma por dia, fazendo, por fim, de 10 a 15 por dia.

- Saíram de cerca de 20 efetivações por dia, realizadas por um "build chefe", para mais de 100 efetivações por dia, realizadas por desenvolvedores individuais.

- Permitiram aos desenvolvedores alterar ou adicionar de 75 mil a 100 mil linhas de código por dia.

- Reduziram os tempos de teste de regressão de seis semanas para um dia.

Esse nível de produtividade nunca foi conseguido antes da adoção da integração contínua, quando apenas criar uma green build exigia dias de heroísmo. As vantagens comerciais resultantes foram impressionantes:

- O tempo gasto no estímulo de inovação e na escrita de novos recursos aumentou de 5% para 40% do tempo do desenvolvedor.

- Os custos globais de desenvolvimento foram reduzidos em aproximadamente 40%.

- Os programas em desenvolvimento aumentaram cerca de 140%.

- Os custos de desenvolvimento por programa diminuíram em 78%.

O que a experiência de Gruver mostra é que, após o uso abrangente de controle de versão, a integração contínua é uma das práticas mais importantes para permitir o fluxo de trabalho rápido em nosso fluxo de valor, possibilitando que muitas equipes de desenvolvimento desenvolvam, testem e entreguem valor independentemente. Contudo, a integração contínua ainda é uma prática controversa. O restante deste capítulo descreve as práticas exigidas para implementar integração contínua e como superar as objeções comuns.

DESENVOLVIMENTO DE LOTE PEQUENO E O QUE ACONTECE QUANDO EFETIVAMOS CÓDIGO NO TRUNK COM POUCA FREQUÊNCIA

Como descrito em capítulos anteriores, quando são introduzidas mudanças no controle de versão que fazem nosso pipeline de implementação falhar, rapidamente aglomeramos o problema para corrigi-lo, trazendo nosso pipeline de implementação de volta para um estado verde. Contudo, problemas significativos ocorrem quando os desenvolvedores trabalham em ramos privados de longa duração (também conhecidos como "ramos de recurso"), somente mesclando no trunk esporadicamente, resultando em um tamanho de lote de mudanças grande. Como descrito no exemplo da HP LaserJet, o resultado é caos significativo e retrabalho para colocar o código em um estado que possa ser lançado.

Jeff Atwood, fundador do site Stack Overflow e autor do blog *Coding Horror*, observa que, embora existam muitas estratégias de ramificação, todas podem ser colocadas no seguinte espectro:

- **Otimizar para produtividade individual:** Cada pessoa no projeto trabalha em seu ramo privado. Todos trabalham independentemente, e ninguém pode atrapalhar o trabalho do outro. Contudo, a mesclagem se torna um pesadelo. A colaboração se torna quase comicamente difícil — o trabalho de cada pessoa precisa ser mesclado com o trabalho de outra para que seja possível ver até mesmo a menor parte do sistema completo.

- **Otimizar para produtividade da equipe:** Todos trabalham na mesma área comum. Não existem ramos, apenas uma longa linha reta e contínua de desenvolvimento. Não há nada a entender, de modo que as efetivações são simples, mas cada uma delas pode quebrar o projeto inteiro e interromper todo o andamento.

A observação de Atwood é absolutamente correta — declarada mais precisamente, o esforço exigido para mesclar os ramos aumenta exponencialmente à medida que o número de ramos aumenta. O problema não é apenas o retrabalho gerado por essa "mesclagem dos infernos", mas também o feedback atrasado que recebemos de nosso pipeline de implementação. Por exemplo, em vez de ocorrer testes de desempenho continuamente em um sistema totalmente integrado, ele provavelmente só acontecerá no final do processo.

Além disso, à medida que aumentamos a taxa de produção de código ao acrescentarmos desenvolvedores, aumentamos a probabilidade de que determinada mudança impacte outra pessoa e aumente o número de desenvolvedores que serão afetados quando alguém quebrar o pipeline de implementação.

Este é um último efeito colateral preocupante das mesclagens de lotes grandes: quando é difícil mesclar, nos tornamos menos capazes e menos motivados a melhorar e refatorar nosso código, pois é mais provável que as refatorações causem retrabalho para todos. Quando isso acontece, ficamos mais relutantes em modificar código que tenha dependências por toda a base, que (tragicamente) é onde podemos ter as recompensas mais altas.

Foi assim que Ward Cunningham, desenvolvedor do primeiro wiki, descreveu a dívida técnica: quando não refatoramos agressivamente nossa base de código, torna-se mais difícil fazer mudanças e mantê-las com o passar do tempo, diminuindo a velocidade com que podemos adicionar novos recursos. Resolver esse problema foi uma das principais razões por trás da criação das práticas de integração contínua e desenvolvimento baseado em trunk, para otimizar para produtividade da equipe em detrimento da produtividade individual.

ADOTAR PRÁTICAS DE DESENVOLVIMENTO BASEADO EM TRUNK

Nossa contramedida para mesclagens de lotes grandes é instituir práticas de integração contínua e desenvolvimento baseado em trunk, em que todos os desenvolvedores inserem seu código no trunk pelo menos uma vez por dia. Inserir código com essa frequência reduz o tamanho do lote para o trabalho realizado por toda a equipe de desenvolvedores em um único dia. Quanto mais frequentemente os desenvolvedores inserem código no trunk, menor o tamanho do lote e mais perto estamos do ideal teórico do fluxo de uma peça.

Efetivações de código frequentes no trunk significam que podemos executar todos os testes automatizados no sistema de software como um todo e receber alertas quando uma mudança estragar alguma outra parte do aplicativo ou interferir no trabalho de outro desenvolvedor. E como detectamos problemas de mesclagem quando são pequenos, podemos corrigi-los mais rapidamente.

Podemos até configurar nosso pipeline de implementação para rejeitar quaisquer efetivações (por exemplo, mudanças de código ou ambiente) que nos retirem de um estado implementável. Esse método é chamado de *efetivações fechadas*, no qual o pipeline de implementação primeiro confirma se a mudança enviada será mesclada, se é construída como o esperado e se passa em todos os testes automatizados, antes de realmente ser mesclada no trunk. Caso contrário, o desenvolvedor será notificado, possibilitando que correções sejam feitas sem impactar mais ninguém no fluxo de valor.

A disciplina de efetivações de código diárias também nos obriga a dividir nosso trabalho em trechos menores, ao passo que ainda mantém o trunk em um estado funcional e lançável.

E o controle de versão se torna um mecanismo integrante da comunicação da equipe — todos têm um melhor entendimento compartilhado do sistema, conhecem o estado do pipeline de implementação e podem ajudar uns aos outros quando ele quebrar. Como resultado, obtemos qualidade mais alta e menores tempos de execução de implementação.

Com essas práticas em vigor, podemos agora modificar novamente nossa definição de "pronto" (adição em negrito): "Ao final de cada intervalo de desenvolvimento, devemos ter código integrado, testado, funcionando e que pode ser entregue, demonstrado em um ambiente do tipo produção, **criado a partir do trunk com um processo de um clique e validado com testes automatizados**".

Aderir a essa definição de "pronto" revisada nos ajuda a garantir melhor a testabilidade e a capacidade de entrega contínua do código que estamos produzindo. Mantendo nosso código em um estado implementável, eliminamos a prática de ter uma fase de teste e estabilização separada no final do projeto.

Estudo de Caso
Integração Contínua na Bazaarvoice (2012)

Ernest Mueller, que ajudou a fazer a transformação de DevOps na National Instruments, posteriormente ajudou a transformar os processos de desenvolvimento e lançamento na Bazaarvoice, em 2012. A Bazaarvoice fornece conteúdo gerado pelo cliente (por exemplo, críticas, classificações) para milhares de varejistas, como Best Buy, Nike e Walmart.

Naquela época, a Bazaarvoice tinha renda de US$120 milhões e estava se preparando para uma Oferta Pública Inicial (IPO).[†] A empresa era impulsionada principalmente pelo Bazaarvoice Conversations, um aplicativo monolítico em Java, composto de quase cinco milhões de linhas de código de 2006, abrangendo 15 mil arquivos. O serviço executava

---

[†] Houve um atraso no release para a produção devido à (bem-sucedida) IPO.

em 1.200 servidores em quatro data centers e em vários provedores de serviço de nuvem.

Parcialmente como resultado da troca para um processo de desenvolvimento ágil e intervalos de desenvolvimento de duas semanas, havia um desejo enorme de aumentar a frequência de lançamento da agenda de dez semanas. Eles também tinham começado a desacoplar partes de seu aplicativo monolítico, dividindo-o em microsserviços.

A primeira tentativa em uma agenda de release de duas semanas foi em janeiro de 2012. Mueller observou: "As coisas não correram bem. Isso causou um enorme caos, com 44 incidentes de produção registrados por nossos clientes. A principal reação da gerência foi, basicamente: 'Não vamos mais fazer isso'".

Mueller assumiu o controle dos processos de releases logo depois disso, com o objetivo de fazer releases a cada duas semanas, sem causar inatividade para o cliente. Os objetivos comerciais para lançar mais frequentemente incluíam permitir testes A/B (descritos em capítulos posteriores) mais rápidos e aumentar o fluxo de recursos para a produção. Mueller identificou três problemas principais:

- A falta de automação tornava qualquer nível de teste durante os intervalos de duas semanas inadequado para evitar falhas de grande escala.

- A estratégia de ramificação do controle de versão permitia que os desenvolvedores inserissem novo código diretamente no release de produção.

- As equipes que executavam microsserviços também estavam fazendo releases independentes, o que frequentemente causava problemas durante o release do monólito ou vice-versa.

Mueller concluiu que o processo de implementação do aplicativo monolítico Conversations precisava ser estabilizado, o que exigia integração contínua. Nas seis semanas seguintes, os desenvolvedores pararam de trabalhar com recursos para se concentrar na escrita de conjuntos de testes automatizados, incluindo testes unitários em JUnit, testes de regressão em Selenium, e ter um pipeline de implementação executando em TeamCity. "Executando esses testes o tempo todo, achamos que poderíamos fazer mudanças com algum nível de segurança. E, mais importante, poderíamos saber imediatamente quando alguém estragasse algo, e não descobrir isso somente depois que estivesse na produção".

Eles também mudaram para um modelo de release trunk/ramo, em que, a cada duas semanas, criavam um ramo de lançamento dedicado, impedindo novas efetivações nesse ramo, a não ser em caso de emergência — todas as mudanças passariam por um processo de aprovação, ou por tíquete ou por equipe, por meio de seu wiki interno. Esse ramo passaria por um processo de QA, que seria então promovido para a produção.

As melhorias na previsibilidade e na qualidade dos releases foram impressionantes:

- Release de janeiro de 2012: 44 incidentes de clientes (o esforço de integração contínua começa)
- Release de 6 de março de 2012: 5 dias de atraso, 5 incidentes de cliente
- Release de 22 de março de 2012: no prazo, 1 incidente de cliente
- Release de 5 de abril de 2012: no prazo, nenhum incidente de cliente

Mueller descreveu o sucesso desse esforço:

> Tivemos tanto sucesso com os releases a cada duas semanas que passamos para releases semanais, que quase não exigiram mudanças das equipes de engenharia. Como os releases se tornaram rotineiros, bastava duplicar o número de releases no calendário e lançar de acordo com o calendário. Sério, era quase um não evento. A maioria das mudanças exigidas era em nosso serviço ao cliente e nas equipes de marketing, que tinham que alterar seus processos, como mudar a agenda de seus e-mails semanais para clientes a fim de garantir que eles soubessem que haveria alterações de recurso. Depois disso, começamos a trabalhar visando nossos próximos objetivos, que finalmente levaram à aceleração de nossos tempos de teste, de mais de três horas para menos de uma, reduziram o número de ambientes de quatro para três (Dev, Teste, Produção, eliminando a Preparação) e mudando para um modelo de entrega contínua completo, em que possibilitamos implementações rápidas com um clique.

CONCLUSÃO

O desenvolvimento baseado em trunk provavelmente é a prática mais controversa discutida neste livro. Muitos engenheiros não acreditarão que é possível, mesmo aqueles que preferem trabalhar ininterruptamente em um ramo privado sem ter que lidar com outros desenvolvedores. Contudo, os dados do *2015 State of DevOps Report*, do Puppet Labs, são claros: o desenvolvimento baseado em trunk prevê rendimento mais alto e melhor estabilidade, e até maior satisfação no trabalho e menores taxas de esgotamento.

Embora possa ser difícil convencer os desenvolvedores inicialmente, quando eles virem as vantagens extraordinárias, provavelmente se converterão, como ilustram os exemplos da HP LaserJet e da Bazaarvoice. As práticas de integração contínua preparam o terreno para a próxima etapa, que é automatizar o processo de implementação e permitir releases de baixo risco.

12 Automatizar e Permitir Releases de Baixo Risco

Chuck Rossi é diretor de engenharia de release do Facebook. Uma de suas responsabilidades é supervisionar a inserção de código diária. Em 2012, Rossi descreveu o processo assim: "Começando lá pelas 13 horas, eu troco para o 'modo operações' e trabalho com minha equipe para nos aprontarmos para lançar as mudanças no Facebook.com nesse dia. Essa é a parte mais estressante do trabalho e conta muito com o julgamento e a experiência passada de minha equipe. Trabalhamos para garantir que todos que tenham alterações sejam considerados e estejam ativamente testando e dando suporte para suas mudanças".

Imediatamente antes da inserção na produção, todos os desenvolvedores com alterações a fazer devem estar presentes e se inscreverem no canal de bate-papo IRC — as alterações dos desenvolvedores ausentes são automaticamente removidas do pacote de implementação. Rossi continuou: "Se tudo parece bom e nossos painéis de teste e testes canário[†] estão verdes, pressionamos o grande botão vermelho, e o novo código é entregue para toda a frota de servidores do Facebook.com. Dentro de 20 minutos, milhares e milhares de máquinas estão com código novo, sem nenhum impacto visível para as pessoas que usam o site."[‡]

Posteriormente, naquele ano, Rossi duplicou a frequência de release de software deles para duas vezes por dia. Ele explicou que a segunda inserção de código proporcionou aos engenheiros que não estavam na Costa Oeste dos EUA a capacidade de "mudar e enviar tão rapidamente quanto

---

[†] Um teste de release canário é quando o software é implementado em um pequeno grupo de servidores de produção para garantir que nada terrível aconteça a ele com tráfego real de clientes.

[‡] A base de código de front-end do Facebook é escrita principalmente em PHP. Em 2010, para aumentar o desempenho do site, o código PHP foi convertido para C++ pelo compilador HipHop, desenvolvido internamente por eles, que foi então compilado em um executável de 1,5 GB. Esse arquivo foi copiado nos servidores de produção usando BitTorrent, possibilitando que a operação de cópia terminasse em 15 minutos.

qualquer outro engenheiro da empresa", e também deu a todos uma segunda oportunidade a cada dia de enviar código e lançar recursos.

Número de desenvolvedores inserindo código por semana

[Gráfico: eixo Y "Desenvolvedores ativos" de 0 a 800; eixo X de '05 a '12; curva crescente atingindo próximo de 700 em '12]

Figura 16: *Número de desenvolvedores implementando por semana no Facebook (Fonte: Chuck Rossi, "Ship early and ship twice as often".)*

Kent Beck, criador da metodologia Programação Extrema, um dos principais proponentes do Desenvolvimento Guiado por Teste e instrutor técnico no Facebook, comenta sobre a estratégia de release de código deles em um artigo postado em sua página no Facebook: "Chuck Rossi observou que parece haver um número fixo de mudanças que o Facebook consegue manipular em uma implementação. Se quisermos mais mudanças, precisamos de mais implementações. Isso levou a um aumento constante do ritmo de implementação nos últimos cinco anos, de implementações semanais para diárias e até três vezes por dia de nosso código PHP e de seis para quatro para dois ciclos semanais para implementar nossos aplicativos móveis. Essa melhoria foi obtida principalmente pela equipe de engenharia de release".

Usando integração contínua e tornando a implementação de código um processo de baixo risco, o Facebook permitiu que a implementação de código fizesse parte do trabalho diário de todos e mantivesse a produtividade dos desenvolvedores. Isso exige que a implementação de código seja automatizada, repetível e previsível. Nas práticas descritas no livro até aqui, mesmo que nosso código e ambientes sejam testados juntos, provavelmente não implementaremos na produção com muita frequência, pois as implementações são manuais, demoradas, difíceis, maçantes e propensas a erro, muitas vezes envolvendo uma transferência inconveniente e não confiável entre Desenvolvimento e Operações.

E como são difíceis, tendemos a fazê-las cada vez menos frequentemente, resultando em outra espiral descendente. Adiando implementações de produção, acumulamos diferenças cada vez maiores entre o código a ser implementado e o que está executando na produção, aumentando o tamanho do lote de implementação. À medida que o tamanho do lote de implementação aumenta, o mesmo acontece com o risco de resultados inesperados associados à mudança, assim como a dificuldade de corrigi-los.

Neste capítulo reduzimos o atrito associado às implementações de produção, garantindo que possam ser realizadas frequente e facilmente, tanto por Operações quanto pelo Desenvolvimento. Fazemos isso ampliando nosso pipeline de implementação.

Em vez de integrar continuamente nosso código em um ambiente do tipo produção, permitiremos a promoção para a produção de qualquer build que passe em nosso processo de teste automatizado e validação, sob demanda (isto é, ao pressionamento de um botão) ou automaticamente (isto é, qualquer build que passe em todos os testes é automaticamente implementado).

Por causa do número de práticas apresentadas, são fornecidas extensas notas de rodapé, com numerosos exemplos e informações adicionais, sem interromper a apresentação dos conceitos no capítulo.

AUTOMATIZAR NOSSO PROCESSO DE IMPLEMENTAÇÃO

Obter resultados como os do Facebook exige que tenhamos um mecanismo automatizado para implementar nosso código na produção. Especialmente se temos um processo de implementação que existe há anos, precisamos documentar os passos completamente, como em um exercício de mapeamento de fluxo de valor, que podemos montar em um workshop ou documento de forma incremental (por exemplo, em um wiki).

Uma vez que tenhamos o processo documentado, nosso objetivo é simplificar e automatizar o máximo de passos manuais possível, como:

- Empacotar código de maneiras convenientes para implementação
- Criar imagens de máquina virtual previamente configuradas ou contêineres
- Automatizar a implementação e a configuração de middleware
- Copiar pacotes ou arquivos nos servidores de produção

- Reiniciar servidores, aplicativos ou serviços
- Gerar arquivos de configuração a partir de modelos
- Realizar testes de fumaça automatizados para garantir que o sistema está funcionando e configurado corretamente
- Realizar procedimentos de teste
- Fazer o script e automatizar migrações de banco de dados

Onde for possível, rearquitetaremos para remover etapas, particularmente as que demoram muito. Queremos não apenas reduzir nossos tempos de execução, mas também o número de transferências o máximo possível, para reduzir erros e perda de conhecimento.

Fazer com que os desenvolvedores se concentrem na automatização e otimização do processo de implementação pode levar a melhorias significativas no fluxo de implementação, como garantir que pequenas mudanças na configuração de aplicativos não precisem mais de novas implementações ou novos ambientes.

Contudo, isso exige que o Desenvolvimento trabalhe próximo a Operações para garantir que todas as ferramentas e processos criados em conjunto possam ser usados adiante, em oposição a alienar Operações ou reinventar a roda.

Muitas ferramentas que fornecem integração contínua e testes também suportam a capacidade de ampliar o pipeline de implementação, para que as construções validadas possam ser promovidas para a produção, normalmente após a realização dos testes de aceitação de produção (por exemplo, o plugin Jenkins Build Pipeline, ThoughtWorks Go.cd e Snap CI, Microsoft Visual Studio Team Services e Pivotal Concourse).

Os requisitos para nosso pipeline de implementação incluem:

- **Implementar da mesma maneira em todos os ambientes:** Usando o mesmo mecanismo de implementação para todos os ambientes (por exemplo, desenvolvimento, teste e produção), nossas implementações de produção provavelmente terão bem mais sucesso, pois sabemos que já foram realizadas com êxito muitas vezes antes no pipeline.
- **Fazer teste de fumaça em nossas implementações:** Durante o processo de implementação, devemos testar se podemos conectar quaisquer sistemas de apoio (por exemplo, bancos de dados, barramentos de mensagem, serviços externos) e

realizar uma transação de teste no sistema para garantir que esteja funcionando conforme projetado. Se algum desses testes falhar, devemos reprovar a implementação.

- **Garantir a manutenção de ambientes consistentes:** Nas etapas anteriores, criamos um processo de build de ambientes de passo único para que os ambientes de desenvolvimento, teste e produção tivessem um mecanismo de build comum. Devemos garantir continuamente que esses ambientes permaneçam sincronizados.

Evidentemente, quando ocorrerem problemas durante a implementação, puxamos a corda de Andon e aglomeramos o problema até que seja resolvido, assim como fazemos quando nosso pipeline de implementação falha em alguma das etapas anteriores.

Estudo de Caso
Implementações Diárias na CSG International (2013)

A CSG International administra uma das maiores operações de impressão de contas dos EUA. Scott Prugh, seu arquiteto-chefe e vice-presidente de desenvolvimento, em um esforço para melhorar a previsibilidade e a confiabilidade de seus releases de software, duplicou a frequência de releases de dois para quatro por ano (diminuindo o intervalo de implementação de 24 para 14 semanas).

Embora as equipes de Desenvolvimento usassem integração contínua para implementar código em ambientes de teste diariamente, os releases de produção eram feitos pela equipe de Operações. Prugh observou: "Era como se tivéssemos uma 'equipe de treino' que praticava diariamente (ou até mais frequentemente) em ambientes de teste de baixo risco, aperfeiçoando seus processos e ferramentas. Mas nossa 'equipe de jogo' de produção praticava muito pouco, apenas duas vezes por ano. Pior, estava praticando em ambientes de produção de alto risco, frequentemente muito diferentes dos ambientes de pré-produção, com diferentes restrições — os ambientes de desenvolvimento não tinham muitos itens de produção, como segurança, firewalls, balanceadores de carga e SAN".

Para resolver esse problema, eles criaram uma equipe de operações compartilhadas (SOT — Shared Operations Team), que era responsável por gerenciar todos os ambientes (desenvolvimento, teste, produção), realizando implementações diárias nesses ambientes de desenvolvimento e teste, fazendo implementações e releases na produção a cada 14 semanas. Como a SOT estava fazendo implementações diárias, os problemas encontrados e deixados sem correção simplesmente ocorriam novamente no dia seguinte. Isso gerou uma tremenda motivação para automatizar etapas manuais maçantes e propensas a erro e corrigir quaisquer problemas que pudessem acontecer de novo. Como as implementações eram realizadas quase 100 vezes antes do release na produção, a maioria dos problemas era encontrada e corrigida bem antes disso.

Isso revelou problemas que anteriormente só eram sentidos pela equipe de Ops, que passaram a ser problemas para todo o fluxo de valor resolver. As implementações diárias permitiram feedback diário sobre quais práticas funcionavam e quais não.

Eles também focaram em fazer com que todos os seus ambientes fossem o mais semelhantes possível, incluindo os direitos de acesso de segurança restritos e balanceadores de carga. Prugh escreve: "Tornamos os ambientes que não eram de produção o mais semelhantes possível com a produção, e procuramos simular as restrições da produção o máximo possível. A exposição precoce a ambientes do tipo produção alterou os projetos da arquitetura para torná-los mais amigáveis nesses ambientes restritos ou diferentes. Todos ficaram mais espertos com essa estratégia".

Prugh observa ainda:

"Temos muitos casos em que mudanças em esquemas de banco de dados são 1) transferidas para uma equipe de DBA para que ela 'vá e descubra' ou 2) testes automatizados executados em conjuntos de dados irrealisticamente pequenos (isto é, "centenas de MB vs. centenas de GB"), que causam falhas na produção. Em nosso modo antigo de trabalhar, isso se tornaria um jogo de acusações entre equipes tentando desfazer a bagunça. Criamos um processo de desenvolvimento e implementação que eliminou a necessidade de transferências para DBAs, por meio de treinamento multifuncional de desenvolvedores, automatização de mudanças de esquema e execução diária. Criamos testes de carga realistas em dados de cliente saneados, idealmente fazendo migrações diárias. Com isso, executamos nosso serviço centenas de vezes com cenários realistas, antes de ver tráfego de produção".[†]

Os resultados foram espantosos. Com implementações diárias e duplicando a frequência de lançamentos de produção, o número de incidentes de produção caiu 91%, o MTTR caiu 80% e o tempo de execução de

---

† Em seus experimentos, eles descobriram que as equipes SOT tiveram êxito, independente de serem gerenciadas por Desenvolvimento ou Operações, desde que as equipes tivessem as pessoas certas e fossem dedicadas ao sucesso da SOT.

implementação exigido para a execução do serviço na produção em um "estado de transferência total" caiu de 14 dias para um dia.

Prugh relatou que as implementações se tornaram tão rotineiras que a equipe de Ops estava jogando videogame no final do primeiro dia. Além de as implementações ocorrerem mais suavemente para Dev e Ops, em 50% dos casos o cliente recebeu o valor na metade do tempo, ressaltando como implementações mais frequentes podem ser boas para Desenvolvimento, QA, Operações e o cliente.

Melhorias no Impacto de Releases Incidentes por Release

Release	Incidentes	Impacto	Melhoria
2013-Abr	201	455	0% (1x)
2014-Abr	67	153	66% (3x)
2015-Mai	41	97	79% (5x)
2015-Ago	18	45	90% (10x)

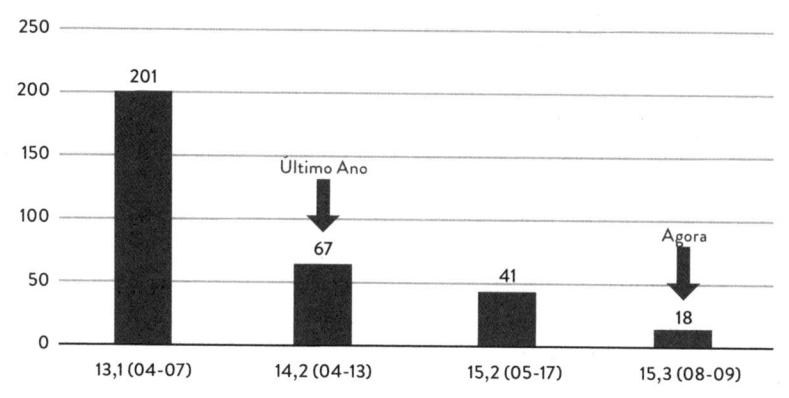

Figura 17: *Implementações diárias e o aumento na frequência de releases resultaram na diminuição do número de incidentes de produção e do MTTR (Fonte: "DOES15 - Scott Prugh & Erica Morrison - Conway & Taylor Meet the Strangler (v2.0)", vídeo no YouTube, 29:39, postado por DevOps Enterprise Summit, 5 de novembro de 2015, https://www.youtube.com/watch?v=tKdIHCLoDUg.)*

PERMITIR IMPLEMENTAÇÕES SELF-SERVICE AUTOMATIZADAS

Considere a seguinte citação de Tim Tischler, Diretor de Automação de Operações da Nike, Inc., que descreve a experiência comum de uma geração de desenvolvedores: "Como desenvolvedor, nunca houve um momento mais gratificante em minha carreira do que quando escrevi o código, quando pressionei o botão para implementá-lo, quando pude ver a métrica de produção confirmar que ele realmente funcionava na produção e quando eu mesmo podia corrigi-lo, se não funcionava".

A capacidade dos desenvolvedores de implementar código na produção, ver rapidamente clientes felizes quando um recurso funciona e corrigir rapidamente quaisquer problemas sem ter de abrir um tíquete com Operações tem diminuído na última década — em parte como resultado da necessidade de controle e supervisão, talvez estimulada por requisitos de segurança e conformidade.

A prática comum resultante é a Operações fazer implementações de código, pois a separação de tarefas é amplamente aceita para reduzir o risco de interrupções na produção e fraudes. Contudo, para atingir resultados de DevOps, o objetivo é mudar nossa dependência para outros mecanismos de controle que possam reduzir esses riscos igual ou mais efetivamente, como por meio de testes automatizados, implementação automatizada e revisão de mudanças feita por colegas.

O 2013 *State of DevOps Report,* do Puppet Labs, estudou mais de 4 mil profissionais de tecnologia e revelou que não havia diferença estatisticamente significativa nas taxas de sucesso de mudança entre organizações nas quais o Desenvolvimento implementava código e aquelas nas quais Operações o implementava.

Em outras palavras, quando existem objetivos compartilhados que abrangem Desenvolvimento e Operações e há transparência, responsabilidade e prestação de contas pelos resultados da implementação, não importa quem faz a implementação. Na verdade, podemos até ter outras funções, como verificadores ou gerentes de projeto, capazes de implementar em certos ambientes, a fim de que seja possível fazer seu trabalho rapidamente, como configurar demonstrações de recursos específicos em ambientes de teste ou UAT.

Para obter um fluxo rápido, queremos um processo de promoção de código que possa ser realizado por Desenvolvimento ou por Operações, de preferência sem passos manuais ou transferências. Isso afeta as seguintes etapas:

- **Build:** Nosso pipeline de implementação deve criar pacotes de controle de versão que possam ser implementados em qualquer ambiente, inclusive na produção.

- **Teste:** Qualquer um deve ser capaz de executar um ou todos os conjuntos de testes automatizados em sua estação de trabalho ou em nossos sistemas de teste.

- **Implementação:** Qualquer um deve ser capaz de implementar esses pacotes em qualquer ambiente ao qual tenha acesso, executando scripts que também são inseridos no controle de versão.

Essas são as práticas que permitem realizar implementações com sucesso, independente de quem as está fazendo.

INTEGRAR IMPLEMENTAÇÃO DE CÓDIGO NO PIPELINE DE IMPLEMENTAÇÃO

Uma vez automatizado o processo de implementação de código, podemos torná-lo parte do pipeline de implementação. Consequentemente, nossa automação de implementação deve fornecer as seguintes capacidades:

- Garantir que pacotes criados durante o processo de integração contínua sejam convenientes para implementação na produção

- Mostrar a prontidão de ambientes de produção imediatamente

- Fornecer um método self-service de pressionar um botão para qualquer versão conveniente do código empacotado a ser implementado na produção

- Registrar automaticamente, para propósitos de auditoria e conformidade, quais comandos foram executados em quais máquinas e quando, quem autorizou e qual foi a saída

- Fazer um teste de fumaça para garantir que o sistema está funcionando corretamente e as configurações, incluindo itens como strings de conexão de banco de dados, estão corretas

- Fornecer feedback rápido para o implementador, para que ele possa determinar rapidamente se sua implementação foi bem-sucedida (por exemplo, a implementação teve êxito, o aplicativo está funcionando como o esperado na produção etc.)

Nosso objetivo é garantir que as implementações sejam rápidas — não queremos esperar horas para saber se nossa implementação de código teve sucesso ou falhou e, então, precisarmos de horas para implementar as correções de código necessárias. Agora que temos tecnologias como os contêineres, é possível concluir até as implementações mais complexas em segundos ou minutos. No 2014 *State of DevOps Report*, do Puppet Labs, os dados mostraram que empresas de alto desempenho tinham tempos de execução de implementação medidos em minutos ou horas, enquanto as de desempenho mais baixo tinham tempos de execução de implementação medidos em meses.

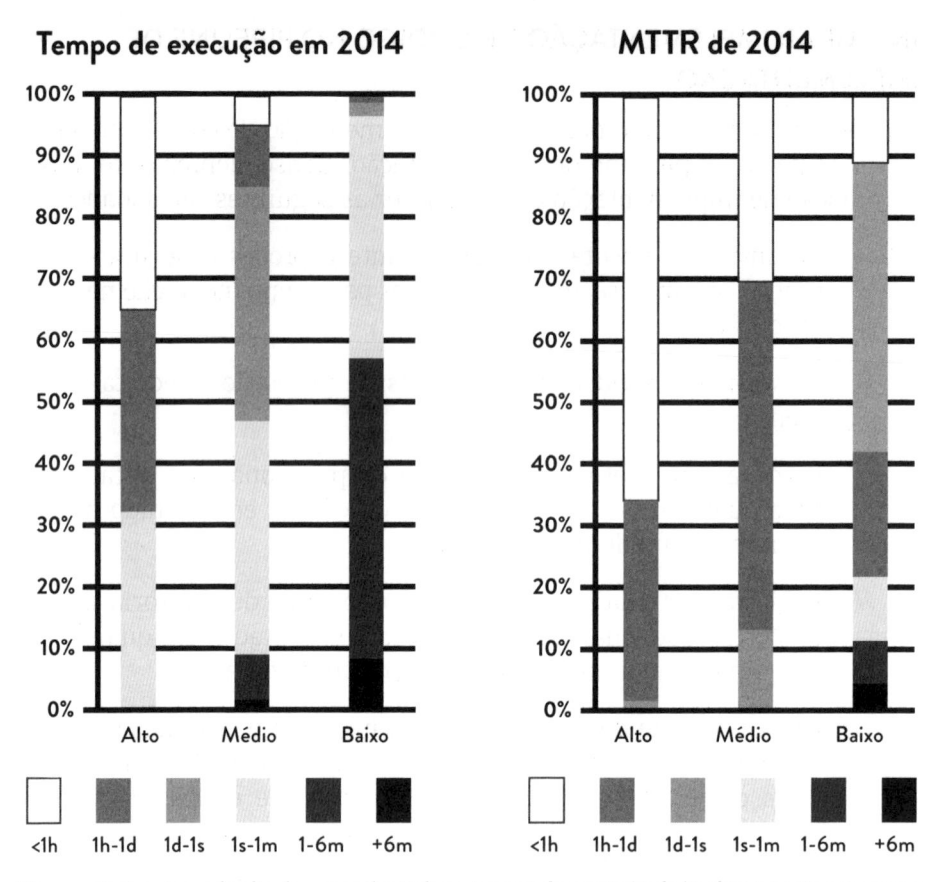

Figura 18: *Empresas de alto desempenho tinham tempos de execução de implementação menores e tempo muito menor para restaurar serviço de produção após incidentes*
(Fonte: Puppet Labs, 2014 State of DevOps Report.)

Com essa capacidade, agora temos um botão "implementar código" que nos permite promover mudanças de forma segura e rápida em nosso código e ambientes para a produção, por meio do pipeline de implementação.

Estudo de Caso
Etsy — Implementação de Desenvolvedor Self-Service, um Exemplo de Implementação Contínua (2014)

Ao contrário do Facebook, onde as implementações são gerenciadas por engenheiros de release, na Etsy as implementações são feitas por qualquer um que queira fazê-las, como Desenvolvimento, Operações ou Infosec. O processo de implementação na Etsy se tornou tão seguro e rotineiro que novos engenheiros fazem uma implementação de produção em seu primeiro dia de trabalho — assim como membros do conselho da Etsy e até cachorros!

Como Noah Sussman, arquiteto de teste da Etsy, escreveu: "Às 8h da manhã de um dia útil normal, umas 15 pessoas e cachorros estão começando a fazer fila, todos esperando para implementar coletivamente até 25 mudanças antes que o dia termine".

Engenheiros que querem implementar seu código primeiro vão para uma sala de bate-papo, onde entram na fila de implementação, veem a atividade de implementação em andamento, quem mais está na fila, transmitem suas atividades e obtêm ajuda de outros engenheiros quando precisam. Quando é a vez de um engenheiro implementar, ele é notificado na sala de bate-papo.

O objetivo na Etsy é tornar fácil e seguro implementar na produção com o menor número de passos e o mínimo de cerimônia. Provavelmente antes que o desenvolvedor insira código, ele executa em sua estação de trabalho todos os 4.500 testes unitários, que levam menos de um minuto. Todas as chamadas para sistemas externos, como bancos de dados, foram extintas.

Depois de inserir no controle de versão as alterações feitas no trunk, mais de 7 mil testes de trunk automatizados são executados instantaneamente nos servidores de integração contínua. Sussman escreve: "Por meio de tentativa e erro, estabelecemos cerca de 11 minutos como a duração máxima dos testes automatizados durante uma inserção. Isso deixa tempo para executar os testes mais uma vez, durante a implementação [se alguém estragar algo e precisar corrigir], sem ultrapassar o limite de 20 minutos".

Se todos os testes fossem executados sequencialmente, Sussman diz que "os 7 mil testes de trunk demorariam cerca de meia hora para executar. Assim, dividimos esses testes em subconjuntos e os distribuímos nas dez máquinas de nosso cluster Jenkins [integração contínua].... Dividir nosso conjunto de teste e executar muitos testes em paralelo nos fornece o tempo desejado de execução de 11 minutos".

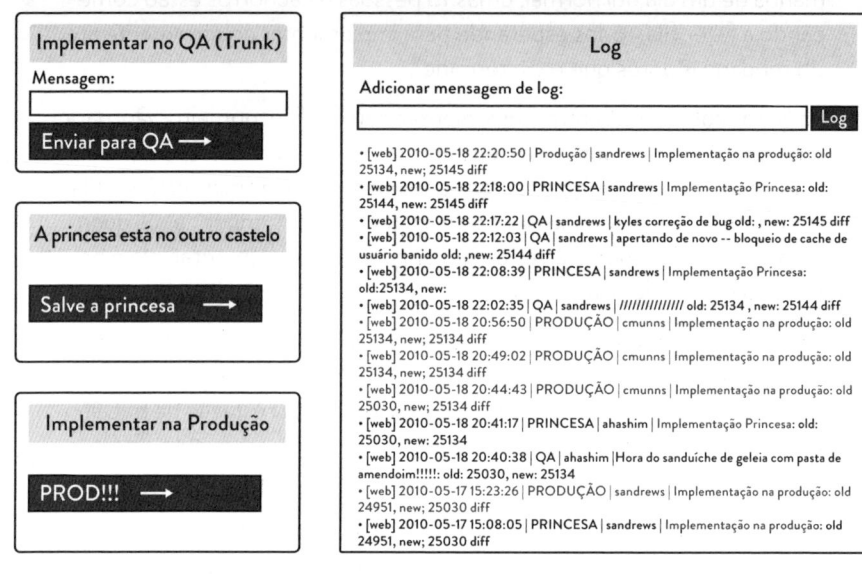

Figura 19: O console Deployinator na Etsy (Fonte: Erik Kastner, "Quantum of Deployment," Codeas-Craft. com, 20 de maio de 2010, https://codeascraft.com/2010/05/20/quantum-of-deployment/.)

A seguir vêm os **testes de fumaça**, que são testes em nível de sistema que usam cURL para executar casos de teste PHPUnit. Depois deles vêm os testes funcionais, que executam testes de ponta a ponta orientados à GUI em um servidor ativo — esse servidor é seu ambiente de QA ou de preparação (apelidado de "Princesa"), um servidor de produção que foi retirado do rodízio, garantindo sua correspondência exata ao ambiente de produção.

Quando é a vez de um engenheiro implementar, Erik Kastner escreve: "você vai até o Deployinator [uma ferramenta desenvolvida internamente, veja a Figura 19] e pressiona o botão para colocá-lo no QA. Daí ele visita a Princesa.... Então, quando ele está pronto para ser ativado, você pressiona o botão "Prod", e logo seu código está funcionando, e todos no IRC [canal de bate-papo] sabem quem inseriu qual código, completo, com um link para o diff. Para quem não está no IRC, há o e-mail que todos recebem, com as mesmas informações".

Em 2009, o processo de implementação na Etsy era causa de estresse e medo. Em 2011, tornou-se uma operação rotineira, acontecendo de 25 a 50 vezes por dia, ajudando os engenheiros a colocar código rapidamente na produção, entregando valor para seus clientes.

DESACOPLAR IMPLEMENTAÇÕES DE RELEASES

No lançamento tradicional de um projeto de software, os releases são impulsionados pela data estabelecida pelo marketing. Na noite anterior, implementamos nosso software completo (ou o mais próximo disso que pudemos) na produção. Na manhã seguinte, anunciamos nossos novos recursos para o mundo, começamos a pegar pedidos, entregamos a nova funcionalidade para o cliente etc.

Contudo, com muita frequência as coisas não correm de acordo com o planejado. Podemos experimentar cargas de produção que nunca testamos nem para as quais projetamos, fazendo nosso serviço falhar espetacularmente, tanto para nossos clientes como para nossa organização. Pior, o restauro de serviço pode exigir um processo de reversão complicado ou uma operação de *correção adiantada* igualmente arriscada, na qual fazemos mudanças diretamente na produção. Tudo isso pode ser uma experiência muito ruim para os trabalhadores. Quando tudo finalmente está funcionando, todo mundo dá um suspiro de alívio, agradecidos pelo fato de implementações de produção e releases não acontecerem com muita frequência.

Evidentemente, sabemos que precisamos implementar mais frequentemente para atingir o resultado desejado de fluxo suave e rápido, não menos frequente. Para isso, precisamos desacoplar nossas implementações de produção de nossos releases de recurso. Na prática, os termos *implementação* e *release* muitas vezes são usados como sinônimos. Contudo, são duas ações distintas com duas finalidades muito diferentes:

- Implementação é a instalação de uma versão especificada de software em dado ambiente (por exemplo, implementar código em um ambiente de teste de integração ou na produção). Especificamente, uma implementação pode ou não estar associada ao release de um recurso para os clientes.

- Release é quando tornamos um recurso (ou conjunto de recursos) disponível para todos os nossos clientes ou para um segmento de clientes (por exemplo, permitimos que o recurso seja usado por 5% de nossa base de clientes). Nosso código e nossos ambientes devem ser arquitetados de modo que o release de funcionalidade não exija a alteração do código de nosso aplicativo.[†]

[†] A Operação Desert Shield pode servir como uma metáfora eficiente. A partir de 7 de agosto de 1990, milhares de homens e materiais foram implementados por mais de quatro meses no local da produção, culminando em um único release multidisciplinar altamente coordenado.

Em outras palavras, quando fundimos implementação e release, fica difícil criar prestação de contas por resultados de sucesso — desacoplar essas duas atividades nos permite capacitar Desenvolvimento e Operações para serem responsáveis pelo sucesso de implementações rápidas e frequentes, enquanto possibilita que donos de produto sejam responsáveis pelos resultados comerciais bem-sucedidos do release (isto é, construir e lançar o recurso valeu nosso tempo).

As práticas descritas até aqui neste livro garantem que estamos fazendo implementações de produção rápidas e frequentes durante o desenvolvimento de recursos, com o objetivo de reduzir o risco e o impacto de erros de implementação. O risco restante é o de release, ou seja, se os recursos que colocamos em produção atingem os resultados desejados pelos clientes e pela empresa.

Se temos tempos de execução de implementação extremamente longos, isso dita a frequência com que podemos lançar novos recursos no mercado. Contudo, à medida que conseguimos entregar sob demanda, a rapidez com que expomos novas funcionalidades para os clientes se torna uma decisão comercial e de marketing, não uma decisão técnica. Existem duas categorias amplas de padrões de release que podemos usar:

- **Padrões de release baseado no ambiente:** É quando temos dois ou mais ambientes onde implementamos, mas apenas um está recebendo tráfego de clientes ativos (por exemplo, configurando nossos balanceadores de carga). Código novo é implementado em um ambiente não ativo e o release é realizado movendo-se o tráfego para esse ambiente. Esses padrões são extremamente poderosos, pois normalmente exigem pouca ou nenhuma alteração em nossos aplicativos. Esses padrões incluem *implementações azul-verde*, *releases canário* e *sistemas imunes a cluster*, todos os quais serão discutidos em breve.

- **Padrões de release baseado em aplicativo:** É quando modificamos nosso aplicativo para podermos lançar e expor seletivamente funcionalidades específicas por meio de pequenas mudanças de configuração. Por exemplo, podemos implementar flags de recurso que expõem nova funcionalidade progressivamente na produção para a equipe de desenvolvimento, todos os funcionários internos, 1% de nossos clientes ou, quando temos confiança de que o release funcionará como projetado, nossa base de clientes inteira. Como já discutido, isso possibilita uma técnica chamada lançamento no escuro, em que preparamos toda a funcionalidade a ser lançada na produção e a testamos com tráfego de produção antes do release. Por exemplo, podemos testar a nova funcionalidade de forma invisível com tráfego de produção por semanas antes do lançamento para expor problemas, a fim de que eles possam ser corrigidos antes do lançamento real.

PADRÕES DE RELEASE BASEADOS NO AMBIENTE

Desacoplar as implementações dos releases muda significativamente nosso modo de trabalhar. Não precisamos mais fazer implementações no meio da noite ou em finais de semana para diminuir o risco de impactar os clientes negativamente. Em vez disso, podemos fazer implementações durante o horário comercial, permitindo que Ops finalmente tenha horário de trabalho normal como todo mundo.

Esta seção se concentra nos padrões de release baseado no ambiente, que não exigem mudanças no código do aplicativo. Fazemos isso tendo vários ambientes nos quais implementar, mas apenas um deles recebendo o tráfego ativo de clientes. Com isso podemos diminuir significativamente o risco associado aos releases na produção e reduzimos o tempo de execução de implementação.

O PADRÃO DE IMPLEMENTAÇÃO AZUL-VERDE

O mais simples dos três padrões é chamado implementação azul-verde. Nesse padrão temos dois ambientes de produção: azul e verde. A qualquer momento, apenas um deles está servindo tráfego de clientes — na Figura 20, o ambiente verde está ativo.

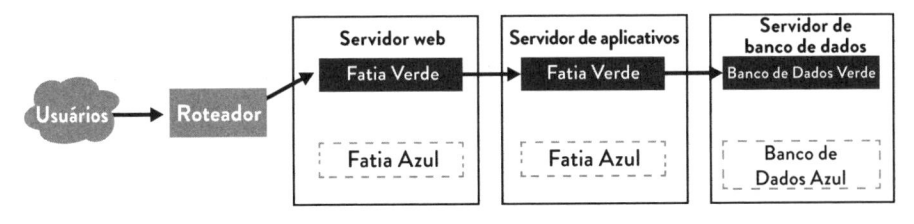

Figura 20: *Padrões de implementação azul-verde*
(Fonte: Humble and North, Continuous Delivery, *261.)*

Para lançar uma nova versão de nosso serviço, implementamos no ambiente inativo, onde podemos realizar nossos testes sem interromper a experiência do usuário. Quando temos confiança de que tudo está funcionando como projetado, executamos nosso release direcionando tráfego para o ambiente azul. Assim, o azul se torna ativo e o verde fica na espera. A reversão é realizada pelo envio de tráfego de clientes de volta ao ambiente verde.†

O padrão de implementação azul-verde é simples e de extremamente fácil readaptação para sistemas existentes. Tem também vantagens incríveis, como possibilitar que a equipe realize implementações durante o horário comercial normal e faça transições simples (por exemplo, mudar a configuração de um roteador, mudar um symlink) fora dos horários de pico. Apenas isso já pode melhorar significativamente as condições de trabalho para a equipe que faz a implementação.

LIDANDO COM MUDANÇAS DE BANCO DE DADOS

Ter duas versões do nosso aplicativo na produção gera problemas quando elas dependem de um banco de dados em comum — quando a implementação exige mudanças de esquema de banco de dados ou adição, modificação ou exclusão de tabelas ou colunas, o banco de dados não consegue suportar as duas versões do nosso aplicativo. Existem duas estratégias para resolver esse problema:

- **Criar dois bancos de dados (isto é, um banco de dados azul e um verde):** Cada versão — azul (antigo) e verde (novo) — do aplicativo tem seu próprio banco de dados. Durante o release, colocamos o banco de dados azul no modo somente leitura, fazemos o backup dele, restauramos no banco de dados verde e, por fim, trocamos o tráfego para o ambiente verde. O problema desse padrão é que, se precisarmos reverter para a versão azul, poderemos perder transações, caso não as migremos manualmente da versão verde antes.

- **Desacoplar mudanças do banco de dados das mudanças do aplicativo:** Em vez de dar suporte para dois bancos de dados, desacoplamos o lançamento de mudanças no banco de dados do release de mudanças no aplicativo, fazendo

---

† Outros modos de implementar o padrão azul-verde incluem configurar vários servidores web Apache/NGINX para monitorar várias interfaces físicas ou virtuais diferentes; empregar várias raízes virtuais em servidores Windows IIS ligados a diferentes portas; usar diretórios diferentes para cada versão do sistema, com um link simbólico determinando qual está ativo (por exemplo, como Capistrano faz para Ruby on Rails); executar várias versões de serviços ou middleware concomitantemente, com cada uma monitorando portas diferentes; usar dois centros de dados diferentes e alternar o tráfego entre eles, em vez de usá-los simplesmente como sobressalentes ativos ou de espera para propósitos de recuperação de desastres (casualmente, usando rotineiramente os dois ambientes, garantimos continuamente que nosso processo de recuperação de desastres funcione como projetado); ou usar diferentes zonas de disponibilidade na nuvem.

duas coisas: primeiro, fazemos apenas mudanças aditivas em nosso banco de dados, nunca mudamos objetos do banco de dados existente, e, segundo, não fazemos suposições em nosso aplicativo sobre qual versão de banco de dados estará na produção. Isso é muito diferente de como fomos tradicionalmente treinados a pensar sobre bancos de dados: evitando duplicar dados. O processo de desacoplar mudanças no banco de dados das mudanças no aplicativo foi usado pelo IMVU (dentre outros) por volta de 2009, possibilitando fazer 50 implementações por dia, algumas das quais exigindo mudanças no banco de dados.[‡]

Estudo de Caso
Dixons Retail — Implementação Azul-Verde para Sistema de Ponto de Vendas (2008)

Dan North e Dave Farley, coautores de *Entrega Contínua*, estavam trabalhando em um projeto para a Dixons Retail, uma grande varejista britânica, envolvendo milhares de sistemas de ponto de vendas (PDV) que ficavam em centenas de lojas e operavam sob várias marcas diferentes.

Embora as implementações azul-verde sejam mais associadas a serviços web online, North e Farley usaram esse padrão para reduzir significativamente o risco e os tempos de transição para atualizações de PDV.

Tradicionalmente, atualizar sistemas PDV é um projeto big bang em cascata: os clientes PDV e o servidor centralizado são atualizados ao mesmo tempo, o que exige interrupção extensa (frequentemente um fim de semana inteiro) e largura de banda de rede significativa para colocar o novo software cliente em todas as lojas. Quando as coisas não ocorrem totalmente de acordo com o planejado, isso pode ser incrivelmente destruidor para as operações da loja.

Para essa atualização, não havia largura de banda de rede suficiente para atualizar todos os sistemas PDV simultaneamente, o que impossibilitou

---

[‡] Esse padrão também é comumente referido como padrão expandir/contrair, o qual Timothy Fitz descreveu quando disse: "Não alteramos (mudamos) objetos de banco de dados, como colunas ou tabelas. Em vez disso, primeiro expandimos, adicionando novos objetos e depois, contraímos, removendo os antigos". Além disso, existem cada vez mais tecnologias que permitem virtualização, controle de versão, rotulagem e reversão de bancos de dados, como Redgate, Delphix, DBMaestro e Datical, assim como ferramentas open source, como DBDeploy, que torna as mudanças em banco de dados significativamente mais seguras e rápidas.

a estratégia tradicional. Para resolver esse problema, eles usaram a estratégia azul-verde e criaram duas versões de produção do software do servidor centralizado, o que permitiu o suporte simultâneo das versões nova e antiga dos clientes PDV.

Depois de fazerem isso, semanas antes da atualização de PDV planejada, eles começaram a enviar novas versões de instaladores do software cliente PDV para as lojas, por meio de links de rede lentos, entregando o novo software nos sistemas PDV em um estado inativo. Nesse meio tempo, a versão antiga continuou funcionando normalmente.

Quando todos os clientes PDV tinham tudo preparado para a atualização (o cliente e o servidor atualizados foram testados juntos com sucesso, e o novo software cliente tinha sido entregue para todos os clientes), os gerentes de loja foram autorizados a decidir quando lançar a nova versão.

Dependendo de suas necessidades comerciais, alguns gerentes quiseram usar os novos recursos imediatamente e já os lançaram, enquanto outros quiseram esperar. Em ambos os casos, seja lançando os recursos imediatamente ou esperando, isso foi significativamente melhor para os gerentes do que o departamento de TI centralizado escolher para eles quando o release ocorreria.

O resultado foi um release significativamente mais suave e rápido, satisfação maior dos gerentes e bem menos interrupção nas operações das lojas. Além disso, essa aplicação de implementações azul-verde em aplicativos thick client de PC demonstra como os padrões de DevOps podem ser empregados universalmente em diferentes tecnologias, frequentemente de maneiras muito surpreendentes, mas com os mesmos resultados fantásticos.

OS PADRÕES DE RELEASE CANÁRIO E SISTEMA IMUNE A CLUSTERS

O padrão de lançamento azul-verde é de fácil implementação e pode aumentar significativamente a segurança de releases de software. Existem variantes desse padrão que podem melhorar ainda mais a segurança e os tempos de execução de implementação usando automação, mas com o possível compromisso de complexidade adicional.

O padrão de release canário automatiza o processo de release de promover para ambientes sucessivamente maiores e mais críticos, quando confirmamos que o código está funcionando como projetado.

O termo *release canário* vem da tradição de mineiros de carvão levarem canários engaiolados para as minas, a fim de detectar antecipadamente níveis tóxicos de monóxido de carbono. Se houvesse gás demais na caverna, ele mataria os canários antes de matar os mineiros, alertando-os para evacuar.

Nesse padrão, quando fazemos um release, monitoramos como o software está se comportando em cada ambiente. Quando algo parece estar errado, retrocedemos; caso contrário, implementamos no próximo ambiente.†

A Figura 21 mostra os grupos de ambientes criados pelo Facebook para suportar esse padrão de release:

- **Grupo A1:** Servidores de produção que só atendem a funcionários internos

- **Grupo A2:** Servidores de produção que só atendem a uma pequena porcentagem dos clientes e são implementados quando certos critérios de aceitação são satisfeitos (automatizados ou manuais)

- **Grupo A3:** O restante dos servidores de produção, que são implementados depois que o software que executa no cluster A2 satisfaz certos critérios de aceitação

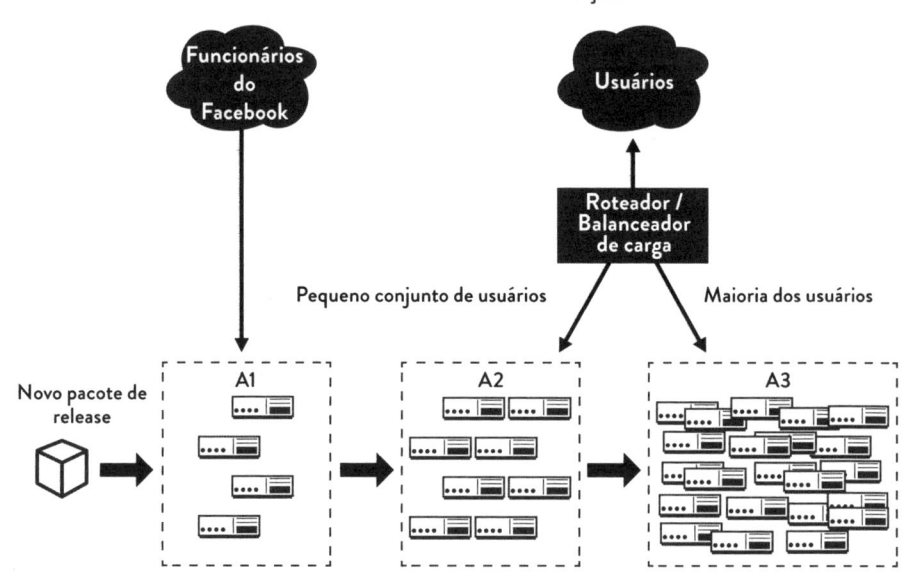

Figura 21: *O padrão de release canário (Fonte: Humble and Farley,* Entrega Contínua, *263.)*

O sistema imune a cluster expande o padrão de release canário vinculando nosso sistema de monitoramento de produção ao nosso processo

---

† Note que os releases canário exigem que várias versões de nosso software estejam executando na produção simultaneamente. Contudo, como cada versão adicional que temos na produção gera mais complexidade para gerenciar, devemos manter o número de versões em um mínimo. Isso pode exigir o uso do padrão de banco de dados expandir/contrair, descrito anteriormente.

de release e automatizando a reversão de código quando o desempenho no lado do usuário do sistema de produção sai de um intervalo esperado predefinido, como quando as taxas de conversão de novos usuários caem abaixo de nossas normas históricas de 15%–20%.

Esse tipo de salvaguarda tem duas vantagens significativas. Primeiro, nos protegemos de defeitos difíceis de encontrar com testes automatizados, como uma mudança de uma página web que torna algum elemento importante da página invisível (por exemplo, mudança de CSS). Segundo, reduzimos o tempo exigido para detectar e responder a desempenho degradado, criado pela nossa alteração.†

PADRÕES BASEADOS EM APLICATIVO PARA POSSIBILITAR RELEASES MAIS SEGUROS

Na seção anterior criamos padrões baseados em ambientes que nos permitiram desacoplar nossas implementações de nossos releases, usando vários ambientes e alternando o ambiente ativo, o que pode ser inteiramente implementado em nível de infraestrutura.

Nesta seção descrevemos os padrões de releases baseados em aplicativo, que podemos implementar em nosso código, permitindo flexibilidade ainda maior no release seguro de novos recursos para os clientes, frequentemente recurso por recurso. Como os padrões de release baseado em aplicativo são implementados no aplicativo, isso exige envolvimento do Desenvolvimento.

IMPLEMENTAR ALTERNÂNCIAS DE RECURSO

O principal modo de permitir padrões de release baseado em aplicativo é implementando alternâncias de recurso, que nos fornecem o mecanismo para habilitar e desabilitar recursos seletivamente, sem exigir uma implementação de código na produção. As alternâncias de recurso também podem controlar quais recursos estão visíveis e disponíveis para segmentos de usuários específicos (por exemplo, funcionários internos, segmentos de clientes).

As alternâncias de recurso normalmente são implementadas empacotando-se a lógica do aplicativo ou elementos da IU em uma instrução condicional, em que o recurso é habilitado ou desabilitado de acordo com uma configuração armazenada em algum lugar. Isso pode ser tão simples quanto um arquivo de configuração de aplicativo (por exemplo, arquivos de configuração em JSON, XML) ou ser feito por meio de um serviço de

---

† O sistema imune a clusters foi documentado pela primeira vez por Eric Ries, enquanto trabalhava no IMVU. Essa funcionalidade também é suportada pela Etsy em sua biblioteca Feature API, assim como pela Netflix.

diretório ou mesmo de um serviço web especificamente projetado para gerenciar alternância de recurso.‡

As alternâncias de recurso também nos permitem fazer o seguinte:

- **Reverter facilmente:** Recursos que criam problemas ou interrupções na produção podem ser desabilitados com rapidez e segurança, simplesmente com a mudança da configuração de alternância. Isso é especialmente valioso quando implementações não são frequentes — normalmente é muito mais fácil desativar os recursos de um interessado em particular do que reverter um release inteiro.

- **Degradar o desempenho graciosamente:** Quando nosso serviço experimenta cargas extremamente altas, que normalmente exigiriam um aumento de capacidade ou, pior, de corrermos o risco de uma falha do nosso serviço na produção, podemos usar alternâncias de recurso para reduzir a qualidade do serviço. Em outras palavras, podemos aumentar o número de usuários que atendemos, reduzindo o nível de funcionalidade entregue (por exemplo, reduzir o número de clientes que podem acessar certo recurso, desabilitar recursos que usam muito a CPU, como recomendações etc.).

- **Aumentar nossa resiliência por meio de uma arquitetura voltada a serviços:** Se temos um recurso que conta com outro que ainda não está completo, ainda podemos implementar nosso recurso na produção, mas ocultá-lo atrás de uma alternância de recurso. Quando esse serviço finalmente estiver disponível, podemos ativar o recurso. Analogamente, quando um serviço do qual dependemos falha, podemos desativar o recurso para impedir chamadas ao serviço seguinte, enquanto mantemos o restante do aplicativo funcionando.

Para garantir que encontremos erros em recursos empacotados em alternâncias de recurso, nossos testes de aceitação automatizados devem ser executados com todas as alternâncias ativas. (Também devemos testar se nossa funcionalidade de alternância de recurso funciona corretamente!)

---

‡ Um exemplo sofisticado de tal serviço é o Gatekeeper do Facebook, um serviço desenvolvido internamente que seleciona dinamicamente quais recursos são visíveis para usuários específicos com base em informações demográficas, como localização, tipo de navegador e dados do perfil do usuário (idade, gênero etc.). Por exemplo, um recurso em particular poderia ser configurado de modo a estar acessível apenas para funcionários internos, 10% de sua base de usuários ou apenas usuários com idades entre 25 e 35 anos. Outros exemplos incluem a Feature API da Etsy e a biblioteca Archaius da Netflix.

As alternâncias de recurso permitem o desacoplamento de implementações de código e releases de recurso. Mais adiante no livro, usamos alternâncias de recurso para possibilitar o desenvolvimento guiado por hipóteses e Testes A/B, aumentando nossa capacidade de obter os resultados comerciais desejados.

REALIZAR LANÇAMENTOS NO ESCURO

As alternâncias de recurso nos permitem implementar recursos na produção sem torná-los acessíveis para os usuários, possibilitando uma técnica conhecida como *lançamento no escuro*. É quando implementamos toda a funcionalidade na produção e, então, testamos essa funcionalidade enquanto ainda está invisível para os clientes. Para mudanças grandes ou arriscadas, frequentemente fazemos isso por semanas, antes do lançamento na produção, nos permitindo testar com segurança as cargas do tipo produção antecipadas.

Por exemplo, suponha que lancemos no escuro um novo recurso que apresenta um risco de lançamento significativo, como novos recursos de busca, processos de criação de conta ou novas consultas de banco de dados. Depois que todo o código está na produção, mantendo o novo recurso desabilitado, podemos modificar o código de sessão de usuário para fazer chamadas às novas funções — em vez de exibir os resultados para o usuário, simplesmente os registramos ou descartamos.

Por exemplo, podemos fazer com que 1% de nossos usuários online façam chamadas invisíveis para um novo recurso programado para ser lançado, a fim de ver como ele se comporta sob carga. Depois de encontrar e corrigir quaisquer problemas, aumentamos progressivamente a carga simulada, ampliando a frequência e o número de usuários exercendo a nova funcionalidade. Fazendo isso, podemos simular cargas do tipo produção com segurança, dando-nos confiança de que nosso serviço funcionará como desejado.

Além disso, quando lançamos um recurso, podemos estendê-lo progressivamente a pequenos segmentos de clientes, interrompendo o release se encontrarmos problemas. Assim, minimizamos o número de clientes que recebem um recurso e devem parar de usá-lo porque encontramos um defeito ou somos incapazes de manter o desempenho exigido.

Em 2009, quando John Allspaw era vice-presidente de operações na Flickr, ele escreveu para a equipe de direção executiva da Yahoo! a respeito do processo de lançamento no escuro deles, dizendo que "ele aumenta a confiança *de todos*, quase chegando à apatia, no que diz respeito ao medo de problemas relacionados à carga. Não tenho ideia de quantas implementações de código foram feitas na produção em qualquer dia nos últimos 5 anos... pois, de modo geral, eu não me preocupo, porque essas mudanças têm uma chance muito pequena de causar problemas. Quando causam, todo o pessoal da Flickr pode descobrir, em uma página web, *quando* a mudança foi feita, *quem* a fez e exatamente (linha por linha) *qual* foi ela".[†]

Posteriormente, quando tivermos incorporado telemetria de produção adequada em nosso aplicativo e em nossos ambientes, também poderemos possibilitar ciclos de feedback mais rápidos para validar nossas suposições e resultados comerciais, imediatamente após implementarmos o recurso na produção.

Com isso, não esperamos mais até um release big bang para testar se os clientes querem usar a funcionalidade que construímos. Em vez disso, quando anunciamos e lançamos nosso grande recurso, já testamos nossas hipóteses comerciais e realizamos incontáveis experimentos para refinar continuamente nosso produto com clientes reais, o que nos ajuda a validar se os recursos atingirão os resultados desejados pelos clientes.

Estudo de Caso
Lançamento no Escuro do Bate-Papo do Facebook (2008)

Por quase uma década, o Facebook tem sido um dos sites mais visitados na internet, conforme medido pelas páginas vistas e usuários do site. Em 2008, ele tinha mais de 70 milhões de usuários ativos diariamente, o que gerou um desafio para a equipe que estava desenvolvendo a nova funcionalidade de bate-papo.[‡]

Eugene Letuchy, engenheiro da equipe de bate-papo, escreveu sobre como o número de usuários concomitantes apresentava um enorme desafio de engenharia de software: "A operação que utiliza mais recursos executada em um sistema de bate-papo não é o envio de mensagens. É manter cada usuário online ciente dos estados online/ocioso/offline de seus amigos, para que as conversas possam começar".

Implementar esse recurso que usa muito poder de computação foi uma das maiores tarefas técnicas no Facebook e demorou quase um ano para terminar.[§] Parte da complexidade do projeto foi devida à ampla va-

---

[†] Analogamente, como Chuck Rossi, diretor de Engenharia de Releases do Facebook, descreveu: "Todo o código que suporta cada recurso que estamos planejando lançar nos próximos seis meses já foi implementado em nossos servidores de produção. Basta ativá-lo".
[‡] Em 2015, o Facebook tinha mais de um bilhão de usuários ativos, crescendo 17% em relação ao ano anterior.
[§] Esse problema tem característica computacional de pior caso de $O(n^3)$. Ou seja, o tempo de computação aumenta exponencialmente como função do número de usuários online, do tamanho de suas listas de amigos e da frequência de mudança de estado online/offline.

riedade de tecnologias necessárias para obter o desempenho desejado, incluindo C++, JavaScript e PHP, assim como o primeiro uso de Erlang em sua infraestrutura de back-end.

Durante o empreendimento de um ano, a equipe de bate-papo inseriu código no controle de versão, onde ele seria implementado na produção pelo menos uma vez por dia. Inicialmente, a funcionalidade de bate-papo era visível apenas para a equipe. Depois tornou-se visível para todos os funcionários internos, mas ficava completamente oculta para os usuários externos do Facebook, por meio do Gatekeeper, o serviço de alternância de recurso do Facebook.

Como parte do processo de lançamento no escuro, toda sessão de usuário do Facebook, que executa JavaScript no navegador do usuário, tinha um esquema de teste carregado — os elementos de IU do bate-papo ficavam ocultos, mas o cliente navegador enviava mensagens de bate-papo de teste invisíveis para o serviço de bate-papo de back-end que já estava na produção, permitindo simular cargas do tipo produção durante o projeto inteiro, possibilitando que encontrassem e corrigissem problemas de desempenho muito antes do release para os clientes.

Com isso, todo usuário do Facebook fez parte de um enorme programa de teste de carga, o que permitiu que a equipe tivesse confiança de que seus sistemas podiam manipular cargas do tipo produção realistas. A liberação e o release do bate-papo exigiram apenas duas etapas: modificar a configuração do Gatekeeper para tornar o recurso de bate-papo visível para uma parte dos usuários externos e fazer os usuários do Facebook carregarem novo código JavaScript que renderizava a IU de bate-papo e desativava o esquema de teste invisível. Se algo desse errado, as duas etapas seriam revertidas. Quando chegou o dia do release do bate-papo do Facebook, ele foi surpreendentemente bem-sucedido e tranquilo, parecendo mudar de escala facilmente de zero para 70 milhões de usuários da noite para o dia. Durante o release, eles habilitaram incrementalmente a funcionalidade de bate-papo para segmentos cada vez maiores da população de clientes — primeiro para todos os funcionários internos do Facebook, depois para 1% da população de clientes, então para 5%, e assim por diante. Como Letuchy escreveu: "O segredo para ir de zero a 70 milhões de usuários da noite para o dia é não fazer tudo de uma vez".

ANÁLISE DA ENTREGA CONTÍNUA E DA IMPLEMENTAÇÃO CONTÍNUA NA PRÁTICA

Em *Entrega Contínua*, Jez Humble e David Farley definem o termo *entrega contínua*. O termo *implementação contínua* foi mencionado pela primeira vez por Tim Fitz, em sua postagem de blog "Continuous Deployment at IMVU:

Doing the impossible fifty times a day". Contudo, em 2015, durante a elaboração do *Manual de DevOps*, Jez Humble comentou: "Nos últimos cinco anos houve confusão em torno dos termos entrega contínua e implementação contínua — e, de fato, meu próprio pensamento e definições mudaram desde que escrevemos o livro. Toda organização deve criar suas variações de acordo com o que precisa. A principal preocupação não deve ser a forma, mas o resultado: as implementações devem ser eventos de baixo risco ao pressionar de um botão, que podemos realizar sob demanda".

Suas definições atualizadas de entrega contínua e implementação contínua são as seguintes:

> Quando todos os desenvolvedores estão trabalhando em lotes pequenos no trunk, ou todo mundo está trabalhando fora do trunk, em ramos de recurso de curta duração que são mesclados no trunk regularmente, e quando o trunk é sempre mantido em um estado lançável, e quando podemos lançar sob demanda ao pressionamento de um botão durante o horário comercial normal, estamos fazendo entrega contínua. Os desenvolvedores recebem feedback rápido quando introduzem erros de regressão, o que inclui defeitos, problemas de desempenho, de segurança, de utilização etc. Quando esses problemas são encontrados, são corrigidos imediatamente para que o trunk sempre possa ser implementável.

> Além do mencionado acima, quando implementamos boas construções na produção regularmente por meio de self-service (implementando por Dev ou por Ops) — o que normalmente significa que estamos implementando na produção pelo menos uma vez por dia por desenvolvedor, ou talvez até implementando automaticamente toda mudança que um desenvolvedor efetiva —, é aí que estamos engajados na implementação contínua.

Definida desse modo, entrega contínua é o pré-requisito da implementação contínua — assim como integração contínua é um pré-requisito da entrega contínua. Implementação contínua provavelmente é aplicável no contexto de serviços web entregues online. Contudo, a entrega contínua é aplicável em quase todo contexto no qual desejamos implementações e releases de alta qualidade, baixos tempos de execução e resultados de baixo risco altamente previsíveis, incluindo sistemas embarcados, produtos COTS e aplicativos móveis.

Na Amazon e na Google, a maioria das equipes pratica entrega contínua, embora algumas façam implementação contínua — assim, há variação considerável entre as equipes, na frequência com que implementam código e em como as implementações são realizadas. As equipes são autorizadas a escolher como implementar com base nos riscos que estão gerenciando. Por exemplo, a equipe Google App Engine frequentemente implementa uma vez por dia, enquanto a propriedade Google Search implementa várias vezes por semana.

Analogamente, a maioria dos estudos de caso apresentados neste livro também é de entrega contínua, como o software incorporado executado em impressoras HP LaserJet, as operações de impressão de cobrança da CSG executados em 20 plataformas tecnológicas incluindo um aplicativo de mainframe em COBOL, Facebook e Etsy. Esses mesmos padrões podem ser usados para software que executa em telefones celulares, estações de controle terrestre de satélites, e assim por diante.

CONCLUSÃO

Como os exemplos do Facebook, da Etsy e da CSG mostraram, releases e implementações não precisam ser ocorrências de alto risco e drama que exigem que dezenas ou centenas de engenheiros trabalhem o dia inteiro para concluir. Em vez disso, podem se tornar rotina e parte do trabalho diário de todos.

Fazendo isso, podemos reduzir nossos tempos de execução de implementação de meses para minutos, possibilitando que nossas organizações entreguem valor rapidamente para nossos clientes, sem causar caos e interrupção. Além disso, fazendo Dev e Ops trabalharem juntos, finalmente podemos tornar o trabalho de Operações humano.

13 Arquitetar para Releases de Baixo Risco

Quase todo exemplo de DevOps conhecido teve experiências de quase-morte devido a problemas arquitetônicos, como nas histórias apresentadas sobre LinkedIn, Google, eBay, Amazon e Etsy. Em cada caso, eles conseguiram migrar com sucesso para uma arquitetura mais conveniente que tratava de seus problemas e necessidades organizacionais.

Esse é o princípio da arquitetura evolutiva — Jez Humble observa que a arquitetura de "qualquer produto ou organização bem-sucedida necessariamente evoluirá no decorrer de seu ciclo de vida". Antes de sua efetivação na Google, Randy Shoup foi engenheiro-chefe e arquiteto notável na eBay de 2004 a 2011. Ele observa que "tanto a eBay quanto a Google estão na quinta reescrita completa de sua arquitetura, de cima para baixo".

Ele reflete: "Olhando retrospectivamente, algumas tecnologias [e escolhas arquitetônicas] parecem prescientes, e outras, pouco ambiciosas. Cada decisão provavelmente atendeu aos objetivos organizacionais na época. Se tivéssemos tentado implementar o equivalente aos microsserviços em 1995, provavelmente teríamos falhado, desmoronando sob nosso próprio peso e possivelmente levando a empresa inteira conosco".[†]

O desafio é como manter a migração da arquitetura que temos para a arquitetura de que precisamos. No caso da eBay, quando precisaram rearquitetar, primeiro fizeram um pequeno projeto-piloto para provar a eles mesmos que entendiam o problema bem o suficiente para empreender o esforço. Por exemplo, quando a equipe de Shoup estava planejando mudar certas partes do site para full-stack Java, em 2006, procurou pela área que traria o melhor resultado, ordenando as páginas do site por lucro produzido. Eles escolheram as áreas de lucro mais alto, parando quando não havia retorno comercial suficiente para justificar o esforço.

[†] A arquitetura da eBay passou pelas seguintes fases: Perl e arquivos (v1, 1995), C++ e Oracle (v2, 1997), XSL e Java (v3, 2002), full-stack Java (v4, 2007), microsserviços em Polyglot (2013+).

O que a equipe de Shoup fez na eBay é um exemplo clássico de projeto evolutivo, usando uma técnica chamada padrão de *aplicativo estrangulador* — em vez de "retirarmos e substituirmos" serviços antigos por arquiteturas que não suportam mais nossos objetivos organizacionais, colocamos a funcionalidade existente atrás de uma API e evitamos fazer mais alterações nela. Toda a funcionalidade nova é então implementada nos novos serviços que usam a arquitetura desejada, fazendo chamadas para o sistema antigo quando necessário.

O padrão de aplicativo estrangulador é especialmente útil na migração de partes de um aplicativo monolítico ou serviços fortemente acoplados para um menos acoplado. Com muita frequência, nos encontramos trabalhando em uma arquitetura que se torna acoplada demais e muito interligada, frequentemente criada há anos (ou décadas).

É fácil identificar as consequências das arquiteturas demasiadamente rígidas: sempre que tentamos efetivar código no trunk ou lançar código na produção, corremos o risco de criar falhas globais (por exemplo, estragamos os testes e a funcionalidade de todo mundo ou o site inteiro sai do ar). Para evitar isso, cada pequena alteração exige enormes volumes de comunicação e coordenação no decorrer dos dias ou semanas, assim como aprovações de qualquer grupo que possa ser afetado. As implementações também se tornam problemáticas — o número de mudanças empacotadas para cada implementação cresce, complicando o esforço de integração e teste, e aumentando a já alta probabilidade de algo dar errado.

Mesmo a implementação de pequenas alterações pode exigir a coordenação de centenas (ou até milhares) de outros desenvolvedores, cada um capaz de gerar uma falha catastrófica, potencialmente exigindo semanas para encontrar e corrigir o problema. (Isso resulta em outro sintoma: "Meus desenvolvedores gastam apenas 15% do tempo codificando — o resto do tempo é gasto em reuniões".)

Tudo isso contribui para um sistema de trabalho extremamente inseguro, no qual pequenas mudanças têm consequências aparentemente misteriosas e catastróficas. Muitas vezes isso também contribui para o temor de integrar e implementar nosso código, e para a espiral descendente autorreforçadora de implementar com menos frequência.

Do ponto de vista da arquitetura empresarial, essa espiral descendente é a consequência da Segunda Lei da Termodinâmica Arquitetônica, especialmente em organizações grandes e complexas. Charles Betz, autor de *Architecture and Patterns for IT Service Management, Resource Planning, and Governance: Making Shoes for the Cobbler's Children* (Arquitetura e Padrões para Gestão de Serviços de TI, Planejamento de Recursos e Governança: Fazendo Sapatos para os Filhos de Cobbler — em tradução livre), observa: "[Os donos de projeto de TI] não são responsabilizados por suas contribuições para a entropia global do sistema". Em outras palavras, reduzir nossa complexidade global e aumentar a produtividade de todas as nossas equipes de desenvolvimento raramente é o objetivo de um projeto individual.

Neste capítulo vamos descrever os passos que podemos dar para reverter a espiral descendente, analisar os principais arquétipos arquitetônicos, examinar os atributos de arquiteturas que possibilitam a produtividade, testabilidade, capacidade de implementação e segurança ao desenvolvedor, e avaliar estratégias que nos permitem migrar com segurança da arquitetura atual de que dispomos para uma que permite atingir nossos objetivos organizacionais.

UMA ARQUITETURA QUE POSSIBILITA PRODUTIVIDADE, TESTABILIDADE E SEGURANÇA

Em contraste a uma arquitetura fortemente acoplada, que pode impedir a produtividade de todos e a capacidade de fazer alterações com segurança, uma arquitetura pouco acoplada, com interfaces bem definidas que imponham o modo como os módulos se conectam entre si, promove produtividade e segurança. Ela permite que equipes duas pizzas, pequenas e produtivas, façam mudanças pequenas que possam ser implementadas com segurança e independentemente. E como cada serviço também tem uma API bem definida, ela permite testes de serviços mais fáceis e a criação de contratos e SLAs entre as equipes.

Google Cloud Datastore

- **Cloud Datastore: serviço NoSQL**
    - Altamente escalonável e resiliente
    - Consistência transacional forte
    - Recursos de consulta ricos, do tipo SQL
- **Megastore: banco de dados estruturado de escala geográfica**
    - Transações de várias linhas
    - Replicação síncrona entre centros de dados
- **Bigtable: armazenamento estruturado em nível de cluster**
    - (linha, coluna, data e hora) -> conteúdo da célula
- **Colossus: sistema de arquivo em cluster de próxima geração**
    - Distribuição e replicação de blocos
- **Infraestrutura de gerenciamento de clusters**
    - Agendamento de tarefas, atribuição de máquina

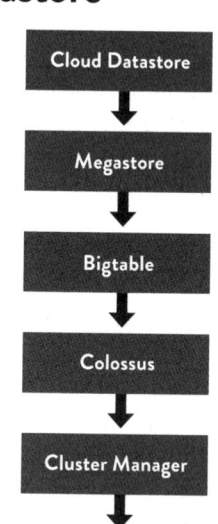

Cloud Datastore → Megastore → Bigtable → Colossus → Cluster Manager

Figura 22: *Armazenamento de dados na nuvem da Google (Fonte: Shoup, "From the Monolith to Micro-services".)*

Como Randy Shoup descreve: "Esse tipo de arquitetura tem atendido à Google extremamente bem — para um serviço como o Gmail, existem cinco ou seis outras camadas de serviços por baixo, cada um focado em uma função muito específica. Cada serviço tem suporte de uma equipe pequena, que o constrói e executa sua funcionalidade, com cada grupo podendo fazer diferentes escolhas de tecnologia. Outro exemplo é o serviço Google Cloud Datastore, um dos maiores serviços NoSQL do mundo — e, ainda assim, tem suporte de uma equipe de apenas umas oito pessoas, pois é baseado em camadas e camadas de serviços confiáveis construídos uns sobre os outros".

Esse tipo de arquitetura voltada a serviços permite que equipes pequenas trabalhem em unidades de desenvolvimento menores e mais simples que cada equipe pode implementar de forma independente, rápida e segura. Shoup observa: "As organizações com esses tipos de arquiteturas, como Google e Amazon, mostram como ela pode impactar as estruturas organizacionais, [criando] flexibilidade e escalabilidade. Essas duas organizações possuem dezenas de milhares de desenvolvedores, em que equipes pequenas ainda podem ser incrivelmente produtivas".

ARQUÉTIPOS ARQUITETÔNICOS: MONÓLITOS VS. MICROSSERVIÇOS

Em algum momento de sua história, a maioria das organizações de DevOps estava amarrada a arquiteturas monolíticas fortemente acopladas que — embora extremamente bem-sucedidas em ajudá-las a enquadrar produto/mercado — as colocava em risco de falha organizacional quando tinham de operar em grande escala (por exemplo, o aplicativo monolítico em C++ da eBay em 2001, o aplicativo monolítico OBIDOS da Amazon em 2001, o front-end monolítico Rails do Twitter em 2009, e o aplicativo monolítico Leo do LinkedIn em 2011). Em cada um desses casos, eles conseguiram rearquitetar seus sistemas e preparar o terreno não apenas para sobreviver, mas também para prosperar e vencer no mercado.

As arquiteturas monolíticas não são inerentemente ruins — na verdade, frequentemente são a melhor escolha para uma organização no início do ciclo de vida de um produto. Como Randy Shoup observa: "Não existe uma arquitetura perfeita para todos os produtos e todas as escalas. Qualquer arquitetura satisfaz um conjunto de objetivos em particular ou uma gama de requisitos e restrições, como tempo de lançamento, facilidade de desenvolvimento de funcionalidade, escalonamento etc. A funcionalidade de qualquer produto ou serviço quase certamente evoluirá com o passar do tempo — não deve ser surpresa que nossas necessidades arquitetônicas também mudarão. O que funciona na escala 1x raramente funciona na escala 10x ou 100x".

Os principais arquétipos arquitetônicos aparecem na Tabela 3. Cada linha indica uma necessidade evolutiva diferente para uma organização, com cada coluna fornecendo os prós e contras de cada um dos diferentes arquétipos. Como a tabela mostra, uma arquitetura monolítica que suporta uma startup (por exemplo, prototipagem rápida de novos recursos e pivôs em potencial ou grandes mudanças de estratégia) é muito diferente de uma arquitetura que precisa de centenas de equipes de desenvolvedores, cada um dos quais devendo ser capaz de entregar valor independentemente para o cliente. Suportando arquiteturas evolutivas, podemos garantir que nossa arquitetura sempre atenda às necessidades atuais da organização.

Tabela 3: *Arquétipos arquitetônicos*

	Prós	Contras
Monolítico v1 (Toda a funcionalidade em um aplicativo)	• Inicialmente simples • Baixas latências entre processos • Base de código única, uma unidade de implementação • Eficiente quanto a recursos em pequenas escalas	• A sobrecarga de coordenação aumenta à medida que a equipe cresce • Fraca imposição de modularidade • Escalonamento fraco • Implementação tudo ou nada (paralisação, falhas) • Longos tempos de build
Monolítico v2 (Conjuntos de camadas físicas monolíticas: "apresentação de front-end," "servidor de aplicativos," "camada de banco de dados")	• Inicialmente simples • Fáceis consultas de união • Esquema único, implementação • Eficiente quanto a recursos em pequenas escalas	• Tendência de maior acoplamento no decorrer do tempo • Escalonamento e redundância fracos (tudo ou nada, somente vertical) • Difícil de ajustar • Gerenciamento de esquema tudo ou nada
Microsserviço (Modular, independente, relação gráfica vs. camadas físicas, persistência isolada)	• Cada unidade é simples • Escalonamento e desempenho independentes • Teste e implementação independentes • Pode ajustar o desempenho com perfeição (cache, replicação etc.)	• Muitas unidades cooperando • Muitas recompras pequenas • Exige ferramentas mais sofisticadas e gerenciamento de dependências • Latências de rede

(Fonte: Shoup, "From the Monolith to Micro-services".)

Estudo de Caso
Arquitetura Evolutiva na Amazon (2002)

Uma das transformações de arquitetura mais estudada ocorreu na Amazon. Em uma entrevista com o vencedor do ACM Turing Award e pesquisador técnico da Microsoft, Jim Gray, o diretor técnico da Amazon, Werner Vogels, explica que Amazon.com começou em 1996 como um "aplicativo monolítico, executando em um servidor web, comunicando-se com um banco de dados no back-end. Esse aplicativo, apelidado de Obidos, evoluiu para conter toda a lógica do negócio, toda a lógica de exibição e toda a funcionalidade pela qual a Amazon se tornou famosa: similaridades, recomendações, Listmania, análises etc.".

Com o passar do tempo, o Obidos se tornou muito complicado, com relações de compartilhamento complexas, o que significava que partes individuais não podiam ser escalonadas como necessário. Vogels disse a Gray que isso queria dizer que "muitas coisas que você gostaria de ver acontecendo em um bom ambiente de software não podiam mais ser feitas; havia muitas partes complexas de software combinadas em um único sistema. Ele não podia mais evoluir".

Descrevendo o processo de pensamento por trás da nova arquitetura desejada, ele disse a Gray: "Passamos por um período de séria introspecção e concluímos que uma arquitetura voltada a serviços nos daria o nível de isolamento que permitiria construir muitos componentes de software rápida e independentemente".

Vogels observa: "A enorme mudança de arquitetônica pela qual a Amazon passou nos últimos cinco anos [de 2001 a 2005] foi mudar de um monólito de duas camadas físicas para uma plataforma de serviços totalmente distribuída e descentralizada, servindo muitos aplicativos diferentes. Foi necessária muita inovação para que isso acontecesse, pois fomos um dos primeiros a adotar essa estratégia". As lições da experiência de Vogel na Amazon que são importantes para nosso entendimento das mudanças de arquitetura incluem as seguintes:

- **Lição 1:** Quando aplicada rigorosamente, a orientação estrita a serviço é uma técnica excelente para obter isolamento; você consegue um nível de posse e controle jamais visto.
- **Lição 2:** Proibir o acesso direto ao banco de dados pelos clientes possibilita fazer melhorias de escalonamento e confiabilidade no estado de seu serviço, sem envolver os clientes.
- **Lição 3:** O processo de desenvolvimento e operacional se beneficia muito com a troca para orientação a serviço. O mode-

lo de serviços tem sido um importante capacitador na criação de equipes que podem inovar rapidamente com forte foco no cliente. Cada serviço tem uma equipe associada, e essa equipe é completamente responsável pelo serviço — da sondagem da funcionalidade até a arquitetura, construção e operação.

É impressionante como aplicar essas lições melhora a produtividade e a confiabilidade do desenvolvedor. Em 2011, a Amazon estava fazendo aproximadamente 15 mil implementações por dia. Em 2015, estava realizando quase 136 mil.

USAR O PADRÃO DE APLICATIVO ESTRANGULADOR PARA EVOLUIR A ARQUITETURA DE NOSSA EMPRESA COM SEGURANÇA

O termo *aplicativo estrangulador* foi inventado por Martin Fowler, em 2004, após ser inspirado por ver várias videiras estranguladoras durante uma viagem à Austrália: "Elas semeiam nos ramos superiores de uma figueira e gradualmente descem pela árvore até enraizar no solo. No decorrer de muitos anos, elas assumem belas e fantásticas formas, estrangulando e matando a árvore hospedeira".

Se determinamos que nossa arquitetura atual é acoplada demais, podemos começar a desacoplar partes de sua funcionalidade. Com isso, possibilitamos que as equipes que dão suporte para a funcionalidade desacoplada desenvolva, teste e implemente seu código na produção independentemente, com autonomia e segurança, reduzindo a entropia arquitetônica.

Como já descrito, o padrão de aplicativo estrangulador envolve colocar funcionalidade existente atrás de uma API, onde permanece intacta, e implementar nova funcionalidade usando a arquitetura desejada, fazendo chamadas ao sistema antigo quando necessário. Quando implementamos aplicativos estranguladores, procuramos acessar todos os serviços por meio de APIs com controle de versão, também chamados *serviços com controle de versão* ou *serviços imutáveis*.

As APIs com controle de versão nos permitem modificar o serviço sem impactar os chamadores, o que permite que o sistema seja menos acoplado — se precisarmos modificar os argumentos, criamos uma nova versão de API e migramos para a nova versão as equipes que dependem do nosso serviço. Afinal, não estamos atingindo nossos objetivos de rearquitetar se permitirmos que nosso novo aplicativo estrangulador fique demasiadamente acoplado a outros serviços (por exemplo, conectando diretamente ao banco de dados de outro serviço).

Se os serviços que chamamos não têm APIs bem definidas, devemos construí-las ou pelo menos ocultar a complexidade da comunicação com tais sistemas dentro de uma biblioteca cliente que tenha uma API bem definida.

Desacoplando repetidamente funcionalidade do sistema fortemente acoplado existente, colocamos nosso trabalho em um ecossistema seguro e vibrante, no qual os desenvolvedores podem ser bem mais produtivos, resultando na redução da funcionalidade do aplicativo legado. Ele pode até desaparecer completamente, desde que toda a funcionalidade necessária migre para a nova arquitetura.

Criando aplicativos estranguladores, evitamos meramente reproduzir funcionalidade existente em alguma nova arquitetura ou tecnologia — frequentemente nossos processos comerciais são bem mais complexos que o necessário, devido às idiossincrasias dos sistemas existentes, as quais acabaremos reproduzindo. (Pesquisando o usuário, muitas vezes podemos fazer a reengenharia do processo para projetar um modo bem mais simples e otimizado de atingir o objetivo comercial.)†

Uma observação de Martin Fowler ressalta esse risco: "Grande parte de minha carreira tem envolvido a reescrita de sistemas críticos. Você pensaria que isso é fácil — apenas fazer o novo funcionar como o antigo. Apesar disso, sempre é muito mais complexo do que parece e cheio de riscos. A grande data de corte se aproxima, e a pressão aumenta. Embora novos recursos (sempre existem novos recursos) sejam apreciados, o material antigo deve permanecer. Até erros antigos frequentemente precisam ser adicionados ao sistema reescrito".

Como em qualquer transformação, procuramos ter vitórias rápidas e entregar valor incremental logo, antes de continuarmos a iterar. A análise antecipada nos ajuda a identificar o menor trabalho possível que atingirá um resultado comercial com a nova arquitetura.

Estudo de Caso
Padrão Estrangulador na Blackboard Learn (2011)

A Blackboard Inc. foi uma das pioneiras no fornecimento de tecnologia para instituições educacionais e teve renda anual de aproximadamente

---

† O padrão de aplicativo estrangulador envolve a substituição incremental de um sistema inteiro, normalmente legado, por outro completamente novo. Inversamente, *ramificação por abstração*, termo cunhado por Paul Hammant, é uma técnica com a qual criamos uma camada de abstração entre as áreas que estamos mudando. Isso permite o projeto evolutivo da arquitetura do aplicativo, enquanto possibilita que todos trabalhem fora do trunk/ mestre e pratiquem integração contínua.

US$650 milhões em 2011. Naquela época, a equipe de desenvolvimento de seu principal produto, Learn, software empacotado que era instalado e executado nos sites de seus clientes, estava convivendo com as consequências diárias de uma base de código J2EE legada, datada de 1997. Como David Ashman, o arquiteto-chefe, observa: "ainda temos fragmentos de código Perl incorporados por toda nossa base de código".

Em 2010, Ashman estava concentrado na complexidade e nos tempos de execução crescentes associados ao sistema antigo, observando que "nossos processos de build, integração e teste foram ficando cada vez mais complexos e propensos a erros. E quanto maior o produto ficava, maiores nossos tempos de execução e piores os resultados para nossos clientes. Até mesmo o recebimento de feedback de nosso processo de integração exigia de 24 a 36 horas".

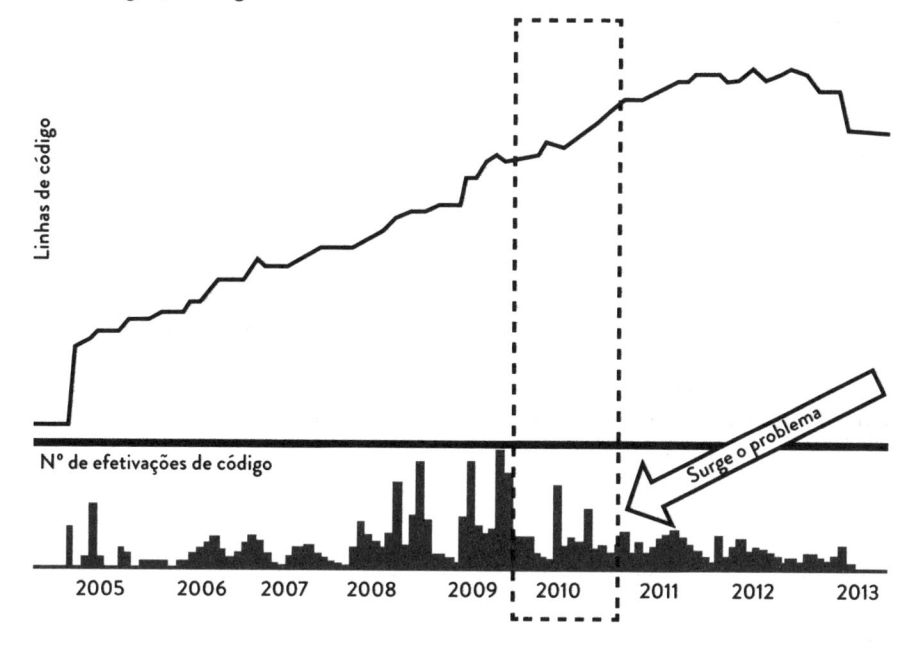

Figura 23: *Repositório de código do Blackboard Learn: antes dos Blocos de Construção (Fonte: "DOES14 - David Ashman - Blackboard Learn - Keep Your Head in the Clouds", vídeo do YouTube, 30:43, postado por DevOps Enterprise Summit 2014, 28 de outubro de 2014, https://www.youtube.com/watch?v=SSmixnMpsI4.)*

O modo como isso começou a impactar a produtividade dos desenvolvedores se tornou visível para Ashman nos gráficos gerados a partir do repositório de código-fonte, retrocedendo até 2005.

Na Figura 24, o gráfico superior representa o número de linhas de código no repositório de código do Blackboard Learn monolítico; o gráfico inferior representa o número de efetivações de código. O problema que se tornou evidente para Ashman foi que o número de efetivações de código começou a diminuir, mostrando objetivamente a maior dificuldade de introduzir mudanças de código, enquanto o número de linhas de código continuou a aumentar. Ashman observou: "Para mim, isso dizia que precisávamos fazer alguma coisa, caso contrário os problemas continuariam piorando indefinidamente".

Como resultado, em 2012 Ashman se concentrou na implementação de um projeto de rearquitetura de código que usava o padrão estrangulador. A equipe fez isso criando o que internamente chamava de **Blocos de Construção**, que permitiam que os desenvolvedores trabalhassem em módulos separados que eram desacoplados da base de código monolítica e acessados por meio de APIs fixas. Isso lhes permitiu trabalhar com bem mais autonomia, sem ter de se comunicar e coordenar constantemente com outras equipes de desenvolvimento.

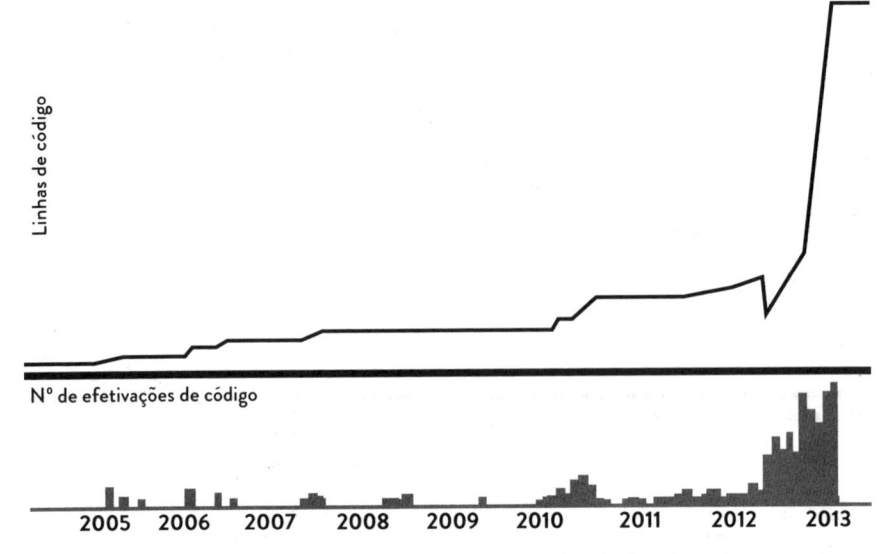

Figura 24: *Repositório de código do Blackboard Learn: depois dos Blocos de Construção (Fonte: "DOES14 - David Ashman - Blackboard Learn - Keep Your Head in the Clouds". Vídeo do YouTube, 30:43, postado por DevOps Enterprise Summit 2014, 28 de outubro de 2014, https://www.youtube.com/watch?v=SSmixnMpsI4.)*

Quando os Blocos de Construção foram disponibilizados para os desenvolvedores, o tamanho do repositório de código-fonte monolítico começou a diminuir (conforme medido pelo número de linhas de código). Ashman explicou que isso aconteceu porque os desenvolvedores estavam movendo seus códigos para o repositório de código-fonte de módulos de Blocos de Construção. "De fato", relatou Ashman, "dada a opção, todo desenvolvedor trabalhava na base de código de Blocos de Construção, onde podia ter mais autonomia, liberdade e segurança".

O gráfico acima mostra a conexão entre o crescimento exponencial no número de linhas de código e o crescimento exponencial do número de efetivações de código para os repositórios de código de Blocos de Construção. A nova base de código de Blocos de Construção permitiu que os desenvolvedores fossem mais produtivos, e tornou o trabalho mais seguro, pois erros resultavam em pequenas falhas locais, em vez de grandes catástrofes que impactavam o sistema global.

Ashman concluiu: "O fato de os desenvolvedores trabalharem na arquitetura de Blocos de Build causou melhorias impressionantes na modularidade do código, permitindo que eles trabalhassem com mais independência e liberdade. Em conjunto com as atualizações em nosso processo de build, também obtiveram feedback melhor e mais rápido sobre seu trabalho, o que significou maior qualidade".

CONCLUSÃO

Em grande parte, a arquitetura dentro da qual nossos serviços operam define como testamos e implementamos nosso código. Isso foi validado no *2015 State of DevOps Report*, do Puppet Labs, mostrando que a arquitetura é um dos principais previsores da produtividade dos engenheiros que trabalham nela e de como mudanças podem ser feitas de forma rápida e segura.

Como estamos frequentemente presos a arquiteturas que foram otimizadas para um conjunto de objetivos organizacionais diferente ou em uma época distante, devemos migrar com segurança de uma arquitetura para outra. Os estudos de caso apresentados neste capítulo, assim como o estudo de caso da Amazon apresentado anteriormente, descrevem técnicas como o padrão estrangulador, que nos ajudam a migrar entre arquiteturas de forma incremental, permitindo nos adaptarmos às necessidades da organização.

CONCLUSÃO DA PARTE III

Nos capítulos anteriores da Parte III implementamos a arquitetura e as práticas técnicas que possibilitam o fluxo de trabalho rápido de Dev para Ops, para que valor possa ser entregue aos clientes de forma rápida e segura.

Na Parte IV: A Segunda Maneira, *As Práticas Técnicas de Feedback*, criaremos a arquitetura e os mecanismos para possibilitar o fluxo rápido de feedback recíproco da direita para a esquerda, para descobrir e corrigir problemas mais rápido, irradiar feedback e garantir melhores resultados para nosso trabalho. Isso permite que nossa organização aumente ainda mais a velocidade com que pode se adaptar.

PARTE IV

A Segunda Maneira
As Práticas Técnicas de Feedback

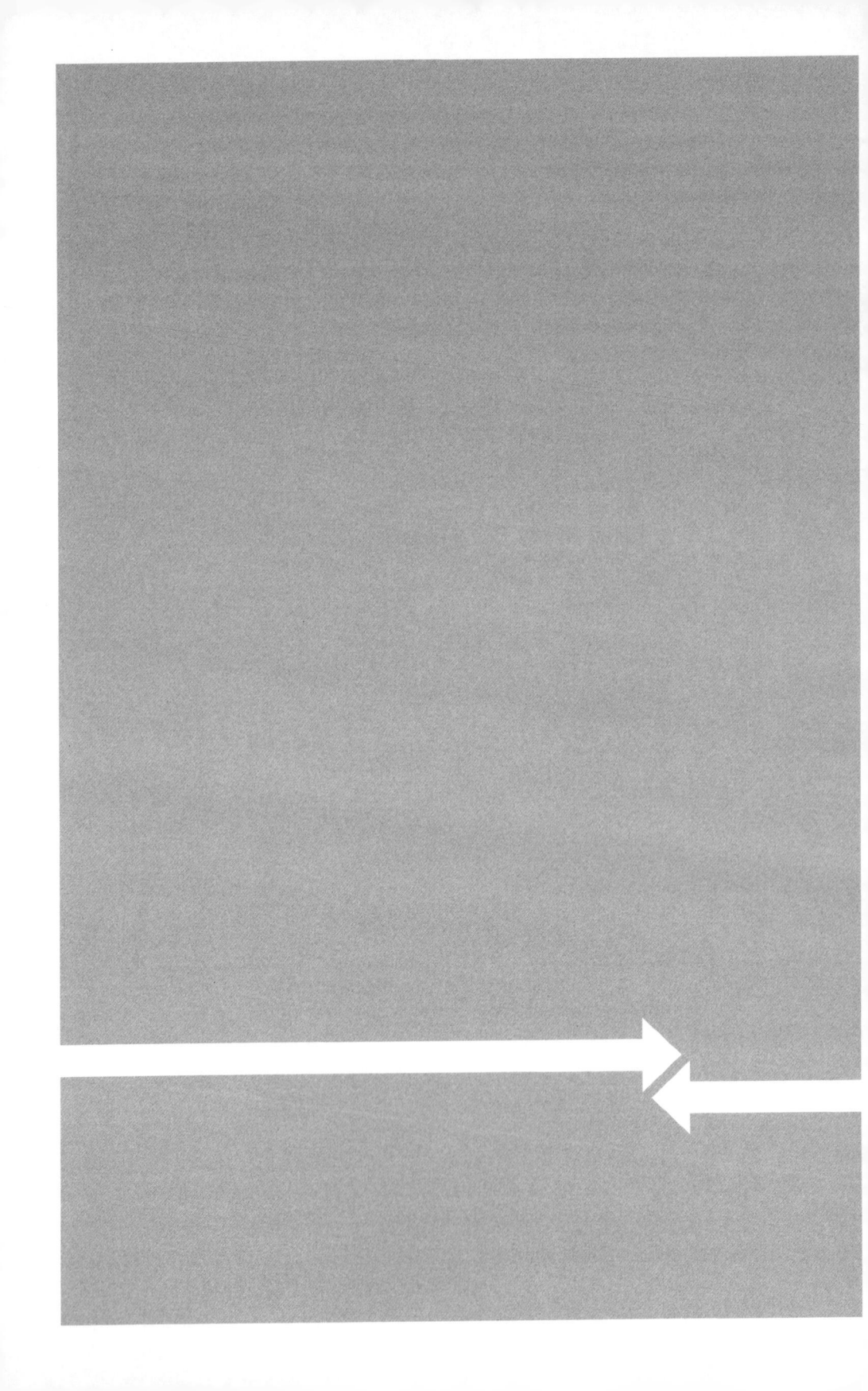

Parte IV
Introdução

Na Parte III descrevemos a arquitetura e as práticas técnicas exigidas para criar fluxo rápido do Desenvolvimento para Operações. Agora, na Parte IV, descrevemos como implementar as práticas técnicas da Segunda Maneira, exigidas para criar feedback rápido e contínuo de Operações para Desenvolvimento.

Com isso, reduzimos e ampliamos os loops de feedback para que possamos ver os problemas quando ocorrem e irradiar essa informação para todos no fluxo de valor. Isso nos permite encontrar e corrigir problemas rapidamente no início do ciclo de vida do desenvolvimento de software, de preferência bem antes que eles causem uma falha catastrófica.

Além disso, criaremos um sistema de trabalho em que o conhecimento adquirido adiante em Operações seja integrado no trabalho anterior do Desenvolvimento e da Gerência de Produtos. Isso nos permite criar rapidamente melhorias e aprendizados, seja a partir de um problema de produção, de implementação, indicadores de problemas preliminares ou de padrões de utilização dos clientes.

Além disso, vamos criar um processo que permita que todos recebam feedback sobre seu trabalho, que torne informações visíveis para permitir o aprendizado e possibilitar testar rapidamente hipóteses do produto, nos ajudando a determinar se os recursos que estamos construindo estão contribuindo para atingir nossos objetivos organizacionais.

Também demonstraremos como criar telemetria a partir de processos de build, teste e implementação, assim como de comportamento do usuário, problemas e interrupções de produção, de auditoria e brechas de segurança. Amplificando sinais como parte de nosso trabalho diário, possibilitamos ver e resolver problemas quando ocorrem, e desenvolvemos sistemas de trabalho seguros que nos permitem fazer mudanças e experimentos em produtos com confiança, sabendo que podemos detectar e corrigir falhas rapidamente. Faremos tudo isso explorando o seguinte:

- Criação de telemetria para ver e resolver problemas
- Uso da telemetria para antecipar problemas e atingir objetivos
- Integração de pesquisa e feedback de usuário no trabalho das equipes de produto
- Possibilidade de feedback para que Dev e Ops possam fazer implementações seguras
- Possibilidade de feedback para aumentar a qualidade do trabalho por meio de revisões de colegas e programação em pares

Os padrões deste capítulo ajudam a reforçar os objetivos comuns de Gestão de Produtos, Desenvolvimento, QA, Operações e Infosec, e a estimulá-los a compartilhar a responsabilidade, garantindo que esses serviços funcionem suavemente na produção e colaborando para a melhoria do sistema como um todo. Onde possível, queremos ligar a causa ao efeito. Quanto mais suposições pudermos invalidar, mais rápido poderemos descobrir e corrigir problemas, mas também maior será nossa capacidade de aprender e inovar.

Nos capítulos a seguir implementaremos loops de feedback, permitindo que todos trabalhem juntos em direção aos objetivos compartilhados, vejam problemas quando ocorrerem, permitam rápida detecção e recuperação e garantam que os recursos não só funcionem na produção como projetados, mas também alcancem os objetivos organizacionais e apoiem o aprendizado organizacional.

14 Criar Telemetria para Ver e Resolver Problemas

Uma realidade em Operações é que as coisas dão errado — pequenas alterações podem resultar em muitos resultados inesperados, incluindo interrupções e falhas globais que impactam todos os clientes. Essa é a realidade dos sistemas operacionais complexos; ninguém consegue ver o sistema inteiro e saber como todas as partes se encaixam.

Quando interrupções de produção e outros problemas ocorrem em nosso trabalho diário, frequentemente não temos as informações necessárias para resolvê-los. Por exemplo, durante uma interrupção talvez não consigamos determinar se o problema é devido a uma falha em nosso aplicativo (por exemplo, defeito no código), em nosso ambiente (por exemplo, um problema de rede ou de configuração de servidor) ou algo totalmente externo (por exemplo, um ataque maciço de negação de serviço).

Em Operações, podemos lidar com esse problema com a seguinte regra geral: quando algo dá errado na produção, apenas reiniciamos o servidor. Se isso não funcionar, reiniciamos o servidor seguinte. Se não funcionar, reiniciamos todos os servidores. Se não funcionar, culpamos os desenvolvedores, que estão sempre causando interrupções.

Em contraste, o estudo Microsoft Operations Framework (MOF) de 2001 descobriu que organizações com os níveis de serviço mais altos reiniciavam seus servidores com frequência 20 vezes menor do que a média e tinham cinco vezes menos "telas azuis da morte". Em outras palavras, o estudo revelou que as organizações de melhor desempenho eram muito melhores no diagnóstico e na correção de incidentes de serviço, o que Kevin Behr, Gene Kim e George Spafford chamaram de "cultura da causalidade" em *The Visible Ops Handbook* (*O Manual de Ops Visível*, em tradução livre). Empresas de alto desempenho usavam uma abordagem disciplinada para resolver problemas, empregando telemetria de produção a fim de entender os possíveis fatores contribuintes para focar na solução do problema, em oposição às de desempenho ruim, que reiniciavam servidores cegamente.

Para possibilitar esse comportamento de solução de problemas disciplinado, precisamos projetar nossos sistemas de modo que continuamente criem *telemetria*, definida como "um processo de comunicação automatizado, por meio do qual medidas e outros dados são coletados em pontos remotos e, subsequentemente, transmitidos para o equipamento receptor para monitoramento". Nosso objetivo é criar telemetria dentro de nossos aplicativos e ambientes tanto nos nossos ambientes de produção quanto de pré-produção, assim como em nosso pipeline de implementação.

Michael Rembetsy e Patrick McDonnell descreveram como monitorar a produção foi uma parte crítica da transformação de DevOps da Etsy, iniciada em 2009. Isso porque eles estavam padronizando e fazendo a transição de toda sua pilha tecnológica para a pilha LAMP (Linux, Apache, MySQL e PHP), abandonando um grande número de tecnologias diferentes que estavam sendo usadas na produção, de suporte cada vez mais difícil.

Na Velocity Conference de 2012, McDonnell descreveu o risco que isso gerou: "Estávamos mudando parte de nossa infraestrutura mais importante, o que, idealmente, os clientes nunca perceberiam. Contudo, eles definitivamente notariam se estragássemos algo. Precisávamos de mais métricas para termos certeza de não danificar nada enquanto fazíamos essas grandes mudanças, tanto para nossas equipes de engenharia quanto para membros de equipe de áreas não técnicas, como o marketing".

McDonnell explicou ainda: "Começamos a coletar todas as informações de nosso servidor em uma ferramenta chamada Ganglia, exibindo todas elas no Graphite, uma ferramenta open source em que investimos pesadamente. Começamos a agregar métricas, desde comerciais até implementações. Foi quando modificamos o Graphite com o que chamamos de 'nossa tecnologia de linha vertical única e inigualável', que sobrepunha cada gráfico de métrica quando as implementações acontecem. Com isso, pudemos ver mais rapidamente quaisquer efeitos colaterais não pretendidos na implementação. Começamos até a colocar telas de TV em todo o escritório, para que todos pudessem ver como nossos serviços estavam indo".

Ao permitir que desenvolvedores adicionassem telemetria em seus recursos como parte do trabalho diário, eles criaram telemetrias suficientes para ajudar a tornar as implementações seguras. Em 2011, a Etsy estava rastreando mais de 200 mil métricas de produção em cada camada da pilha de aplicativos (por exemplo, recursos do aplicativo, saúde do aplicativo, banco de dados, sistema operacional, armazenamento, rede, segurança etc.), com as 30 métricas comerciais mais importantes exibidas com destaque em seu "painel de implementação". Em 2014, estavam rastreando mais de 800 mil métricas, mostrando seu objetivo contínuo de orquestrar tudo e facilitar isso para os engenheiros.

Como Ian Malpass, engenheiro da Etsy, gracejou: "Se a engenharia da Etsy tem uma religião, é a Igreja dos Gráficos. Se algo se move, rastreamos. Às vezes desenhamos um gráfico de algo que ainda não está se movendo, apenas para o caso de isso decidir tentar fugir.... Rastrear tudo é a chave para mudar rapidamente, mas o único modo de fazer isso é facilitando o rastreamento.... Permitimos que os engenheiros rastreiem o que precisam rastrear, imediatamente, sem exigir mudanças de configuração demoradas ou processos complicados".

Uma das revelações do 2015 State of DevOps Report foi que empresas de alto desempenho podiam resolver incidentes de produção 168 vezes mais rápido que seus pares, com as empresas com média de desempenho alto com MTTR medido em minutos, enquanto as com média de desempenho baixo tinham MTTR medido em dias. As duas principais práticas técnicas que permitiram MTTR rápido foram o uso de controle de versão por Operações e ter telemetria e monitoramento proativo no ambiente de produção.

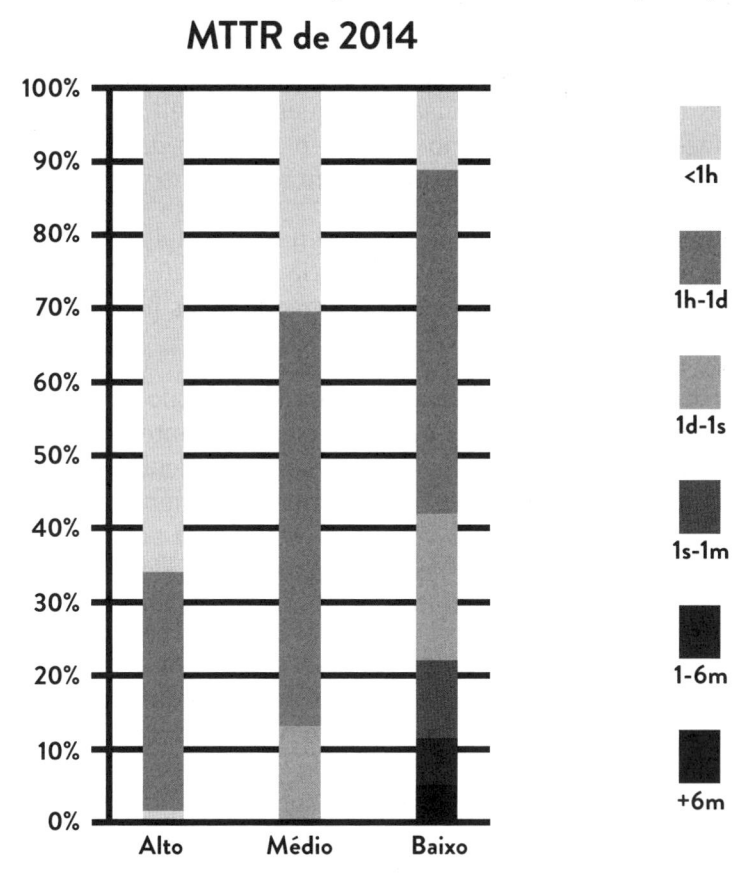

Figura 25: *Tempo de resolução de incidentes para empresas de desempenho alto, médio e baixo (Fonte: Puppet Labs, 2014 State of DevOps Report.)*

Como na Etsy, nosso objetivo neste capítulo é sempre termos telemetrias suficientes para que possamos confirmar que nossos serviços estão funcionando corretamente na produção e, quando problemas ocorrerem, possibilitar a rápida determinação do que está dando errado e tomar decisões informadas sobre a melhor maneira de corrigi-los, de preferência bem antes de os clientes serem impactados. Além disso, a telemetria é o que nos permite ter nosso melhor entendimento da realidade e detectar quando ele está incorreto.

CRIAR NOSSA INFRAESTRUTURA DE TELEMETRIA CENTRALIZADA

O monitoramento e registro operacionais não são novidade — várias gerações de engenheiros de Operações usaram e personalizaram estruturas de monitoramento (por exemplo, HP OpenView, IBM Tivoli e BMC Patrol/BladeLogic) para garantir a saúde de sistemas de produção. Normalmente, os dados eram coletados por meio de agentes executados nos servidores ou por monitoramento sem agente (por exemplo, armadilhas SNMP ou monitores baseados em pesquisas). Frequentemente havia um front-end de interface gráfica do usuário (GUI), e o relatório de back-end muitas vezes era ampliado por meio de ferramentas, como Crystal Reports.

Analogamente, as práticas de desenvolvimento de aplicativos com registro efetivo e gerenciamento de telemetria resultante não são novas — existem várias bibliotecas de registro amadurecidas para quase todas as linguagens de programação.

Contudo, há décadas temos ficado com silos de informação, nos quais Desenvolvimento cria eventos de registro interessantes apenas para desenvolvedores e Operações só monitora se os ambientes estão ativos ou não. Como resultado, quando ocorrem eventos inoportunos, ninguém consegue determinar por que o sistema inteiro não está operando como projetado ou qual componente específico está falhando, impedindo nossa capacidade de levar nosso sistema de volta a um estado funcional.

Para vermos todos os problemas quando ocorrem, devemos projetar e desenvolver nossos aplicativos e ambientes de modo que gerem telemetria suficiente, nos permitindo entender como o sistema está se comportando como um todo. Quando todos os níveis de nossa pilha de aplicativos têm monitoramento e registro, habilitamos outras capacidades importantes, como desenho de gráficos e visualização de nossa métrica, detecção de anomalias, alerta e escalonamento proativos etc.

Em *The Art of Monitoring* (A Arte do Monitoramento, em tradução livre), James Turnbull descreve uma arquitetura de monitoramento moderna, desenvolvida e usada por engenheiros de Operações em empresas que usam a web (por exemplo, Google, Amazon, Facebook). A arquitetura frequentemente consistia em ferramentas de open source, como Nagios e Zenoss, personalizadas e implementadas em uma escala difícil de realizar na época com software comercial licenciado. Essa arquitetura tem os seguintes componentes:

- **Coleta de dados nas camadas de lógica do negócio, aplicativo e ambientes:** Em cada uma dessas camadas, estamos criando telemetria na forma de eventos, registros e métricas. Os registros podem ser armazenados em arquivos específicos do aplicativo em cada servidor (por exemplo, /var/log/httpd-error.log), mas preferivelmente queremos que todos os nossos registros sejam enviados para um serviço comum que permita fácil centralização, rotação e exclusão. Isso é fornecido pela maioria dos sistemas operacionais, como syslog do Linux, o Log de Eventos do Windows etc. Além disso, reunimos métricas em todas as camadas da pilha de aplicativos para entender melhor como nosso sistema está se comportando. Em nível de sistema operacional, podemos coletar métricas como utilização de CPU, memória, disco ou rede no decorrer do tempo, usando ferramentas como collectd, Ganglia etc. Outras ferramentas que coletam informações de desempenho incluem AppDynamics, New Relic e Pingdom.

- **Um roteador de eventos responsável por armazenar nossos eventos e métricas:** Essa capacidade permite visualização, análise de tendências, alertas, detecção de anomalias, e assim por diante. Coletando, armazenando e agregando toda nossa telemetria, possibilitamos análise e verificações de saúde melhores. Também é aí que armazenamos configurações relacionadas aos nossos serviços (e seus aplicativos e ambientes de apoio), e provavelmente é onde fazemos verificações de alerta e saúde baseadas em limites.[†]

Uma vez centralizados os registros, podemos transformá-los em métricas contando-os no roteador de eventos — por exemplo, um evento de registro como "child pid 14024 exit signal Segmentation fault" pode ser contado e resumido como uma métrica segfault em toda a infraestrutura de produção.

[†] Exemplos de ferramentas incluem Sensu, Nagios, Zappix, LogsStash, Splunk, Sumo Logic, Datadog e Riemann.

Transformando registros em métricas, podemos agora efetuar operações estatísticas neles, como usar detecção de anomalias para encontrar valores discrepantes e variações ainda mais cedo no ciclo do problema. Por exemplo, podemos configurar nosso alerta para nos notificar se passamos de "dez segfaults na última semana" para "milhares de segfaults na última hora", avisando-nos para investigar melhor.

Além de coletar telemetria de nossos serviços e ambientes de produção, também devemos coletar telemetria de nosso pipeline de implementação quando ocorrem eventos importantes, como quando nossos testes automatizados passam ou falham e quando fazemos implementações em qualquer ambiente. Também devemos coletar telemetria sobre quanto tempo demora para executarmos nossas construções e testes. Fazendo isso, podemos detectar condições que poderiam indicar problemas, como se o teste de desempenho ou nosso build demora duas vezes mais que o normal, permitindo-nos encontrar e corrigir erros antes que cheguem na produção.

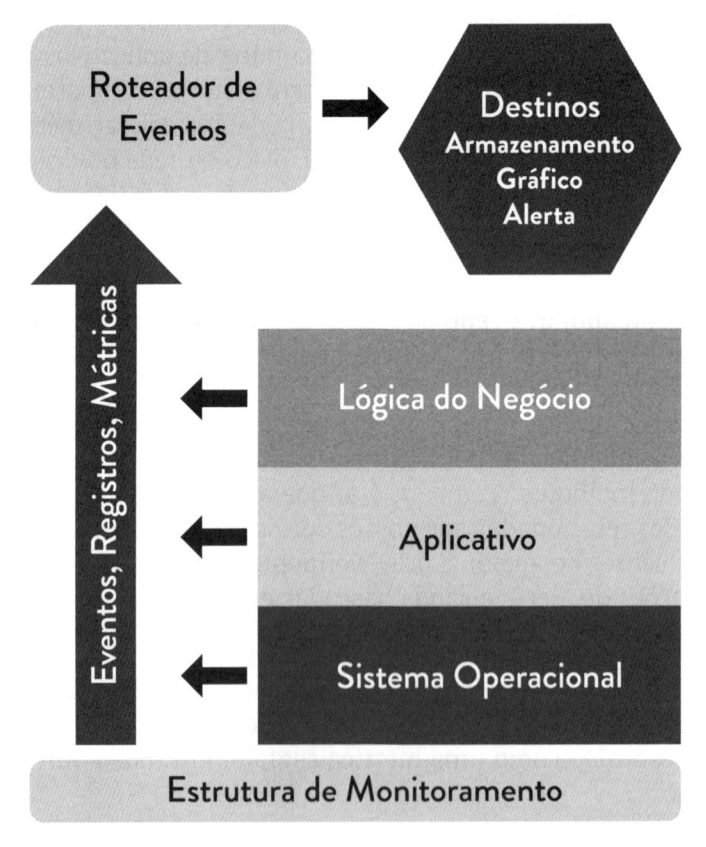

Figura 26: *Estrutura de monitoramento (Fonte: Turnbull, The Art of Monitoring, edição Kindle, cap. 2.)*

Além disso, devemos garantir que seja fácil inserir e recuperar informações de nossa infraestrutura de telemetria. Preferivelmente, tudo deve ser feito por meio de APIs self-service, não exigindo que as pessoas abram tíquetes e esperem para obter relatórios.

Idealmente, criaremos telemetria que nos diga exatamente quando, onde e como algo de interesse acontece. A telemetria também deve ser conveniente para análise manual e automatizada e ser analisada sem ter à mão o aplicativo que produziu os registros. Como Adrian Cockcroft ressaltou: "O monitoramento é tão importante que nossos sistemas de monitoramento precisam ser mais disponíveis e escalonáveis que os sistemas monitorados".

Daqui em diante, os termos *telemetria* e *métrica* serão usados indistintamente, o que inclui todos os registros de evento e métricas criados por serviços em todos os níveis da pilha de aplicativos e gerados a partir de todos os ambientes de produção e pré-produção, assim como do pipeline de implementação.

CRIAR TELEMETRIA DE REGISTRO DE APLICATIVO QUE AJUDA A PRODUÇÃO

Agora que temos uma infraestrutura de telemetria centralizada, devemos garantir que os aplicativos que construímos e operamos criem telemetria suficiente. Isso acontece ao fazer com que os engenheiros de Dev e Ops criem telemetria de produção como parte de seu trabalho diário, tanto para serviços novos como para os já existentes.

Scott Prugh, arquiteto-chefe e vice-presidente de desenvolvimento da CSG, disse: "Sempre que a NASA lança um foguete, há milhões de sensores automatizados relatando o status de cada componente desse bem valioso. E, ainda assim, frequentemente não tomamos o mesmo cuidado com software — descobrimos que criar telemetria de aplicativo e infraestrutura foi um dos investimentos de retorno mais alto que fizemos. Em 2014, criamos mais de um bilhão de eventos de telemetria por dia, com mais de 100 mil locais de código equipados com instrumentos".

Nos aplicativos que criamos e operamos, cada recurso deve ser orquestrado — se ele foi importante o suficiente para que um engenheiro implementasse, certamente é importante o suficiente para gerar telemetria de produção suficiente para que possamos confirmar se está operando como projetado e se os resultados desejados estão sendo obtidos.[†]

[†] Há várias bibliotecas de registro de aplicativo que facilitam que os desenvolvedores criem telemetria útil, e devemos escolher uma que nos permita enviar todos os registros de

Todo membro de nosso fluxo de valor usará a telemetria de várias maneiras. Por exemplo, os desenvolvedores podem criar temporariamente mais telemetria nos aplicativos para diagnosticar problemas em suas estações de trabalho, enquanto os engenheiros de Ops podem usar telemetria para diagnosticar problemas de produção. Além disso, Infosec e auditores podem examinar a telemetria para confirmar a eficácia de um controle exigido, e um gerente de produto pode usá-la para monitorar resultados comerciais, utilização de recursos ou taxas de conversão.

Para suportar esses vários modelos de uso, temos diferentes níveis de registro, alguns dos quais também podem disparar alertas, como os seguintes:

- **Nível DEPURAÇÃO:** Neste nível, as informações são sobre tudo o que acontece no programa, mais frequentemente usado durante a depuração. Frequentemente os registros de depuração são desabilitados na produção, mas habilitados temporariamente durante a solução de problemas.

- **Nível INFORMAÇÃO:** As informações deste nível consistem em ações tomadas pelo usuário ou específicas do sistema (por exemplo, "iniciar transação de cartão de crédito").

- **Nível AVISO:** As informações neste nível relatam condições que podem se tornar um erro (por exemplo, uma chamada de banco de dados demorando mais do que um tempo predefinido). Elas provavelmente iniciarão um alerta e uma solução de problemas, enquanto outras mensagens de registro podem nos ajudar a entender melhor o que levou a essa condição.

- **Nível ERRO:** As informações neste nível focam em condições de erro (por exemplo, falhas de chamada de API, condições de erro interno).

- **Nível FATAL:** As informações neste nível relatam quando devemos encerrar (por exemplo, um daemon de rede não consegue vincular um soquete de rede).

É importante escolher o nível certo de registro. Dan North, antigo consultor da ThoughtWorks, que estava envolvido em vários projetos nos quais os conceitos básicos de entrega contínua tomaram forma, observa: "Ao

---

aplicativo para a infraestrutura de registro centralizada que criamos na seção anterior. Exemplos populares incluem rrd4j e log4j para Java, e log4r e ruby-cabin para Ruby.

decidir se uma mensagem deve ser ERRO ou AVISO, imagine ser acordado às 4 da manhã. Impressora com pouco toner não é um ERRO".

Para ajudar a termos informações relevantes para operações confiáveis e seguras de nosso serviço, devemos garantir que todos os eventos de aplicativo potencialmente significativos gerem entradas de registro, inclusive aqueles fornecidos nesta lista, montada por Anton A. Chuvakin, vice-presidente de pesquisa do grupo GTP Security & Risk Management da Gartner:

- Decisões de autenticação/autorização (incluindo logoff)
- Acesso ao sistema e a dados
- Alterações em sistema e aplicativo (especialmente alterações privilegiadas)
- Alterações em dados, como adicionar, editar ou excluir dados
- Entrada inválida (possível injeção maliciosa, ameaças etc.)
- Recursos (RAM, disco, CPU, largura de banda ou qualquer outro recurso que tenha limites rígidos ou flexíveis)
- Saúde e disponibilidade
- Inicializações e desligamentos
- Falhas e erros
- Ativações de interruptor
- Atrasos
- Sucesso/falha de backup

Para facilitar a interpretação e dar significado a todas essas entradas de registro, devemos (idealmente) criar categorias de registro hierárquicas, como para atributos não funcionais (por exemplo, desempenho, segurança) e para atributos relacionados a recursos (por exemplo, busca, classificação).

USAR TELEMETRIA PARA GUIAR A SOLUÇÃO DE PROBLEMAS

Como descrito no início deste capítulo, organizações de alto desempenho usam uma abordagem disciplinada para solucionar problemas. Isso contrasta com a prática mais comum de usar rumor e boato, o que pode levar à infeliz métrica do *tempo médio até sermos declarados inocentes* — com que rapidez podemos convencer a todos que não causamos a interrupção.

Quando existe uma cultura de culpa em torno de interrupções e problemas, os grupos podem deixar de documentar mudanças e de exibir telemetria onde todos podem ver, para não serem culpados por interrupções.

Outros resultados negativos devidos à falta de telemetria pública incluem uma atmosfera política altamente carregada, a necessidade de rechaçar acusações e, pior, a incapacidade de gerar conhecimento institucional em torno de como os incidentes ocorreram e os aprendizados necessários para evitar que esses erros aconteçam novamente no futuro.[†]

Em contraste, a telemetria nos permite usar o método científico para formular hipóteses sobre o que está causando um problema em particular e o que é necessário para resolvê-lo. Exemplos de perguntas que podemos responder durante a resolução de problemas incluem:

- Que evidência temos de nosso monitoramento de que um problema está realmente ocorrendo?
- Quais são os eventos e mudanças relevantes em nossos aplicativos e ambientes que podem ter contribuído para o problema?
- Quais hipóteses podemos formular para confirmar o vínculo entre as causas propostas e os efeitos?
- Como podemos provar quais dessas hipóteses estão corretas e afetam uma correção bem-sucedida?

O valor da solução de problemas baseada em fatos reside não apenas em MTTR significativamente mais rápido (e resultados melhores para os clientes), mas também no reforço da percepção de uma relação em que todos ganham entre Desenvolvimento e Operações.

POSSIBILITAR A CRIAÇÃO DE MÉTRICAS DE PRODUÇÃO COMO PARTE DO TRABALHO DIÁRIO

Para permitir que todos sejam capazes de encontrar e corrigir problemas em seus trabalhos diários, precisamos que todos criem métricas facilmente produzidas, exibidas e analisadas. Para isso, devemos ter a infraestrutura e as bibliotecas necessárias para facilitar o máximo possível

---

[†] Em 2004, Gene Kim, Kevin Behr e George Spafford descreveram isso como um sintoma da falta de uma "cultura da causalidade", observando que as organizações de alto desempenho reconhecem que 80% de todas as interrupções são causadas por mudança e 80% do MTTR é gasto tentando determinar o que mudou.

que alguém de Desenvolvimento ou Operações crie telemetria para qualquer funcionalidade construída. Idealmente, isso deve ser tão fácil quanto escrever uma linha de código para criar uma nova métrica que apareça em um painel comum, onde todos do fluxo de valor possam ver.

Essa foi a filosofia que guiou o desenvolvimento de uma das bibliotecas de métrica mais usadas, chamada StatsD, criada como open source na Etsy. Como John Allspaw descreveu: "Projetamos a StatsD para evitar que algum desenvolvedor dissesse: 'É incômodo demais equipar meu código'. Agora eles podem fazer isso com uma linha de código. Para nós, foi importante um desenvolvedor não achar que adicionar telemetria de produção fosse tão difícil quanto fazer uma mudança de esquema de banco de dados".

A StatsD pode gerar cronômetros e contadores com uma linha de código (em Ruby, Perl, Python, Java e outras linguagens) e frequentemente é usada em conjunto com Graphite ou Grafana, que transformam eventos de métrica em gráficos e painéis.

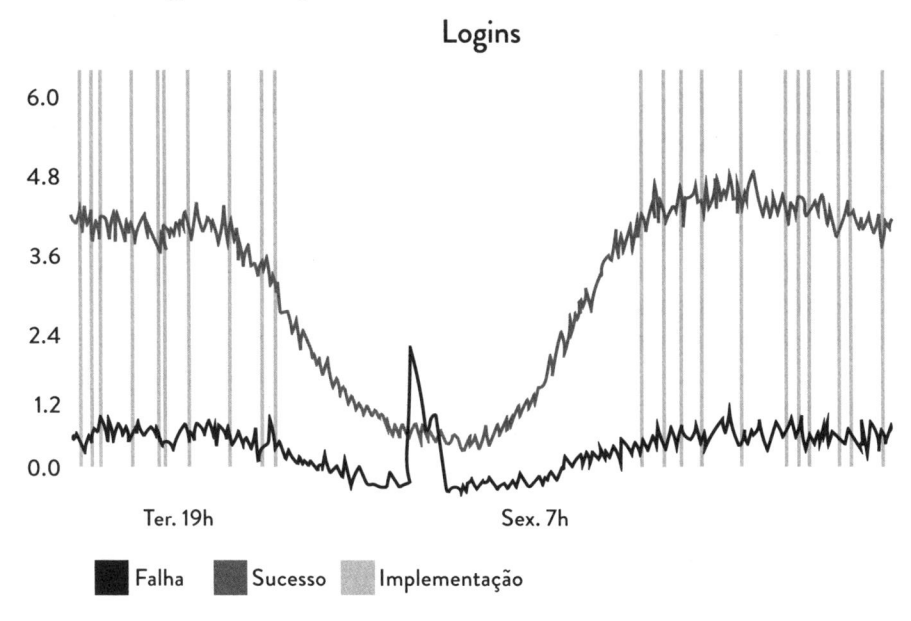

Figura 27: *Uma linha de código para gerar telemetria usando StatsD e Graphite na Etsy (Fonte: Ian Malpass, "Measure Anything, Measure Everything.")*

A Figura 27 mostra um exemplo de como uma única linha de código cria um evento de login de usuário (neste caso, uma linha de código PHP: "StatsD::increment("login. successes")). O gráfico resultante mostra o número de logins bem e malsucedidos por minuto e sobrepostas no gráfico aparecem linhas verticais representando uma implantação de produção.

Quando geramos gráficos de nossa telemetria, também sobrepomos neles as mudanças de produção que ocorrem, pois sabemos que a maioria dos problemas de produção é causada por mudanças, o que inclui implementações de código. Isso é parte do que nos permite ter uma taxa de mudança alta, enquanto ainda preservamos um sistema de trabalho seguro.

Bibliotecas alternativas à StatsD, que permitem que os desenvolvedores gerem telemetria de produção e possam ser facilmente agregadas e analisadas, incluem JMX e codahale. Outras ferramentas que criam métricas valiosas para solução de problemas incluem New Relic, AppDynamics e Dynatrace. Ferramentas como munin e collectd podem ser usadas para criar funcionalidade similar.†

Ao gerar telemetria de produção como parte de nosso trabalho diário, temos cada vez mais capacidade não apenas de ver os problemas quando ocorrem, mas também de projetar nosso trabalho, de modo que problemas em projeto e operações possam ser revelados, permitindo o rastreamento de um crescente número de métricas, como vimos no estudo de caso da Etsy.

CRIAR ACESSO SELF-SERVICE À TELEMETRIA E IRRADIADORES DE INFORMAÇÃO

Nas etapas anteriores, permitimos que Desenvolvimento e Operações criassem e melhorassem telemetria de produção como parte de seus trabalhos diários. Nesta etapa, nosso objetivo é irradiar essa informação para o restante da organização, garantindo que todos que queiram dados sobre qualquer serviço que estejam executando possam obtê-los sem precisar de acesso ao sistema de produção ou de contas privilegiadas, ou que precisem abrir um tíquete e esperar dias para que alguém configure o gráfico.

Tornando a telemetria rápida, fácil de obter e suficientemente centralizada, todo mundo no fluxo de valor pode compartilhar uma visão comum da realidade. Normalmente, isso significa que as métricas de produção serão irradiadas em páginas web geradas por um servidor centralizado, como o Graphite ou qualquer uma das outras tecnologias descritas na seção anterior.

Queremos que nossa telemetria de produção seja altamente visível, o que significa colocá-la em áreas centrais onde Desenvolvimento e Operações trabalham, permitindo assim que todos os interessados vejam como nossos ser-

---

† Outro conjunto de ferramentas para ajudar em monitoramento, agregação e coleta inclui Splunk, Zabbix, Sumo Logic, DataDog, assim como Nagios, Cacti, Sensu, RRDTool, Netflix Atlas, Riemann e outras. Os analistas frequentemente chamam essa categoria ampla de ferramentas de "monitores de desempenho de aplicativo".

viços estão indo. No mínimo, isso inclui todos os que estão em nosso fluxo de valor, como Desenvolvimento, Operações, Gerência de Produtos e Infosec.

Frequentemente isso é referido como *irradiador de informação*, definido pela Aliança Ágil como "termo genérico para qualquer mostruário manuscrito, desenhado, impresso ou eletrônico que uma equipe coloca em um local altamente visível para que todos seus membros, assim como os passantes, possam ver as informações mais recentes imediatamente: contagem de testes automatizados, velocidade, relatórios de incidente, status de integração contínua etc. Essa ideia surgiu como parte do Sistema Toyota de Produção".

Colocando irradiadores de informação em locais altamente visíveis, promovemos a responsabilidade entre os membros da equipe, demonstrando ativamente os seguintes valores:

- A equipe não tem nada a esconder dos visitantes (clientes, interessados etc.)
- A equipe não tem nada a esconder de si mesma: ela reconhece e encara os problemas

Agora que temos a infraestrutura para criar e irradiar telemetria de produção para a organização inteira, podemos também divulgar essa informação para nossos clientes internos e até para os externos. Por exemplo, podemos fazer isso criando páginas de status de serviço publicamente visíveis, para que os clientes saibam como os serviços dos quais dependem estão indo.

Embora possa haver certa resistência em fornecer essa transparência toda, Ernest Mueller descreve o valor disso:

> Uma de minhas primeiras ações quando começo em uma organização é usar irradiadores de informação para comunicar problemas e detalhar as mudanças que estamos fazendo — normalmente isso é muito bem recebido por nossas unidades empresariais, anteriormente deixadas no escuro com frequência. E, para grupos de Desenvolvimento e Operações que precisam trabalhar juntos para entregar um serviço aos outros, precisamos de comunicação, informações e feedback constantes.

Podemos até ampliar essa transparência — em vez de tentar manter em segredo os problemas que impactam os clientes, podemos divulgar essa informação para nossos clientes externos. Isso demonstra que valorizamos a transparência, ajudando a construir e a merecer a confiança dos clientes.‡ (Veja o Apêndice 10.)

---

‡ Produzir um painel simples deveria fazer parte da criação de qualquer produto ou serviço novo — testes automatizados devem confirmar que o serviço e o painel estão funcionando corretamente, ajudando nossos clientes e nossa capacidade de implantar código com segurança.

Estudo de Caso
Criação de Métrica Self-Service no LinkedIn (2011)

Como descrito na Parte III, o LinkedIn foi criado em 2003 para ajudar os usuários a se conectarem "em suas redes em busca de melhores oportunidades de trabalho". Em novembro de 2015, o LinkedIn tinha mais de 350 milhões de membros, gerando dezenas de milhares de solicitações por segundo, resultando em milhões de consultas por segundo em seus sistemas de back-end.

Em 2011, Prachi Gupta, diretor de Engenharia do LinkedIn, escreveu sobre a importância da telemetria de produção: "No LinkedIn enfatizamos a garantia de que o site esteja funcionando e que nossos membros tenham acesso a toda funcionalidade dele o tempo todo. Cumprir esse compromisso exige que detectemos e respondamos às falhas e aos gargalos quando eles começam a acontecer. É por isso que usamos esses gráficos de série temporal de monitoramento do site, para detectarmos e reagirmos aos incidentes em poucos minutos... Essa técnica de monitoramento tem se mostrado uma excelente ferramenta para os engenheiros. Ela nos permite mudar rapidamente e nos dá tempo para detectar, fazer a triagem e corrigir problemas".

No entanto, em 2010, mesmo gerando um volume incrivelmente grande de telemetria, ter acesso aos dados era extremamente difícil para os engenheiros, quem dirá analisá-los. Assim começou o projeto interno de verão de Eric Wong no LinkedIn, que se transformou na iniciativa de telemetria de produção que criou o InGraphs.

Wong escreveu, "Para ter algo tão simples quanto a utilização de CPU de todos os hosts executando um serviço em particular, você precisava dar entrada em um tíquete, e alguém gastava 30 minutos para reuni-lo [um relatório]".

Na época, o LinkedIn usava Zenoss para coletar métricas, mas, como Wong explica: "Obter dados do Zenoss exigia vasculhar uma interface web lenta, de modo que escrevi alguns scripts em python para ajudar a otimizar o processo. Embora ainda houvesse intervenção manual na configuração da coleta da métrica, pude reduzir o tempo gasto navegando na interface do Zenoss".

Durante o verão, ele continuou a adicionar funcionalidade no InGraphs para que os engenheiros pudessem ver exatamente o que queriam, acrescentando a capacidade de fazer cálculos com vários conjuntos de dados, ver tendências semana por semana para comparar desempenho histórico e até definir painéis personalizados para escolher exatamente a métrica que seria exibida em uma página.

Escrevendo sobre os resultados da adição de funcionalidade no InGraphs e o valor dessa capacidade, Gupta observa: "A eficácia de nosso sistema de monitoramento foi destacada quando a funcionalidade de monitoramento do InGraphs, ligada a um importante provedor de webmail, começou a mostrar tendência decrescente, e o provedor só percebeu que tinha um problema em seu sistema depois que entramos em contato com ele!".

O que começou como um projeto de estágio de verão é agora uma das partes mais visíveis das operações do LinkedIn. O InGraphs teve tanto sucesso que os gráficos em tempo real são apresentados em destaque nos escritórios de engenharia da empresa, onde os visitantes não podem deixar de vê-los.

ENCONTRAR E PREENCHER QUAISQUER LACUNAS DE TELEMETRIA

Agora temos a infraestrutura necessária para criar telemetria de produção rapidamente em toda a nossa pilha de aplicativos e irradiá-la por nossa organização.

Nesta etapa identificaremos quaisquer lacunas em nossa telemetria que impeçam nossa capacidade de detectar e resolver incidentes rapidamente — isso é especialmente relevante se Dev e Ops tiverem pouca (ou nenhuma) telemetria atualmente. Usaremos esses dados posteriormente para melhor antecipar problemas e permitir que todos reúnam as informações necessárias para tomar boas decisões a fim de atingir os objetivos organizacionais.

Para isso, precisamos criar telemetria suficiente em todos os níveis da pilha de aplicativos para todos os nossos ambientes, assim como para os pipelines de implementação que os suportam. Precisamos de métricas dos seguintes níveis:

- **Nível empresarial:** Exemplos incluem o número de transações de vendas, lucro de transações de vendas, inscrições de usuário, taxa de rotatividade, resultados de testes A/B etc.
- **Nível de aplicativo:** Exemplos incluem tempos de transação, tempos de resposta de usuário, falhas de aplicativo etc.
- **Nível de infraestrutura (por exemplo, banco de dados, sistema operacional, rede, armazenamento):** Exemplos incluem tráfego de servidor web, carga de CPU, utilização de disco etc.

- **Nível de software cliente (por exemplo, JavaScript no navegador cliente, aplicativo móvel):** Exemplos incluem erros e falhas de aplicativo, tempos de transação medidos pelo usuário etc.
- **Nível de pipeline de implementação:** Exemplos incluem status do pipeline de build (por exemplo, vermelho ou verde para nossos vários conjuntos de testes automatizados), tempos de execução de implementação de mudança, frequências de implementação, promoções de ambiente de teste e status de ambiente.

Com cobertura de telemetria em todas essas áreas, poderemos ver a saúde de tudo de que nosso serviço depende usando dados e fatos, em vez de rumores, apontar de dedos, culpa, e assim por diante.

Além disso, permitimos melhor detecção de eventos relevantes para a segurança, monitorando quaisquer falhas de aplicativo e infraestrutura (por exemplo, términos anormais de programas, erros e exceções de aplicativos, e erros de servidor e armazenamento). Essa telemetria não apenas informa melhor ao Desenvolvimento e à Operações quando nossos serviços estão falhando, mas esses erros frequentemente são indicadores de que uma vulnerabilidade de segurança está sendo ativamente explorada.

Ao detectar e corrigir problemas antecipadamente, podemos agir enquanto eles são pequenos e fáceis de consertar, com menos clientes impactados. Além disso, após cada incidente de produção, devemos identificar qualquer telemetria ausente que poderia permitir detecção e recuperação mais rápidas; ou, melhor ainda, podemos identificar essas lacunas durante o desenvolvimento de recursos em nosso processo de revisão de colegas.

MÉTRICA DE APLICATIVO E EMPRESARIAL

No nível do aplicativo, nosso objetivo não é apenas garantir que estamos gerando telemetria em torno da saúde do aplicativo (por exemplo, utilização de memória, contagens de transação etc.), mas também medir até que ponto estamos atingindo nossos objetivos organizacionais (por exemplo, número de novos usuários, eventos de login de usuário, períodos de tempo de sessão de usuário, porcentagem de usuários ativos, a frequência com que certos recursos são usados, e assim por diante).

Por exemplo, se temos um serviço que está suportando comércio eletrônico, queremos ter telemetria em torno de todos os eventos de usuário que levam a uma transação bem-sucedida que gere renda. Podemos então orquestrar todas as ações de usuário exigidas para obter os resultados desejados junto ao cliente.

Essas métricas variam de acordo com diferentes áreas e objetivos organizacionais. Por exemplo, para sites de comércio eletrônico, talvez queiramos maximizar o tempo passado no site. Contudo, para mecanismos de busca, talvez queiramos reduzir esse tempo, pois sessões longas podem indicar que os usuários estão com dificuldade para encontrar o que estão procurando.

Em geral, a métrica empresarial fará parte de um *funil de aquisição de clientes*, que são os passos teóricos que um cliente em potencial dará para fazer uma compra. Por exemplo, em um site de comércio eletrônico, os eventos de jornada mensuráveis incluem o tempo total no site, cliques em link de produtos, adições no carrinho de compras e pedidos concluídos.

Ed Blankenship, Gerente de Produto Sênior do Microsoft Visual Studio Team Services, descreve: "Frequentemente as equipes de recurso definem seus objetivos em um funil de aquisição, tendo por meta que seus recursos sejam usados no trabalho diário de cada cliente. Às vezes eles são descritos informalmente como 'indecisos', 'usuários ativos', 'usuários engajados' e 'usuários profundamente engajados', com telemetria suportando cada estágio".

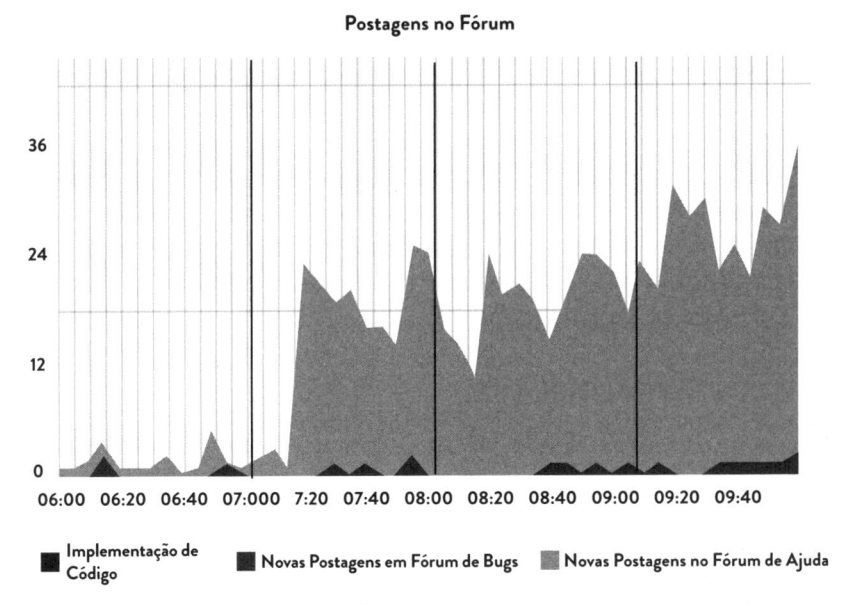

Figura 28: *Entusiasmo do usuário com novos recursos em postagens no fórum após as implementações (Fonte: Mike Brittain, "Tracking Every Release", CodeasCraft.com, 8 de dezembro de 2010, https://codeascraft.com/2010/12/08/track-every-release/.)*

Nosso objetivo é fazer com que toda métrica empresarial seja *acionável* — essas métricas importantes devem ajudar a saber como mudar nosso produto e ser receptivo à experimentação e testes A/B. Quando as métricas não são acionáveis, provavelmente são fúteis e fornecem poucas informações úteis — essas queremos guardar, mas provavelmente não mostrar, muito menos alertar.

Idealmente, quem vir nossos irradiadores de informação poderá entender as informações que mostramos no contexto dos resultados organizacionais desejados, como objetivos em torno de lucro, realização do usuário, taxas de conversão etc. Devemos definir e ligar cada métrica a uma métrica de resultado comercial nos primeiros estágios da definição e do desenvolvimento de recursos, e medir os resultados depois de implementá-los na produção. Além disso, fazer isso ajuda os donos de produto a descrever o contexto comercial de cada recurso para todos no fluxo de valor.

Mais contexto comercial pode ser criado por se saber e exibir visualmente os períodos de tempo relevantes a planejamento e operações comerciais de alto nível, como períodos de transação altos associados a picos em temporadas de vendas de férias, períodos de fechamento financeiro de final de trimestre ou auditorias de conformidade agendadas. Essas informações podem ser usadas como lembrete para evitar mudanças arriscadas quando a disponibilidade for crítica ou para evitar certas atividades quando auditorias estiverem em andamento.

Irradiando o modo como os clientes interagem com o que construímos no contexto de nossos objetivos, permitimos feedback rápido para equipes de recurso, para que possam ver se os recursos que estamos construindo estão sendo usados e até que ponto estão atingindo os objetivos comerciais. Como resultado, reforçamos as expectativas culturais de que orquestrar e analisar a utilização dos clientes também faz parte de nosso trabalho diário, para entendermos melhor como nosso trabalho contribui para nossos objetivos organizacionais.

MÉTRICA DE INFRAESTRUTURA

Assim como fizemos para a métrica de aplicativo, nosso objetivo para infraestrutura de produção e não produção é garantir que estamos gerando telemetria suficiente para que, se um problema ocorrer em qualquer ambiente, possamos determinar rapidamente se a infraestrutura é uma causa contribuinte para o problema. Além disso, devemos localizar exatamente o que, na infraestrutura, está contribuindo para o problema (por exemplo, banco de dados, sistema operacional, armazenamento, rede etc.).

Queremos tornar a telemetria de infraestrutura o mais visível possível para todos os interessados na tecnologia, de preferência organizada por serviço ou por aplicativo. Em outras palavras, quando algo dá errado em nosso ambiente, precisamos saber exatamente quais aplicativos e serviços poderiam estar ou estão sendo afetados.†

Em décadas passadas, criar vínculos entre um serviço e a infraestrutura de produção da qual ele depende frequentemente era um esforço manual (como os BDGCs ITIL ou a criação de definições de configuração dentro de ferramentas de alerta, como a Nagios). Contudo, agora cada vez mais esses vínculos são registrados automaticamente dentro de nossos serviços, que são então descobertos dinamicamente e usados na produção por meio de ferramentas como Zookeeper, Etcd, Consul etc.

Essas ferramentas permitem que serviços se registrem, armazenando informações de que outros serviços precisam para interagir com eles (por exemplo, endereço IP, números de porta, URIs). Isso resolve a natureza manual do BDGC ITIL e é absolutamente necessário quando os serviços são constituídos de centenas (ou milhares ou mesmo milhões) de nós, cada um com endereços IP atribuídos dinamicamente.‡

Independente de nossos serviços serem simples ou complexos, representar a métrica empresarial ao lado das métricas de aplicativo e infraestrutura nos permite detectar quando as coisas dão errado. Por exemplo, podemos ver que as novas inscrições de clientes caem para 20% das normas diárias e, então, também ver imediatamente que todas as nossas consultas de banco de dados estão demorando cinco vezes mais do que o normal, permitindo-nos focar na solução de nosso problema.

Além disso, a métrica empresarial cria contexto para nossa métrica de infraestrutura, permitindo que Desenvolvimento e Operações trabalhem melhor em conjunto na direção de objetivos comuns. Como Jody Mulkey, diretor técnico da Ticketmaster/LiveNation, observa: "Em vez de medir a inatividade de Operações, descobri que é muito melhor medir Dev e Ops em relação às consequências comerciais reais da inatividade: o volume de renda que deveríamos ter alcançado, mas não alcançamos".§

Note que, além de monitorar nossos serviços de produção, também precisamos de telemetria para esses serviços em nossos ambientes de pré-

---

† Exatamente como um Banco de Dados de Gerenciamento de Configuração (BDGC) ITIL prescreveria.
‡ A Consul pode ser de interesse específico, pois cria uma camada de abstração que permite fácil mapeamento de serviço, monitoramento, bloqueios e armazenamento de configuração chave-valor, assim como agrupamento de hosts e detecção de falhas.
§ Isso poderia ser o custo da inatividade da produção ou os custos associados a um recurso atrasado. Em termos de desenvolvimento de produto, a segunda métrica é conhecida como *custo do atraso*, e é fundamental para a tomada de decisões de priorização eficientes.

-produção (por exemplo, desenvolvimento, teste, preparação etc.). Fazer isso nos permite encontrar e corrigir problemas antes que cheguem na produção, como detectar quando temos tempo de inserção em banco de dados cada vez maiores, devido a um índice ausente de tabela.

SOBREPONDO OUTRAS INFORMAÇÕES RELEVANTES EM NOSSA MÉTRICA

Mesmo depois de termos criado o pipeline de implementação que nos permite fazer mudanças pequenas e frequentes na produção, as alterações ainda criam risco inerentemente. Efeitos colaterais operacionais não são apenas interrupções, mas também paradas significativas e desvios das operações padrão.

Para que as mudanças sejam visíveis, tornamos o trabalho visível sobrepondo todas as atividades de implementação de produção em nossos gráficos. Por exemplo, para um serviço que trata de um número grande de transações recebidas, mudanças na produção podem resultar em um *período de estabilização* significativo, em que o desempenho degrada substancialmente quando todas as buscas no cache fracassam.

Para entender melhor e preservar a qualidade do serviço, queremos saber com que rapidez o desempenho volta ao normal e, se necessário, tomar providências para melhorá-lo.

Analogamente, queremos sobrepor outras atividades operacionais úteis, como quando o serviço está em manutenção ou passando por backup, em lugares onde talvez queiramos exibir ou suprimir alertas.

CONCLUSÃO

As melhorias possibilitadas pela telemetria de produção da Etsy e do LinkedIn nos mostram como é importante ver os problemas quando ocorrem, para que possamos procurar a causa e remediar a situação rapidamente. Fazendo com que todos os elementos de nosso serviço emitam telemetria que possa ser analisada, seja em nosso aplicativo, banco de dados ou ambiente, e disponibilizando amplamente essa telemetria, podemos encontrar e corrigir problemas bem antes que causem algo catastrófico, de preferência muito antes que um cliente perceba que algo está errado. O resultado não é somente clientes mais contentes, mas, reduzindo a quantidade de combate a incêndios e crises quando as coisas dão errado, temos um local de trabalho mais feliz e produtivo, com menos estresse e níveis de esgotamento mais baixos.

15 Analisar Telemetria para Melhor Antecipar Problemas e Atingir Objetivos

Como vimos no capítulo anterior, precisamos de telemetria de produção suficiente em nossos aplicativos e infraestrutura para vermos e resolvermos os problemas quando ocorrerem. Neste capítulo criaremos ferramentas que nos permitem descobrir variações e sinais de falha cada vez mais fracos, ocultos em nossa telemetria de produção, para podermos evitar falhas catastróficas. Serão apresentadas numerosas técnicas estatísticas, junto com estudos de caso demonstrando seu uso.

Um ótimo exemplo de análise de telemetria para encontrar e corrigir problemas proativamente antes que os clientes sejam impactados pode ser visto na Netflix, provedor internacional de filmes e séries televisivas por streaming. A Netflix teve renda de US$6,2 bilhões, proveniente de 75 milhões de assinantes em 2015. Um de seus objetivos é fornecer a melhor experiência para quem assiste aos vídeos online no mundo todo, o que exige uma infraestrutura de distribuição robusta, escalonável e resiliente. Roy Rapoport descreve um dos desafios de gerenciar o serviço de distribuição de vídeos baseados na nuvem da Netflix: "Dado um rebanho de gado que deve ter a mesma aparência e agir da mesma forma, que gado parece diferente do resto? Ou, mais concretamente, se temos um cluster de computadores sem estado de mil nós, todos executando o mesmo software e sujeitos à mesma carga de tráfego aproximada, nosso desafio é descobrir quais nós não são parecidos".

Uma das técnicas estatísticas que a equipe usou na Netflix em 2012 foi a *detecção de valor discrepante*, definida por Victoria J. Hodge e Jim Austin, da Universidade de Iorque, como a detecção de "condições de execução anormal, das quais pode resultar uma degradação de desempenho significativa, como um defeito na rotação do motor de uma aeronave ou um problema de fluxo em um pipeline".

Rapoport explica que a Netflix "usou detecção de valor discrepante de modo muito simples, que foi primeiro calcular o que era o 'normal atual' imediatamente, dada a população de nós em um cluster de computadores. Então identificamos quais nós não se encaixavam nesse padrão e os retiramos da produção".

Rapoport continua: "Podemos identificar nós defeituosos automaticamente, sem definir qual é o comportamento 'correto'. E, como projetamos para executar de forma resiliente na nuvem, não dizemos a ninguém de Operações para que faça algo — em vez disso, apenas eliminamos o nó de computação defeituoso e, então, registramos isso ou notificamos os engenheiros da forma que quiserem".

Implementando o processo Server Outlier Detection (Detecção de Valor Discrepante de Servidor), diz Rapoport, a Netflix "reduziu significativamente o trabalho de encontrar servidores defeituosos e, mais importante, reduziu sensivelmente o tempo para corrigi-los, resultando em maior qualidade do serviço. A vantagem de usar essas técnicas para preservar a sanidade dos funcionários, o equilíbrio entre trabalho/vida e a qualidade do serviço não pode ser suficientemente enfatizada". O trabalho feito na Netflix realça um modo muito específico de usarmos telemetria para mitigar problemas antes que eles impactem nossos clientes.

Por todo este capítulo exploraremos muitas técnicas estatísticas e de visualização (incluindo detecção de valor discrepante) que podemos usar para analisar nossa telemetria para melhor antecipar problemas. Isso nos permitirá resolver problemas de forma mais rápida, barata e antecipada, antes que nosso cliente ou alguém de nossa organização seja impactado. Além disso, vamos criar também mais contexto para nossos dados, para nos ajudar a tomar decisões melhores e atingir nossos objetivos organizacionais.

USAR MÉDIAS E DESVIOS PADRÃO PARA DETECTAR PROBLEMAS EM POTENCIAL

Uma das técnicas estatísticas mais simples que podemos usar para analisar uma métrica de produção é calcular sua *média* e *desvios padrão*. Fazendo isso podemos criar um filtro para detectar quando essa métrica é significativamente diferente da norma e até configurar nosso alerta para que possamos adotar uma ação corretiva (por exemplo, notificar o pessoal de plantão às 2h para investigar quando as consultas de banco de dados estiverem significativamente menores que a média).

Quando serviços de produção críticos têm problemas, acordar as pessoas às 2h pode ser a coisa certa a fazer. Contudo, quando criamos alertas que não são acionáveis ou são falsos positivos, estamos acordando as pessoas no meio da noite desnecessariamente. Como John Vincent, líder antigo do movimento DevOps, observou: "Fadiga de alerta é o maior problema que temos agora... Precisamos ser mais inteligentes quanto aos nossos alertas, senão ficaremos todos loucos".

Criamos alertas melhores aumentando a relação sinal/ruído, enfocando as variações ou os valores discrepantes que importam. Suponha que estejamos analisando o número de tentativas de login não autorizados por dia. Nossos dados coletados têm uma distribuição gaussiana (isto é, distribuição normal ou em forma de sino) que corresponde ao gráfico da Figura 29. A linha vertical no meio da curva em forma de sino é a média, e o primeiro, o segundo e o terceiro desvios padrão, indicados pelas outras linhas verticais, contêm 68%, 95% e 99,7% dos dados, respectivamente.

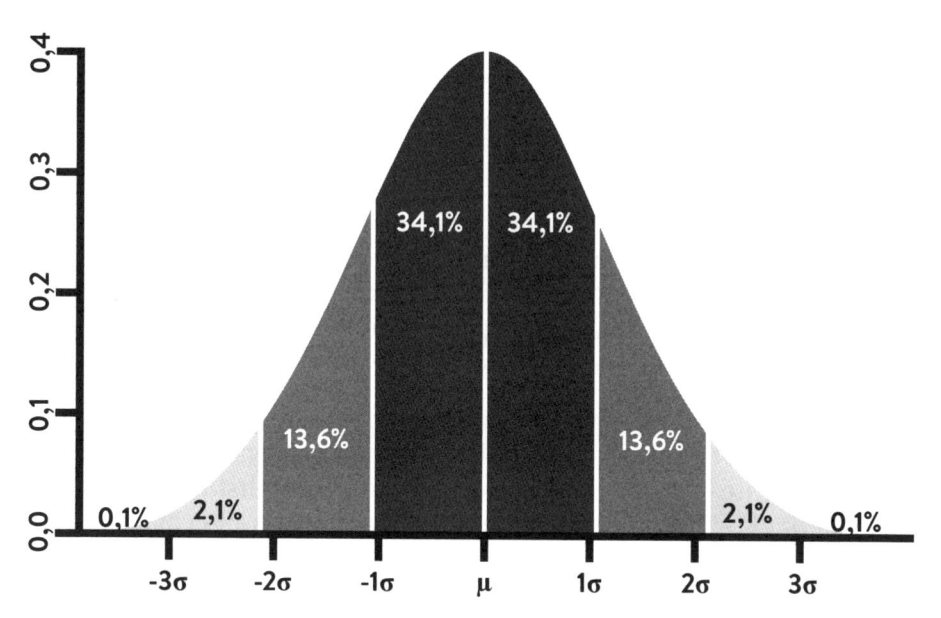

Figura 29: *Desvios padrão (σ) e média (μ) com distribuição gaussiana (Fonte: entrada "Normal Distribution" do Wikipedia, https://en.wikipedia.org/wiki/Normal_distribution.)*

Um uso comum de desvios padrão é inspecionar periodicamente o conjunto de dados de uma métrica e alertar se tiver variado significativamente em relação à média. Por exemplo, podemos definir um alerta para quando o número de tentativas de login não autorizado por dia for três desvios padrão maior que a média. Desde que esse conjunto de dados tenha distribuição gaussiana, esperaríamos que apenas 0,3% dos pontos de dados disparassem o alerta.

Mesmo esse tipo simples de análise estatística é valioso, pois ninguém precisou definir um valor-limite estático, algo impraticável se estamos controlando milhares ou centenas de milhares de métricas de produção.

No restante deste livro usaremos os termos *telemetria*, *métrica* e *conjuntos de dados* indistintamente — em outras palavras, uma *métrica* (por exemplo, "tempos de carregamento de página") será mapeada em um *conjunto de dados* (por exemplo, 2ms, 8ms, 11ms etc.), o termo usado pelos estatísticos para descrever uma matriz de pontos de dados, em que cada coluna representa uma variável das operações estatísticas efetuadas.

ORQUESTRAR E ALERTAR SOBRE RESULTADOS INDESEJADOS

Tom Limoncelli, coautor de *The Practice of Cloud System Administration: Designing and Operating Large Distributed Systems* (*A Prática da Administração do Sistema em Nuvem: Projetando e Operando Grandes Sistemas Distribuídos*, em tradução livre) e antigo Engenheiro de Confiabilidade de Site da Google, relata a seguinte história sobre monitoramento: "Quando as pessoas me pedem recomendações sobre o que monitorar, eu brinco que, em um mundo ideal, excluiríamos todos os alertas que temos em nosso sistema de monitoramento. Então, após cada interrupção visível para o usuário, perguntaríamos quais indicadores previram essa interrupção e os adicionaríamos em nosso sistema de monitoramento, alertando quando necessário. Repetir. Agora temos apenas os alertas que evitam interrupções, em oposição a sermos bombardeados por alertas depois que uma interrupção já ocorreu".

Nesta etapa reproduziremos os resultados desse exercício. Um dos modos mais fáceis de fazer isso é analisar nossos incidentes mais sérios no passado recente (por exemplo, 30 dias) e criar uma lista de telemetrias que poderiam ter possibilitado detecção e diagnóstico antecipados e mais rápidos do problema, assim como confirmação antecipada e mais rápida de que uma correção eficaz foi implementada.

Por exemplo, se tivéssemos um problema em que nosso servidor web NGINX parou de responder aos pedidos, examinaríamos os principais indicadores que poderiam nos ter alertado antes de que estávamos começando a nos desviar das operações padrão, como:

- **Nível de aplicativo:** Aumento nos tempos de carregamento de página web etc.
- **Nível de SO:** Memória livre no servidor acabando, espaço em disco acabando etc.

- **Nível de banco de dados:** Tempos de transação de banco de dados demorando mais do que o normal etc.
- **Nível de rede:** Número de servidores funcionando atrás do balanceador de carga caindo etc.

Cada uma dessas métricas é uma possível precursora de um incidente de produção. Para cada uma delas, configuraríamos nossos sistemas de alerta para notificá-las quando se desviassem suficientemente da média, para que pudéssemos adotar a ação corretiva.

Repetindo esse processo em sinais de falha cada vez mais fracos, encontramos os problemas sempre mais cedo no ciclo de vida, resultando em menos incidentes que impactam os clientes e quase acertos. Em outras palavras, estamos evitando problemas e permitindo detecção e correção mais rápidas.

PROBLEMAS QUE SURGEM QUANDO OS DADOS DE NOSSA TELEMETRIA NÃO TÊM DISTRIBUIÇÃO GAUSSIANA

Usar médias e desvios padrão para detectar variação pode ser extremamente útil. Contudo, usar essas técnicas nos muitos dos conjuntos de dados de telemetria que utilizamos em Operações não gerará os resultados desejados. Como o dr. Toufic Boubez observa: "Não só seremos acordados às 2h, como também às 2h37, às 4h13, às 5h17. Isso acontece quando os dados subjacentes que estamos monitorando não têm uma distribuição gaussiana".

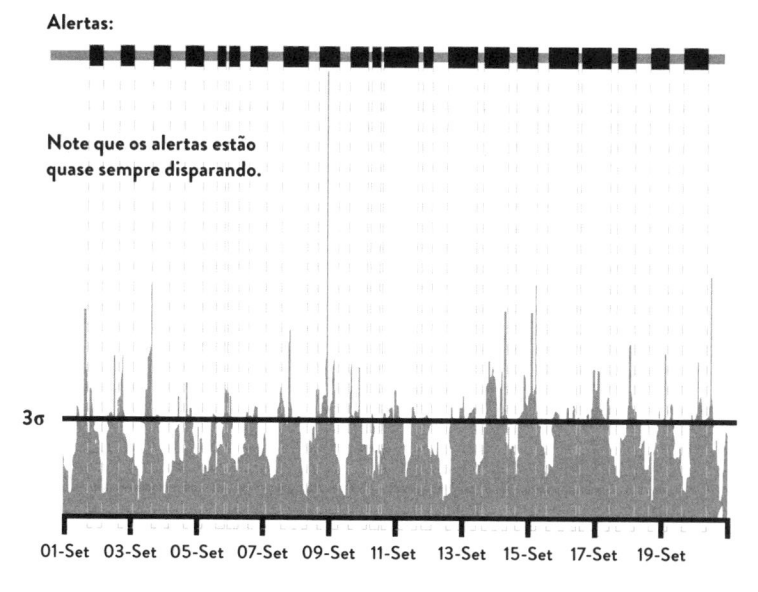

Figura 30: *Downloads por minuto: alertas demais ao usar a regra de "3 desvios padrão" (Fonte: Dr. Toufic Boubez, "Simple math for anomaly detection".)*

Em outras palavras, quando a distribuição do conjunto de dados não tem a curva gaussiana em forma de sino, descrita anteriormente, as propriedades associadas aos desvios padrão não se aplicam. Por exemplo, considere um cenário no qual estamos monitorando o número de downloads de arquivo por minuto em nosso site. Queremos detectar períodos em que temos números de downloads excepcionalmente altos, como quando nossa taxa de download é maior que três desvios em relação à média, para que possamos adicionar mais capacidade proativamente.

A Figura 30 mostra nosso número de downloads simultâneos por minuto com o passar do tempo, com uma barra sobreposta no topo. Quando a barra é preta, o número de downloads dentro de determinado período (às vezes chamado de "janela deslizante") é de pelo menos três desvios padrão em relação à média. Caso contrário, ela é cinza.

O problema óbvio mostrado pelo gráfico é que estamos alertando quase o tempo todo. Isso acontece porque em quase todos os períodos de tempo temos casos em que a contagem de download ultrapassa nosso limite de três desvios padrão.

Para confirmar isso, quando criamos um histograma (veja a Figura 31) mostrando a frequência de downloads por minuto, podemos ver que ele não tem a clássica forma simétrica da curva de um sino. Em vez disso, é evidente que a distribuição é inclinada em direção à extremidade inferior, mostrando que na maior parte do tempo temos pouquíssimos downloads por minuto, mas que as contagens de download frequentemente atingem três desvios padrão.

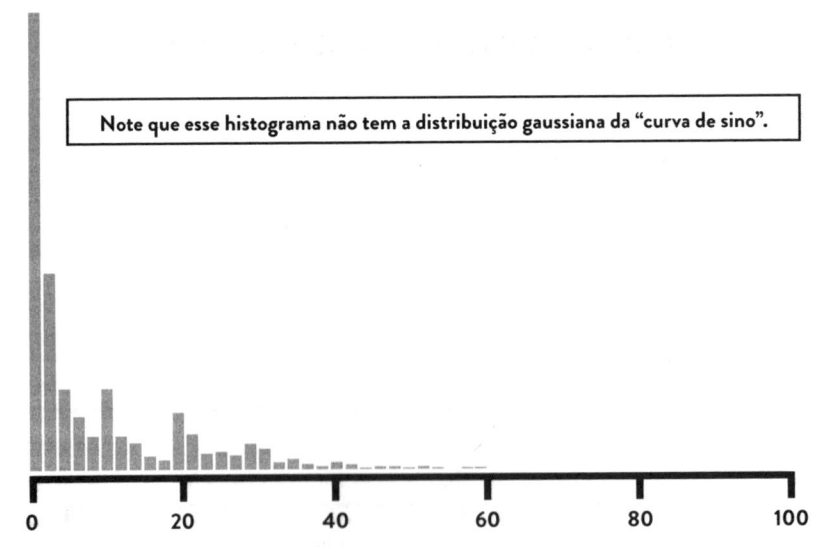

Figura 31: *Downloads por minuto: histograma de dados mostrando distribuição não gaussiana (Fonte: Dr. Toufic Boubez, "Simple math for anomaly detection".)*

Muitos conjuntos de dados de produção apresentam distribuição não gaussiana. A Dra. Nicole Forsgren explica: "Em Operações, muitos de nossos conjuntos de dados têm o que chamamos de distribuição 'qui- -quadrado'. Usar desvios padrão para esses dados não resulta apenas em alertas demais ou de menos, como também em resultados sem sentido". Ela continua: "Quando você calcula o número de downloads simultâneos que estão três desvios padrão abaixo da média, acaba com um número negativo, o que obviamente não faz sentido".

Alertas demais fazem os engenheiros de Operações serem acordados no meio da noite por períodos de tempo prolongados, mesmo quando não podem agir adequadamente. O problema associado a poucos alertas também é significativo. Por exemplo, suponha que estejamos monitorando o número de transações concluídas e a contagem delas caia em 50% no meio do dia, devido a uma falha de componente de software. Se isso ainda estiver dentro de três desvios padrão da média, nenhum alerta será gerado, significando que nossos clientes descobrirão o problema antes de nós, no ponto em que sua resolução pode ser muito mais difícil.

Felizmente, existem técnicas que podemos usar para detectar anomalias em conjuntos de dados não gaussianos, que estão descritas a seguir.

Estudo de Caso
Capacidade de Autoescalonamento na Netflix (2012)

Outra ferramenta desenvolvida na Netflix para aumentar a qualidade do serviço, a Scryer, trata de algumas das deficiências do Amazon Auto Scaling (AAS), que aumenta e diminui dinamicamente as contagens do servidor de computação AWS com base em dados da carga de trabalho. A Scryer funciona prevendo as demandas de clientes com base em padrões de utilização histórica e fornecendo a capacidade necessária.

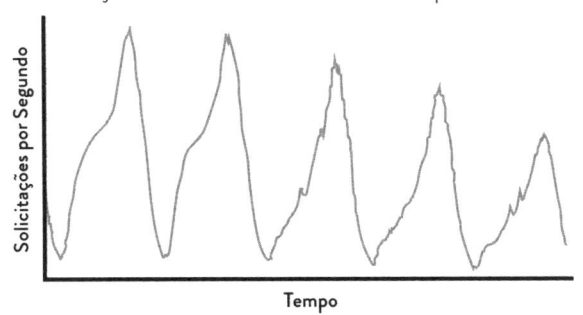

Figura 32: *Demanda de visualização de clientes da Netflix por cinco dias (Fonte: Daniel Jacobson, Danny Yuan e Neeraj Joshi, "Scryer: Netflix's Predictive Auto Scaling Engine", The Netflix Tech Blog, 5 de novembro de 2013, http://techblog.netflix.com/2013/11/scryer-netflixs-predictive-auto-scaling.html.)*

A Scryer tratou de três problemas do AAS. O primeiro foi lidar com picos rápidos na demanda. Como os tempos de inicialização de instância do AWS podem ser de 10 a 45 minutos, a capacidade de computação adicional era frequentemente entregue tarde demais para lidar com picos na demanda. O segundo problema era que, após interrupções, a rápida diminuição na demanda de clientes fazia o AAS remover muito da capacidade de a computação lidar com futuras demandas recebidas. O terceiro problema era que o AAS não incluía como fatores os padrões de tráfego de utilização conhecidos ao programar a capacidade de computação.

A Netflix tirou proveito do fato de que seus padrões de visualização de clientes eram surpreendentemente consistentes e previsíveis, apesar de não terem distribuições gaussianas. A seguir está um gráfico que reflete as solicitações de clientes por segundo de toda a semana de trabalho, mostrando padrões de visualização de clientes regulares e consistentes, de segunda a sexta-feira.

A Scryer usa uma combinação de detecções de valor discrepante para descartar pontos de dados espúrios e, então, usa técnicas como a Transformada Rápida de Fourier (TRF) e regressão linear para suavizar os dados, enquanto preserva picos de tráfego legítimos que se repetem em seus dados. O resultado é que a Netflix pode prever demanda de tráfego com precisão surpreendente.

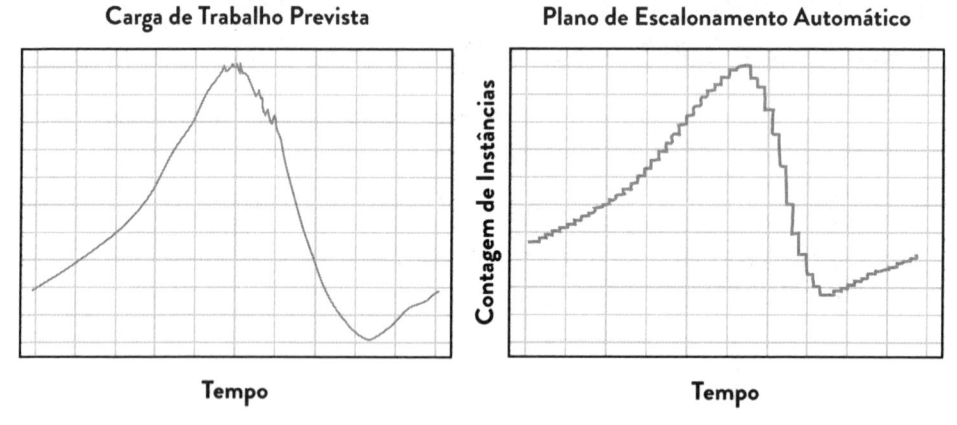

Figura 33: *Previsão de tráfego de clientes da Scryer da Netflix e a programação de recursos de computação AWS resultante (Fonte: Jacobson, Yuan, Joshi, "Scryer: Netflix's Predictive Auto Scaling Engine".)*

Apenas meses depois de começar a usar a Scryer na produção, a Netflix melhorou significativamente a experiência de visualização de seus clientes, melhorou a disponibilidade do serviço e reduziu os custos do Amazon EC2.

USO DE TÉCNICAS DE DETECÇÃO DE ANOMALIAS

Quando nossos dados não têm distribuição gaussiana, ainda podemos encontrar variações dignas de atenção usando uma variedade de métodos. Essas técnicas são classificadas amplamente como *detecção de anomalias*, frequentemente definida como "a busca de itens ou eventos que não obedecem a um padrão esperado". Alguns desses recursos podem ser encontrados em nossas ferramentas de monitoramento, enquanto outros podem exigir a ajuda de pessoas com habilidades estatísticas.

Tarun Reddy, vice-presidente de desenvolvimento e operações da Rally Software, defende essa colaboração ativa entre Operações e estatística, observando que: "Para possibilitar melhor qualidade do serviço, colocamos todas as nossas métricas de produção no Tableau, um pacote de software de análise estatística. Temos até uma engenheira de Ops treinada em estatística que escreve código em R (outro pacote estatístico) — essa engenheira tem seu próprio acúmulo, preenchido com pedidos de outras equipes da empresa que querem encontrar variação cada vez mais cedo, antes que ela cause outra, ainda maior, que poderia afetar nossos clientes".

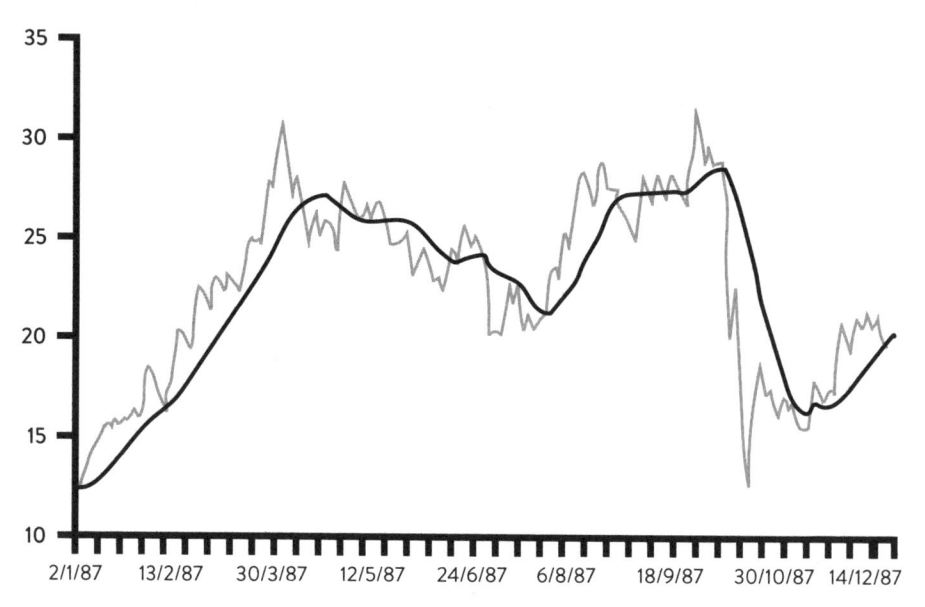

Figura 34: *Preço de ações da Autodesk e filtro de média móvel de 30 dias*
(Fonte: Jacobson, Yuan, Joshi, "Scryer: Netflix's Predictive Auto Scaling Engine".)

Uma das técnicas estatísticas que podemos usar é chamada *suavização*, que é particularmente conveniente se nossos dados representam uma série temporal, significando que cada ponto de dado tem um carimbo de tempo (por exemplo, eventos de download, eventos de transação concluídos etc.). Frequentemente a suavização envolve o uso de médias móveis, que transformam nossos dados, tirando a média de cada ponto em relação a todos os outros dados dentro de nossa janela deslizante. Isso tem o efeito de suavizar flutuações de curto prazo e realçar tendências ou ciclos de prazo mais longo.†

Um exemplo desse efeito de suavização aparece na Figura 34. A linha preta representa os dados brutos, enquanto a cinza indica a média móvel de 30 dias (isto é, a média dos 30 dias posteriores).‡

Existem técnicas de filtragem mais exóticas, como as Transformadas Rápidas de Fourier, amplamente usadas em processamento de imagens, e o teste de Kolmogorov-Smirnov (encontrado no Graphite e no Grafana), frequentemente usado para encontrar semelhanças ou diferenças em dados de métrica periódicos/sazonais.

Podemos esperar que uma grande porcentagem da telemetria a respeito de dados do usuário tenha semelhanças periódicas/sazonais — tráfego web, transações no varejo, assistir filmes e muitos outros comportamentos de usuário têm padrões diários, semanais e anuais muito regulares e surpreendentemente previsíveis. Isso nos permite detectar situações que variam das normas históricas, como quando nossa taxa de transação de pedidos em uma terça-feira à tarde cai para 50% de nossas normas semanais.

Graças à utilidade dessas técnicas em previsões, podemos encontrar pessoas nos departamentos de Marketing ou Inteligência Empresarial com o conhecimento e as habilidades necessárias para analisar esses dados. Talvez queiramos encontrar essas pessoas e explorar o trabalho em conjunto para identificar problemas compartilhados e usar detecção de anomalias e previsão de incidentes melhoradas para resolvê-los.§

---

† Suavização e outras técnicas estatísticas também são usadas para manipular arquivos gráficos e de áudio. Por exemplo, suavização de imagem (ou indistinção) quando cada pixel é substituído pela média de todos os seus vizinhos.

‡ Outros exemplos de filtros de suavização incluem médias móveis ponderadas ou suavização exponencial (que pondera linear ou exponencialmente os pontos de dados mais recentes em relação aos mais antigos, respectivamente), e assim por diante.

§ Ferramentas que podemos usar para resolver esses tipos de problemas incluem o Microsoft Excel (que continua sendo um dos modos mais fáceis e rápidos de manipular dados para propósitos ocasionais) e pacotes estatísticos, como SPSS, SAS e o projeto open source R, agora um dos pacotes estatísticos mais usados. Muitas outras ferramentas foram criadas, incluindo várias open source da Etsy, como Oculus, que encontra gráficos com formas semelhantes, que podem indicar correlação; Opsweekly, que controla volumes e frequências de alertas; e Skyline, que tenta identificar comportamento anômalo em gráficos de sistema e aplicativo.

Estudo de Caso
Detecção Avançada de Anomalias (2014)

Na Monitorama, em 2014, o Dr. Toufic Boubez descreveu o poder do uso de técnicas de detecção de anomalias, especificamente realçando a eficácia do teste de Kolmogorov-Smirnov, uma técnica frequentemente usada em estatística para determinar se dois conjuntos de dados diferem significativamente, e encontrada nas conhecidas ferramentas Graphite e Grafana. A finalidade de apresentar este estudo de caso aqui não é como um tutorial, mas demonstrar como uma classe de técnicas estatísticas pode ser usada em nosso trabalho e como provavelmente está sendo usada em nossas organizações em aplicações completamente diferentes.

A Figura 35 mostra o número de transações por minuto em um site de comércio eletrônico. Observe a periodicidade semanal do gráfico, com o volume de transações caindo nos finais de semana. Por inspeção visual, podemos ver que parece acontecer algo peculiar na quarta semana, quando o volume de transações não volta aos níveis normais na segunda-feira. Isso sugere um evento que devemos investigar.

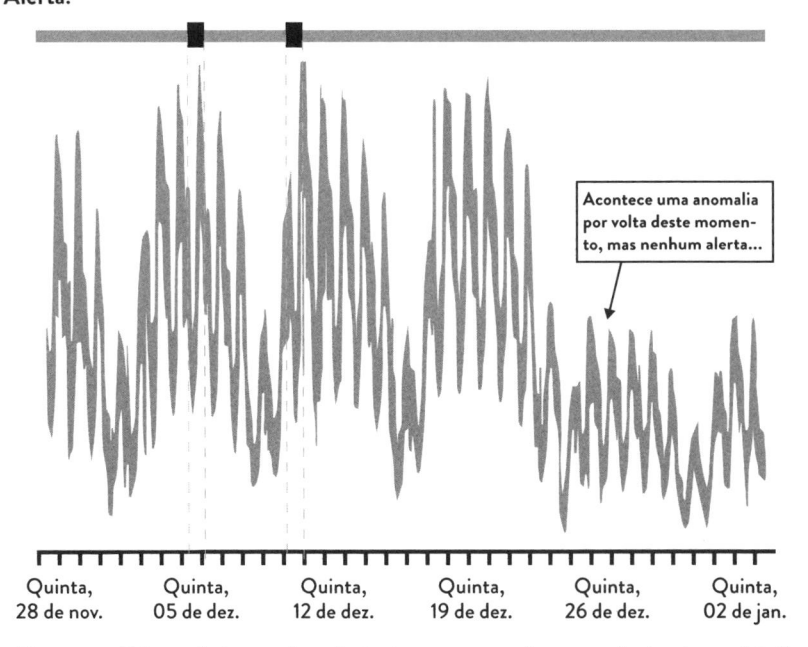

Figura 35: *Volume de transações: alerta de menos usando a regra "3 desvios padrão" (Fonte: Dr. Toufic Boubez, "Simple math for anomaly detection".)*

A regra dos três desvios padrão nos alertaria apenas duas vezes, perdendo o declínio crítico no volume de transações da segunda-feira. Idealmente, também desejaríamos ser alertados de que os dados se desviaram de nosso padrão esperado para segunda-feira.

"Até dizer 'Kolmogorov-Smirnov' é uma ótima maneira de impressionar a todos", brinca o dr. Boubez. "Mas o que os engenheiros de Ops devem dizer aos estatísticos é que esses tipos de técnicas **não paramétricas** são ótimas para dados de Operações, pois não fazem suposições sobre normalidade ou qualquer outra distribuição probabilística, o que é crucial para entendermos o que está havendo em nossos sistemas complexos. Essas técnicas comparam duas distribuições probabilísticas, permitindo a comparação de dados periódicos ou sazonais, o que nos ajuda a descobrir variações em dados dia a dia ou semana a semana".

A Figura 36 mostra o mesmo conjunto de dados com o filtro K-S aplicado, com a terceira área destacando a segunda-feira anômala, em que o volume de transações não voltou aos níveis normais. Isso nos teria alertado sobre um problema em nosso sistema, cuja detecção seria praticamente impossível com o uso de inspeção visual ou desvios padrão. Nesse cenário, essa detecção antecipada poderia evitar um evento que impactasse os clientes e nos permitiria atingir nossos objetivos organizacionais.

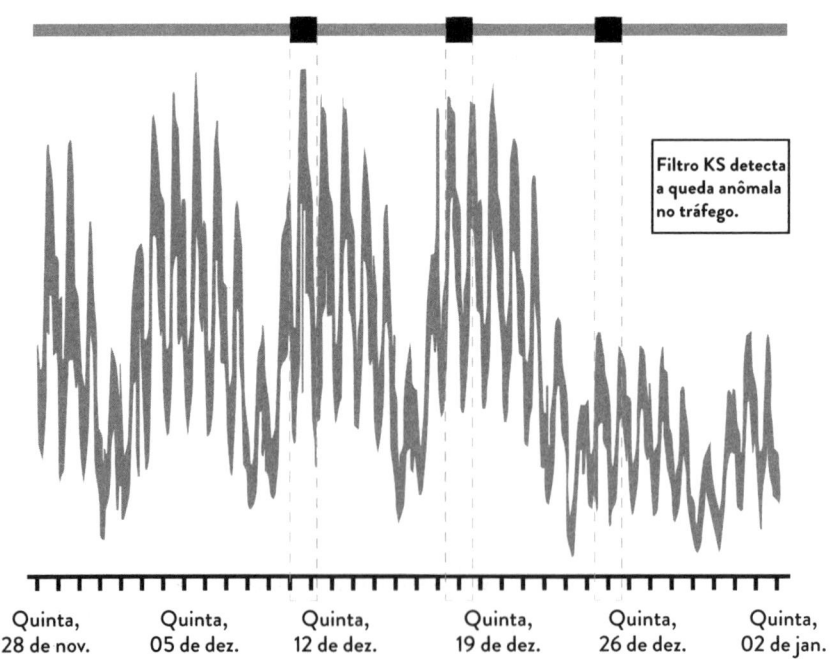

Figura 36: *Volume de transações: usando o teste de Kolmogorov-Smirnov para alertar sobre anomalias (Fonte: Dr. Toufic Boubez, "Simple math for anomaly detection".)*

CONCLUSÃO

Neste capítulo exploramos várias técnicas estatísticas diferentes que podem ser usadas para analisar nossa telemetria de produção para podermos encontrar e corrigir problemas mais cedo do que nunca, frequentemente quando eles ainda são pequenos e muito antes de causarem resultados catastróficos. Isso nos permite encontrar sinais de falha cada vez mais fracos, sobre os quais podemos então atuar, criando um sistema de trabalho mais seguro e aumentando nossa capacidade de atingir nossos objetivos.

Foram apresentados estudos de caso específicos, incluindo como a Netflix usou essas técnicas para retirar proativamente servidores da produção e escalonar sua infraestrutura de computação automaticamente. Discutimos também como usar uma média móvel e o filtro de Kolmogorov-Smirnov, ambos os quais podem ser encontrados em ferramentas de geração de gráficos de telemetria populares.

No próximo capítulo descreveremos como integrar telemetria de produção no trabalho diário do Desenvolvimento para tornar as implementações mais seguras e melhorar o sistema como um todo.

16 Possibilitar o Feedback para que Desenvolvimento e Operações Possam Implementar Código com Segurança

Em 2006, Nick Galbreath era vice-presidente de engenharia da Right Media, responsável pelos departamentos de Desenvolvimento e Operações de uma plataforma de anúncios online que exibia e servia mais de 10 bilhões de impressões diariamente.

Galbreath descreveu o panorama competitivo em que operavam:

> Em nosso negócio, os níveis de inventário de anúncios eram extremamente dinâmicos, de modo que precisávamos responder às condições do mercado em minutos. Isso significava que o Desenvolvimento precisava fazer alterações de código rapidamente e colocá-las na produção o mais breve possível, caso contrário perderíamos para concorrentes mais rápidos. Descobrimos que ter um grupo separado para testes, e até implementação, era simplesmente lento demais. Tivemos que integrar todas essas funções em um só grupo, com responsabilidades e objetivos compartilhados. Acredite se quiser, nosso maior desafio foi os desenvolvedores superarem o medo de implementar seu próprio código!

Há uma ironia interessante aqui: Dev frequentemente reclama que Ops tem medo de implementar código. Mas, neste caso, dado o poder de implementar seu próprio código, os desenvolvedores ficaram com medo de fazê-lo.

O medo compartilhado de implementar código por Dev e Ops na Right Media não é incomum. Contudo, Galbreath observou que dar feedback mais rápido e mais frequente para os engenheiros que faziam implementações (seja de Dev ou Ops), e reduzir o tamanho do lote de seu trabalho, gerava segurança e confiança.

Após observar muitas equipes passarem por essa transformação, Galbreath descreve seu progresso como segue:

> Começamos sem que ninguém de Dev ou Ops queira pressionar o botão "implementar código" que construímos, que automatiza todo o processo de implementação de código, por causa do medo paralisante de ser a primeira pessoa a possivelmente derrubar todos os sistemas de produção. Finalmente, quando alguém é destemido o suficiente para ser voluntário a colocar seu código na produção, inevitavelmente, devido a suposições incorretas ou sutilezas da produção que não foram totalmente apreciadas, a primeira implementação na produção não corre suavemente — e como não temos telemetria de produção suficiente, sabemos dos problemas apenas quando os clientes nos informam.

Para resolver o problema, nossa equipe corrige o código com urgência e o coloca na produção, mas desta vez com mais telemetria de produção adicionada a nossos aplicativos e ambiente. Assim podemos confirmar se nossa correção restaurou o serviço corretamente e, na próxima vez, poderemos detectar esse tipo de problema antes que um cliente nos diga.

Depois, mais desenvolvedores começam a colocar seu código na produção. E como estamos trabalhando em um sistema complexo, provavelmente ainda estragaremos algo na produção, mas desta vez poderemos ver rapidamente qual funcionalidade estragou e decidir se vamos reverter ou corrigir adiante, resolvendo o problema. Essa é uma vitória enorme para a equipe inteira, e todos celebram — agora estamos com sorte.

Contudo, a equipe quer melhorar os resultados de suas implementações, de modo que os desenvolvedores obtêm proativamente mais revisões de colegas sobre suas mudanças de código (descritas no Capítulo 18), e todos se ajudam a escrever testes automatizados melhores, para que possamos encontrar erros antes da implementação. E como agora todos sabem que, quanto menores nossas mudanças de produção, menos problemas teremos, os desenvolvedores começam a inserir incrementos menores de código com mais frequência no pipeline de implementação, garantindo que suas mudanças estejam funcionando com sucesso na produção antes de passarem para a próxima alteração.

Agora estamos entregando código mais frequentemente do que nunca, e a estabilidade do serviço também é melhor. Redescobrimos que o segredo do fluxo suave e contínuo é fazer alterações pequenas e frequentes, que todos possam inspecionar e entender facilmente.

Galbreath observa que essa progressão beneficia a todos, incluindo Desenvolvimento, Operações e Infosec. "A pessoa que também é responsável pela segurança está reassegurando que podemos implementar correções na produção rapidamente, pois as mudanças vão para a produção ao longo do dia. Além disso, sempre me espanta o modo como todo engenheiro se torna interessado na segurança, quando você encontra problemas em seu código pelos quais ele é responsável e que pode corrigir rapidamente".

A história da Right Media mostra que não é suficiente apenas automatizar o processo de implementação — também precisamos integrar o monitoramento da telemetria de produção no trabalho de implementação e estabelecer a cultura de que todos são igualmente responsáveis pela saúde do fluxo de valor inteiro.

Neste capítulo criamos os mecanismos de feedback que permitem melhorar a saúde do fluxo de valor em cada estágio do ciclo de vida do serviço, projeto do produto, desenvolvimento e implementação, entrada em operação e, eventualmente, retirada. Com isso garantimos que nossos serviços estão "prontos para a produção", mesmo nos primeiros estágios do projeto, e integramos os aprendizados de cada problema de release e produção em nosso trabalho futuro, resultando em segurança e produtividade melhores para todos.

USAR TELEMETRIA PARA TORNAR AS IMPLEMENTAÇÕES MAIS SEGURAS

Nesta etapa garantimos que estamos monitorando nossa telemetria de produção ativamente quando alguém faz uma implementação de produção, como ilustrado na história da Right Media. Isso permite que quem estiver fazendo a implementação, seja de Dev ou Ops, determine rapidamente se os recursos estão funcionando conforme projetados, depois que o novo release estiver executando na produção. Afinal, nunca devemos considerar nossa implementação de código ou mudança de produção como pronta até que esteja funcionando como projetado no ambiente de produção.

Fazemos isso monitorando ativamente a métrica associada ao nosso recurso durante a implementação, para não estragarmos o serviço inadvertidamente — ou, pior, estragarmos outro serviço. Se a mudança estraga ou impossibilita alguma funcionalidade, trabalhamos rapidamente para restaurar o serviço, trazendo quem for necessário para diagnosticar e corrigir o problema.[†]

[†] Ao fazer isso, junto à arquitetura exigida, "otimizamos para MTTR, em vez de MTBF", uma máxima popular do DevOps para descrever nosso desejo de otimizar para a recuperação de falhas rapidamente, em oposição a tentar evitar falhas.

Como descrito na Parte III, nosso objetivo é capturar erros no pipeline de implementação antes que cheguem na produção. Contudo, ainda existirão erros que não detectaremos, e contamos com a telemetria de produção para restaurar o serviço rapidamente. Podemos optar por desativar recursos estragados com alternâncias de recurso (frequentemente, a opção mais fácil e menos arriscada, pois não envolve implementações na produção), ou *corrigimos adiante* (isto é, fazer mudanças de código para corrigir o defeito, que são então colocadas na produção por meio do pipeline de implementação), ou *revertemos* (por exemplo, trocar para o release anterior usando alternâncias de recurso ou tirando servidores estragados do rodízio, usando os padrões de lançamento azul-verde ou canário etc.)

Embora corrigir adiante frequentemente seja perigoso, isso pode ser extremamente seguro quando temos testes automatizados e processos de implementação rápidos, e telemetria suficiente que nos permita confirmar rapidamente se tudo está funcionando corretamente na produção.

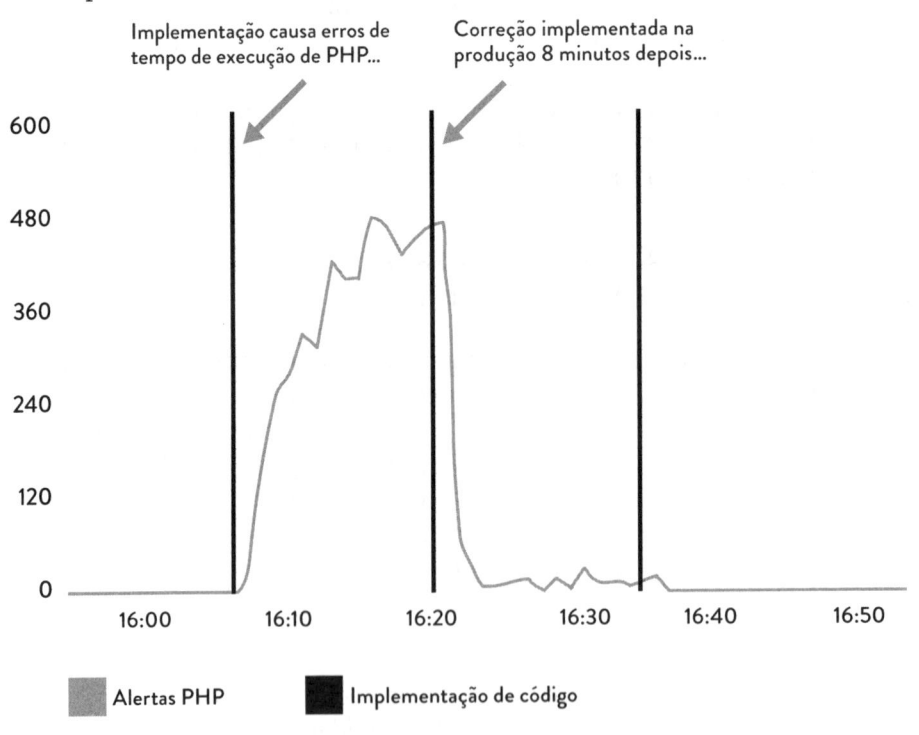

Figura 37: *Implementação na Etsy.com causa alertas de tempo de execução de PHP e é rapidamente corrigida (Fonte: Mike Brittain, "Tracking Every Release".)*

A Figura 37 mostra uma implementação de mudança de código PHP na Etsy, que gerou um pico nos alertas de tempo de execução de PHP — neste caso, o desenvolvedor notou rapidamente o problema e, em pouco tempo, gerou uma correção e a implementou na produção, resolvendo o problema em menos de 10 minutos.

Como as implementações são uma das principais causas de problemas de produção, cada evento de implementação e mudança é sobreposto em nossos gráficos de métrica para garantir que todos no fluxo de valor estejam cientes de atividades relevantes, permitindo comunicação e coordenação melhores, assim como detecção e recuperação mais rápidas.

DEV COMPARTILHA TAREFAS DE RODÍZIO DE PAGER COM OPS

Mesmo quando nossas implementações de produção e releases são perfeitos, em qualquer serviço complexo ainda teremos problemas inesperados, como incidentes e interrupções que acontecem em momentos inoportunos (toda noite, às 2h). Se não forem corrigidos, eles podem causar problemas recorrentes e sofrimento para os engenheiros de Ops, especialmente quando não se tornam visíveis para os engenheiros responsáveis por criá-los.

Mesmo que o problema resulte na atribuição de um defeito à equipe de recursos, sua prioridade pode ser colocada abaixo da entrega de novos recursos. O problema pode continuar recorrente por semanas, meses ou até anos, causando caos contínuo e interrupção nas Operações. Esse é um exemplo de como núcleos de trabalho podem otimizar-se localmente, mas degradar o desempenho do fluxo de valor inteiro.

Para evitar que isso aconteça, faremos todos que estão no fluxo de valor compartilhar as responsabilidades no tratamento de incidentes operacionais. Podemos fazer isso colocando desenvolvedores, gerentes de desenvolvimento e arquitetos em rodízio de pager, exatamente como fez Pedro Canahuati, diretor de Engenharia de Produção do Facebook, em 2009. Isso garante que todos que estão no fluxo de valor recebam feedback visceral sobre quaisquer decisões arquitetônicas e de codificação que tomem.

Com isso, Operações não luta isoladamente e sozinha com questões de produção relacionadas a código. Em vez disso, todos ajudam a encontrar o equilíbrio correto entre corrigir defeitos de produção e desenvolver nova funcionalidade, independentemente de onde estão no fluxo de valor. Como observou, em 2011, Patrick Lightbody, vice-presidente sênior de Gerência de Produtos da New Relic: "Descobrimos que, quando acordávamos desenvolvedores às 2h, os defeitos eram corrigidos mais rápido do que nunca".

Um efeito colateral dessa prática é que isso ajuda a gerência de Desenvolvimento a ver que os objetivos comerciais não são atingidos simplesmente porque recursos foram marcados como "prontos". Não, o recurso só está pronto quando funciona conforme projetado na produção sem causar escalonamentos excessivos ou trabalho não planejado para Desenvolvimento ou Operações.†

Essa prática é igualmente aplicável a equipes voltadas ao mercado, responsáveis por desenvolver o recurso e executá-lo na produção, e a equipes voltadas à funcionalidade. Como Arup Chakrabarti, gerente de engenharia de operações da PagerDuty, observou durante uma apresentação em 2014: "Está se tornando cada vez menos comum as empresas terem equipes de plantão dedicadas. Em vez disso, espera-se que qualquer um que toque em código e em ambientes de produção esteja acessível no caso de paralisação".

Independentemente de como organizamos nossas equipes, os princípios básicos permanecem os mesmos: quando os desenvolvedores recebem feedback sobre o funcionamento de seus aplicativos na produção, o que inclui corrigi-los quando estragam, eles ficam mais próximos do cliente. Isso cria uma adesão de que todos que estão no fluxo de valor usufruem.

FAZER OS DESENVOLVEDORES ACOMPANHAR O TRABALHO ADIANTE

Uma das técnicas mais poderosas na interação e no projeto da experiência do usuário é a consulta contextual. É quando a equipe de produto observa um cliente usar o aplicativo em seu ambiente natural, frequentemente trabalhando em sua mesa. Isso muitas vezes revela que os clientes lutam com o aplicativo de maneiras surpreendentes, como exigir grandes quantidades de cliques para executar tarefas simples em seu trabalho diário, cortar e colar texto de várias telas ou fazer anotações no papel. Todos esses são exemplos de comportamentos compensatórios e alternativas para problemas de utilização.

A reação mais comum dos desenvolvedores após participarem da observação de um cliente é o desalento, frequentemente dizendo "como foi terrível ver como causamos transtornos aos nossos clientes de muitas maneiras". Essas observações dos clientes quase sempre resultam em aprendizado significativo e no forte desejo de melhorar a situação deles.

---

† O ITIL define garantia como quando um serviço pode funcionar em produção confiavelmente, sem intervenção, por um período de tempo predefinido (por exemplo, duas semanas). Essa definição de garantia deveria idealmente ser integrada em nossa definição coletiva de "pronto".

Nosso objetivo é usar essa mesma técnica para observar como nosso trabalho afeta nossos clientes internos. Os desenvolvedores devem acompanhar seu trabalho, para que possam ver como os núcleos de trabalho mais adiante precisam interagir com seu produto para fazê-lo funcionar na produção.[‡]

Os desenvolvedores querem acompanhar seu trabalho — vendo diretamente as dificuldades dos clientes, eles tomam decisões melhores e mais informadas em seu trabalho diário.

Com isso, geramos feedback sobre os aspectos não funcionais de nosso código — todos os elementos não relacionados ao recurso usado pelos clientes — e identificamos maneiras de melhorar a capacidade de entrega, a manuseabilidade, a operabilidade etc.

Observar a experiência do usuário frequentemente tem um impacto poderoso nos observadores. Ao descrever sua primeira observação de cliente, Gene Kim, fundador e diretor técnico da Tripwire há 13 anos e coautor deste livro, disse:

> Um dos piores momentos da minha carreira profissional foi em 2006, quando passei uma manhã inteira vendo um de nossos clientes usar nosso produto. Eu estava observando-o executar uma operação que esperávamos ser executada semanalmente, e, para nosso horror extremo, descobrimos que exigia 63 cliques. A pessoa ficava se desculpando, dizendo coisas como "Desculpe, provavelmente há um modo melhor de fazer isso".
>
> Infelizmente, não havia. Outro cliente descreveu como a configuração inicial do produto exigia 1.300 passos. De repente entendi por que a tarefa de gerenciar nosso produto era sempre atribuída ao engenheiro mais novo da equipe — ninguém queria executar nosso produto. Esse foi um dos motivos de eu ter ajudado a criar a prática de observação do usuário em minha empresa, para ajudar a diminuir a dor que estávamos causando em nossos clientes.

Observar o usuário permite gerar qualidade na origem e resulta em empatia bem maior para os membros de uma equipe no fluxo de valor. Ideal-

---

[‡] Acompanhando o trabalho, podemos descobrir maneiras de ajudar a melhorar o fluxo, como automatizando passos manuais complexos (por exemplo, unindo agrupamentos de servidores de aplicativos que exigem seis horas para terminar); empacotando código uma vez, em vez de criá-lo várias vezes, em diferentes estágios de implementação de QA e Produção; trabalhando com verificadores para automatizar conjuntos de teste manuais, eliminando assim um gargalo comum para implementação mais frequente; e criando documentação mais útil, em vez de alguém precisar decifrar anotações de aplicativo de desenvolvedor para construir instaladores empacotados.

mente, a observação do usuário nos ajuda a criar requisitos não funcionais codificados para acrescentar em nosso acúmulo de trabalho compartilhado, finalmente nos permitindo integrá-los proativamente em cada serviço que criamos, o que é uma parte importante da criação de uma cultura de trabalho DevOps.[†]

FAZER OS DESENVOLVEDORES AUTOGERENCIAREM INICIALMENTE SEUS SERVIÇOS DE PRODUÇÃO

Mesmo quando os Desenvolvedores estão escrevendo e executando código em ambientes do tipo produção em seu trabalho diário, a Operações ainda pode experimentar releases desastrosos na produção, pois é a primeira vez que vemos como nosso código se comporta durante um release e sob condições de produção reais. Esse resultado ocorre porque o aprendizado operacional frequentemente acontece tarde demais no ciclo de vida do software.

Se isso não for resolvido, o resultado frequentemente será um software de produção de difícil operação. Como disse uma vez um engenheiro de Ops anônimo: "Em nosso grupo, a maioria dos administradores de sistema durou apenas seis meses. As coisas estavam sempre estragando na produção, o horário era insano, e as implementações de aplicativo eram muito problemáticas — a pior parte era emparelhar os agrupamentos de servidores de aplicativo, o que podia demorar seis horas. A cada instante, sentíamos como se os desenvolvedores nos detestassem pessoalmente".

Isso pode ser o resultado de não se ter engenheiros de Ops suficientes para dar suporte a todas as equipes de produto e aos serviços que já temos na produção, o que pode acontecer nas equipes voltadas ao mercado e à funcionalidade.

Uma possível contramedida é agir como a Google, que faz os grupos de Desenvolvimento gerenciar seus próprios serviços em produção, antes que se tornem qualificados para um grupo de Ops gerenciar. Fazendo os desenvolvedores serem responsáveis pela implementação e pelo suporte na produção, é bem mais provável que tenhamos uma transição suave para Operações.[‡]

[†] Mais recentemente, Jeff Sussna tentou codificar melhor o modo de atingir os objetivos da observação do usuário, no que ele chama de "conversas digitais", que são destinadas a ajudar as organizações a entender a jornada do cliente como um sistema complexo, ampliando o contexto da qualidade. Os principais conceitos incluem projetar para serviço, não para software; minimizar a latência e maximizar a força do feedback; projetar para falha e operar para aprender; usar Operações como entrada para o projeto; e buscar empatia.

[‡] Aumentamos ainda mais a probabilidade de problemas de produção serem corrigidos, garantindo que as equipes de Desenvolvimento permaneçam intactas, e não sejam dispensadas depois que o projeto terminar.

Para evitar a possibilidade de serviços autogerenciados problemáticos irem para a produção e gerarem risco organizacional, podemos definir requisitos de lançamento que precisem ser satisfeitos para que os serviços interajam com clientes reais e sejam expostos a tráfego de produção real. Além disso, para ajudar as equipes de produto, os engenheiros de Ops devem agir como consultores, para ajudá-los a tornar seus serviços prontos para a produção.

Ao criar orientação de lançamento, ajudamos a garantir que toda equipe de produto usufrua da experiência cumulativa e coletiva da organização inteira, especialmente Operações. A orientação e os requisitos de lançamento provavelmente incluirão:

- **Contagens e gravidade de defeitos:** O aplicativo funciona como projetado?
- **Tipo/frequência de alertas em pager:** O aplicativo está gerando um número insuportável de alertas na produção?
- **Cobertura do monitoramento:** A cobertura do monitoramento é suficiente para restaurar o serviço quando as coisas dão errado?
- **Arquitetura do sistema:** O serviço é pouco acoplado o suficiente para suportar uma alta taxa de mudanças e implementações na produção?
- **Processo de implementação:** Existe um processo automatizado previsível, determinístico e suficiente para implementar código na produção?
- **Higiene da produção:** Há evidência de hábitos de produção bons o suficiente que permitam que o suporte de produção seja gerenciado por outra pessoa?

Superficialmente, esses requisitos podem parecer similares às listas de verificação de produção tradicionais que usamos no passado. Contudo, as principais diferenças são exigirmos monitoramento efetivo em vigor, implementações confiáveis e determinísticas e uma arquitetura que suporte implementações rápidas e frequentes.

Se quaisquer deficiências forem encontradas durante a revisão, o engenheiro de Ops designado deve ajudar a equipe de recurso a resolver os problemas ou mesmo ajudar a remodelar o serviço, se necessário, para que possa ser facilmente implementado e gerenciado na produção.

Nesse momento, também queremos saber se esse serviço está sujeito a quaisquer objetivos de conformidade regulatórios ou se estará no futuro:

- O serviço gera renda significativa? (Por exemplo, se for mais de 5% da renda total de uma empresa de capital aberto nos EUA, é uma "conta significativa" e no escopo de conformidade com a Section 404 do Sarbanes-Oxley Act of 2002 [SOX].)

- O serviço tem alto tráfego de usuários ou altos custos de interrupção/deterioração? (Isto é, os problemas operacionais colocam em risco a criação de disponibilidade ou a reputação?)

- O serviço armazena informações do titular de cartão de pagamento, como números de cartão de crédito, ou informações de identificação pessoal, como números de CPF ou registros de atendimento médico? Existem outras questões de segurança que possam gerar risco regulatório, de obrigação contratual, privacidade ou reputação?

- O serviço tem quaisquer outros requisitos de conformidade regulatórios ou contratuais associados, como regulamentos de exportação dos EUA, PCI-DSS, HIPAA etc.?

Essas informações ajudam a garantir que gerenciemos eficientemente não apenas os riscos técnicos associados a esse serviço, mas também quaisquer riscos de segurança e conformidade em potencial. Fornecem ainda dados essenciais para o projeto do ambiente de controle de produção.

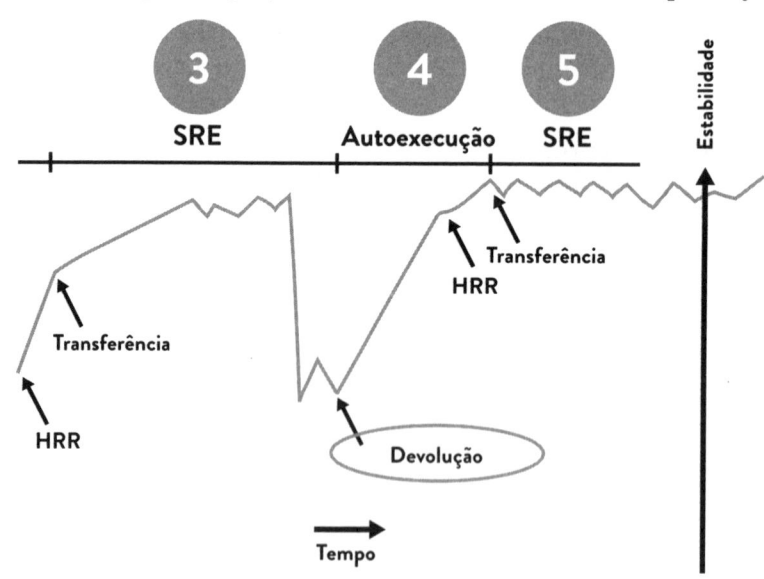

Figura 38: O "Service Handback" na Google (Fonte: "SRE@Google: Thousands of DevOps Since 2004," vídeo do YouTube, 45:57, postado por USENIX, 12 de janeiro de 2012, https://www.youtube.com/watch?v=iIuTnhdTzKo.)

Integrando requisitos de operabilidade nos primeiros estágios do processo de desenvolvimento e fazendo com que o Desenvolvimento autogerencie inicialmente seus próprios aplicativos e serviços, o processo de transição de novos serviços para a produção se torna mais suave, bem mais rápido e de conclusão previsível. Contudo, para serviços que já estão na produção, precisamos de um mecanismo diferente, para garantir que a Operações nunca fique presa em um serviço na produção que não pode ser suportado. Isso é especialmente relevante para organizações de Operações voltadas à funcionalidade.

Nesta etapa podemos criar um *mecanismo de devolução de serviço* — em outras palavras, quando um serviço de produção se torna suficientemente frágil, a Operações consegue retornar para o Desenvolvimento a responsabilidade pelo suporte à produção.

Quando um serviço volta para um estado gerenciado pelo desenvolvedor, o papel de Operações muda de suporte à produção para consultoria, ajudando a equipe a tornar o serviço pronto para a produção.

Esse mecanismo serve como válvula de escape, garantindo que nunca coloquemos a Operações em uma situação em que fique presa ao gerenciamento de um serviço frágil, enquanto um volume cada vez maior de dívida técnica a enterra e transforma um problema local em global. Esse mecanismo também ajuda a garantir que a Operações tenha capacidade suficiente para trabalhar em melhorias e em projetos preventivos.

A devolução continua sendo uma prática consagrada na Google e talvez seja uma das melhores demonstrações do respeito mútuo entre engenheiros de Dev e Ops. Com isso, o Desenvolvimento consegue gerar novos serviços rapidamente, com os engenheiros de Ops ingressando na equipe quando os serviços se tornam estrategicamente importantes para a empresa e, em casos raros, devolvendo-os, quando se tornam problemáticos demais para serem gerenciados na produção.[†] O estudo de caso a seguir, do Site Reliability Engineering da Google, descreve como os processos Hand-off Readiness Review e Launch Readiness Review evoluíram e os benefícios resultantes.

Estudo de Caso
As Launch e Hand-off Readiness Review na Google (2010)

Um dos muitos fatos surpreendentes em relação à Google é que eles têm orientação funcional para seus engenheiros de Ops, que são referidos

---

[†] Em organizações com financiamento baseado em projetos, talvez não haja desenvolvedores para quem devolver o serviço, pois a equipe já foi dispensada ou pode não ter orçamento ou tempo para assumir a responsabilidade pelo serviço. Possíveis contramedidas incluem fazer uma blitz de melhoria para aprimorar o serviço, financiar ou alocar pessoal temporariamente para esforços de melhoria ou retirar o serviço.

como "Site Reliability Engineers" (SRE, Engenheiros de Confiabilidade de Site), um termo cunhado por Ben Treynor Sloss em 2004.[†] Naquele ano, Treynor Sloss começou com sete SREs (que, em 2014, tinham passado de 1.200). Como Treynor Sloss disse: "Se a Google afundar, a culpa é minha". Treynor Sloss resistiu a criar uma definição de uma única frase do que são os SREs, mas uma vez os descreveu como "o que acontece quando um engenheiro de software é incumbido do que se chamavam operações".

Todo SRE reporta à organização de Treynor Sloss para ajudar a garantir a consistência da qualidade do pessoal e de contratações, e são incorporados às equipes de produto da Google (que também os financia). Contudo, os SREs ainda são tão raros que são designados apenas às equipes de produto que têm a mais alta importância para a empresa ou àquelas que precisam cumprir requisitos regulatórios. Além disso, esses serviços devem ter baixa carga operacional. Produtos que não satisfazem aos critérios necessários permanecem no estado de gerenciado pelo desenvolvedor.

Mesmo quando novos produtos se tornam importantes o suficiente para a empresa para garantir a designação de um SRE, os desenvolvedores ainda precisam ter gerenciado seus serviços na produção por pelo menos seis meses, antes que ele se torne qualificado a ter um SRE designado para a equipe.

Para ajudar a garantir que essas equipes de produto autogerenciadas ainda possam usufruir da experiência coletiva da organização de SRE, a Google criou dois conjuntos de verificações de segurança para dois estágios críticos do release de novos serviços, chamados **Launch Readiness Review** e **Hand-Off Readiness Review** (LRR e HRR, respectivamente).

O LRR deve ser executado e assinado antes que qualquer novo serviço da Google seja disponibilizado publicamente para os clientes e receba tráfego de produção ativo, enquanto o HRR é realizado quando o serviço está em transição para o estado gerenciado por Ops, normalmente meses após o LRR. As listas de verificação do LRR e do HRR são semelhantes, mas o HRR é bem mais rigoroso e tem padrões de aceitação mais altos, enquanto o LRR é informado pelas equipes de produto.

Qualquer equipe de produto que passe por um LRR ou HRR tem um SRE designado para ajudá-la a entender os requisitos e a atingi-los. As listas de verificação de lançamento do LRR e do HRR evoluíram com o passar do tempo, para que toda a equipe possa usufruir das experiências coletivas de todos os lançamentos anteriores, bem ou malsucedidos. Tom Limoncelli observou, durante sua apresentação "SRE@Google:

[†] Neste livro usamos o termo "Engenheiro de Ops", mas os dois termos, "Engenheiro de Ops" e "Engenheiro de Confiabilidade de Site", são intercambiáveis.

Thousands of DevOps Since 2004", em 2012: "Sempre que fazemos um lançamento, aprendemos algo. Sempre haverá algumas pessoas com menos experiência do que outras que fazem releases e lançamentos. As listas de verificação do LRR e do HRR são um modo de criar essa memória organizacional".

Exigir que as equipes de produto gerenciem seus próprios serviços na produção obriga o Desenvolvimento a calçar os sapatos de Ops, mas guiadas pelo LRR e pelo HRR, o que não apenas torna a transição de serviços mais fácil e previsível, como também ajuda a criar empatia entre os núcleos de trabalho anteriores e mais adiante.

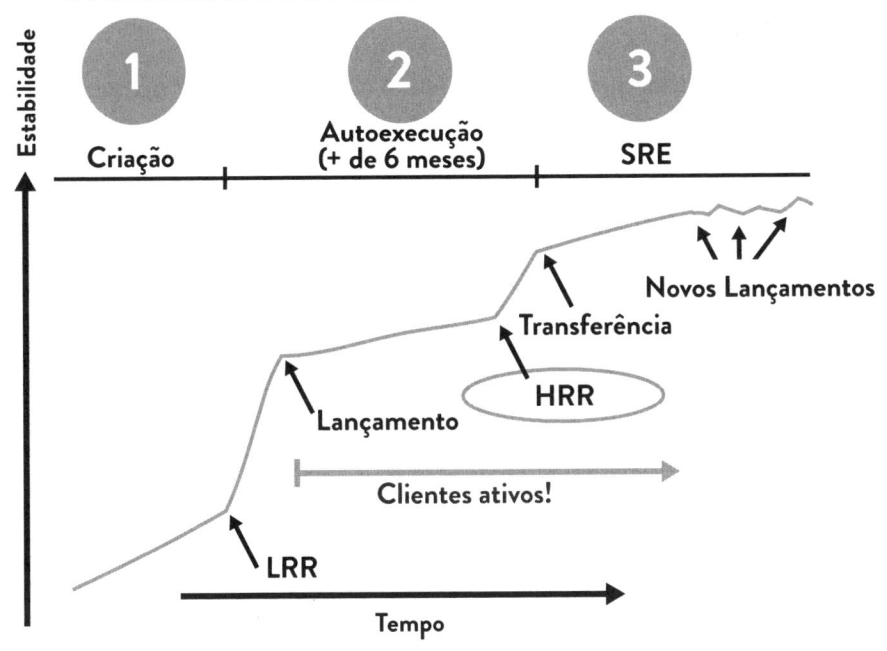

Figura 39: As "Launch readiness review e hand-offs readiness review" na Google (Fonte: "SRE@Google: Thousands of DevOps Since 2004", vídeo do YouTube, 45:57, postado por USENIX, 12 de janeiro de 2012, https://www.youtube.com/watch?v=iIuTnhdTzKo.)

Limoncelli disse: "No melhor caso, as equipes de produto usam a lista de verificação do LRR como diretriz, trabalhando para cumpri-la em paralelo com o desenvolvimento de seus serviços e se aproximando dos SREs para obter ajuda quando precisam".

Além disso, Limoncelli observou: "As equipes que têm a aprovação de produção de HRR mais rápida são aquelas que trabalharam com SREs mais cedo, desde os estágios iniciais do projeto até o lançamento. E o bom é que é sempre fácil um SRE ser voluntário para ajudar no projeto. Todo SRE vê valor em dar conselhos para equipes de projeto cedo, e provavelmente será voluntário por algumas horas ou dias para fazer exatamente isso".

A prática de SREs ajudarem equipes de produto cedo é uma norma cultural importante, continuamente reforçada na Google. Limoncelli explicou: "Ajudar equipes de produto é um investimento de longo prazo que será recompensado muitos meses depois, na hora do lançamento. É uma forma de 'boa cidadania' e 'serviço em comunidade' valorizada, rotineiramente considerada na avaliação de engenheiros para promoções de SRE".

CONCLUSÃO

Neste capítulo discutimos os mecanismos de feedback que nos permitem melhorar nosso serviço em cada estágio de nosso trabalho diário, seja implementando mudanças na produção, corrigindo código quando as coisas dão errado e engenheiros são convocados, fazendo com que desenvolvedores acompanhem seu trabalho mais à frente, criando requisitos não funcionais que ajudem as equipes de desenvolvimento a escrever código pronto para a produção ou mesmo devolvendo serviços problemáticos para serem gerenciados pelo Desenvolvimento.

Criando esses loops de feedback, tornamos as implementações de produção mais seguras, aumentamos a prontidão de produção de código criado pelo Desenvolvimento e ajudamos a criar uma relação de trabalho melhor entre Desenvolvimento e Operações, reforçando objetivos compartilhados, responsabilidades e empatia.

No próximo capítulo exploramos como a telemetria permite que o desenvolvimento guiado por hipóteses e os testes A/B realizem experimentos que nos ajudam a atingir nossos objetivos organizacionais e a vencer no mercado.

17 Integrar Desenvolvimento Guiado por Hipóteses e Testes A/B em Nosso Trabalho Diário

Com muita frequência em projetos de software, os desenvolvedores trabalham em recursos por meses ou anos, abrangendo vários releases, sem jamais confirmar se os resultados comerciais desejados estão sendo atingidos, como se um recurso em particular está obtendo os resultados desejados ou se está sendo usado.

Pior ainda, mesmo quando descobrimos que determinado recurso não está atingindo os resultados desejados, fazer correções pode ter prioridade menor que os recursos novos, fazendo com que o recurso de desempenho deficiente nunca atinja o objetivo comercial pretendido. Em geral, Jez Humble observa: "o modo mais ineficiente de testar um modelo comercial ou uma ideia de produto é construir o produto completo para ver se a demanda prevista realmente existe".

Antes de construirmos um recurso, devemos nos perguntar rigorosamente: "Devemos construí-lo? E por quê?" Então devemos fazer as experiências mais baratas e rápidas possíveis para validar, por meio de pesquisa com usuários, se o recurso pretendido realmente atinge os resultados desejados. Podemos usar técnicas como desenvolvimento guiado por hipóteses, funis de aquisição de clientes e testes A/B, conceitos que vamos explorar neste capítulo. A Intuit, Inc. é um exemplo expressivo de como as organizações usam essas técnicas para criar produtos que os clientes amam, promover o aprendizado organizacional e vencer no mercado.

A Intuit foca na criação de soluções de gerenciamento empresarial e financeiro para simplificar a vida de pequenas empresas, consumidores e profissionais de contabilidade. Em 2012, sua renda foi de US$4,5 bilhões e havia 8.500 funcionários, tendo entre seus principais produtos QuickBooks, TurboTax, Mint e, até recentemente, Quicken.[†]

[†] Em 2016, a Intuit vendeu o Quicken para a empresa de investimentos H.I.G. Capital.

Scott Cook, fundador da Intuit, há tempos defende a cultura de inovação, estimulando as equipes a adotar uma estratégia experimental para desenvolvimento de produtos e exortando a direção a apoiá-las. Como ele disse: "Em vez de nos concentrarmos no voto do chefe... a ênfase é fazer com que pessoas reais tenham experiências reais e tomem suas decisões com isso". Esse é o ápice da abordagem científica para desenvolvimento de produtos.

Cook explicou que era necessário "um sistema em que cada funcionário pudesse fazer experiências rápidas, em alta velocidade.... Dan Maurer dirige nossa divisão de consumidores....[que] administra o site TurboTax. Quando ele assumiu, fazíamos cerca de sete experiências por ano".

Ele continuou: "Instaurando uma cultura de inovação extrema [em 2010], agora eles fazem 165 experiências nos três meses da época de impostos [nos EUA]. O resultado comercial? [A] taxa de conversão do site aumentou 50%.... O pessoal [os membros da equipe] adora, pois agora suas ideias podem chegar ao mercado".

Além da taxa de conversão do site, um dos elementos mais surpreendentes dessa história é que o TurboTax fez experiências de produção durante seus períodos de pico de tráfego. Por décadas, especialmente no varejo, o risco de interrupções com impacto nos lucros durante as férias era tão alto que frequentemente colocávamos em vigor um congelamento de alterações de meados de outubro a meados de janeiro.

Contudo, tornando as implementações e os releases de software rápidos e seguros, a equipe do TurboTax transformou a experimentação de usuários online e as alterações de produção exigidas em uma atividade de baixo risco, que pode ser realizada durante os períodos de tráfego mais alto e de geração de renda.

Isso realça a noção de que o período em que a experimentação tem o valor mais alto é nos momentos de pico de tráfego. Se a equipe do TurboTax tivesse esperado até 16 de abril (um dia após o prazo final das declarações de imposto de renda nos EUA) para implementar essas alterações, a empresa poderia ter perdido muitos de seus possíveis clientes, e até alguns dos atuais, para a concorrência.

Quanto mais rápido podemos experimentar, iterar e integrar o feedback em nosso produto ou serviço, mais rápido podemos aprender e superar a concorrência. E a rapidez com que podemos integrar nosso feedback depende de nossa capacidade de implementar e lançar software.

O exemplo da Intuit mostra que a equipe do TurboTax conseguiu fazer essa situação funcionar, e, como resultado, eles venceram no mercado.

UMA BREVE HISTÓRIA DOS TESTES A/B

Como a história do TurboTax da Intuit realça, uma técnica de pesquisa com usuários extremamente poderosa é definir o funil de aquisição de clientes e realizar testes A/B. As técnicas dos testes A/B foram exploradas no *marketing de resposta direta*, que é uma das duas principais categorias de estratégias de marketing. A outra é chamada *marketing de massa* ou *marketing de marca* e frequentemente conta com a colocação do máximo possível de anúncios impressos na frente das pessoas para influenciar decisões de compra.

Em épocas passadas, antes do e-mail e da mídia social, marketing de resposta direta significava enviar milhares de cartões postais ou folhetos pelo correio e pedir aos possíveis compradores para que aceitassem uma oferta ligando para um número de telefone, retornando um cartão postal ou fazendo um pedido.

Nessas campanhas, eram feitas experiências para determinar qual oferta tinha as maiores taxas de conversão. Eles faziam experiências modificando e adaptando a oferta, reformulando-a, variando os estilos de redação, design e tipografia, empacotamento, etc., para determinar qual era mais eficiente na geração da ação desejada (por exemplo, ligar para um número de telefone, pedir um produto).

Cada experiência frequentemente exigia fazer outro design e outra tiragem, enviar milhares de ofertas pelo correio, e esperar semanas pelas respostas. Cada experiência normalmente custava dezenas de milhares de dólares por tentativa e exigia semanas ou meses para terminar. Contudo, apesar das despesas, os testes iterativos facilmente compensavam, se aumentassem significativamente as taxas de conversão (por exemplo, a porcentagem de respondedores pedindo um produto passando de 3% a 12%).

Casos bem documentados de testes A/B incluem campanhas de arrecadação de fundos, marketing na internet e a metodologia Lean Startup. É interessante notar que eles também foram usados pelo governo britânico para determinar quais cartas eram mais eficazes na coleta de arrecadação fiscal atrasada de cidadãos inadimplentes.†

---

† Existem muitos outros modos de fazer pesquisa com usuários antes de embarcar no desenvolvimento. Entre os métodos mais baratos estão a realização de levantamentos, a criação de protótipos (maquetes usando ferramentas como Balsamiq ou versões interativas, escritas em código) e a realização de testes de utilização. Alberto Savoia, diretor de engenharia da Google, cunhou o termo "pretotipagem" (*pretotyping*, em inglês) para a prática de usar protótipos para confirmar se estamos construindo a coisa certa. A pesquisa com usuários é tão barata e fácil em relação ao esforço e ao custo de construir um recurso inútil em código que, em quase todos os casos, não devemos priorizar um recurso sem alguma forma de validação.

INTEGRAÇÃO DE TESTES A/B EM NOSSOS TESTES DE RECURSO

A técnica de A/B mais usada na prática de UX moderna envolve um site no qual os visitantes são escolhidos aleatoriamente para ver uma de duas versões de uma página, ou um controle (o "A") ou um tratamento (o "B"). Com base na análise estatística do comportamento subsequente desses dois grupos de usuários, demonstramos se há uma diferença significativa nos resultados das duas, estabelecendo uma ligação *causal* entre o tratamento (por exemplo, uma mudança em um recurso, elemento de design, cor de fundo) e o resultado (por exemplo, taxa de conversão, tamanho médio de pedidos).

Por exemplo, podemos fazer uma experiência para ver se modificar o texto ou a cor em um botão "comprar" aumenta o lucro ou se diminuir a velocidade do tempo de resposta de um site (introduzindo um atraso artificial como tratamento) reduz o lucro. Esse tipo de teste A/B permite estabelecer um valor monetário para melhorias de desempenho.

Às vezes os testes A/B também são conhecidos como experimentos controlados online e testes de divisão. Também é possível fazer experiências com mais de uma variável. Isso nos permite ver como as variáveis interagem, uma técnica conhecida como teste multivariado.

Com frequência os resultados dos testes A/B são impressionantes. Ronny Kohavi, engenheiro eminente e gerente geral do grupo de análise e experimentação da Microsoft, observou que, depois de "avaliar experiências bem projetadas e executadas, destinadas a melhorar uma métrica importante, apenas cerca de um terço teve sucesso em melhorá-la!". Em outras palavras, dois terços dos recursos tiveram impacto ínfimo ou pioraram as coisas. Kohavi observa que todos esses recursos foram pensados originalmente para serem ideias razoavelmente boas, aumentando ainda mais a necessidade de testes de usuário em detrimento da intuição e de opiniões de especialistas.

As implicações dos dados de Kohavi são espantosas. Se não fizermos pesquisa com usuários, as chances são de que dois terços dos recursos que construirmos entregarão valor zero ou *negativo* para nossa organização, tornando até nossa base de código ainda mais complexa, aumentando assim nossos custos de manutenção no decorrer do tempo e dificultando a alteração do nosso software. Além disso, o esforço para construir esses recursos frequentemente é dispendido à custa de entregar recursos que *teriam* valor (isto é, custo de oportunidade). Jez Humble brincou: "Levado ao extremo, a organização e os clientes estariam melhores se a equipe inteira tirasse férias, em vez de construir um desses recursos que não acrescentam valor".

A contramedida é integrar testes A/B no modo como projetamos, implementamos, testamos e implementamos recursos. Fazer pesquisa com usuários e experiências significativas garante que nossos esforços ajudem a atingir os objetivos organizacionais e dos clientes, e a vencer no mercado.

INTEGRAR TESTES A/B NOS RELEASES

Testes A/B rápidos e iterativos se tornam possíveis por se fazer, rápida e facilmente, implementações de produção sob demanda, usando alternâncias de recurso e possivelmente entregando várias versões do código simultaneamente para segmentos de clientes. Isso exige telemetria de produção útil em todos os níveis da pilha de aplicativos.

Com alternâncias de recurso podemos controlar a porcentagem de usuários que veem a versão de tratamento de uma experiência. Por exemplo, podemos ter metade dos clientes como nosso grupo de tratamento e mostrar à outra metade o seguinte: "Itens semelhantes estão vinculados a itens indisponíveis no carrinho". Como parte de nossa experiência, comparamos o comportamento do grupo de controle (nenhuma oferta feita) com o grupo de tratamento (oferta feita), talvez medindo o número de compras feitas nessa sessão.

A Etsy terceirizou sua estrutura de experimentação Feature API (antes conhecida como Etsy A/B API), que não apenas suporta testes A/B, mas também ramp-ups (crescimentos graduais) online, possibilitando a exposição restrita a experimentos. Outros produtos de teste A/B incluem Optimizely, Google Analytics etc.

Em 2014, em uma entrevista com Kendrick Wang, da Apptimize, Lacy Rhoades descreveu sua jornada na Etsy: "Na Etsy, a experimentação vem do desejo de tomar decisões informadas e de garantir que, quando lançarmos recursos para nossos milhões de membros, eles funcionem. Com muita frequência tivemos recursos que demoraram muito tempo e tinham de ser mantidos sem qualquer prova de sucesso ou qualquer popularidade entre os usuários. Os testes A/B nos permitem... dizer que um recurso está funcionando assim que está a caminho".

INTEGRAÇÃO DE TESTES A/B NO PLANEJAMENTO DE RECURSOS

Uma vez que temos a infraestrutura para suportar release e teste A/B de recursos, devemos garantir que os donos do produto pensem sobre cada recurso como uma hipótese e usem os releases na produção como experiências com usuários reais para provar ou desaprovar essa hipótese. A construção de experiências deve ser projetada no contexto do funil de aquisição de clientes global. Barry O'Reilly, coautor de *Lean Enterprise: Como empresas de alta performance inovam em escala*, descreveu como podemos formular hipóteses no desenvolvimento de recursos da seguinte forma:

> **Acreditamos** que aumentar o tamanho das imagens de hotel na página de reservas
>
> **Resultará** em melhor engajamento e conversão do cliente
>
> **Teremos Confiança em Prosseguir Quando** virmos um aumento de 5% nos clientes que veem imagens de hotel e passam a fazer reservas em 48 horas.

Adotar uma estratégia experimental para desenvolvimento de produtos exige que não apenas dividamos o trabalho em pequenas unidades (histórias ou requisitos), mas também que validemos se cada unidade de trabalho está entregando os resultados esperados. Se não estiver, modificamos nosso roteiro de trabalho com caminhos alternativos que realmente obtenham esses resultados.

Estudo de Caso
Duplicando o Aumento da Renda por Meio de Experimentação de Ciclo de Release Rápido no Yahoo! Answers (2010)

Quanto mais rápido pudermos iterar e integrar feedback no produto ou serviço que estamos entregando para os clientes, mais rápido poderemos aprender e maior será o impacto que poderemos criar. Ficou evidente no Yahoo! Answers o quanto os resultados podem ser significativamente afetados por tempos de ciclo menores, quando passou de um release a cada seis semanas para vários releases por semana.

Em 2009, Jim Stoneham era Gerente Geral do grupo Yahoo! Communities, que incluía Flickr e Answers. Anteriormente, foi o principal responsável pelo Yahoo! Answers, concorrendo com outras empresas de Q&A, como Quora, Aardvark e Stack Exchange.

Nessa época, Answers tinha aproximadamente 140 milhões de visitantes por mês, com mais de 20 milhões de usuários ativos respondendo perguntas em mais de 20 idiomas. Contudo, o crescimento de usuários e da renda tinha parado, e o engajamento de usuários estava declinando.

Stoneham observa que "o Yahoo Answers era e continua a ser um dos maiores jogos sociais na internet; dezenas de milhões de pessoas estão tentando 'aumentar de nível' ativamente, fornecendo respostas de qualidade para as perguntas mais rápido do que outro membro da comunidade. Havia muitas oportunidades de otimizar a mecânica do jogo, loops virais e outras interações com a comunidade. Quando você está lidando com esses comportamentos humanos, deve conseguir fazer iterações rápidas e testar o que desperta a atenção das pessoas".

Ele continua: "Essas [experiências] são as coisas que Twitter, Facebook e Zynga faziam muito bem. Essas organizações estavam fazendo experiências pelo menos duas vezes por semana — estavam até revisando as alterações que faziam antes de suas implementações, para se certificarem de que ainda estavam no rumo certo. Então, estou aqui, administrando [o] maior site de Q&A do mercado, querendo fazer testes de recurso rápidos e iterativos, mas não podemos fazer release mais rápido do que uma vez a cada quatro semanas. Em contraste, as outras pessoas do mercado tinham um loop de feedback dez vezes mais rápido que o nosso".

Stoneham observou que mesmo os donos de produto e desenvolvedores falando que são voltados para métricas, se as experiências não são realizadas frequentemente (diária ou semanalmente), o foco do trabalho diário é apenas o recurso no qual estão trabalhando, não nos resultados para os clientes.

À medida que a equipe do Yahoo! Answers conseguiu mudar para implementações semanais e, posteriormente, para várias implementações por semana, sua capacidade de experimentar novos recursos aumentou significativamente. Seus feitos impressionantes e aprendizados nos 12 meses seguintes de experimentação incluíram um aumento de 72% nas visitas mensais, aumento triplicado no engajamento de usuários e duplicação da renda da equipe. Para continuar seu sucesso, a equipe se concentrou em otimizar as seguintes métricas importantes:

- Tempo para a primeira resposta: Com que rapidez uma resposta foi postada para uma pergunta de usuário?
- Tempo para a melhor resposta: Com que rapidez a comunidade de usuários decidiu sobre a melhor resposta?
- Ações por resposta: Quantas vezes uma resposta teve reação por parte da comunidade de usuários?

- Respostas/semana/pessoa: Quantas respostas os usuários estavam gerando?
- Taxa de segunda pesquisa: Com que frequência os visitantes pesquisaram novamente para obter uma resposta? (Quanto mais baixo, melhor.)

Stoneham concluiu: "Era exatamente esse o aprendizado que precisávamos para vencer no mercado — e ele mudou mais do que nossa velocidade de recursos. Transformamos uma equipe de funcionários em uma equipe de donos. Quando você muda nessa velocidade, e vemos os números e os resultados diariamente, seu nível de investimento muda radicalmente".

CONCLUSÃO

O sucesso exige que não apenas implementemos e façamos releases de software rapidamente, mas também que superemos a concorrência. Técnicas como desenvolvimento guiado por hipóteses, definição e medida do funil de aquisição de clientes e testes A/B nos permitem fazer experiências com os usuários com segurança e facilmente, possibilitando pôr em ação criatividade e inovação, criando ainda aprendizado organizacional. E, embora ter sucesso seja importante, o aprendizado organizacional proveniente da experimentação também dá aos funcionários a posse de objetivos comerciais e da satisfação dos clientes. No próximo capítulo examinamos e criamos processos de revisão e coordenação como um modo de aumentar a qualidade de nosso trabalho atual.

18 Criar Processos de Revisão e Coordenação para Aumentar a Qualidade do Trabalho Atual

Nos capítulos anteriores criamos a telemetria necessária para ver e resolver problemas na produção e em todos os estágios do pipeline de implementação, e criamos rápidos loops de feedback dos clientes para ajudar a melhorar o aprendizado organizacional — aprendizado que estimula a posse e a responsabilidade pela satisfação do cliente e pelo desempenho do recurso, o que nos ajuda a ter sucesso.

Nosso objetivo neste capítulo é permitir que Desenvolvimento e Operações reduzam o risco de mudanças na produção antes que sejam feitas. Tradicionalmente, quando examinamos mudanças para implementação, tendemos a contar com revisões, inspeções e aprovações imediatamente antes da implementação. Frequentemente essas aprovações são dadas por equipes externas que muitas vezes estão afastadas demais do trabalho para tomar decisões informadas sobre se uma mudança é arriscada ou não, e o tempo exigido para obter todas as aprovações necessárias também aumenta os tempos de execução de mudanças.

O processo de revisão de colegas na GitHub é um ótimo exemplo de como a inspeção pode aumentar a qualidade, tornar as implementações seguras e ser integrada no fluxo do trabalho diário de todos. Eles foram os precursores do processo chamado *pull request*, uma das formas de revisão de colegas mais populares que abrange Dev e Ops.

Scott Chacon, CIO e cofundador da GitHub, escreveu em seu site que o pull request é o mecanismo que permite que os engenheiros contem aos outros sobre as mudanças que colocaram em um repositório na GitHub. Uma vez enviado um pull request, as partes interessadas podem examinar o conjunto de alterações, discutir possíveis modificações e até promover efetivações de acompanhamento, se necessário. Os engenheiros que submetem um pull request frequentemente solicitam um "+1", "+2", e assim por diante, dependendo de quantas revisões precisam, ou "@mention" (mencionam) engenheiros dos quais gostariam de obter revisões.

Na GitHub, o pull request também é o mecanismo usado para implementar código na produção, por meio de um conjunto de práticas coletivas que denominam "GitHub Flow" — é assim que os engenheiros solicitam revisões de código, obtêm e integram feedback e anunciam que o código será implementado na produção (isto é, no ramo "mestre").

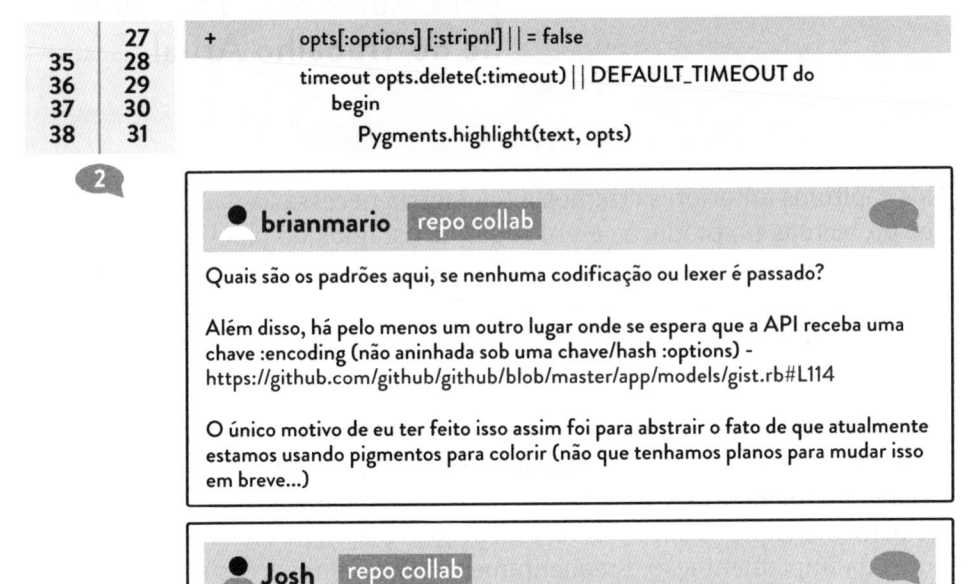

35	27	+	opts[:options] [:stripnl] || = false
	28		timeout opts.delete(:timeout) || DEFAULT_TIMEOUT do
36	29		
37	30		begin
38	31		Pygments.highlight(text, opts)

● **brianmario** `repo collab`

Quais são os padrões aqui, se nenhuma codificação ou lexer é passado?

Além disso, há pelo menos um outro lugar onde se espera que a API receba uma chave :encoding (não aninhada sob uma chave/hash :options) - https://github.com/github/github/blob/master/app/models/gist.rb#L114

O único motivo de eu ter feito isso assim foi para abstrair o fato de que atualmente estamos usando pigmentos para colorir (não que tenhamos planos para mudar isso em breve...)

● **Josh** `repo collab`

Tudo bem, vou empurrar isso para baixo para colorir.

[Adicionar observação de uma linha]

Figura 40: *Comentários e sugestões em um pull request da GitHub*
(Fonte: Scott Chacon, "GitHub Flow", ScottChacon.com, 31 de agosto de 2011, http://scottchacon.com/2011/08/31/github-flow.html.)

O GitHub Flow é composto de cinco etapas:

1. Para trabalhar em algo novo, o engenheiro cria um ramo do mestre com nome descritivo (por exemplo, "new-oauth2-scopes").

2. O engenheiro efetiva nesse ramo localmente, colocando regularmente seu trabalho no mesmo ramo nomeado no servidor.

3. Quando precisa de feedback ou ajuda, ou quando acha que o ramo está pronto para mesclagem, ele abre um pull request.

4. Quando recebe as revisões e obtém as aprovações necessárias para o recurso, o engenheiro pode mesclá-lo no mestre.

5. Uma vez que as alterações de código são mescladas e colocadas no mestre, o engenheiro as implementa na produção.

Essas práticas, que integram revisão e coordenação no trabalho diário, têm permitido à GitHub entregar recursos para o mercado de forma rápida e confiável, com alta qualidade e segurança. Por exemplo, em 2012 eles fizeram incríveis 12.602 implementações. Em particular, em 23 de agosto, após uma reunião de cúpula na qual muitas ideias interessantes foram propostas e discutidas, a empresa teve seu dia de implementação mais movimentado do ano, com 563 construções e 175 implementações bem-sucedidas na produção, todas possibilitadas pelo processo de pull request.

Neste capítulo vamos integrar práticas como as usadas na GitHub para eliminar nossa dependência de inspeções e aprovações periódicas e passar para a revisão de colegas integrada, feita continuamente como parte de nosso trabalho diário. Nosso objetivo é garantir que Desenvolvimento, Operações e Infosec colaborem continuamente para que as alterações que fizermos em nossos sistemas funcionem de forma confiável, segura e conforme o projetado.

OS PERIGOS DOS PROCESSOS DE APROVAÇÃO DE MUDANÇA

A falha da Knight Capital é um dos erros de implementação de software mais notável recentemente. Um erro de implementação de 15 minutos resultou em uma perda de US$440 milhões, durante os quais as equipes de engenharia não conseguiram desabilitar os serviços de produção. As perdas financeiras colocaram em risco as operações da firma e obrigaram a empresa a ser vendida no final de semana para não comprometer todo o sistema financeiro.

John Allspaw observou que, quando ocorrem incidentes de muita visibilidade, como o acidente de implementação na Knight Capital, normalmente existem duas narrativas *contrafatuais* sobre seus motivos.[†]

A primeira narrativa diz que o acidente ocorreu devido a uma falha no controle de mudanças, o que parece válido, pois podemos imaginar uma

---

[†] *Pensamento contrafatual* é um termo usado na psicologia sobre a tendência humana de criar possíveis alternativas para eventos que já ocorreram. Na engenharia de confiabilidade, frequentemente envolve narrativas do "sistema conforme imaginado", em oposição ao "sistema na realidade".

situação na qual práticas de controle de mudanças melhores poderiam ter detectado o risco antes e impedido a inserção da mudança na produção. E se não pudéssemos evitar isso, poderíamos ter agido de forma a permitir detecção e recuperação mais rápidas.

A segunda narrativa diz que o acidente ocorreu devido a uma falha de teste. Isso também parece válido. Com práticas de teste melhores, poderíamos ter identificado o risco antes e cancelado a implementação ou pelo menos ter agido para permitir detecção e recuperação mais rápidas.

A realidade surpreendente é que, em ambientes com culturas de comando e controle e baixa confiança, os resultados desses tipos de contramedidas para controle de alteração e teste frequentemente resultam em uma probabilidade maior de que problemas ocorram novamente, possivelmente com resultados ainda piores.

Gene Kim (coautor deste livro) descreve sua percepção de que controles de alteração e teste podem ter o efeito oposto ao pretendido: foi "um dos momentos mais importantes de minha carreira profissional. Esse momento 'ahá' foi o resultado de uma conversa, em 2013, com John Allspaw e Jez Humble, sobre o acidente da Knight Capital, fazendo-me questionar algumas de minhas crenças básicas que formei nos últimos dez anos, especialmente por ser treinado como auditor".

Ele continua: "Embora angustiante, esse momento foi muito esclarecedor para mim. Eles não apenas me convenceram de que estavam corretos, como testamos essas crenças no 2014 *State of DevOps Report*, o que levou a algumas descobertas impressionantes, que reforçam que formar culturas de alta confiança provavelmente é o maior desafio administrativo desta década".

PERIGOS EM POTENCIAL DE "CONTROLAR DEMAIS AS MUDANÇAS"

Os controles de alteração tradicionais podem levar a resultados indesejados, como contribuir para longos tempos de execução e reduzir a força e a rapidez do feedback do processo de implementação. Para entendermos como isso acontece, examinaremos os controles que frequentemente utilizamos quando ocorrem falhas no controle de alteração:

- Adicionar ao formulário de pedido de alteração mais perguntas que precisam ser respondidas
- Exigir mais autorizações, como mais um nível de aprovação da gerência (por exemplo, em vez de apenas o vice-presi-

dente de operações aprovar, agora exigimos que o CIO também aprove) ou mais interessados (por exemplo, engenharia de rede, comissões de revisão de arquitetura etc.)

- Exigir mais tempo de execução para aprovações de mudança, para que os pedidos de alteração possam ser corretamente avaliados

Esses controles frequentemente acrescentam atrito ao processo de implementação, multiplicando o número de etapas e aprovações e aumentando o tamanho dos lotes e os tempos de execução de implementação, o que, sabemos, reduz a probabilidade de resultados bem-sucedidos na produção para Dev e Ops. Esses controles também reduzem a rapidez com que obtemos feedback sobre nosso trabalho.

Uma das crenças básicas no Sistema Toyota de Produção é que "as pessoas mais próximas a um problema normalmente sabem mais sobre ele". Isso se torna mais evidente quando o trabalho está sendo realizado e o sistema em que ele ocorre se torna mais complexo e dinâmico, como é típico nos fluxos de valor de DevOps. Nesses casos, criar etapas de aprovação de pessoas localizadas cada vez mais longe do trabalho pode reduzir a probabilidade de sucesso. Como já foi provado muitas vezes, quanto maior a distância entre a pessoa que realiza o trabalho (isto é, o implementador da alteração) e a que decide sobre fazê-lo (isto é, o autorizador da mudança), pior o resultado.

No 2014 *State of DevOps Report*, do Puppet Labs, uma das principais revelações foi que as organizações de alto desempenho contavam mais com a revisão de colegas e menos com a aprovação externa de mudanças. A Figura 41 mostra que, quanto mais as organizações contam com aprovações de mudança, pior é o desempenho de sua TI em termos de estabilidade (tempo médio para restaurar serviço e taxa de falha em alteração) e rendimento (tempos de execução de implementação, frequência de implementação).

Em muitas organizações, conselhos consultivos de alteração desempenham um papel importante na coordenação e no governo do processo de entrega, mas sua tarefa não deve ser avaliar manualmente cada mudança, nem o ITIL determina essa prática.

Para entender por que isso acontece, considere a difícil situação de estar em um conselho consultivo de alteração, examinando uma mudança complexa, composta de centenas de milhares de alterações em linhas de código e criada por centenas de engenheiros.

Em um extremo, não podemos prever com certeza se uma mudança será bem-sucedida lendo uma descrição de 100 palavras sobre ela ou apenas con-

Capítulo 18 • **255**

firmando que uma lista de verificação foi concluída. No outro extremo, examinar penosamente milhares de alterações em linhas de código dificilmente revelará novas ideias. Parte disso é a natureza de fazer alterações dentro de um sistema complexo. Mesmo os engenheiros que trabalham dentro da base de código como parte de seu trabalho diário frequentemente ficam surpresos com os efeitos colaterais do que deveriam ser mudanças de baixo risco.

Desempenho da TI
Revisão de Colegas vs. Aprovação de Alteração

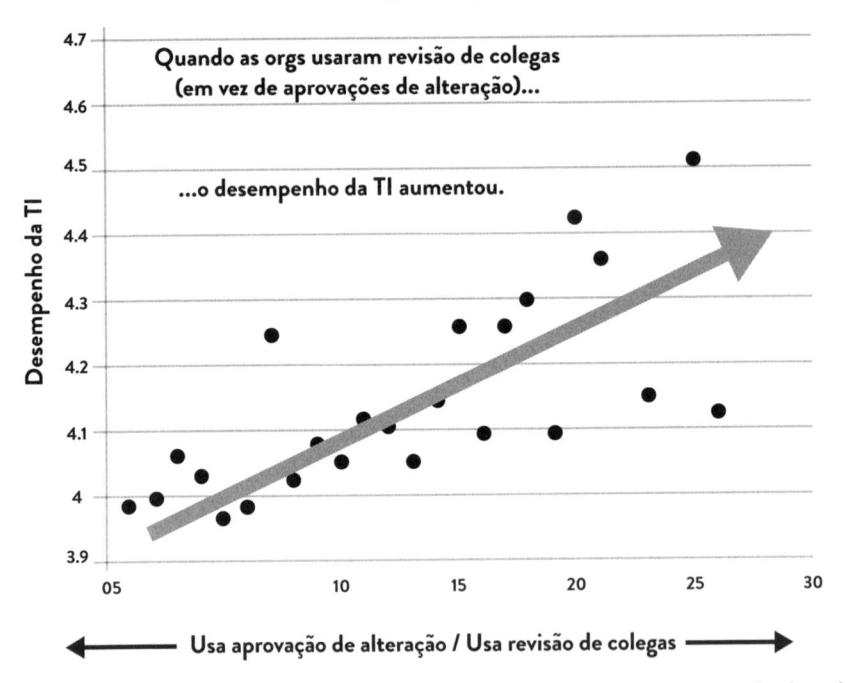

Figura 41: *As organizações que contam com revisão de colegas superam o desempenho daquelas com aprovações de alteração (Fonte: Puppet Labs, DevOps Survey Of Practice 2014)*

Por todos esses motivos, precisamos criar práticas de controle eficazes mais parecidas com a revisão de colegas, reduzindo nossa dependência de quadros externos para autorizar as alterações. Também precisamos coordenar e agendar as mudanças eficientemente. Exploramos isso nas próximas duas seções.

POSSIBILITAR COORDENAÇÃO E AGENDAMENTO DE ALTERAÇÕES

Quando temos vários grupos trabalhando em sistemas que compartilham dependências, nossas mudanças provavelmente precisam ser coordenadas para garantir que não interfiram entre si (por exemplo, organizar, lotear e sequenciar as alterações). Em geral, quanto menos acoplada nossa arquitetura, menos precisamos nos comunicar e coordenar o trabalho com outras equipes componentes — quando a arquitetura é realmente voltada ao serviço, as equipes podem fazer mudanças com alto grau de autonomia, assim as mudanças locais dificilmente criam interrupções globais.

Contudo, mesmo em uma arquitetura pouco acoplada, quando muitas equipes estão realizando centenas de implementações independentes por dia, pode haver o risco de alterações interferirem umas nas outras (por exemplo, testes A/B simultâneos). Para reduzir esses riscos, podemos usar salas de bate-papo para anunciar alterações e descobrir proativamente as colisões que possam existir.

Para organizações mais complexas e organizações com arquiteturas mais fortemente acopladas, talvez precisemos agendar nossas alterações deliberadamente, em que os representantes das equipes se reúnem, não para autorizar alterações, mas para agendá-las e sequenciá-las, a fim de minimizar os acidentes.

No entanto, certas áreas, como mudanças na infraestrutura global (por exemplo, alterações em switch de rede básica), sempre terão um risco mais alto associado. Essas mudanças sempre exigirão contramedidas técnicas, como redundância, failover, testes abrangentes e (idealmente) simulação.

POSSIBILITAR A REVISÃO DE COLEGAS EM ALTERAÇÕES

Em vez de exigir a aprovação de um grupo externo antes da implementação, podemos exigir que os engenheiros obtenham revisões de colegas de suas alterações. No Desenvolvimento, essa prática é chamada de *revisão de código*, mas é igualmente aplicável a qualquer mudança que façamos em nossos aplicativos ou ambientes, incluindo servidores, redes e bancos de dados.[†] O objetivo é encontrar erros, fazendo com que engenheiros próximos ao trabalho examinem minuciosamente nossas alterações. Essa revisão melhora a qualidade das nossas mudanças, o que também traz as vantagens do treinamento multifuncional, do aprendizado de colegas e da melhoria das habilidades.

Um lugar lógico para exigir revisões é antes de efetivar código no trunk do controle de fonte, pois ali as alterações poderiam ter impacto na equipe ou global. No mínimo, engenheiros devem examinar nossa alteração, mas para áreas de risco mais alto, como mudanças em banco de dados ou

---

† Neste livro, os termos *revisão de código* e *revisão de alteração* serão usados indistintamente.

componentes críticos para a empresa com baixa cobertura de teste automatizado, podemos exigir a revisão de um especialista no assunto (por exemplo, engenheiro de segurança da informação, engenheiro de banco de dados) ou várias revisões (por exemplo, "+2", em vez de apenas "+1").

O princípio dos lotes pequenos também se aplica às revisões de código. Quanto maior o tamanho da alteração que precisa ser revista, mais tempo demorará para entender e maior a carga sobre o engenheiro revisor. Como Randy Shoup observou: "Há uma relação não linear entre o tamanho da mudança e o risco em potencial de integrar essa mudança — quando você passa de uma mudança de 10 linhas de código para uma mudança de 100 linhas de código, o risco de algo dar errado é mais de 10 vezes mais alto, e assim por diante". É por isso que é fundamental os desenvolvedores trabalharem em pequenas etapas incrementais, em vez de em ramos de recurso de vida longa.

Além disso, nossa capacidade de criticar significativamente mudanças de código diminui à medida que o tamanho da alteração aumenta. Conforme Giray Özil tuitou: "Peça a um programador para examinar dez linhas de código e ele encontrará dez problemas. Peça a ele para revisar 500 linhas e ele dirá que está tudo certo".

As diretrizes para revisões de código incluem:

- Todos devem ter alguém para revisar suas alterações (por exemplo, no código, ambiente etc.) antes de efetivar no trunk.

- Todos devem monitorar o fluxo de efetivação dos membros de sua equipe para que possíveis conflitos possam ser identificados e examinados.

- Definir quais alterações se qualificam como alto risco e podem exigir a revisão de um especialista no assunto designado (por exemplo, mudanças em banco de dados, módulos sensíveis para a segurança, como autenticação, etc.).[†]

- Se alguém envia uma mudança grande demais para se raciocinar sobre ela facilmente — em outras palavras, você não consegue entender o impacto depois de lê-la algumas vezes ou precisa pedir esclarecimentos de quem a enviou —, ela deve ser dividida em várias mudanças menores que possam ser entendidas rapidamente.

---

† Incidentalmente, uma lista de áreas de alto risco de código e ambientes provavelmente já foi criada pelo conselho consultivo de alteração.

Para garantir que não estejamos apenas aceitando as revisões automaticamente, talvez queiramos também inspecionar as estatísticas de revisão de código para determinar o número de mudanças propostas aprovadas em relação às não aprovadas e, quem sabe, amostrar e inspecionar revisões de código específicas.

Existem vários tipos de revisões de código:

- **Programação em pares:** os programadores trabalham em pares (veja a seção a seguir)

- **"Sobre os ombros":** um desenvolvedor olha por sobre os ombros do autor, enquanto este percorre o código.

- **Divulgação por e-mail:** um sistema de gerenciamento de código-fonte envia o código para revisores por e-mail automaticamente depois que o código é inserido.

- **Revisão de código assistida por ferramenta:** autores e revisores usam ferramentas especializadas, projetadas para revisão de código em pares (por exemplo, Gerrit, pull requests da GitHub etc.), ou recursos fornecidos pelos repositórios de código-fonte (por exemplo, GitHub, Mercurial, Subversion, assim como outras plataformas, como Gerrit, Atlassian Stash e Atlassian Crucible).

O escrutínio de alterações de muitas formas é eficaz na localização de erros anteriormente despercebidos. As revisões de código podem facilitar mais efetivações de código e implementações de produção e suportar implementação baseada em trunk e entrega contínua em grande escala, como veremos no estudo de caso a seguir.

Estudo de Caso
Revisões de Código na Google (2010)

A Google é um excelente exemplo de empresa que emprega desenvolvimento baseado em trunk e entrega contínua em grande escala. Como já mencionado neste livro, Eran Messeri descreveu que, em 2013, os processos na Google permitiam que mais de 13 mil desenvolvedores trabalhassem fora do trunk em uma única árvore de código-fonte, fazendo mais de 5.500 efetivações de código por semana, resultando em centenas de implementações de produção por semana. Em 2010, mais de 20 alterações estavam sendo inseridas no trunk a cada minuto, resultando em 50% da base de código sendo alterada a cada mês.

Isso exige uma disciplina considerável dos membros de equipe da Google e revisões de código obrigatórias, que cobrem as seguintes áreas:

- Legibilidade do código para idiomas (impõe guia de estilo)
- Atribuições de posse de subárvores de código para manter consistência e exatidão
- Transparência de código e contribuições de código pelas equipes

A Figura 42 mostra como os tempos de execução de revisão de código são afetados pelo tamanho da mudança. No eixo x está o tamanho da mudança, e no eixo y está o tempo de execução exigido pelo processo de revisão de código. Em geral, quanto maior a mudança enviada para revisões de código, maior o tempo de execução exigido para se obter as assinaturas necessárias. E os pontos de dados no canto superior esquerdo representam as alterações mais complexas e potencialmente arriscadas que exigiram mais deliberação e discussão.

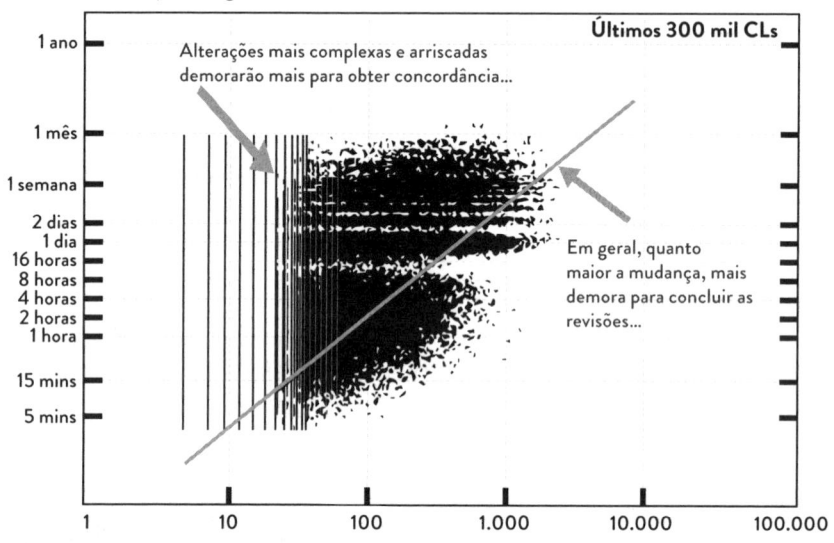

Figura 42: *Tamanho da mudança versus tempo de execução para revisões na Google (Fonte: Ashish Kumar, "Development at the Speed and Scale of Google," apresentação na QCon, São Francisco, CA, 2010, https://qconsf.com/sf2010/dl/qcon-sanfran-2010/slides/AshishKumar_Developing-ProdutosattheSpeedandScaleofGoogle.pdf.)*

Enquanto estava trabalhando como diretor de Engenharia na Google, Randy Shoup iniciou um projeto pessoal para resolver um problema técnico que a organização estava enfrentando. Ele disse: "Trabalhei nesse projeto por semanas e finalmente encontrei tempo para pedir a um especialista no assunto para examinar meu código. Eram quase 3 mil linhas de código, que exigiram dias de trabalho para o revisor examinar. Ele me disse: 'Por favor, não faça isso comigo novamente'. Fiquei agradecido por esse engenheiro ter tirado tempo para fazer isso. Foi também quando aprendi a tornar as revisões de código uma parte de meu trabalho diário".

PERIGOS EM POTENCIAL DE FAZER MAIS TESTES MANUAIS E CONGELAMENTOS DE ALTERAÇÃO

Agora que criamos revisões de colegas que reduzem nosso risco, tempos de execução menores associados a processos de aprovação de mudança e possibilitamos entrega contínua em grande escala, como vimos no estudo de caso da Google, vamos examinar os efeitos de como a contramedida do teste às vezes pode sair pela culatra. Quando falhas de teste ocorrem, nossa reação normal é realizar mais testes. Contudo, se estamos realizando mais testes apenas no final do projeto, podemos piorar os resultados.

Isso é especialmente verdade se estamos fazendo testes manuais, pois eles são naturalmente mais lentos e maçantes que os automatizados, e fazer "testes adicionais" frequentemente tem a consequência de levar a demorar significativamente mais para testar, o que significa que estamos implementando com menos frequência, aumentando assim o tamanho do lote de nossa implementação. E sabemos, da teoria e da prática, que quando aumentamos o tamanho do lote de implementação, nossas taxas de sucesso de mudança diminuem e nossas contagens de incidentes e MTTR aumentam — o oposto do resultado que queremos.

Em vez de testarmos grandes lotes de alterações, agendadas em torno de períodos de congelamento de mudanças, queremos integrar os testes totalmente em nosso trabalho diário, como parte do fluxo suave e contínuo para a produção, e aumentar nossa frequência de implementação. Fazendo isso, incorporamos qualidade, o que nos permite testar, implementar e lançar lotes de tamanhos ainda menores.

POSSIBILITAR A PROGRAMAÇÃO EM PARES PARA MELHORAR TODAS AS NOSSAS ALTERAÇÕES

Programação em pares é quando dois engenheiros trabalham juntos na mesma estação de trabalho, um método popularizado pela Programação Extrema e Ágil, no início dos anos 2000. Assim como as revisões de código, essa prática começou no Desenvolvimento, mas é igualmente aplicável ao trabalho que qualquer engenheiro faz no fluxo de valor. Neste livro usaremos o termo *pareamento* e *programação em pares* indistintamente para indicar que a prática não é apenas para desenvolvedores.

Em um padrão de pareamento comum, um engenheiro cumpre o papel do *piloto*, a pessoa que realmente escreve o código, enquanto o outro atua como *navegador*, *observador* ou *ponteiro*, quem revisa o trabalho que está sendo realizado. Enquanto revisa, o observador também pode considerar a direção estratégica do trabalho, sugerindo ideias de melhorias e provavelmente futuros problemas a tratar. Isso libera o piloto para focar toda a sua atenção aos aspectos táticos para concluir a tarefa, usando o observador como uma rede de segurança e guia. Quando os dois têm especialidades diferentes, as habilidades são transferidas como um efeito colateral automático, seja por meio de treinamento ad-hoc ou pelo compartilhamento de técnicas e soluções.

Outro padrão de programação em pares reforça o desenvolvimento guiado por testes (TDD), com um engenheiro escrevendo o teste automatizado e o outro implementando o código. Jeff Atwood, um dos fundadores da Stack Exchange, escreveu: "Não dá para saber se a programação em pares nada mais é do que revisão de código com esteroides.... A vantagem da programação em pares é sua enorme rapidez: é impossível ignorar o revisor quando ele está sentado bem ao seu lado".

Ele continuou: "Dada a escolha, a maioria das pessoas optará passivamente por não fazer [a revisão de código]. Com a programação em pares, isso não é possível. Cada componente do par *precisa* entender o código no momento em que está sendo escrito. O pareamento pode ser invasivo, mas também pode forçar uma comunicação que de outro modo não seria obtida".

A Dra. Laurie Williams realizou um estudo, em 2001, que mostrou que "os programadores em pares são 15% mais lentos que dois programadores individuais independentes, enquanto código 'sem erros' aumentou de 70% para 85%. Como o teste e a depuração frequentemente são muitas vezes mais caros que a programação inicial, esse é um resultado impressionante. Os pares normalmente consideram mais alternativas de projeto do que programadores trabalhando sozinhos e chegam a projetos de manutenção mais simples e mais fácil; eles também percebem defeitos no projeto antes". Dra. Williams também relatou que 96% de seus entrevistados disseram que gostaram mais do trabalho quando programavam em pares do que quando programavam sozinhos.[†]

[†] Algumas organizações podem exigir programação em pares, enquanto em outras os engenheiros encontram alguém para programar em par, ao trabalharem em áreas onde querem mais escrutínio (como antes de inserir código) ou em tarefas desafiadoras. Outra prática comum é definir *horas de pareamento* para um subconjunto do dia de trabalho, talvez quatro horas, do meio da manhã até o meio da tarde.

A programação em pares tem as vantagens adicionais de espalhar o conhecimento pela organização e aumentar o fluxo de informação dentro da equipe. Ter engenheiros mais experientes revisando, enquanto os menos experientes codificam, também é um modo eficiente de ensinar e ser ensinado.

Estudo de Caso
Programação em Pares Substituindo Processos de Revisão de Código Incompletos na Pivotal Labs (2011)

Elisabeth Hendrickson, vice-presidente de engenharia da Pivotal Software, Inc. e autora de *Explore It!: Reduce Risk and Increase Confidence with Exploratory Testing* (*Explore!: Reduza Riscos e Aumente a Confiança com Testes Exploratórios*, em tradução livre), falou extensivamente sobre tornar cada equipe responsável por sua própria qualidade, em oposição a responsabilizar departamentos separados. Ela argumenta que fazer isso não só aumenta a qualidade, mas também aumenta significativamente o fluxo de trabalho na produção.

Em sua apresentação no 2015 DevOps Enterprise Summit, ela descreveu como, em 2011, existiam dois métodos de revisão de código aceitos na Pivotal Labs: programação em pares (que garantia que cada linha de código fosse inspecionada por duas pessoas) ou um processo de revisão de código gerenciado com Gerrit (que garantia que toda efetivação de código tivesse duas pessoas designadas "+1" para a alteração, antes que fosse permitida no trunk).

O problema observado por Hendrickson no processo de revisão de código do Gerrit era que frequentemente demorava uma semana para os desenvolvedores receberem as revisões necessárias. Pior, desenvolvedores habilitados estavam experimentando "a frustração e a terrível experiência de não conseguir colocar mudanças simples na base de código, porque havíamos criado gargalos intoleráveis inadvertidamente".

Hendrickson lamentou o fato de que "as únicas pessoas que tinham capacidade para serem '+1' nas alterações eram engenheiros seniores, que tinham muitas outras responsabilidades e frequentemente não se preocupavam muito com as correções em que os desenvolvedores iniciantes estavam trabalhando nem com sua produtividade. Isso criou uma situação terrível — enquanto você esperava que suas alterações fossem revisadas, outros desenvolvedores estavam inserindo as deles. Assim, por uma semana, você tinha que mesclar todas as alterações de código deles em seu laptop, executar novamente todos os testes para garantir que tudo ainda funcionava e (às vezes) precisava reenviar suas alterações para nova revisão!"

Para corrigir o problema e eliminar todos esses atrasos, eles acabaram desmantelando todo o processo de revisão de código do Gerrit, exigindo, em seu lugar, a programação em pares para implementar mudanças de código no sistema. Com isso, reduziram de semanas para horas o tempo necessário para ter código revisado.

Hendrickson é rápida em observar que revisões de código funcionam bem em muitas organizações, mas exigem uma cultura que as valorize tanto quanto a própria escrita do código. Quando essa cultura ainda não existe, a programação em pares pode servir como uma prática intermediária valiosa.

AVALIAÇÃO DA EFICÁCIA DOS PROCESSOS DE PULL REQUEST

Como o processo de revisão de colegas é uma parte importante do nosso ambiente de controle, precisamos determinar se ele está funcionando eficientemente ou não. Um método é observar as interrupções de produção e examinar o processo de revisão de colegas para quaisquer alterações relevantes.

Outro método vem de Ryan Tomayko, CIO e cofundador da GitHub e um dos inventores do processo de pull request. Quando solicitado a descrever a diferença entre um pull request ruim e um bom, ele disse que isso tem pouco a ver com o resultado da produção. Um pull request ruim é aquele que não tem contexto suficiente para o leitor, com pouca ou nenhuma documentação do motivo da alteração. Por exemplo, um pull request que tem apenas o seguinte texto: "Correção dos problemas #3616 e #3841".[†]

Esse era um pull request interno real da GitHub, o qual Tomayko criticou: "Isso provavelmente foi escrito por um engenheiro novo aqui. Primeiramente, nenhum engenheiro específico foi @mentioned (mencionado) — no mínimo, o engenheiro deveria ter mencionado seu mentor ou um especialista no assunto na área em que ele estava modificando, para garantir que alguém adequado revisasse sua alteração. Pior, não havia nenhuma explicação sobre quais eram as alterações, por que eram importantes, ou uma exposição de qualquer pensamento do implementador".

Por outro lado, quando solicitado a descrever um ótimo pull request, que indicasse um processo de revisão eficiente, Tomayko rapidamente listou os elementos essenciais: devem haver detalhes suficientes sobre o motivo de a mudança ser feita, como foi feita, assim como os riscos identificados e as contramedidas resultantes.

[†] Gene Kim agradece a Shawn Davenport, James Fryman, Will Farr e Ryan Tomayko, da GitHub, por discutirem as diferenças entre pull requests bons e ruins.

Tomayko também procura uma boa discussão sobre a mudança, possibilitada por todo o contexto fornecido pelo pull request — frequentemente, haverá riscos adicionais destacados, ideias sobre maneiras melhores de implementar a mudança desejada, ideias sobre como melhor reduzir o risco, e assim por diante. E, se acontecer algo ruim ou inesperado na implementação, isso é acrescentado ao pull request, com um link para o problema correspondente. Toda a discussão acontece sem imposição de culpa. Em vez disso, há uma conversa franca sobre como evitar o problema no futuro.

Como exemplo, Tomayko produziu outro pull request interno da GitHub para uma migração de banco de dados. Ele tinha muitas páginas, com enormes discussões sobre os riscos em potencial, levando à seguinte declaração do autor: "Estou retirando isso agora. As construções agora estão falhando para o ramo, graças à ausência de uma coluna nos servidores CI. (Link para Post-Mortem: interrupção do MySQL)"

Então a pessoa que enviou a alteração se desculpa pela interrupção, descrevendo as condições e suposições erradas que levaram ao acidente, assim como uma lista de contramedidas propostas para evitar que aconteça outra vez. Isso era acompanhado de muitas páginas de discussão. Lendo o pull request, Tomayko sorriu: "*Esse* é um pull request excelente".

Como descrito anteriormente, podemos avaliar a eficácia de nosso processo de revisão de colegas amostrando e examinando pull requests, ou da população de pull requests inteira ou daqueles relevantes para incidentes de produção.

CORTAR PROCESSOS BUROCRÁTICOS SEM MEDO

Até aqui discutimos os processos de revisão de colegas e programação em pares que nos permitem aumentar a qualidade de nosso trabalho, sem contar com aprovações externas para mudanças. Entretanto, muitas empresas ainda têm processos de aprovação antiquados, que exigem meses para navegar. Esses processos de aprovação podem aumentar os tempos de execução significativamente, não apenas nos impedindo de entregar valor rapidamente para os clientes, mas possivelmente aumentando o risco para nossos objetivos organizacionais. Quando isso acontece, devemos redesenhar os processos para que possamos atingir nossos objetivos de forma mais rápida e segura.

Como Adrian Cockcroft observou: "Uma métrica excelente para publicar amplamente é quantas reuniões e ordens de serviço são obrigatórias para fazer um release — o objetivo é reduzir implacavelmente o esforço exigido dos engenheiros para realizar trabalho e entregá-lo ao cliente".

Analogamente, o Dr. Tapabrata Pal, pesquisador técnico da Capital One, descreveu um programa da Capital One chamado Got Goo?, que envolve uma equipe dedicada removendo obstáculos — incluindo ferramentas, processos e aprovações — que impediam a conclusão do trabalho. Jason Cox, diretor sênior de Engenharia de Sistemas da Disney, descreveu em sua apresentação no DevOps Enterprise Summit, em 2015, um programa chamado Join The Rebellion, que objetivava remover trabalho árduo e obstáculos do trabalho diário.

Na Target, em 2012, uma combinação de Technology Enterprise Adoption Process e Lead Architecture Review Board (processo TEAP-LARB) resultou em tempos de aprovação longos e complicados para qualquer um que tentasse inserir nova tecnologia. O formulário de TEAP precisava ser preenchido por qualquer um que quisesse propor a adoção de novas tecnologias, como um novo banco de dados ou tecnologias de monitoramento. Essas propostas foram avaliadas, e as julgadas adequadas foram colocadas na agenda de reuniões mensais de LARB.

Heather Mickman e Ross Clanton, respectivamente diretora de Desenvolvimento e diretor de Operações da Target, Inc., estavam ajudando a liderar o movimento DevOps na empresa. Durante a iniciativa de DevOps, Mickman identificou uma tecnologia necessária para possibilitar um projeto das linhas de negócio (neste caso, Tomcat e Cassandra). A decisão do LARB foi a de que a Operações não podia suportar isso na época. Contudo, como Mickman estava convencida de que essa tecnologia era fundamental, ela propôs que sua equipe de Desenvolvimento fosse responsável pelo suporte ao serviço, assim como pela integração, disponibilidade e segurança, em vez de contar com a equipe de Operações.

"Quando passamos pelo processo, queríamos entender melhor por que o processo TEAP-LARB demorou tanto para chegar ao final, e usei a técnica dos 'cinco por quês'... Que finalmente levou à questão do motivo da existência do TEAP-LARB. O surpreendente foi que ninguém sabia, além de ter uma vaga ideia, de que precisávamos de algum tipo de processo de governança. Muitos sabiam que anos atrás houve algum tipo de desastre que nunca mais poderia acontecer, mas ninguém conseguia lembrar exatamente qual foi ele", Mickman observou.

Mickman concluiu que esse processo não era necessário para seu grupo, se ele tivesse as responsabilidades operacionais pela tecnologia que ela estava introduzindo. Ela acrescentou: "Fiz com que todos soubessem que quaisquer tecnologias futuras a que fôssemos dar suporte não precisaria passar pelo processo TEAP-LARB".

Como resultado, Cassandra foi introduzido com sucesso na Target e, finalmente, foi amplamente adotado. Além disso, o processo TEAP-LARB foi finalmente desmantelado. Em agradecimento, sua equipe premiou Mickman com o Lifetime Achievement Award por remover barreiras na realização de trabalho tecnológico na Target.

CONCLUSÃO

Neste capítulo discutimos como integrar em nosso trabalho diário práticas que aumentem a qualidade de nossas mudanças e reduzam o risco de resultados de implementação ruins, diminuindo nossa dependência de processos de aprovação. Estudos de caso da GitHub e da Target mostram que essas práticas não apenas melhoram os resultados, como também reduzem significativamente os tempos de execução e aumentam a produtividade dos desenvolvedores. Esse tipo de trabalho exige uma cultura de alta confiança.

Considere uma história contada por John Allspaw sobre uma engenheira júnior recentemente contratada: a engenheira perguntou se podia implementar uma pequena mudança em HTML, e Allspaw respondeu: "Não sei, pode?" Então perguntou: "Alguém revisou sua alteração? Você sabe quem é a melhor pessoa para perguntar sobre mudanças desse tipo? Você fez absolutamente tudo o que podia para ter certeza de que essa alteração funciona na produção como projetada? Se sim, então não me pergunte — apenas faça a alteração!".

Respondendo dessa maneira, Allspaw lembrou à engenheira que ela era a única responsável pela qualidade de sua mudança — se ela fez tudo o que podia para sentir confiança de que a alteração funcionaria, então não precisava pedir a aprovação de ninguém; ela deveria fazer a alteração.

Criar as condições que permitam que os implementadores de mudanças sejam plenamente donos da qualidade de suas alterações é uma parte essencial da cultura produtiva de alta confiança que estamos lutando para construir. Além disso, essas condições nos permitem criar um sistema de trabalho ainda mais seguro, em que estamos todos ajudando uns aos outros para atingir nossos objetivos, transpondo todos os limites necessários para chegar lá.

CONCLUSÃO DA PARTE IV

A Parte IV nos mostrou que, implementando loops de feedback, podemos permitir que todos trabalhem juntos para atingir objetivos compartilhados, vejam problemas quando ocorrem e, com detecção e recuperação rápidas, garantam que os recursos não apenas funcionem na produção conforme projetados, mas também atinjam os objetivos organizacionais e proporcionem aprendizado organizacional. Examinamos também como permitir objetivos compartilhados que abrangem Dev e Ops, para que possam melhorar a saúde de todo o fluxo de valor.

Agora estamos prontos para entrar na Parte V: A Terceira Maneira, As Práticas Técnicas de Aprendizado, para que possamos criar oportunidades de aprendizado que acontecem mais cedo e de forma ainda mais rápida e barata, e para que possamos desencadear uma cultura de inovação e experimentação que permita a todos fazer trabalho significativo que ajude a organização a ter sucesso.

PARTE V

A Terceira Maneira
As Práticas Técnicas de Aprendizado Contínuo e Experimentação

Parte V
Introdução

Na Parte III, A Primeira Maneira: *As Práticas Técnicas do Fluxo*, discutimos a implementação das práticas exigidas para criar fluxo rápido em nosso fluxo de valor. Na Parte IV, A Segunda Maneira: *As Práticas Técnicas do Feedback*, nosso objetivo foi criar o máximo de feedback possível, do máximo de áreas possível em nosso sistema — mais cedo, mais rápido e mais barato.

Na Parte V, A Terceira Maneira: *As Práticas Técnicas de Aprendizado*, apresentamos as práticas que criam oportunidades de aprendizado da forma mais rápida, frequente, barata e breve possível. Isso inclui gerar aprendizados a partir de acidentes e falhas, que são inevitáveis ao trabalharmos em sistemas complexos, assim como organizar e projetar nossos sistemas de trabalho de modo que estejamos constantemente experimentando e aprendendo, tornando nossos sistemas continuamente mais seguros. Os resultados incluem resiliência mais alta e conhecimento coletivo sempre crescente sobre como nosso sistema realmente funciona, para que melhor possamos atingir nossos objetivos.

Nos capítulos a seguir institucionalizaremos rituais que aumentam a segurança, a melhoria contínua e o aprendizado, fazendo o seguinte:

- Estabelecendo uma cultura justa para possibilitar a segurança
- Injetando falhas na produção para criar resiliência
- Convertendo descobertas locais em melhorias globais
- Reservando tempo para criar melhorias e aprendizado organizacionais

Também criaremos mecanismos para que quaisquer novos aprendizados gerados em uma área da organização possam ser rapidamente usados em toda ela, transformando melhorias locais em avanços globais. Assim, não apenas aprenderemos mais rápido do que nossa concorrência, ajudando-

-nos a vencer no mercado, mas também criaremos uma cultura de trabalho mais segura e resiliente, da qual as pessoas ficarão entusiasmadas em fazer parte e que as ajudará a atingir seu potencial mais alto.

19 Possibilitar e Injetar Aprendizado no Trabalho Diário

Quando trabalhamos em um sistema complexo, é impossível prever todos os resultados das ações executadas. Isso contribui para acidentes inesperados e, às vezes, catastróficos, mesmo quando usamos ferramentas preventivas estáticas, como listas de verificação e runbooks, que codificam nosso entendimento atual do sistema.

Para trabalharmos com segurança em sistemas complexos, nossas organizações devem se tornar ainda melhores em autodiagnóstico e autoaperfeiçoamento, e devem ser hábeis na detecção de problemas, em resolvê-los e em multiplicar os efeitos, disponibilizando as soluções por toda a organização. Isso cria um sistema de aprendizado dinâmico que nos permite entender nossos erros e transformar esse entendimento em ações que evitem sua ocorrência no futuro.

O resultado é o que o dr. Steven Spear descreve como organizações resilientes, que são "hábeis na detecção de problemas, em resolvê-los e em multiplicar o efeito, disponibilizando as soluções por toda a organização". Essas organizações podem se curar sozinhas. "Para uma organização assim, responder às crises não é um trabalho idiossincrático. É algo feito o tempo todo. Essa responsividade é sua fonte de confiabilidade".

Um exemplo notável da incrível resiliência que pode resultar desses princípios e práticas foi visto em 21 de abril de 2011, quando a zona de disponibilidade AWS da Amazon na Costa Leste dos EUA parou, levando consigo praticamente todos os clientes que dependiam dela, incluindo Reddit e Quora.[†] Contudo, a Netflix foi uma exceção surpreendente, aparentemente não afetada por essa interrupção maciça da AWS.

---

† Em janeiro de 2013, na re:Invent, James Hamilton, vice-presidente e engenheiro ilustre da Amazon Web Services, disse que a região leste dos EUA sozinha tinha mais de dez datacenters, e acrescentou que um datacenter normal tem entre 50 e 80 mil servidores. De acordo com esses cálculos, a interrupção EC2 de 2011 afetou clientes em mais de meio milhão de servidores.

Após o evento, havia uma especulação considerável sobre como a Netflix manteve seus serviços funcionando. Uma teoria popular foi a de que, como a Netflix era um dos maiores clientes da Amazon Web Services, recebeu algum tratamento especial que a permitiu manter-se funcionando. Contudo, uma postagem no blog *Netflix Engineering* explicou que foram suas decisões sobre o design arquitetônico, em 2009, que possibilitaram sua resiliência excepcional.

Em 2008, o serviço de distribuição de vídeos online da Netflix era executado em um aplicativo J2EE monolítico, hospedado em um de seus data centers. Contudo, a partir de 2009 eles começaram a rearquitetar esse sistema para o que chamaram de *nuvem nativa* — ele foi projetado para funcionar inteiramente na nuvem pública da Amazon e ser resiliente o bastante para sobreviver a falhas significativas.

Um de seus objetivos específicos de projeto era garantir que os serviços da Netflix continuassem funcionando, mesmo que uma zona de disponibilidade AWS inteira caísse, como aconteceu na Costa Leste norte-americana. Isso exigiu que o sistema fosse pouco acoplado, com cada componente tendo interrupções agressivas para garantir que a falha de componentes não derrubasse o sistema inteiro. Em vez disso, cada recurso e componente foi projetado para degradar normalmente. Por exemplo, durante explosões de tráfego que criassem picos de utilização de CPU, em vez de mostrar uma lista de filmes personalizados para o usuário, eles mostrariam conteúdo estático, como resultados colocados em cache ou não personalizados, que exigiriam menos computação.

Além disso, a postagem no blog explicou que, além de implementar esses padrões arquitetônicos, eles também construíram e executaram um serviço surpreendente e audacioso, chamado *Chaos Monkey*, que simulava falhas de AWS eliminando servidores da produção de forma constante e aleatória. Eles fizeram isso porque queriam todas as "equipes de engenharia acostumadas a um nível constante de falhas na nuvem", para que os serviços pudessem "se recuperar automaticamente, sem nenhuma intervenção manual".

Em outras palavras, a equipe da Netflix executou o Chaos Monkey para ter certeza de que tinham atingido seus objetivos de resiliência operacional, constantemente injetando falhas em seus ambientes de pré-produção e produção.

Como seria de se esperar, quando eles executaram o Chaos Monkey pela primeira vez em seus ambientes de produção, os serviços falharam de maneiras jamais previstas ou imaginadas — encontrando e corrigindo constantemente esses problemas durante o horário de trabalho normal, os engenheiros da Netflix criaram rápida e interativamente um serviço mais resiliente e simultaneamente geraram aprendizados organizacionais (no horário de trabalho normal!) que permitiram evoluir seus sistemas bem além da concorrência.

Chaos Monkey é apenas um exemplo de como o aprendizado pode ser integrado ao trabalho diário. A história também mostra como organizações de aprendizado pensam sobre falhas, acidentes e erros — como uma oportunidade de aprendizado e não como algo a ser punido. Este capítulo explora como criar um sistema de aprendizado, como estabelecer uma *cultura justa* e como ensaiar rotineiramente e criar falhas deliberadamente para acelerar o aprendizado.

ESTABELECER UMA CULTURA DE APRENDIZADO JUSTA

Um dos pré-requisitos para uma cultura de aprendizado é que, quando ocorrem acidentes (que sem dúvida ocorrerão), a resposta é vista como "justa". O Dr. Sidney Dekker, que ajudou a codificar alguns dos principais elementos da cultura de segurança e que cunhou o termo *cultura justa*, escreve: "Quando as respostas a incidentes e acidentes são vistas como injustas, isso pode atrapalhar investigações de segurança, promovendo o medo, em vez da atenção, nas pessoas que fazem trabalho crítico para a segurança, tornando as organizações mais burocráticas, em vez de mais cuidadosas, e cultivando o segredo profissional, a evasão e a autoproteção".

Essa noção de punição está presente, de forma sutil ou proeminente, no modo como muitos gerentes têm operado durante o último século. Pensa-se assim: para atingir os objetivos da organização, os líderes devem comandar, controlar, estabelecer procedimentos para eliminar erros e impor a conformidade desses procedimentos.

O dr. Dekker chama essa noção de eliminar erros eliminando as pessoas que os causaram de *Teoria da Maçã Podre*. Ele afirma que isso é inválido, porque "erro humano não é a causa de nossos problemas; o erro humano é uma consequência do projeto das ferramentas que damos a ele".

Se os acidentes não são causados por "maçãs podres", mas são devidos a inevitáveis problemas de projeto no sistema complexo que criamos, então, em vez de "mencionar, culpar e envergonhar" a pessoa que causou a falha, nosso objetivo deve ser sempre maximizar as oportunidades de aprendizado organizacional, reforçando continuamente que valorizamos ações que expõem e compartilham mais amplamente os problemas em nosso trabalho diário. É isso que nos permite melhorar a qualidade e a segurança do sistema em que operamos e reforçar as relações entre todos os que operam nele.

Transformando informação em conhecimento e incorporando os resultados do aprendizado em nossos sistemas, começamos a atingir os objetivos de uma cultura justa, equilibrando as necessidades de segurança e prestação de contas. Como John Allspaw, diretor Técnico da Etsy, declara: "Nosso objetivo na Etsy é ver enganos, erros, deslizes, lapsos, e assim por diante, com a perspectiva do aprendizado".

Quando engenheiros cometem erros e se sentem seguros ao dar detalhes sobre ele, não apenas ficam desejosos de assumir a responsabilidade, mas também ficam entusiasmados em ajudar o restante da empresa a evitar o mesmo erro no futuro. É isso que cria o aprendizado organizacional. Por outro lado, se punimos esse engenheiro, todos ficam desestimulados a fornecer os detalhes necessários para se entender o mecanismo, a patologia e o funcionamento da falha, o que garante que ela ocorrerá novamente.

Duas práticas eficazes que ajudam a criar uma cultura justa, baseada no aprendizado, são post-mortems sem culpa e a introdução controlada de falhas na produção, a fim de criar oportunidades de prática para os problemas inevitáveis que surgem dentro de sistemas complexos. Vamos ver os post-mortems sem culpa e depois vamos explorar por que a falha pode ser algo bom.

AGENDAR REUNIÕES DE POST-MORTEM SEM CULPA APÓS A OCORRÊNCIA DE ACIDENTES

Para ajudar a criar uma cultura justa quando acidentes e incidentes significativos ocorrem (por exemplo, implementação falha, problema de produção que afetou clientes), devemos realizar um *post-mortem sem culpa* depois que o incidente for resolvido.[†] Post-mortems sem culpa, termo cunhado por John Allspaw, nos ajudam a examinar "erros de modo a focar nos aspectos circunstanciais do mecanismo de uma falha e no processo de tomada de decisão de indivíduos próximos à falha".

Para isso, agendamos o post-mortem assim que possível, após o acidente ocorrer e antes que as memórias e os vínculos entre causa e efeito desapareçam ou as circunstâncias mudem. (Evidentemente, esperamos até que o problema seja resolvido, para não distrair as pessoas que ainda estão trabalhando nele ativamente.)

---

† Essa prática também foi chamada de *revisões sem culpa após incidentes* e de *retrospectivas após evento*. Há também uma similaridade digna de nota com as retrospectivas de rotina, que fazem parte de muitas práticas de desenvolvimento ágil e iterativo.

Na reunião de post-mortem sem culpa, faremos o seguinte:

- Construiremos uma linha do tempo e reuniremos detalhes sobre falhas de várias perspectivas, nos certificando de não punir pessoas por cometerem erros

- Autorizaremos todos os engenheiros a melhorar a segurança, permitindo que forneçam descrições detalhadas de suas contribuições para as falhas

- Permitiremos e estimularemos as pessoas que cometem erros a serem os especialistas que educam o restante da organização sobre como não os cometer no futuro

- Aceitaremos que sempre há um espaço arbitrário onde os seres humanos podem decidir adotar uma ação ou não, e que o julgamento dessas decisões está em retrospecto

- Proporemos contramedidas para evitar um acidente similar no futuro e garantiremos que essas contramedidas sejam registradas, com uma data-alvo e um dono para acompanhar

Para termos esse entendimento, os seguintes interessados precisam estar presente na reunião:

- As pessoas envolvidas nas decisões que podem ter contribuído para o problema

- As pessoas que identificaram o problema

- As pessoas que responderam ao problema

- As pessoas que diagnosticaram o problema

- As pessoas que foram afetadas pelo problema

- E qualquer um que esteja interessado em participar da reunião

Nossa primeira tarefa na reunião de post-mortem sem culpa é registrar nosso melhor entendimento da linha do tempo de eventos relevantes, conforme ocorreram. Isso inclui todas as ações que tomamos e em que momento (de preferência apoiado por registros de bate-papo, como IRC ou Slack), os efeitos observados (de preferência na forma da métrica específica de nossa telemetria de produção, em oposição a apenas narrativas subjetivas), todos os caminhos de investigação seguidos e as resoluções consideradas.

Para ter esses resultados, devemos ser rigorosos quanto ao registro dos detalhes e a reforçar a cultura de que informações podem ser compartilhadas sem medo de punição ou vingança. Por isso, especialmente em nossos primeiros post-mortems, pode ser útil que a reunião seja liderada por um facilitador treinado que não esteja envolvido no acidente.

Durante a reunião e a subsequente resolução, devemos proibir explicitamente as frases "teria" ou "poderia ter", pois são declarações *contrafatuais* que resultam da tendência humana de criar possíveis alternativas para eventos ocorridos.

Declarações contrafatuais, como "Eu poderia ter..." ou "Se eu soubesse disso, teria...", enquadram o problema em termos do *sistema imaginado*, e não em termos do *sistema que realmente existe*, que é o contexto ao qual precisamos nos restringir. (Veja o Apêndice 8.)

Um dos resultados potencialmente surpreendentes dessas reuniões é que as pessoas frequentemente se culparão por coisas fora de seu controle ou questionarão suas habilidades. Ian Malpass, engenheiro da Etsy, observa: "Naquele momento em que fazemos algo que derruba o site inteiro, sentimos um 'frio na espinha', e provavelmente o primeiro pensamento em nossa cabeça é 'Sou uma droga e não tenho ideia do que estou fazendo'. Precisamos parar de fazer isso, pois é a rota para a loucura, desespero e sentimentos de ser um impostor, que é algo que não podemos deixar acontecer com bons engenheiros. A melhor pergunta a focar é: 'Por que isso fez sentido para mim quando adotei essa ação?'"

Na reunião, devemos reservar tempo suficiente para livre debate e decidir quais contramedidas implementar. Uma vez identificadas, as contramedidas devem ser priorizadas e receber um dono e uma linha do tempo para implementação. Isso demonstra ainda que valorizamos a melhoria de nosso trabalho diário mais do que o próprio trabalho diário.

Dan Milstein, um dos principais engenheiros da Hubspot, escreve que começa todas as reuniões de post-mortem sem culpa "dizendo: 'Estamos tentando nos preparar para um futuro em que seremos tão burros quanto somos hoje.'" Em outras palavras, não é aceitável ter uma contramedida apenas para "ser mais cuidadoso" ou "ser menos burro" — em vez disso, devemos projetar contramedidas reais para evitar que esses erros ocorram novamente.

Exemplos de tais contramedidas incluem novos testes automatizados para detectar condições perigosas em nosso pipeline de implementação, adicionar telemetria de produção, identificar categorias de mudanças que exigem revisão de colegas adicional e fazer ensaios dessa categoria de falha como parte de exercícios do Dia de Jogo agendados regularmente.

PUBLICAR NOSSOS POST-MORTEMS O MAIS AMPLAMENTE POSSÍVEL

Depois de uma reunião de post-mortem sem culpa, devemos anunciar amplamente a disponibilidade das anotações nela feitas e de quaisquer artefatos associados (por exemplo, linhas do tempo, registros de bate-papo por IRC, comunicações externas). Essas informações devem (idealmente) ser colocadas em um local centralizado, onde a organização inteira possa acessá-las e aprender com o incidente. Realizar post-mortems é tão importante que podemos proibir que incidentes de produção sejam fechados até que a reunião de post-mortem tenha terminado.

Isso nos ajuda a transformar em globais os aprendizados e melhorias locais. Randy Shoup, antigo diretor de engenharia do Google App Engine, descreve como a documentação de reuniões de post-mortem podem ter um valor tremendo para outras pessoas da organização: "Como você pode imaginar, na Google tudo pode ser pesquisado. Todos os documentos de post-mortem estão em lugares onde outros funcionários da empresa podem ver. E, acredite, quando qualquer grupo tem um incidente parecido com algo que já aconteceu, esses documentos de post-mortem estão entre os primeiros a serem lidos e estudados".[†]

Publicar post-mortems amplamente e estimular outras pessoas na organização a lê-los aumenta o aprendizado organizacional, e também está se tornando cada vez mais comum empresas de serviços online publicarem post-mortems de interrupções que impactam os clientes. Muitas vezes, isso aumenta significativamente a transparência que temos junto aos nossos clientes internos e externos, o que, por sua vez, aumenta a confiança deles em nós.

Esse desejo de realizar tantas reuniões de post-mortem sem culpa quanto necessário na Etsy levou a alguns problemas — no curso de quatro anos, a Etsy acumulou um grande número de anotações de reunião de post-mortem em páginas wiki, que se tornaram cada vez mais difíceis de pesquisar, salvar e ajudar na colaboração.

[†] Também podemos optar por estender as filosofias do Transparent Uptime para nossos relatórios de post-mortem e, além de disponibilizar um painel de serviço para o público, podemos divulgar as reuniões (talvez limpas) de post-mortem. Alguns dos post-mortems públicos mais admirados incluem aqueles postados pela equipe do Google App Engine depois de uma paralisação significativa em 2010, assim como o post-mortem da paralisação do Amazon DynamoDB, em 2015. Curiosamente, o Chef publica suas anotações de reunião de post-mortem em seu blog, assim como vídeos gravados das próprias reuniões de post-mortem.

Para ajudar com esse problema, eles desenvolveram uma ferramenta chamada Morgue, para registrar facilmente aspectos de cada acidente, como o MTTR e a gravidade do incidente, tratar melhor de fusos horários (o que se tornou relevante à medida que mais funcionários da Etsy trabalhavam remotamente) e incluir outros dados, como texto no formato Markdown, imagens incorporadas, tags e histórico.

A Morgue foi projetada para facilitar que a equipe registre:

- Se o problema ocorreu devido a um incidente agendado ou não
- O dono do post-mortem
- Registros de bate-papo no IRC relevantes (especialmente importantes para problemas às 3h da manhã, quando anotações precisas podem não acontecer)
- Tíquetes JIRA relevantes para ações corretivas e suas datas de vencimento (informação particularmente importante para a gerência)
- Links para postagens em fórum de cliente (onde os clientes reclamam de problemas)

Depois de desenvolvida e usada a Morgue, o número de post-mortems registrados na Etsy aumentou significativamente, comparado a quando eles usavam páginas wiki, especialmente para incidentes P2, P3 e P4 (isto é, problemas de menor severidade). Esse resultado reforçou a hipótese de que, se eles tivessem facilitado a documentação de post-mortems por meio de ferramentas como a Morgue, mais pessoas teriam registrado e pormenorizado os resultados de suas reuniões de post-mortem, possibilitando mais aprendizado organizacional.

A dra. Amy C. Edmondson, professora da Novartis de Liderança e Gestão na Harvard Business School e coautora de *Building the Future: Big Teaming for Audacious Innovation* (*Construindo o Futuro: Grandes Equipes para Inovações Audaciosas* — em tradução livre), escreve:

> Novamente, o remédio — que não envolve necessariamente muito tempo e gasto — é reduzir o estigma da falha. Eli Lilly tem feito isso desde o início dos anos 1990, organizando "festas da falha" para homenagear experiências científicas inteligentes e de alta qualidade que não conseguiram atingir os resultados desejados. As festas não custam muito, e redistribuir recursos valiosos — particularmente cientistas — para novos projetos mais cedo, não mais tarde, pode economizar centenas de milhares de dólares, sem falar no possível desencadeamento de novas descobertas.

DIMINUIR TOLERÂNCIAS A INCIDENTES PARA ENCONTRAR SINAIS DE FALHA CADA VEZ MAIS FRACOS

Inevitavelmente, quando as organizações aprendem a ver e a resolver problemas eficientemente, elas precisam diminuir o limite do que constitui um problema para manter o aprendizado. Para isso, buscamos amplificar os sinais de falha fracos. Por exemplo, como descrito no Capítulo 4, quando a Alcoa conseguiu reduzir a taxa de acidentes no local de trabalho de modo que não fossem mais comuns, Paul O'Neill, CEO da Alcoa, começou a ser notificado de quase acidentes, além dos acidentes reais.

O dr. Spear resume as realizações de O'Neill na Alcoa ao escrever: "Apesar de ter começado focando em problemas relacionados à segurança do local de trabalho, logo descobriu que os problemas de segurança refletiam a ignorância do processo e que essa ignorância também se manifestaria em outros problemas, como qualidade, pontualidade e produção *versus* descarte".

Quando trabalhamos em sistemas complexos, essa necessidade de amplificar sinais de falha fracos é fundamental para evitar falhas catastróficas. O modo como a NASA tratou de sinais de falha durante a era dos ônibus espaciais serve como exemplo ilustrativo: em 2003, em 16 dias da missão do ônibus espacial *Columbia*, ele explodiu ao reentrar na atmosfera terrestre. Sabemos agora que uma parte da espuma de isolamento tinha quebrado no tanque de combustível externo durante a decolagem.

Contudo, antes da reentrada da *Columbia*, vários engenheiros de nível intermediário da NASA tinham relatado esse incidente, mas suas vozes não foram ouvidas. Eles observaram o choque da espuma em monitores de vídeo durante uma sessão de revisão pós-lançamento e notificaram os gerentes da NASA imediatamente, mas ficaram sabendo que o problema da espuma não era novidade. Desalojamento de espuma já tinha danificado veículos espaciais em lançamentos anteriores, mas nunca tinham resultado em um acidente. Foi considerado um problema de manutenção, e não houve nenhuma reação corretiva, até ser tarde demais.

Michael Roberto, Richard M. J. Bohmer e Amy C. Edmondson escreveram, em um artigo de 2006 para a *Harvard Business Review*, como a cultura da NASA contribuiu para esse problema. Eles descrevem como as organizações normalmente são estruturadas em um de dois modelos: um *modelo padronizado*, em que rotina e sistemas governam tudo, inclusive a restrita conformidade com linhas do tempo e orçamentos, ou um *modelo experimental*, em que todos os dias cada exercício e cada nova informação é avaliada e debatida em uma cultura que se assemelha a um laboratório de pesquisa e desenvolvimento (P&D).

Eles observam: "As firmas têm problemas quando aplicam a mentalidade errada a uma organização [que dita como respondem a *ameaças ambíguas* ou, na terminologia deste livro, aos *sinais de falha fracos*].... Nos anos 1970, a NASA criou uma cultura de padronização rígida, promovendo o ônibus espacial para o Congresso como uma espaçonave barata e reutilizável". A NASA privilegiou a conformidade de processo estrita, em vez de um modelo experimental, em que cada informação precisaria ser avaliada sem parcialidade quando ocorresse. A ausência de aprendizado contínuo e experimentação teve consequências terríveis. Os autores concluem que é a cultura e a mentalidade que importam, não apenas "ser cuidadoso" — como escrevem, "apenas a vigilância não evitará que ameaças ambíguas [sinais de falha fracos] se tornem falhas dispendiosas (e, às vezes, trágicas)".

Nosso trabalho no fluxo de valor tecnológico, como uma viagem espacial, deve ser encarado como um esforço fundamentalmente experimental e gerenciado dessa forma. Todo trabalho que fazemos é uma hipótese potencialmente importante e uma fonte de dados, e não uma aplicação rotineira e uma validação de prática passada. Em vez de tratar trabalho tecnológico como inteiramente padronizado, em que nos esforçamos pela conformidade do processo, devemos procurar continuamente sinais de falha cada vez mais fracos para que possamos entender e gerenciar melhor os sistemas em que operamos.

REDEFINIR FALHA E ESTIMULAR A CORRER RISCOS CALCULADOS

Os líderes de uma organização, seja deliberada ou inadvertidamente, reforçam a cultura e os valores organizacionais por meio de suas ações. Especialistas em auditoria, contabilidade e ética há tempos têm observado que o "tom no topo" prevê a probabilidade de fraude e outras práticas antiéticas. Para reforçar nossa cultura de aprendizado e de tomada de risco calculada, precisamos que os líderes reforcem continuamente que todos devem se sentir à vontade e responsáveis por trazer à tona e aprender com as falhas.

Sobre falhas, Roy Rapoport, da Netflix, observa: "O que o *2014 State of DevOps Report* provou para mim é que as organizações de DevOps de alto desempenho falharão e cometerão erros mais frequentemente. Isso não só está Ok, mas é do que as organizações precisam! Você até pode ver isso nos dados: se empresas de alto desempenho estão realizando alterações 30 vezes mais frequentemente, mas com apenas metade da taxa de falhas de alterações, obviamente estão tendo mais falhas".

Ele continua: "Eu estava falando com um colega sobre uma interrupção maciça que acabamos de ter na Netflix — causada, francamente, por um erro bobo. De fato, ela foi causada por um engenheiro que derrubou a Netflix duas vezes nos últimos 18 meses.

Mas, evidentemente, essa é uma pessoa que nunca demitiríamos. Nesses mesmos 18 meses, esse engenheiro avançou o estado de nossas operações e automação não em milhas, mas em anos-luz. Esse trabalho nos permitiu fazer implementações com segurança diariamente, e ele pessoalmente realizou inúmeras implementações na produção".

Ele conclui: "DevOps deve permitir esse tipo de inovação e os riscos resultantes de pessoas cometendo erros. Sim, você terá mais falhas na produção. Mas isso é bom e não deve ser punido".

INJETAR FALHAS NA PRODUÇÃO PARA POSSIBILITAR RESILIÊNCIA E APRENDIZADO

Como vimos na introdução do capítulo, injetar falhas no ambiente de produção (como o Chaos Monkey) é um modo de aumentarmos a resiliência. Nesta seção descrevemos os processos envolvidos no ensaio e na injeção de falhas em nosso sistema para confirmar que o projetamos e arquitetamos corretamente, a fim de que as falhas aconteçam de maneiras específicas e controladas. Fazemos isso realizando testes regularmente (ou mesmo continuamente) para garantir que nossos sistemas falhem com segurança.

Como Michael Nygard, autor de *Release It! Design and Deploy Production-Ready Software* (*Liberte! Projete e Implemente Software Pronto para a Produção* — em tradução livre), comenta: "Assim como na construção de zonas de dobra em carros para absorver impactos e manter os passageiros seguros, você pode decidir quais recursos do sistema são indispensáveis e construir modos de falha que mantenham as rachaduras longe desses recursos. Se você não projetar seus modos de falha, verá as imprevisíveis — e normalmente perigosas — acontecerem".

A resiliência exige que primeiro definamos nossos modos de falha e, então, façamos testes para garantir que esses modos de falha funcionem como projetados. Um modo de fazermos isso é injetando falhas em nosso ambiente de produção e ensaiando falhas de larga escala para termos confiança de que poderemos nos recuperar de acidentes quando eles ocorrerem, de preferência sem impactar nossos clientes.

A história de 2012 sobre a interrupção da AWS da Costa Leste que afetou a Netflix e a Amazon, apresentada na introdução, é apenas um exemplo. Um exemplo ainda mais interessante de resiliência na Netflix ocorreu durante a "Grande Reinicialização da Amazon de 2014", quando quase 10% dos servidores EC2 da Amazon precisaram ser reinicializados para aplicar um patch de segurança Xen de emergência. Como Christos Kalantzis, da Netflix Cloud Database Engineering, lembra: "Quando recebemos a notícia das reinicializações EC2 de emergência, ficamos de queixo caído. Quando recebemos a lista de quantos nós do Cassandra seriam afetados, me senti mal". Mas Kalantzis continua: "Então me lembrei de todos os exercícios que fizemos com o Chaos Monkey. Minha reação foi: 'Façam acontecer!'".

Mais uma vez, os resultados foram espantosos. Dos mais de 2.700 nós do Cassandra usados em produção, 218 foram reinicializados, e 22 não reinicializaram com êxito. Como Kalantzis e Bruce Wong, da Netflix Chaos Engineering, escreveram: "A Netflix não teve nenhuma interrupção naquele fim de semana. Exercitar falha repetida e regularmente, mesmo na camada de persistência [banco de dados], deve fazer parte do planejamento de resiliência de toda empresa. Se não fosse a participação do Cassandra no Chaos Monkey, essa história teria terminado de modo muito diferente".

Ainda mais surpreendente, não apenas ninguém da Netflix estava trabalhando em incidentes ativos devido aos nós falhos do Cassandra, como ninguém estava no escritório — eles estavam em Hollywood, em uma festa, celebrando a aquisição de um marco. Esse é outro exemplo demonstrando que o enfoque proativo na resiliência frequentemente significa que uma firma pode lidar com eventos que, para a maioria das organizações, poderiam causar crises de forma rotineira e trivial.† (Veja o Apêndice 9.)

---

† Os padrões arquitetônicos específicos que eles implementaram incluem falhas rápidas (configurar interrupções agressivas, de modo que componentes falhos não façam o sistema inteiro parar), retrocessos (projetar cada recurso para degradar ou retroceder para uma representação de qualidade mais baixa) e remoção de recursos (retirar recursos não fundamentais, quando funcionam lentamente a partir de qualquer página dada, para impedir que impactem a experiência dos membros). Outro exemplo espantoso da resiliência criada pela equipe da Netflix, além de preservar a continuidade da empresa durante a paralisação da AWS, foi que a Netflix passou seis horas na interrupção de AWS antes de declarar um incidente Sev 1, supondo que o serviço AWS finalmente seria restaurado (isto é, "o AWS vai voltar... ele normalmente volta, certo?"). Somente após seis horas de paralisação eles ativaram os procedimentos de continuidade da empresa.

INSTITUIR DIAS DE JOGO PARA ENSAIAR FALHAS

Nesta seção descrevemos ensaios específicos de recuperação de desastres chamados Dias de Jogo, um termo popularizado por Jesse Robbins, um dos fundadores da comunidade Velocity Conference e cofundador do Chef, para o trabalho que fez na Amazon, onde era responsável por programas para garantir a disponibilidade do site e era conhecido internamente como o "Mestre do Desastre". O conceito dos Dias de Jogo vem da disciplina de *engenharia da resiliência*. Robbins define engenharia da resiliência como "um exercício projetado para aumentar a resiliência por meio da injeção de falhas de grande escala em sistemas críticos".

Robbins observa que, "quando você projeta um sistema em escala, o melhor que pode esperar é construir uma plataforma de software confiável em cima de componentes completamente não confiáveis. Isso o coloca em um ambiente onde falhas complexas são inevitáveis e imprevisíveis".

Consequentemente, devemos garantir que os serviços continuem a funcionar quando falhas ocorrerem, possivelmente em todo nosso sistema, de preferência sem crise ou mesmo intervenção manual. Como Robbins graceja: "um serviço não está realmente testado até o estragarmos na produção".

Nosso objetivo no Dia de Jogo é ajudar as equipes a simular e ensaiar acidentes para que elas tenham a chance de praticar. Primeiro agendamos um evento catastrófico, como a destruição simulada de um data center inteiro, para acontecer em algum momento do futuro. Então damos tempo para as equipes se prepararem, eliminarem todos os pontos de falha e criar os procedimentos de monitoramento necessários, procedimentos de failover etc.

Nossa equipe de Dia de Jogo define e executa exercícios, como a realização de failovers de banco de dados (isto é, simular uma falha de banco de dados e garantir que o banco de dados secundário funcione) ou desligar uma conexão de rede importante para expor problemas nos processos definidos. Os problemas ou dificuldades encontrados são identificados, tratados e testados novamente.

No tempo agendado, fazemos a interrupção. Como Robbins descreve, na Amazon eles "literalmente desligavam uma instalação — sem aviso — e deixavam os sistemas falhar naturalmente e [deixavam] as pessoas seguirem seus processos, onde quer que levassem".

Ao fazer isso, começamos a expor os *defeitos latentes* em nosso sistema, que são os problemas que só aparecem por causa das falhas injetadas nele. Robbins explica: "Você pode descobrir que certos sistemas de monitoramento ou gerenciamento, cruciais para o processo de recuperação, acabam sendo desligados como parte da falha orquestrada. [Ou] você encontra alguns pontos de falha que não conhecia". Esses exercícios são então realizados cada vez mais intensa e complexamente, com o objetivo de fazê-los se sentir apenas como em outra parte de um dia normal.

Executando Dias de Jogo, criamos progressivamente um serviço mais resiliente e um grau mais alto de certeza de que podemos retomar as operações quando ocorrerem eventos inoportunos, assim como criar mais aprendizados e uma organização mais resiliente.

Um excelente exemplo de simulação de desastre é o Disaster Recovery Program (DiRT) da Google. Kripa Krishnan é diretor de programa técnico da Google e, quando esta obra estava sendo produzida, liderava o programa há mais de sete anos. Durante esse tempo, eles simularam um terremoto no Vale do Silício, que resultava na desconexão do *campus* de Mountain View da Google, importantes data centers com perda total de energia, e até aliens atacando as cidades onde os engenheiros residiam.

Como Krishnan escreveu: "Uma área de teste frequentemente ignorada é o processo comercial e as comunicações. Sistemas e processos são altamente entrelaçados, e separar testes de sistema dos testes de processos comerciais não é realista: a falha de um sistema comercial afetará o processo comercial, e, inversamente, um sistema em funcionamento não é muito útil sem o pessoal correto".

Alguns dos aprendizados obtidos durante esses desastres incluíram:

- Quando a conectividade foi perdida, o failover nas estações de trabalho dos engenheiros não funcionou

- Os engenheiros não sabiam como acessar uma ponte de teleconferência ou a ponte só tinha capacidade para 50 pessoas ou precisavam de um novo provedor de teleconferência que permitisse expulsar os engenheiros que tinham sujeitado a conferência inteira para guardar música

- Quando os data centers ficaram sem diesel para os geradores de backup, ninguém sabia os procedimentos para fazer compras de emergência no fornecedor, fazendo com que alguém usasse um cartão de crédito pessoal para comprar US$50 mil em diesel.

Ao criar falha em uma situação controlada, podemos praticar e criar os manuais de estratégia de que precisamos. Um dos outros resultados dos Dias de Jogo é que as pessoas sabem quem chamar e com quem falar — com isso, elas desenvolvem relações com pessoas de outros departamentos, de modo que podem trabalhar juntas durante um incidente, transformando ações conscientes em ações inconscientes que se tornam rotina.

CONCLUSÃO

Para criar uma cultura justa que permita aprendizado organizacional, precisamos recontextualizar as falhas. Quando tratados corretamente, erros que são inerentes em sistemas complexos podem criar um ambiente de aprendizado dinâmico, onde todos os interessados se sentem seguros o suficiente para propor ideias e observações, e onde os grupos se recuperam mais prontamente de projetos que não funcionam conforme o esperado.

Os post-mortems sem culpa e a injeção de falhas na produção reforçam uma cultura em que todos devem se sentir à vontade e responsáveis por trazer à tona e aprender com as falhas. Na verdade, quando reduzimos suficientemente o número de acidentes, diminuímos nossa tolerância para que possamos continuar aprendendo. Como Peter Senge sabiamente disse: "A única vantagem competitiva sustentável é a capacidade de uma organização de aprender mais rápido do que a concorrência".

20 Converter Descobertas Locais em Melhorias Globais

No capítulo anterior discutimos o desenvolvimento de uma cultura de aprendizado segura, estimulando todos a falar sem culpa sobre erros e acidentes por meio de post-mortems. Exploramos também como encontrar e corrigir sinais de falha cada vez mais fracos, assim como reforçar e recompensar experimentação e tomada de risco. Além disso, ajudamos a tornar o sistema de trabalho mais resiliente, agendando e testando cenários de falha proativamente, tornando os sistemas mais seguros, encontrando defeitos latentes e corrigindo-os.

Neste capítulo criaremos mecanismos que possibilitem que novos aprendizados e melhorias descobertos localmente sejam capturados e compartilhados globalmente por toda a organização, multiplicando o efeito do conhecimento e da melhoria globais. Com isso elevamos o estado da prática da organização inteira, de modo que todos se beneficiem de sua experiência acumulada.

USAR SALAS DE BATE-PAPO E CHAT BOTS PARA AUTOMATIZAR E CAPTURAR O CONHECIMENTO ORGANIZACIONAL

Muitas organizações criaram salas de bate-papo para agilizar a comunicação dentro das equipes. Contudo, salas de bate-papo também são usadas para acionar automação.

Essa técnica foi explorada na jornada de ChatOps da GitHub. O objetivo era colocar ferramentas de automação no meio da conversa em suas salas de bate-papo, ajudando a criar transparência e documentação do trabalho. Como Jesse Newland, engenheiro de sistemas da GitHub, descreve: "Mesmo quando você é novo na equipe, pode olhar os registros de bate-papo e ver como tudo é feito. É como se você estivesse programando em par com eles o tempo todo".

Eles criaram o *Hubot*, um aplicativo de software que interagia com a equipe de Ops em suas salas de bate-papo, onde podia ser instruído a executar ações pelo mero envio de um comando (por exemplo, "@hubot deploy owl to production" — @hubot implemente owl na produção). Os resultados também eram enviados para a sala de bate-papo.

Ter esse trabalho realizado por automação na sala de bate-papo (e não executar scripts automatizados por meio de linha de comando) tinha numerosas vantagens, incluindo:

- Todos viam tudo o que estava acontecendo.
- Engenheiros em seu primeiro dia de trabalho podiam ver como era o trabalho diário e como ele era realizado.
- As pessoas estavam mais inclinadas a pedir ajuda quando viam outros se ajudando.
- Um rápido aprendizado organizacional foi possibilitado e acumulado.

Além das vantagens testadas acima, as salas de bate-papo inerentemente registram e tornam todas as comunicações públicas. Em contraste, e-mails são privados por padrão, e as informações constantes neles não podem ser facilmente descobertas ou propagadas dentro de uma organização.

Integrar automação em salas de bate-papo ajuda a documentar e compartilhar as observações e solução de problemas como uma parte inerente do trabalho. Isso reforça uma cultura de transparência e colaboração em tudo o que fazemos.

Essa também é uma maneira extremamente eficaz de converter aprendizado local em conhecimento global. Na Github, todo o pessoal de Operações trabalhava remotamente — na verdade, não havia dois engenheiros trabalhando na mesma cidade. Como Mark Imbriaco, antigo vice-presidente de operações da GitHub, recorda: "Não havia bebedouro na GitHub. A sala de bate-papo era o bebedouro".

A Github permitiu que o Hubot disparasse suas tecnologias de automação, incluindo Puppet, Capistrano, Jenkins, resque (uma biblioteca apoiada em Redis para criar empregos de fundo) e graphme (que gera gráficos a partir de Graphite).

As ações realizadas por meio do Hubot incluíam verificar a integridade de serviços, fazer inserções fantoches ou implementações de código na produção e silenciar alertas quando os serviços estivessem no modo de manutenção. Ações que eram executadas várias vezes, como parar os registros de teste de fumaça quando uma implementação falhasse, retirar servidores de produção do rodízio, reverter ao mestre para serviços de front-end de produção ou mesmo desculpar-se com os engenheiros que estavam de plantão, também se tornaram ações do Hubot.[†]

Analogamente, as efetivações no repositório de código-fonte e os comandos que disparam implementações de produção emitem mensagens para a sala de bate-papo. Além disso, quando alterações se movem pelo pipeline de implementação, seus status são postados na sala de bate-papo.

Um diálogo rápido na sala de bate-papo poderia ser o seguinte:

"@sr: @jnewland, como você consegue essa lista de repositórios grandes? disk_hogs ou o quê?"

"@jnewland: /disk-hogs"

Newland observa que certas perguntas feitas anteriormente durante o curso de um projeto agora raramente são feitas. Por exemplo, engenheiros podem perguntar: "Como está indo essa implementação?" ou "Você está implementando isso ou eu que deveria?" ou "Como é a carga?".

Dentre todas as vantagens descritas por Newland, que incluem adaptação mais rápida de novos engenheiros e maior produtividade de todos os engenheiros, o resultado que achou o mais importante foi que o trabalho de Ops se tornou mais humano, pois os engenheiros de Ops puderam descobrir problemas e ajudar uns aos outros rápida e facilmente.

A GitHub criou um ambiente para aprendizado local colaborativo que poderia ser transformado em aprendizados por toda a organização. No restante deste capítulo exploraremos maneiras de criar e acelerar a difusão de novos aprendizados organizacionais.

AUTOMATIZAR PROCESSOS PADRONIZADOS EM SOFTWARE PARA REUTILIZAÇÃO

Com muita frequência codificamos nossos padrões e processos de arquitetura, teste, implementação e gerenciamento de infraestrutura em prosa, guardando-os em documentos do Word que são enviados para algum lugar. O problema é que engenheiros que estão construindo novos aplicativos ou

---

[†] O Hubot frequentemente executava tarefas chamando scripts de shell, que podiam então ser executados da sala de bate-papo em qualquer lugar, inclusive do telefone de um engenheiro.

ambientes frequentemente não sabem que esses documentos existem ou não têm tempo para implementar os padrões documentados. O resultado é que eles criam suas próprias ferramentas e processos, com todos os resultados desapontadores que esperaríamos: aplicativos e ambientes frágeis, inseguros e de manutenção impossível, caros para executar, manter e evoluir.

Em vez de colocar nosso conhecimento em documentos do Word, precisamos transformar esses padrões e processos documentados, que abrangem a soma dos aprendizados e conhecimentos organizacionais, em uma forma executável que facilite sua reutilização. Uma das melhores maneiras de tornarmos esse conhecimento reutilizável é colocá-lo em um repositório de código-fonte centralizado, disponibilizando a ferramenta para todos pesquisarem e usarem.

Justin Arbuckle era arquiteto-chefe da GE Capital em 2013, quando disse: "Precisávamos criar um mecanismo que permitisse que as equipes obedecessem facilmente a política — regulamentos nacionais, regionais e da indústria em dezenas de estruturas reguladoras, abrangendo milhares de aplicativos executando em dezenas de milhares de servidores, em dezenas de data centers".

O mecanismo que eles criaram foi chamado ArchOps, que "permitiu aos nossos engenheiros serem mestres de obras, não pedreiros. Colocando nossos padrões de projeto em diagramas automatizados que qualquer um pudesse usar facilmente, obtivemos consistência como subproduto".

Codificando processos manuais em código automatizado e executado, possibilitamos que eles sejam amplamente adotados, fornecendo valor para qualquer um que os utilize. Arbuckle concluiu que "a conformidade real de uma organização é diretamente proporcional ao grau com que suas políticas são expressas como código".

Tornando esse processo automatizado o modo mais fácil de atingir o objetivo, permitimos que as práticas sejam amplamente adotadas — podemos até pensar em transformá-las em serviços compartilhados suportados pela organização.

CRIAR UM ÚNICO REPOSITÓRIO DE CÓDIGO-FONTE COMPARTILHADO PARA NOSSA ORGANIZAÇÃO INTEIRA

Um repositório de código-fonte compartilhado para toda a firma é um dos mecanismos mais poderosos usados para integrar descobertas locais na organização inteira. Quando atualizamos algo no repositório de código--fonte (por exemplo, uma biblioteca compartilhada), ele propaga rápida e automaticamente para todos os outros serviços que utilizam essa biblioteca, e é integrado ao pipeline de implementação de cada equipe.

A Google é um dos maiores exemplos de uso de um repositório de código-fonte compartilhado em toda a organização. Em 2015, a Google tinha um único repositório de código-fonte compartilhado, com mais de um bilhão de arquivos e mais de dois bilhões de linhas de código. Esse repositório é usado por cada um de seus 25 mil engenheiros e abrange cada propriedade da Google, incluindo Google Search, Google Maps, Google Docs, Google+, Google Calendar, Gmail e YouTube.[†]

Um dos resultados mais valiosos disso é que os engenheiros podem aproveitar a expertise diversificada de todo mundo na organização. Rachel Potvin, gerente de engenharia da Google que supervisiona o grupo Developer Infrastructure, disse à *Wired* que todo engenheiro da Google pode acessar "muitas bibliotecas", pois "quase tudo já foi feito".

Além disso, como explica Eran Messeri, engenheiro do grupo Developer Infrastructure da Google, uma das vantagens de usar um único repositório é que isso permite que os usuários acessem facilmente todo o código em sua forma mais atualizada, sem necessidade de coordenação.

Em nosso repositório de código-fonte compartilhado, colocamos não apenas código-fonte, mas também outros artefatos que codificam conhecimento e aprendizado, incluindo:

- Padrões de configuração para nossas bibliotecas, infraestrutura e ambientes (receitas do Chef, manifestos do Puppet etc.)

- Ferramentas de implementação

- Padrões e ferramentas de teste, incluindo segurança

- Ferramentas do pipeline de implementação

- Ferramentas de monitoramento e análise

- Tutoriais e padrões

Codificar conhecimento e compartilhá-lo por meio desse repositório é um dos mecanismos mais poderosos que temos para propagar conhecimento.

[†] Os projetos Chrome e Android residem em um repositório de código-fonte separado, e certos algoritmos mantidos em segredo, como o PageRank, só estão disponíveis para certas equipes.

Como Randy Shoup descreve: "O mecanismo mais poderoso para evitar falhas na Google é o repositório de código único. Sempre que alguém insere algo nele, isso resulta em um novo build, que sempre usa a versão mais recente de tudo. Tudo é construído a partir da fonte, em vez de vinculado dinamicamente durante o tempo de execução — há sempre uma única versão de uma biblioteca atualmente utilizada, que é vinculada estaticamente durante o processo de build".

Tom Limoncelli é coautor de *The Practice of Cloud System Administration: Designing and Operating Large Distributed Systems* (*A Prática da Administração do Sistema em Nuvem: Projetando e Operando Grandes Sistemas Distribuídos*, em tradução livre) e antigo engenheiro de Confiabilidade de Site da Google. Em seu livro, ele informa que o valor de se ter um único repositório para uma organização inteira é tão poderoso que é difícil até de explicar.

> Você pode escrever uma ferramenta exatamente uma vez e ela pode ser usada para todos os projetos. Você tem 100% de conhecimento preciso de quem depende de uma biblioteca; portanto, pode refatorá-la e estar 100% seguro de quem será afetado e quem precisará testar quanto a quebras. Eu provavelmente poderia listar mais 100 exemplos. Não consigo expressar em palavras o quanto isso é uma vantagem competitiva para a Google.

Na Google, toda biblioteca (por exemplo, libc, OpenSSL, assim como bibliotecas desenvolvidas internamente como as de encadeamento Java) tem um dono que é responsável por garantir não apenas que ela compile, mas também que passe nos testes para todos os projetos que dependem dela, como um bibliotecário real. Esse dono também é responsável por migrar cada projeto de uma versão para a seguinte.

Considere o exemplo real de uma organização que executa 81 versões diferentes da biblioteca de estrutura Java Struts na produção — todas essas versões, exceto uma, têm vulnerabilidades de segurança críticas, e manter todas elas, cada uma com suas peculiaridades e idiossincrasias, cria carga e estresse operacionais significativos. Além disso, toda essa variação torna as atualizações de versões arriscadas e inseguras, o que, por sua vez, desestimula os desenvolvedores de fazer atualizações. E o ciclo continua.

O repositório de código-fonte único resolve grande parte desse problema, assim como ter testes automatizados que permitam às equipes migrar para novas versões com segurança e confiança.

Se não podemos construir tudo a partir de uma única árvore de código-fonte, devemos encontrar outros meios de manter as versões corretas das bibliotecas e suas dependências. Por exemplo, podemos ter um repositório para toda a organização, como Nexus, Artifactory ou um repositório Debian ou RPM, que devemos então atualizar onde houver vulnerabilidades conhecidas, tanto nesses repositórios quanto em sistemas de produção.

DIFUNDIR CONHECIMENTO USANDO TESTES AUTOMATIZADOS COMO DOCUMENTAÇÃO E COMUNIDADES DE PRÁTICA

Quando temos bibliotecas compartilhadas sendo usadas em toda a organização, devemos possibilitar a rápida propagação de expertise e melhorias. Garantir que cada uma dessas bibliotecas inclua quantidades significativas de testes automatizados significa que elas se tornam autodocumentadas e mostram a outros engenheiros como usá-las.

Esse benefício será quase automático se tivermos práticas de desenvolvimento guiado por testes (TDD) em vigor, em que os testes automatizados são escritos antes de escrevermos o código. Essa disciplina transforma nossos conjuntos de teste em uma especificação viva e atualizada do sistema. Qualquer engenheiro que queira saber como usar o sistema pode examinar o conjunto de teste para encontrar exemplos de como usar a API do sistema.

Idealmente, cada biblioteca terá um único dono ou uma única equipe dando suporte, representando onde reside o conhecimento e a expertise da biblioteca. Além disso, devemos permitir (idealmente) que apenas uma versão seja usada na produção, garantindo que o que estiver na produção aproveite o melhor conhecimento coletivo da organização.

Nesse modelo, o dono da biblioteca também é responsável por migrar com segurança cada grupo que usa o repositório, de uma versão para a seguinte. Isso, por sua vez, exige detecção rápida de erros de regressão, por meio de testes automatizados abrangentes e integração contínua para todos os sistemas que utilizam a biblioteca.

Para propagar conhecimento mais rapidamente, também podemos criar grupos de discussão ou salas de bate-papo para cada biblioteca ou serviço, para que quem tiver dúvidas possa ter respostas de outros usuários, que frequentemente respondem mais rápido do que os desenvolvedores.

Usando esse tipo de ferramenta de comunicação, em vez de grupos isolados de expertise espalhados pela organização, facilitamos a troca de conhecimento e experiência, garantindo que os trabalhadores possam ajudar uns aos outros com problemas e novos padrões.

PROJETAR PARA OPERAÇÕES POR MEIO DE REQUISITOS NÃO FUNCIONAIS CODIFICADOS

Quando o Desenvolvimento acompanha seu trabalho mais adiante e participa das atividades de resolução de incidentes de produção, o aplicativo se torna cada vez mais bem projetado para Operações. Além disso, quando começarmos a projetar deliberadamente nosso código e nosso aplicativo de modo que possa acomodar o fluxo rápido e a capacidade de implementação, provavelmente identificaremos um conjunto de requisitos não funcionais que desejaremos integrar em todos os nossos serviços de produção.

Implementar esses requisitos não funcionais possibilitará que seja fácil implementar e manter nossos serviços em execução na produção, onde poderemos detectar e corrigir problemas rapidamente, e garantirá que degradem normalmente em caso de falha de componentes. Exemplos de requisitos não funcionais incluem garantir que temos:

- Telemetria de produção suficiente em nossos aplicativos e ambientes
- A capacidade de monitorar dependências com precisão
- Serviços que sejam resilientes e degradem normalmente
- Compatibilidade com versões anteriores e posteriores
- A capacidade de arquivar dados para administrar o tamanho do conjunto de dados da produção
- A capacidade de pesquisar e entender facilmente as mensagens de log dos serviços
- A capacidade de monitorar pedidos de usuários em vários serviços
- Configuração de tempo de execução simples e centralizada, usando flags de recurso etc.

Codificando esses tipos de requisitos não funcionais, facilitamos para que todos os nossos serviços novos e já existentes aproveitem o conhecimento coletivo e a experiência da organização. Tudo isso é responsabilidade da equipe que constrói o serviço.

INCORPORAR HISTÓRIAS DE USUÁRIO DE OPERAÇÕES NO DESENVOLVIMENTO

Quando há trabalho de Operações que não pode ser totalmente automatizado ou se tornar self-service, nosso objetivo é tornar esse trabalho recorrente o mais repetível e determinista possível. Fazemos isso padronizando o trabalho necessário, automatizando o máximo possível e documentando nosso trabalho para que possamos possibilitar que as equipes de produto planejem melhor e promovam recursos para essa atividade.

Em vez de construir servidores manualmente e então colocá-los na produção de acordo com listas de verificação manuais, devemos automatizar o máximo possível desse trabalho. Onde certas etapas não podem ser automatizadas (por exemplo, colocar um servidor no rack manualmente e outra equipe cabeá-lo), devemos definir coletivamente as transferências da forma mais clara possível, para reduzir os tempos de execução e os erros. Isso também nos permitirá planejar e agendar melhor essas etapas no futuro. Por exemplo, podemos usar ferramentas como a Rundeck para automatizar e executar fluxos de trabalho, ou sistemas de ordem de serviço, como JIRA ou ServiceNow.

Idealmente, para todos os trabalhos recorrentes de Ops, saberemos o seguinte: qual é o trabalho exigido, quem é necessário para executá-lo, quais são as etapas para completá-lo, e assim por diante. Por exemplo: "Sabemos que uma implementação de alta disponibilidade requer 14 etapas, exigindo trabalho de quatro equipes diferentes, e que nas últimas cinco vezes que fizemos isso demorou três dias, em média".

Assim como criamos histórias de usuário no Desenvolvimento, que colocamos no acúmulo e depois levamos ao trabalho, podemos criar "histórias de usuário de Ops" bem definidas que representem atividades de trabalho, que possam ser reutilizadas em todos os nossos projetos (por exemplo, implementação, capacidade, segurança etc.). Criando essas histórias de usuário de Ops bem definidas, expomos o trabalho repetível de Operações de TI de uma maneira na qual ele aparece junto ao trabalho do Desenvolvimento, permitindo melhor planejamento e resultados mais repetíveis.

GARANTIR QUE ESCOLHAS DE TECNOLOGIA AJUDEM A ATINGIR OS OBJETIVOS ORGANIZACIONAIS

Quando um de nossos objetivos é maximizar a produtividade do desenvolvedor e temos arquiteturas voltadas ao serviço, equipes de serviço pequenas podem construir e executar seu serviço na linguagem ou estrutura que melhor servir às suas necessidades específicas. Em alguns casos, isso é o que melhor nos permite atingir nossos objetivos organizacionais.

Contudo, existem cenários em que ocorre o oposto, como quando a expertise de um serviço crítico reside apenas em uma equipe e só essa equipe pode fazer mudanças ou corrigir problemas, criando um gargalo. Em outras palavras, podemos ter otimizado para produtividade da equipe, mas inadvertidamente impedimos a obtenção de objetivos organizacionais.

Isso acontece frequentemente quando temos um grupo de Operações voltado à funcionalidade, responsável por qualquer aspecto do serviço a que dá suporte. Nesses cenários, para permitirmos os conjuntos de habilidade profundos em tecnologias específicas, queremos garantir que Operações possa influenciar quais componentes são usados na produção ou dar a ela a capacidade de não ser responsável por plataformas não suportadas.

Se não temos uma lista de tecnologias a que Operações dará suporte, gerada coletivamente por Desenvolvimento e Operações, devemos vasculhar sistematicamente a infraestrutura e os serviços de produção, assim como todas suas dependências correntemente suportadas, para descobrir quais estão gerando um volume desproporcional de demanda de falha e trabalho não planejado. Nosso objetivo é identificar as tecnologias que:

- Impedem ou reduzem a velocidade do fluxo de trabalho
- Criam níveis desproporcionalmente altos de trabalho não planejado
- Criam números desproporcionalmente grandes de pedidos de suporte
- São mais inconsistentes com nossos resultados arquitetônicos desejados (por exemplo, rendimento, estabilidade, segurança, confiabilidade, continuidade do negócio)

Removendo essas infraestruturas e plataformas problemáticas das tecnologias suportadas por Ops, permitimos que se concentrem na infraestrutura que melhor ajuda a atingir os objetivos globais da organização.

Como descreve Tom Limoncelli: "Quando eu estava na Google, tínhamos uma linguagem compilada oficial, uma linguagem de script oficial e uma linguagem de IU oficial. Sim, outras linguagens eram suportadas de um modo ou de outro, mas ficar com 'as três principais' significava dar suporte para bibliotecas, ferramentas e um modo mais fácil de encontrar colaboradores".† Esses padrões também eram reforçados pelo processo de revisão de código, assim como as linguagens suportadas por suas plataformas internas.

Em uma apresentação que fez com Olivier Jacques e Rafael Garcia, na 2015 DevOps Enterprise Summit, Ralph Loura, CIO da HP, disse:

> Internamente, descrevemos nosso objetivo como criar "balizas, não limites". Em vez de traçar limites rígidos dentro dos quais todos têm de ficar, colocamos balizas que indicam áreas profundas do canal, onde você está seguro e suportado. Você pode ultrapassar as balizas, desde que siga os princípios organizacionais. Afinal, como veremos a próxima inovação que nos ajudará a vencer, se não estamos explorando e testando nas fronteiras? Como líderes, precisamos navegar no canal, marcar o canal e permitir que as pessoas explorem além dele.

Estudo de Caso
Padronização de uma Nova Pilha Tecnológica na Etsy (2010)

Em muitas organizações que adotam DevOps, uma história comum contada pelos desenvolvedores é: "Ops não nos fornecia o que precisávamos, então apenas construíamos e dávamos suporte nós mesmos". Contudo, nos primeiros estágios da transformação da Etsy, a liderança tecnológica adotou a estratégia oposta, reduzindo significativamente o número de tecnologias suportadas na produção.

Em 2010, após uma época de pico de férias quase desastrosa, a equipe da Etsy decidiu reduzir maciçamente o número de tecnologias usadas na produção, escolhendo algumas que a organização inteira podia suportar totalmente e erradicando o resto.‡

Seu objetivo era padronizar e reduzir muito deliberadamente a infraestrutura e as configurações suportadas. Uma das primeiras decisões foi migrar toda a plataforma da Etsy para PHP e MySQL. Essa foi principalmente uma decisão filosófica, não tecnológica — eles queriam que Dev e Ops entendessem a pilha tecnológica inteira para que todos pudessem contribuir para uma única plataforma e para permitir que todos

---

† A Google usava C++ como linguagem compilada oficial, Python (e depois Go) como linguagem de script oficial e Java e JavaScript, por meio do Google Web Toolkit, como linguagens de UI oficiais.

‡ Nessa época, a Etsy usava PHP, lighttp, Postgres, MongoDB, Scala, CoffeeScript, Python e muitas outras plataformas e linguagens.

pudessem ler, reescrever e corrigir o código uns dos outros. Nos anos seguintes, como lembra Michael Rembetsy, que era diretor de operações da Etsy na época, "Aposentamos algumas tecnologias excelentes, retirando-as totalmente da produção", incluindo lighttpd, Postgres, MongoDB, Scala, CoffeeScript, Python e muitas outras.

Analogamente, Dan McKinley, desenvolvedor da equipe de recurso que introduziu o MongoDB na Etsy em 2010, escreve em seu blog que todas as vantagens de ter um banco de dados sem esquemas foram neutralizadas por todos os problemas operacionais que a equipe precisou resolver. Isso incluiu problemas a respeito de login, geração de gráficos, monitoramento, telemetria de produção e backups e restauração, assim como vários outros problemas com os quais desenvolvedores normalmente não precisam se preocupar. O resultado foi o abandono do MongoDB, portando o novo serviço para usar a já suportada infraestrutura de banco de dados MySQL.

CONCLUSÃO

As técnicas descritas neste capítulo permitem que cada novo aprendizado seja incorporado ao conhecimento coletivo da organização, multiplicando seu efeito. Fazemos isso comunicando novo conhecimento ativa e amplamente, por meio de salas de bate-papo e tecnologias como arquitetura como código, repositórios de código-fonte compartilhados, padronização tecnológica, e assim por diante. Fazendo isso, elevamos o estado da prática não apenas de Dev e Ops, mas também da organização inteira, de modo que todos que realizam trabalhos fazem isso com a experiência acumulada de toda a organização.

21 Reservar Tempo para Criar Aprendizado Organizacional e Melhoria

Uma das práticas que fazem parte do Sistema Toyota de Produção é chamada *blitz de melhoria* (ou, às vezes, *kaizen blitz*), definida como um período de tempo dedicado e concentrado para tratar de um problema em particular, frequentemente no curso de vários dias. O dr. Spear explica: "... as blitzes frequentemente assumem esta forma: um grupo é reunido para focar atentamente em um processo com problemas... A blitz dura alguns dias, o objetivo é a melhoria do processo, e os meios são o uso concentrado de pessoas de fora do processo para aconselhar a quem normalmente está dentro dele".

Spear observa que o resultado da equipe de blitz de melhoria frequentemente será uma nova estratégia para resolver um problema, como novos layouts de equipamento, novas maneiras de transmitir material e informação, um espaço de trabalho mais organizado ou trabalho padronizado. Ela também gera uma lista de alterações a serem feitas mais adiante.

Um exemplo de blitz de melhoria de DevOps é o programa Monthly Challenge do Target DevOps Dojo. Ross Clanton, diretor de Operações da Target, é responsável por acelerar a adoção de DevOps. Um dos principais mecanismos para isso é o Technology Innovation Center, mais conhecido como DevOps Dojo.

O DevOps Dojo ocupa mais de 1.600 m² de espaço para escritórios, onde instrutores de DevOps ajudam equipes da organização tecnológica Target inteira a elevar o estado de sua prática. O formato mais intensivo é o que eles chamam de "30-Day Challenges" (Desafio de 30 Dias), em que equipes de desenvolvimento internas ficam por um mês e trabalham juntas com instrutores e engenheiros dedicados do Dojo. A equipe leva seu trabalho, com o objetivo de resolver um problema interno com que estava se debatendo e conseguir um avanço em 30 dias.

Durante os 30 dias, eles trabalham intensivamente no problema com os instrutores do Dojo — planejando, trabalhando e fazendo demos em sprints de dois dias. Quando o 30-Day Challenge termina, as equipes internas voltam às suas linhas de negócio, não apenas tendo resolvido um problema significativo, mas levando os novos aprendizados para suas equipes.

Clanton descreve: "Atualmente temos capacidade para oito equipes ao mesmo tempo no 30-Day Challenges. Portanto, estamos focados nos projetos mais estratégicos da organização. Até aqui tivemos algumas de nossas capacidades mais importantes se saindo bem no Dojo, inclusive equipes de Ponto de Venda (PDV), Inventário, Precificação e Promoção".

Com tempo integral atribuído ao pessoal do Dojo e estando focadas em apenas um objetivo, as equipes que passam por um 30-Day Challenge fazem melhorias incríveis.

Ravi Pandey, gerente de desenvolvimento da Target que passou por esse programa, explica: "Antes tínhamos que esperar seis semanas para ter um ambiente de teste. Agora temos em minutos, e estamos trabalhando lado a lado com engenheiros de Ops, que estão nos ajudando a aumentar nossa produtividade e a construir ferramentas para nos ajudar a atingir nossos objetivos". Clanton amplia essa ideia: "Não é incomum equipes conseguirem em dias o que normalmente demoraria de três a seis meses. Até aqui, 200 estudantes passaram pelo Dojo, concluindo 14 desafios".

O Dojo também suporta modelos de engajamento menos intensivos, incluindo Flash Builds, em que as equipes se reúnem para participar de eventos de um a três dias, com o objetivo de entregar um produto viável mínimo (MVP, *minimal viable product*) ou uma capacidade ao final do evento. Eles também organizam Open Labs a cada duas semanas, em que qualquer um pode visitar o Dojo para falar com os instrutores, participar de demos ou receber treinamento.

Neste capítulo descreveremos essa e outras maneiras de reservar tempo para aprendizado organizacional e melhoria, institucionalizando ainda mais a prática de dedicar tempo para melhorar o trabalho diário.

INSTITUCIONALIZAR RITUAIS PARA PAGAR A DÍVIDA TÉCNICA

Nesta seção agendamos rituais que ajudam a impor a prática de reservar tempo de Dev e Ops para trabalho de melhoria, como requisitos não funcionais, automação etc. Um dos modos mais fáceis de fazer isso é agendar e realizar blitzes de melhoria de um dia ou uma semana, em que todos os membros de uma equipe (ou da organização inteira) se organizam para corrigir problemas que os preocupam — nenhum trabalho em recurso é permitido. Pode ser uma área problemática do código, do ambiente, da arquitetura, das ferramentas, e assim por diante. Essas equipes abrangem todo o fluxo de valor, frequentemente combinando engenheiros de Desenvolvimento, Operações e Infosec. Equipes que normalmente não trabalham juntas combinam suas habilidades e esforços para melhorar uma área escolhida e então demonstram sua melhoria para o resto da empresa.

Além dos termos kaizen blitz e blitz de melhoria, ligados ao princípio Lean, a técnica dos rituais dedicados ao trabalho de melhoria também é chamada de *limpezas de primavera* ou *de outono* e *semanas de inversão da fila de tíquetes*. Outros termos também são usados, como *dias de hack*, *hackathons* e *tempo de 20% de inovação*. Infelizmente, esses rituais específicos às vezes focam em inovação de produtos e protótipos de novas ideias de mercado, em vez de trabalho de melhoria. Pior, são frequentemente restritos aos desenvolvedores — o que é consideravelmente diferente dos objetivos de uma blitz de melhoria.[†]

Nosso objetivo durante essas blitzes não é simplesmente experimentar e inovar visando testar novas tecnologias, mas melhorar nosso trabalho diário, como resolver nossas alternativas diárias. Embora experimentos também possam levar a melhorias, as blitzes de melhoria são muito focadas na solução de problemas específicos que encontramos em nosso trabalho diário.

Podemos agendar blitzes de melhoria de uma semana que priorizem o trabalho conjunto de Dev e Ops tendo em vista objetivos de melhoria. A administração dessas blitzes de melhoria é simples: é escolhida uma semana na qual todos da organização tecnológica trabalham em uma atividade de melhoria ao mesmo tempo. Ao final do período, cada equipe faz uma apresentação para seus pares, discutindo o problema que estavam atacando e o que construíram. Essa prática reforça uma cultura na qual engenheiros trabalham no fluxo de valor inteiro para resolver problemas. Além disso, reforça a correção de problemas como parte de nosso trabalho diário e demonstra que valorizamos o pagamento da dívida técnica.

O que torna as blitzes de melhoria tão poderosas é que estamos autorizando quem está mais próximo ao trabalho a identificar e resolver continuamente seus próprios problemas. Considere por um momento que nosso sistema complexo é como uma teia de aranha, com fios entrelaçados que estão constantemente enfraquecendo e rompendo. Se a combinação certa de fios se rompe, a teia inteira é destruída. Não há nenhuma quantidade de geren-

---

[†] Daqui em diante os termos "semana de hack" e "hackathon" serão usados indistintamente com "blitz de melhoria", e não no contexto de "você pode trabalhar no que quiser".

ciamento do tipo comando e controle que possa direcionar os trabalhadores a corrigir cada fio, um por um. Em vez disso, devemos criar a cultura e as normas organizacionais que levem todos a localizar e corrigir continuamente os fios rompidos como parte de nosso trabalho diário. Como o dr. Spear observa: "Não surpreende que as aranhas reparem rasgos e rupturas na teia, quando ocorrem, sem esperar que as falhas se acumulem".

Um ótimo exemplo do sucesso do conceito de blitz de melhoria é descrito por Mark Zuckerberg, CEO do Facebook. Em uma entrevista com Jessica Stillman, da Inc.com, ele diz: "A cada poucos meses, temos um hackathon, em que todos constroem protótipos para as novas ideias que têm. No final, a equipe inteira se reúne e examina tudo o que foi construído. Muitos de nossos produtos mais bem-sucedidos vieram de hackathons, incluindo a linha do tempo, o bate-papo, vídeo, nossa estrutura de desenvolvimento móvel e algumas de nossas infraestruturas mais importantes, como o compilador HipHop".

De particular interesse é o compilador HipHop em PHP. Em 2008, o Facebook estava enfrentando problemas de capacidade significativos, com mais de 100 milhões de usuários ativos e crescendo rapidamente, criando enormes problemas para toda a equipe de engenharia. Durante um dia de hack, Haiping Zhao, engenheiro de servidor sênior do Facebook, começou a experimentar a conversão de código PHP em código C++ compilável, esperando aumentar significativamente a capacidade da infraestrutura existente. Nos dois anos seguintes, uma pequena equipe foi montada para construir o que passou a ser conhecido como compilador HipHop, convertendo todos os serviços de produção do Facebook de PHP interpretado para binários compilados em C++. O HipHop permitiu que a plataforma do Facebook manipulasse cargas de produção seis vezes maiores que o código PHP nativo.

Em uma entrevista com Cade Metz da *Wired*, Drew Paroski, um dos engenheiros que trabalharam no projeto, observou: "Houve um momento em que, se o HipHop não estivesse lá, estaríamos com um grande problema. Provavelmente, para atender ao site, teríamos precisado de mais máquinas do que seria possível naquele momento. Foi uma medida desesperada que funcionou".

Posteriormente, Paroski e os engenheiros Keith Adams e Jason Evans decidiram que poderiam superar o desempenho do compilador HipHop e reduzir algumas de suas limitações que diminuíam a produtividade dos desenvolvedores. O projeto resultante foi a máquina virtual HipHop ("HHVM"), adotando a estratégia de compilação just-in-time. Em 2012, a HHVM tinha substituído completamente o compilador HipHop na produção, com quase 20 engenheiros colaborando no projeto.

Realizando blitzes de melhoria e semanas de hack agendadas regularmente, permitimos que todos no fluxo de valor se orgulhem e tomem posse das inovações que criam, e integramos continuamente as melhorias em nosso sistema, possibilitando mais segurança, confiabilidade e aprendizado.

PERMITIR QUE TODOS ENSINEM E APRENDAM

Uma cultura de aprendizado dinâmica cria condições para que todos possam não apenas aprender, mas também ensinar, seja por meio de métodos didáticos tradicionais (por exemplo, pessoas assistindo a aulas, participando de treinamento) ou métodos mais experimentais ou abertos (por exemplo, conferências, workshops, tutoria). Um modo de estimularmos esse ensino e aprendizado é dedicar tempo organizacional a isso.

Steve Farley, vice-presidente de Tecnologia da Informação da Nationwide Insurance, disse: "Temos cinco mil profissionais de tecnologia, a quem chamamos de 'associados'. Desde 2011, estamos comprometidos em criar uma cultura de aprendizado — parte disso é algo que chamamos Teaching Thursday (quinta-feira de ensino), em que a cada semana damos tempo para nossos associados aprenderem. Por duas horas, cada associado deve ensinar ou aprender. Os tópicos são qualquer coisa que nossos associados queiram aprender — alguns são sobre tecnologia, desenvolvimento de software novo ou técnicas de melhoria de processo, ou mesmo sobre como melhor administrar suas carreiras. O que um associado pode fazer de mais valor é ensinar ou aprender com outros associados".

Ao longo deste livro, tem sido evidente que certas habilidades estão se tornando cada vez mais necessárias para todos os engenheiros, não apenas para desenvolvedores. Por exemplo, está se tornando mais importante para todos os engenheiros de Operações e Teste conhecer técnicas, rituais e habilidades de Desenvolvimento, como controle de versão, testes automatizados, pipelines de implementação, gerenciamento de configuração e criação de automação. A familiaridade com técnicas de Desenvolvimento ajuda os engenheiros de Operações a permanecerem relevantes à medida que mais fluxos de valor tecnológicos adotam princípios e padrões de DevOps.

Embora a possibilidade de aprender algo novo possa ser assustadora ou causar embaraço ou vergonha, não deve ser assim. Afinal, todos somos aprendizes, e uma das melhores maneiras de aprender é com nossos pares. Karthik Gaekwad, que fez parte da transformação de DevOps da National Instruments, disse: "Para o pessoal de Operações que está tentando aprender automação, isso não deve ser assustador — basta perguntar a um desenvolvedor amistoso, pois eles gostam de ajudar".

Podemos ajudar nas habilidades de ensino por meio de nosso trabalho diário, fazendo revisões de código que incluam as duas partes, para que possamos aprender fazendo, bem como tendo Desenvolvimento e Operações trabalhando juntos para resolver pequenos problemas. Por exemplo, poderíamos fazer com que o Desenvolvimento mostrasse para Operações como autenticar um aplicativo, e fazer login e executar testes automatizados em várias partes do aplicativo para garantir que componentes críticos estejam funcionando corretamente (por exemplo, funcionalidade-chave do aplicativo, transações de banco de dados, filas de mensagem). Então integraríamos esse novo teste automatizado em nosso pipeline de implementação e o executaríamos periodicamente, enviando os resultados para nossos sistemas de monitoramento e alerta para obtermos detecção antecipada quando componentes falhassem.

Como Glenn O'Donnell, da Forrester Research, gracejou em sua apresentação no 2014 DevOps Enterprise Summit: "Para todos os profissionais de tecnologia que gostam de inovar, amam mudar, há um futuro maravilhoso e vibrante à nossa frente".

COMPARTILHAR EXPERIÊNCIAS DE CONFERÊNCIAS DE DEVOPS

Em muitas organizações voltadas a custo, os engenheiros são frequentemente desestimulados a participar de conferências e aprender com seus pares. Para ajudar a construir uma organização de aprendizado, devemos estimular nossos engenheiros (tanto de Desenvolvimento como de Operações) a participar de conferências, dar palestras e, quando necessário, criar e organizar conferências internas ou externas.

DevOpsDays continuam sendo uma das séries de conferências auto-organizadas mais vibrantes atualmente. Muitas práticas de DevOps foram compartilhadas e promulgadas nesses eventos. Elas permanecem gratuitas, ou quase, apoiadas por uma comunidade entusiasmada de adeptos e fornecedores.

O DevOps Enterprise Summit foi criado em 2014 para líderes de tecnologia compartilharem suas experiências na adoção de princípios e práticas de DevOps em organizações grandes e complexas. O programa é organizado principalmente em torno de relatórios de experiência de líderes da tecnologia na jornada de DevOps, assim como por especialistas no assunto sobre tópicos selecionados pela comunidade.

Estudo de Caso
Conferências de Tecnologia Internas na Nationwide Insurance, no Capital One e na Target (2014)

Além de participar de conferências externas, muitas empresas, inclusive as descritas nesta seção, têm conferências internas para seus funcionários de tecnologia.

A Nationwide Insurance é uma importante empresa de seguros e serviços financeiros, que opera em setores rigidamente regulamentados. Suas muitas ofertas incluem seguros de automóveis e casas, sendo o principal fornecedor de planos de aposentadoria para o setor público e de seguro para animais domésticos. Em 2014, tinha US$195 bilhões em bens, com US$24 bilhões de renda. Desde 2005, a Nationwide tem adotado princípios Ágeis e Lean para elevar o estado da prática de seus 5 mil profissionais de tecnologia, permitindo inovação fundamental.

Steve Farley, vice-presidente de Tecnologia da Informação, lembra: "Conferências estimulantes sobre tecnologia estavam começando a aparecer nessa época, como a Agile national conference. Em 2011, a liderança de tecnologia da Nationwide concordou que devíamos criar uma conferência de tecnologia, chamada TechCon. Organizando esse evento, queríamos criar um modo melhor de nos ensinarmos e garantir que tudo tivesse o contexto da Nationwide, em vez de a mandar todos para uma conferência externa".

O Capital One, um dos maiores bancos dos EUA, com mais de US$298 bilhões em bens e US$24 bilhões de renda em 2015, organizou sua primeira conferência interna de engenharia de software em 2015, como parte de seu objetivo de criar uma organização tecnológica de classe mundial. A missão era promover uma cultura de compartilhamento e colaboração, construir relações entre os profissionais de tecnologia e permitir o aprendizado. A conferência teve 13 trilhas de aprendizado e 52 sessões, sendo que mais de 1.200 funcionários internos participaram.

O dr. Tapabrata Pal, membro técnico do Capital One e um dos organizadores do evento, descreve: "Tivemos até um salão de exposição com 28 estandes, onde as equipes internas do Capital One mostravam todos os recursos fantásticos em que estavam trabalhando. Até decidimos, muito deliberadamente, que não haveria fornecedores lá, pois queríamos manter o foco nos objetivos do Capital One".

A Target é a sexta maior varejista dos EUA, com US$72 bilhões de renda em 2014, 1.799 lojas de varejo e 347 mil funcionários no mundo todo. Heather Mickman, diretora de desenvolvimento, e Ross Clanton organizaram seis eventos DevOpsDays internos desde 2014 e têm mais de 975 seguidores em sua comunidade de tecnologia interna, modelados de acordo com os DevOpsDays organizados na ING, em Amsterdã, em 2013.[†]

Depois que Mickman e Clanton participaram do DevOps Enterprise Summit, em 2014, eles organizaram sua própria conferência interna, convidando muitos oradores de firmas externas, para que pudessem recriar sua experiência para sua liderança sênior. Clanton descreve: "2015 foi o ano em que obtivemos atenção executiva e em que conseguimos força. Após esse evento, muitas pessoas vieram até nós, perguntando como poderiam se envolver e como poderiam ajudar".

CRIAR CONSULTORIA E INSTRUÇÃO INTERNAS PARA DIFUNDIR AS PRÁTICAS

Criar uma organização de instrução e consultoria internas é um método comumente usado para difundir expertise em uma empresa. Isso pode assumir muitas formas diferentes. No Capital One, especialistas designados no assunto estabeleceram horários durante o expediente em que qualquer um pode consultá-los, fazer perguntas etc.

Anteriormente no livro, começamos a história sobre como o Testing Grouplet construiu uma cultura de testes automatizados de classe mundial na Google a partir de 2005. A história continua aqui, quando eles tentaram melhorar o estado dos testes automatizados em toda a Google usando blitzes de melhoria dedicadas, instruções internas e até um programa interno de certificação.

Bland disse, nessa época, que havia uma política de tempo de inovação de 20% na Google, permitindo que os desenvolvedores gastassem aproximadamente um dia por semana em um projeto relacionado à Google, fora de sua área de responsabilidade principal. Alguns engenheiros optaram por formar *subgrupos* (grouplets), equipes ad hoc de engenheiros com ideias afins que queriam unir seus tempos de 20% , permitindo que eles fizessem blitzes de melhoria focadas.

Um subgrupo de teste foi formado por Bharat Mediratta e Nick Lesiecki, com a missão de estimular a adoção de testes automatizados na Google. Mesmo não tendo orçamento nem autoridade formal, como Mike Bland descreveu: "Também não estávamos sob restrições explícitas. E tiramos proveito disso".

[†] A propósito, o primeiro evento DevOpsDays interno da Target foi modelado de acordo com o primeiro DevOpsDays da ING, que foi organizado por Ingrid Algra, Jan-Joost Bouwman, Evelijn Van Leeuwen e Kris Buytaert, em 2013, depois que alguns membros da equipe da ING participaram do 2013 Paris DevOpsDays.

Eles usaram vários mecanismos para estimular a adoção, mas um dos mais famosos foi o *Testing on the Toilet* (ou TotT), seu periódico semanal de testes. A cada semana, eles publicavam um boletim em quase todos os banheiros de quase todos os escritórios da Google pelo mundo. Bland disse: "O objetivo era aumentar o grau de conhecimento e sofisticação dos testes em toda a empresa. É questionável se uma publicação exclusivamente online teria envolvido pessoas no mesmo grau".

Bland continua: "Um dos episódios mais significativos do TotT foi o intitulado 'Test Certified: Lousy Name, Great Results' (Certificado de Teste: Nome Ruim, Ótimos Resultados), porque esboçava duas iniciativas que tiveram sucesso significativo no avanço do uso de testes automatizados".

O Test Certified (TC) fornecia um roteiro para melhorar o estado dos testes automatizados. Como Bland descreve: "Ele era destinado a mexer nas prioridades focadas em medidas da cultura Google... e superar o primeiro obstáculo assustador de não saber onde ou como começar. O Nível 1 era estabelecer rapidamente uma métrica de linha de base, o Nível 2 era definir uma política e atingir um objetivo de cobertura de teste automatizado, e o Nível 3 era se esforçar para atingir um objetivo de cobertura de longo prazo".

A segunda capacidade foi fornecer mentores de Test Certified para qualquer equipe que quisesse conselhos ou ajuda, e Test Mercenaries (isto é, uma equipe em tempo integral de instrutores e consultores internos) para trabalhar ativamente com as equipes para melhorar suas práticas de teste e a qualidade do código. Os Mercenaries fizeram isso aplicando o conhecimento, as ferramentas e as técnicas do Testing Grouplet no código da equipe, usando TC como guia e objetivo. Bland foi líder do Testing Grouplet de 2006 a 2007 e membro do Test Mercenaries de 2007 a 2009.

Bland continua: "Era nosso objetivo colocar todas as equipes no TC Nível 3, estivessem inscritas em nosso programa ou não. Também colaboramos de perto com as equipes internas de ferramentas de teste, fornecendo feedback quando atacávamos desafios de teste com as equipes de produto. Éramos tropas na linha de frente, aplicando as ferramentas que construíamos, e finalmente conseguimos eliminar o 'não tenho tempo para testar' como desculpa legítima".

Ele continua: "Os níveis de TC exploravam a cultura voltada à métrica da Google — os três níveis de teste eram algo que as pessoas podiam discutir e ostentar na hora da revisão de desempenho. O Testing Grouplet finalmente recebeu financiamento para os Test Mercenaries, uma equipe recrutada de consultores internos em tempo integral. Esse foi um passo importante, pois agora a administração estava totalmente envolvida, não com ordens, mas pelo financiamento".

Outra ideia importante foi alavancar blitzes de melhoria "Fixit" na empresa toda. Bland descreve os Fixits como "quando engenheiros normais com uma ideia e senso de missão recrutam toda a engenharia da Google para sprints intensivos de um dia para reforma de código e adoção de ferramenta". Ele organizou quatro Fixits em toda a empresa, dois Fixits de teste puro e dois mais ligados a ferramentas, o último envolvendo mais de 100 voluntários em mais de 20 escritórios em 13 países. Ele também liderou o Fixit Grouplet de 2007 a 2008.

Esses Fixits, como Bland descreve, significam que devemos providenciar missões focadas em pontos críticos no tempo, para gerar entusiasmo e energia, o que ajuda a avançar o estado da arte. Isso ajudará a missão de mudança de cultura de longo prazo a atingir um novo platô a cada esforço grande e visível.

Os efeitos da cultura de teste são evidentes nos resultados que a Google obteve, apresentados por todo o livro.

CONCLUSÃO

Este capítulo descreveu como podemos instituir rituais que ajudam a reforçar a cultura de que todos somos aprendizes e que valorizamos a melhoria do trabalho diário mais que o trabalho diário em si. Fazemos isso reservando tempo para pagar a dívida técnica, criar fóruns que permitam que todos aprendam e ensinem uns aos outros, tanto dentro de nossa organização como fora dela. E disponibilizamos especialistas para ajudar as equipes internas, instruindo, dando consultoria ou mesmo só dedicando horas durante o expediente para responder perguntas.

Fazendo com que todos se ajudem a aprender em nosso trabalho diário, superamos a concorrência, nos ajudando a vencer no mercado. Mas também ajudamos uns aos outros a atingir todo o nosso potencial como seres humanos.

CONCLUSÃO DA PARTE V

Por toda a Parte V, exploramos as práticas que ajudam a criar uma cultura de aprendizado e experimentação em sua organização. Aprender a partir de incidentes, criar repositórios compartilhados e compartilhar aprendizados é essencial quando trabalhamos em sistemas complexos, ajudando a tornar nossa cultura de trabalho mais justa e nossos sistemas mais seguros e resilientes.

Na Parte VI exploraremos como ampliar o fluxo, o feedback, o aprendizado e a experimentação, usando-os para simultaneamente nos ajudar a atingir nossos objetivos de Segurança da Informação.

PARTE VI

As Práticas Tecnológicas da Integração de Segurança da Informação, Gestão da Mudança e Conformidade

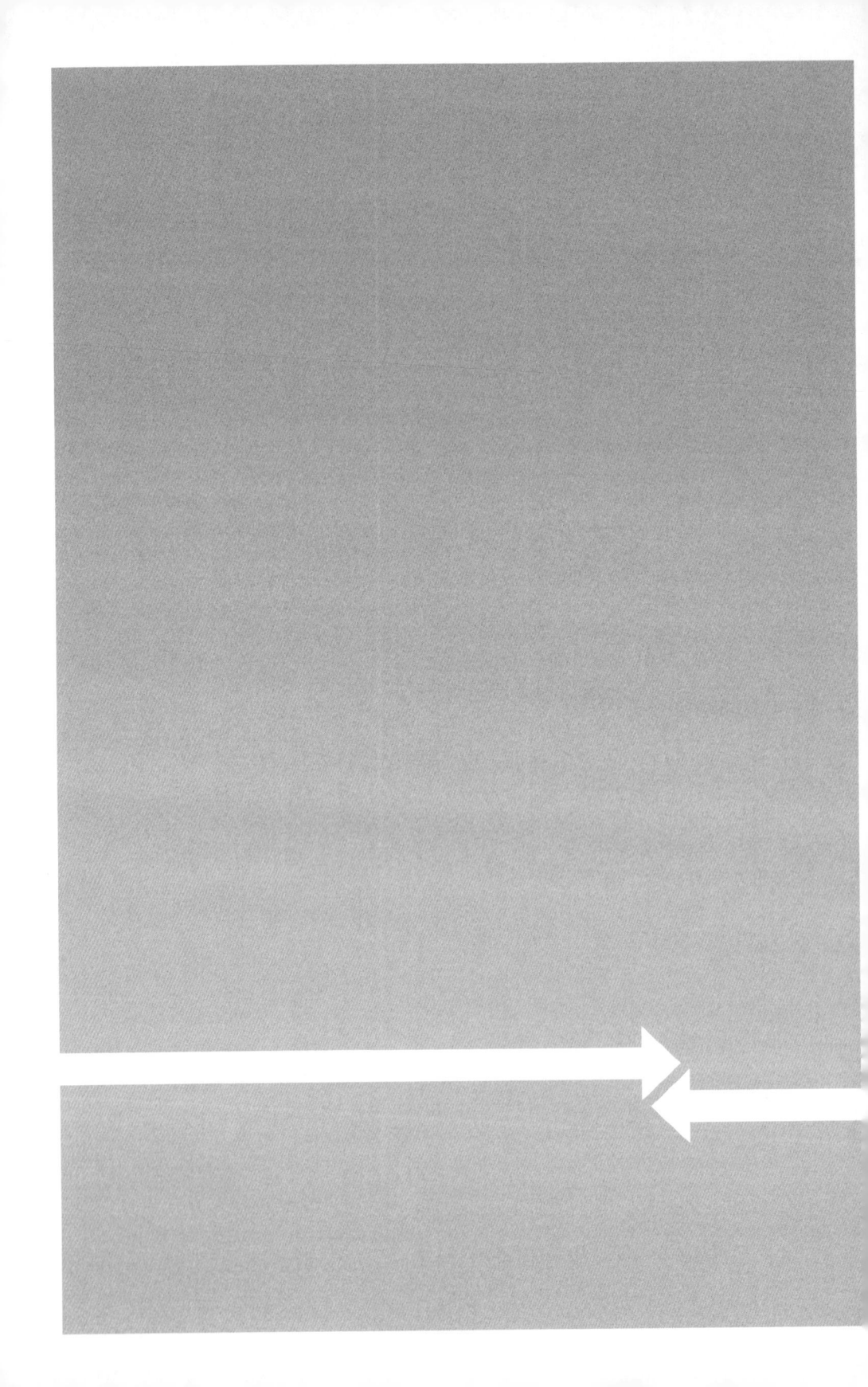

Parte VI
Introdução

Nos capítulos anteriores discutimos como habilitar o fluxo de trabalho rápido da inserção ao release e como criar o fluxo rápido de feedback recíproco. Exploramos os rituais culturais que reforçam a aceleração do aprendizado organizacional e a amplificação de sinais de falha fracos que nos ajudam a criar um sistema de trabalho ainda mais seguro.

Na Parte VI, ampliamos essas atividades para que não apenas alcancemos os objetivos de Desenvolvimento e Operações, mas, simultaneamente, também os objetivos da Segurança da Informação, ajudando a criar um alto grau de garantia em torno da confidencialidade, integridade e disponibilidade de nossos serviços e dados.

Em vez de inspecionarmos a segurança em nosso produto ao final do processo, vamos criar e integrar controles de segurança no trabalho diário de Desenvolvimento e Operações, para que a segurança faça parte da atividade de todo mundo, todos os dias. Idealmente, esse trabalho será automatizado e colocado em nosso pipeline de implementação. Além disso, vamos ampliar nossas práticas, aceitações e processos de aprovação manuais com controles automatizados, dependendo menos de controles como a separação de tarefas e processos de aprovação de mudança.

Automatizando essas atividades, podemos gerar evidências sob demanda para demonstrar que nossos controles estão funcionando eficientemente, seja para auditores, assessores ou qualquer um que trabalhe em nosso fluxo de valor.

Ao final, vamos não apenas melhorar a segurança, mas também criar processos de auditoria mais fáceis e que atestam a eficácia dos controles, em apoio à conformidade com obrigações regulamentares e contratuais. Fazemos isso:

- Tornando a segurança uma parte da atividade de todos
- Integrando controles preventivos em nosso repositório de código-fonte compartilhado

- Integrando segurança ao nosso pipeline de implementação
- Integrando segurança à nossa telemetria para possibilitar melhor detecção e recuperação
- Protegendo nosso pipeline de implementação
- Integrando nossas atividades de implementação aos nossos processos de aprovação de mudança
- Reduzindo a dependência da separação de tarefas

Quando integramos trabalho de segurança no trabalho diário de todo mundo, tornando-a uma responsabilidade de todos, ajudamos a organização a ter uma segurança melhor. Uma segurança melhor significa que somos defensivos e sensatos com nossos dados. Isso significa que somos confiáveis e temos continuidade do negócio, estando mais disponíveis e sendo capazes de nos recuperar facilmente de problemas. Também somos capazes de superar problemas de segurança antes que eles causem resultados catastróficos e podemos aumentar a previsibilidade de nossos sistemas. E, talvez o mais importante, podemos tornar nossos sistemas e dados mais seguros do que nunca.

22 Segurança da Informação Como Atividade de Todo Mundo, Todos os Dias

Uma das principais objeções à implementação dos princípios e padrões de DevOps tem sido: "Segurança da informação e conformidade não nos permitiriam". Ainda assim, DevOps pode ser uma das melhores maneiras de integrar segurança da informação no trabalho diário de todos no fluxo de valor tecnológico.

Quando Infosec é organizada como um silo fora de Desenvolvimento e Operações, surgem muitos problemas. James Wickett, um dos criadores da ferramenta de segurança Gauntlt e organizador do DevOpsDays Austin e da conferência Lonestar Application Security, observou:

> Uma interpretação de DevOps é que veio da necessidade de possibilitar produtividade aos desenvolvedores, porque, como o número de desenvolvedores aumentou, não havia pessoal de Ops suficiente para lidar com todo o trabalho de implementação resultante. Essa carência é ainda pior na Infosec — a relação entre engenheiros em Desenvolvimento, Operações e Infosec em uma organização tecnológica típica é de 100:10:1. Quando Infosec está em inferioridade numérica, sem automação e integração de segurança da informação no trabalho diário de Dev e Ops, só consegue fazer verificação de conformidade, que é o oposto de engenharia de segurança — e, além disso, também faz todo mundo nos detestar.

James Wickett e Josh Corman, antigo diretor técnico da Sonatype e respeitado pesquisador de segurança da informação, escreveram sobre a incorporação de objetivos da segurança da informação em DevOps, um conjunto de práticas e princípios denominado *Rugged DevOps*. Ideias semelhantes foram criadas pelo dr. Tapabrata Pal, diretor e membro técnico de Engenharia de Plataformas no Capital One, e pela equipe do Capital One, que descreve seus processos como *DevOpsSec*, em que Infosec é integrado em todos os estágios do SDLC. Parte da história do Rugged DevOps remonta ao livro *Visible Ops Security*, escrito por Gene Kim, Paul Love e George Spafford.

Por todo este livro exploramos como integrar totalmente os objetivos de QA e Operações em nosso fluxo de valor tecnológico inteiro. Neste capítulo descrevemos como integrar os objetivos de Infosec em nosso trabalho diário de modo similar, assim podemos aumentar a produtividade dos desenvolvedores e operacional, a segurança e nossa proteção.

INTEGRAR SEGURANÇA EM DEMONSTRAÇÕES DE ITERAÇÃO DO DESENVOLVIMENTO

Um de nossos objetivos é ter equipes de recurso engajadas na Infosec o mais cedo possível, não apenas engajar principalmente no final do projeto. Um modo de fazer isso é convidando Infosec para demonstrações de produto ao final de cada intervalo de desenvolvimento para que possam entender melhor os objetivos da equipe no contexto dos objetivos organizacionais, observar suas implementações quando estão sendo construídas e fornecer orientação e feedback nos primeiros estágios do projeto, quando há mais tempo e liberdade para fazer correções.

Justin Arbuckle, antigo arquiteto-chefe da GE Capital, observa: "Com relação à segurança da informação e conformidade, descobrimos que obstáculos no fim do projeto eram muito mais dispendiosos do que no início — e os obstáculos de Infosec estavam entre os piores. 'Conformidade por demonstração' se tornou um dos rituais que usávamos para antecipar toda essa complexidade no processo".

Ele continua: "Envolvendo Infosec na criação de qualquer recurso novo, conseguimos reduzir significativamente nosso uso de listas de verificação estáticas e contar mais com o uso de sua expertise em todo o processo de desenvolvimento de software".

Isso ajudou a organização a atingir seus objetivos. Snehal Antani, antigo CIO de Arquitetura Empresarial da GE Capital Americas, descreveu que suas três principais medidas comerciais foram "velocidade de desenvolvimento (isto é, velocidade de entrega de recursos ao mercado), interações fracassadas com o cliente (isto é, interrupções, erros) e tempo de resposta de conformidade (isto é, tempo de execução do pedido de auditoria até a entrega de todas as informações quantitativas e qualitativas exigidas para atender o pedido)".

Quando Infosec faz parte da equipe, mesmo que as pessoas só se mantenham informados e observem o processo, ganham o contexto comercial de que precisam para tomar melhores decisões baseadas em riscos. Além disso, Infosec é capaz de ajudar as equipes de recurso a saber o que é necessário para atingir os objetivos de segurança e conformidade.

INTEGRAR SEGURANÇA NO CONTROLE DE DEFEITOS E EM POST-MORTEMS

Quando possível, queremos controlar todos os problemas de segurança abertos no mesmo trabalho, monitorando o sistema que Desenvolvimento e Operações estão usando, garantindo que o trabalho seja visível e possa ser priorizado em relação a todos os outros. Isso é muito diferente de como Infosec tem trabalhado tradicionalmente, em que todas as vulnerabilidades de segurança são armazenadas em uma ferramenta GRC (governança, risco e conformidade) a que somente Infosec tem acesso. Em vez disso, vamos colocar todo o trabalho necessário nos sistemas utilizados por Dev e Ops.

Em uma apresentação no 2012 Austin DevOpsDays, Nick Galbreath, que encabeçou a Segurança da Informação da Etsy por muitos anos, descreve como eles tratavam problemas de segurança: "Colocamos todos os problemas de segurança no JIRA, que todos os engenheiros usam em seus trabalhos diários, sendo que eram 'P1' ou 'P2', significando que precisavam ser corrigidos imediatamente ou no final da semana, mesmo que o problema fosse apenas um aplicativo interno".

Além disso, ele diz: "Sempre que tínhamos um problema de segurança, realizávamos um post-mortem, pois poderia resultar em uma educação melhor de nossos engenheiros sobre como evitar que ele acontecesse novamente no futuro, assim como em um mecanismo fantástico para transferir conhecimento sobre segurança para nossas equipes de engenharia".

INTEGRAR CONTROLES DE SEGURANÇA PREVENTIVOS NOS REPOSITÓRIOS DE CÓDIGO-FONTE COMPARTILHADOS E NOS SERVIÇOS COMPARTILHADOS

No Capítulo 20 criamos um repositório de código-fonte compartilhado que facilitou que qualquer um descobrisse e reutilizasse o conhecimento coletivo de nossa organização — não apenas de nosso código, mas também de toolchains, pipeline de implementação, padrões etc. Com isso, qualquer um pode se beneficiar da experiência acumulada de todos na organização.

Agora vamos adicionar ao nosso repositório de código-fonte compartilhado os mecanismos ou ferramentas que ajudam a garantir que nossos aplicativos e ambientes sejam seguros. Vamos adicionar bibliotecas previamente abençoadas pela segurança para atingir objetivos específicos de Infosec, como bibliotecas e serviços de autenticação e criptografia. Como todos no fluxo de valor de DevOps usam controle de versão para tudo que constroem ou suportam, colocar nossos artefatos de segurança da informação lá facilita muito a influência no trabalho diário de Dev e Ops, pois tudo o que criamos está disponível e pode ser pesquisado e reutilizado. O controle de versão também serve como um mecanismo de comunicação omnidirecional para manter todas as partes cientes das alterações feitas.

Se temos uma organização de serviços compartilhados centralizados, também podemos colaborar para criar e operar plataformas compartilhadas relevantes à segurança, como autenticação, autorização, registro e outros serviços de segurança e auditoria exigidos por Dev e Ops. Quando engenheiros usam uma dessas bibliotecas ou serviços predefinidos, não precisam agendar uma revisão de projeto de segurança separada para esse módulo. Eles usarão a orientação que criamos a respeito de enrijecimento de configuração, configurações de segurança de banco de dados, comprimentos de chave, e assim por diante.

Para aumentar ainda mais a probabilidade de que os serviços e bibliotecas que fornecemos sejam usados corretamente, podemos dar treinamento sobre segurança para Dev e Ops, e examinar o que eles criaram para ajudar a garantir que os objetivos de segurança estejam sendo implementados corretamente, especialmente para equipes que usam essas ferramentas pela primeira vez.

Em última análise, nosso objetivo é fornecer bibliotecas ou serviços de segurança que todo aplicativo ou ambiente moderno exige, como permitir autenticação de usuário, autorização, gerenciamento de senha, criptografia de dados, e assim por diante. Além disso, podemos fornecer para Dev e Ops ajustes de configuração específicos para segurança, para os componentes que eles utilizam em suas pilhas de aplicativos, como para registro, autenticação e criptografia. Podemos incluir itens como:

- Bibliotecas de código e suas configurações recomendadas (por exemplo, 2FA [biblioteca de autenticação de dois fatores], hashing de senha bcrypt, registro)

- Gerenciamento de segredos (por exemplo, configurações de conexão, chaves de criptografia) com a utilização de ferramentas como Vault, sneaker, Keywhiz, credstash, Trousseau, Red October etc.

- Pacotes de sistema operacional e construções (por exemplo, NTP para sincronismo de tempo, versões seguras de OpenSSL com configurações corretas, OSSEC ou Tripwire para monitoramento de integridade de arquivos, configuração de syslog para garantir o registro de segurança crítica em nossa pilha ELK centralizada)

Colocando tudo isso em nosso repositório de código-fonte compartilhado, facilitamos que qualquer engenheiro crie e use corretamente padrões de registro e criptografia em seus aplicativos e ambientes, sem mais nenhum trabalho de nossa parte.

Também devemos colaborar com as equipes de Ops na criação de um livro de receitas básico ou de uma imagem de construção de nosso sistema operacional, bancos de dados e outras infraestruturas (por exemplo, NGINX, Apache, Tomcat), mostrando que estão em um estado conhecido, seguro e de risco reduzido. Nosso repositório compartilhado não apenas se torna o lugar de onde podemos obter as versões mais recentes, mas também um local onde podemos colaborar com outros engenheiros e monitorar e alertar sobre as mudanças feitas em módulos sensíveis para a segurança.

INTEGRAR SEGURANÇA EM NOSSO PIPELINE DE IMPLEMENTAÇÃO

Em épocas anteriores, para enrijecer e tornar nosso aplicativo seguro, iniciávamos nossa revisão de segurança depois de concluído o desenvolvimento. Frequentemente, o resultado dessa revisão eram centenas de páginas de vulnerabilidades em um PDF, que dávamos para Desenvolvimento e Operações completamente sem tratamento devido à pressão de prazo final do projeto ou problemas encontrados tarde demais no ciclo de vida do software para serem corrigidos facilmente.

Nesta etapa automatizaremos o máximo possível de nossos testes de segurança da informação, para que sejam executados junto com todos os outros testes automatizados em nosso pipeline de implementação, sendo realizados (idealmente) a cada efetivação de código feita por Dev ou Ops, e mesmo nos primeiros estágios de um projeto de software.

Nosso objetivo é fornecer para Dev e Ops feedback rápido sobre seu trabalho, para que sejam notificados quando efetivarem alterações potencialmente inseguras. Com isso permitimos que eles detectem e corrijam problemas de segurança rapidamente como parte de seu trabalho diário, o que permite aprendizado e evita erros futuros.

Idealmente, esses testes de segurança automatizados serão executados em nosso pipeline de implementação, junto a outras ferramentas estáticas de análise de código.

Ferramentas como a Gauntlt foram projetadas para se integrarem nos pipelines de implementação, que executam testes de segurança automatizados em nossos aplicativos, nas dependências do aplicativo, em nosso ambiente etc. Notadamente, a Gauntlt coloca todos os seus testes de segurança em scripts de teste de sintaxe Gherkin, que são amplamente usados pelos desenvolvedores para testes unitários e funcionais. Isso coloca os testes de segurança em uma estrutura que eles provavelmente já conhecem. Também permite que os testes de segurança sejam facilmente executados em um pipeline de implementação a cada alteração efetivada, como análise estática de código, verificação de dependências vulneráveis ou testes dinâmicos.

Jenkins

S	T	Nome	Último Êxodo	Última Falha	Última Duração
●	☼	Varredura da análise estática	7 dias 1h - #2	N/A	6,3s
●	☼	Verificação de vulnerabilidades conhecidas em dependências	N/A	7 dias 1h - #2	1,6s
●	☼	Download e teste de unidade	7 dias 1h - #2	N/A	32s
●	☼	Varredura com OWASP ZAP	7 dias 1h - #2	N/A	4min 43s
●	☼	Início	7 dias 1h - #2	N/A	5min 46s
●	☼	Varredura de vírus	7 dias 1h - #2	N/A	4,7s

Figura 43: *Jenkins executando teste de segurança automatizado (Fonte: James Wicket e Gareth Rushgrove, "Battle-tested code without the battle", apresentação na conferência Velocity de 2014, postado em Speakerdeck.com, 24 de junho de 2014, https://speakerdeck.com/garethr/battle-tested--code-without-the-battle.)*

Ao fazer isso, fornecemos a todos no fluxo de valor o feedback mais rápido possível sobre a segurança do que estão criando, permitindo que os engenheiros de Dev e Ops encontrem e corrijam problemas rapidamente.

GARANTIR A SEGURANÇA DO APLICATIVO

Frequentemente os testes do Desenvolvimento focam na exatidão da funcionalidade examinando fluxos lógicos positivos. Esse tipo de teste é muitas vezes referido como *caminho feliz*, que valida jornadas de usuário (e, às vezes, caminhos alternativos) nas quais tudo corre conforme o esperado, sem exceções nem condições de erro.

Por outro lado, os profissionais de QA, Infosec e Fraude frequentemente focam nos *caminhos tristes*, que acontecem quando as coisas dão errado, especialmente em relação a condições de erro ligadas à segurança. (Esses tipos de condições específicas da segurança frequentemente são referidas comicamente como *caminhos ruins*.)

Por exemplo, suponha que temos um site de comércio eletrônico com um formulário de entrada de cliente que aceita números de cartão de crédito como parte da geração de um pedido de cliente. Queremos definir todos os caminhos tristes e ruins exigidos para garantir que cartões de crédito inválidos sejam corretamente rejeitados, para evitar fraude e explorações de segurança, como injeções de SQL, transbordamentos de buffer e outros resultados indesejados.

Em vez de realizarmos esses testes manualmente, idealmente os geraríamos como parte de nossos testes unitários e funcionais automatizados, para que pudessem ser executados continuamente em nosso pipeline de implementação. Como parte de nossos testes, queremos incluir o seguinte:

- **Análise estática:** É um teste que realizamos em um ambiente que não é de tempo de execução, idealmente no pipeline de implementação. Normalmente, uma ferramenta de análise estática inspeciona código de programa em busca de todos os comportamentos de tempo de execução possíveis e procura falhas de codificação, back doors e código potencialmente mal-intencionado (isso às vezes é conhecido como "teste de dentro para fora"). Exemplos de ferramentas incluem Brakeman, Code Climate e busca por funções de código ilegais (por exemplo, "exec()").

- **Análise dinâmica:** Ao contrário do teste estático, a análise dinâmica consiste em testes executados enquanto um programa está em operação. Os testes dinâmicos monitoram itens como memória de sistema, comportamento funcional, tempo de resposta e desempenho global do sistema. Esse método (às vezes conhecido como "teste de fora para dentro") é semelhante à maneira pela qual alguém mal--intencionado pode interagir com um aplicativo. Exemplos incluem Arachni e OWASP ZAP (Zed Attack Proxy).[†] Alguns tipos de teste de penetração também podem ser realizados de forma automatizada e devem ser incluídos como parte da análise dinâmica, usando ferramentas como Nmap e Metasploit. Idealmente, devemos realizar testes dinâmicos automatizados durante a fase de teste funcional automatizado de nosso pipeline de implementação, ou mesmo em nossos serviços, enquanto estão na produção. Para garantir o tratamento correto da segurança, ferramentas como OWASP ZAP podem ser configuradas para atacar nossos serviços

---

† A Open Web Application Security Project (OWASP) é uma organização sem fins lucrativos voltada a melhorar a segurança de software.

por meio de um proxy de navegador web e inspecionar o tráfego de rede dentro de nosso equipamento de teste.

- **Varredura de dependência:** Outro tipo de teste estático que normalmente executaríamos no momento da construção dentro de nosso pipeline de implementação envolve inventariar todas as dependências de binários e executáveis, e garantir que essas dependências, sobre as quais frequentemente não temos controle, estejam isentas de vulnerabilidades ou binários mal-intencionados. Exemplos incluem Gemnasium e auditoria de empacotador para Ruby, Maven para Java e o OWASP Dependency-Check.

- **Integridade de código-fonte e assinatura de código:** Todos os desenvolvedores devem ter sua própria chave PGP, talvez criadas e gerenciadas em um sistema como o keybase.io. Todas as efetivações no controle de versão devem ser assinadas — essa configuração é simples usando as ferramentas open source gpg e git. Além disso, todos os pacotes criados pelo processo de CI devem ser assinados, e seus hash gravados no serviço de registro centralizado, para propósitos de auditoria.

Além disso, devemos definir padrões de projeto para ajudar os desenvolvedores a escrever código para evitar abuso, como colocar limites de taxa para nossos serviços e acinzentar botões de envio depois que forem pressionados. A OWASP publica muitas orientações úteis, como a série *Cheat Sheet*, que incluem:

- Como armazenar senhas
- Como lidar com senhas esquecidas
- Como lidar com registro
- Como evitar vulnerabilidades de cross-site scripting (XSS)

Estudo de Caso
Teste de Segurança Estático no Twitter (2009)

A apresentação "10 Deploys per Day: Dev and Ops Cooperation at Flickr", de John Allspaw e Paul Hammond, é famosa por catalisar a comunidade de Dev e Ops em 2009. O equivalente para a comunidade de segurança da informação provavelmente é a apresentação feita por Justin Collins, Alex Smolen e Neil Matatall em seu trabalho sobre transformação da segurança da informação no Twitter, na conferência AppSecUSA de 2012.

O Twitter teve muitos desafios devidos ao hipercrescimento. Por anos, a famosa página de erro Fail Whale foi mostrada quando o Twitter não tinha capacidade suficiente para acompanhar a demanda de usuários, mostrando a imagem de uma baleia sendo erguida por oito pássaros. A escala de crescimento de usuários foi impressionante — entre janeiro e março de 2009, o número de usuários ativos no Twitter passou de 2,5 milhões para 10 milhões.

O Twitter também teve problemas de segurança durante esse período. No início de 2009, ocorreram duas brechas de segurança sérias. Primeiro, em janeiro, a conta @BarackObama do Twitter foi hackeada. Então, em abril, as contas administrativas do Twitter foram comprometidas por meio de um ataque de dicionário de força bruta. Esses eventos levaram a Federal Trade Commission a julgar que o Twitter estava enganando seus usuários, fazendo-os acreditar que suas contas estavam seguras, e emitiu uma ordem de consentimento FTC.

A ordem de consentimento exigia que o Twitter obedecesse, dentro de 60 dias, a um conjunto de processos que deveriam ser cumpridos nos próximos 20 anos e eram os seguintes:

- Designar um ou mais funcionários como responsáveis pelo plano de segurança da informação do Twitter
- Identificar riscos razoavelmente previsíveis, tanto internos quanto externos, que pudessem levar a um incidente de invasão, e criar e implementar um plano para lidar com esses riscos[†]
- Manter a privacidade das informações dos usuários, não apenas de fontes externas, mas também internamente, com um esboço de possíveis fontes de verificação e teste da segurança e da exatidão dessas implementações

O grupo de engenheiros designados a resolver esse problema precisou integrar segurança no trabalho diário de Dev e Ops e fechar as falhas de segurança que permitiam que as brechas acontecessem.

Na apresentação já mencionada, Collins, Smolen e Matatall identificaram vários problemas que precisaram resolver:

- **Evitar a repetição de erros de segurança:** Eles descobriram que estavam corrigindo os mesmos defeitos e vulnerabilida-

---

[†] Estratégias para gerenciar esses riscos incluem fornecer treinamento e gerenciamento de funcionários, repensar o projeto de sistemas de informação, incluindo rede e software, e instituir processos destinados a evitar, detectar e responder a ataques.

des repetidamente. Precisaram modificar o sistema de trabalho e ferramentas de automação para evitar que os problemas ocorressem novamente.

- **Integrar objetivos de segurança nas ferramentas de desenvolvedor existentes:** Logo eles identificaram que a principal fonte de vulnerabilidades eram problemas de código. Não podiam executar uma ferramenta que gerava um enorme relatório em PDF e então enviá-la por e-mail para alguém de Desenvolvimento ou Operações. Em vez disso, precisaram fornecer ao desenvolvedor que havia criado a vulnerabilidade as informações exatas necessárias para corrigi-la.

- **Preservar a confiança do Desenvolvimento:** Eles precisavam merecer e manter a confiança do Desenvolvimento. Isso significava que precisavam saber quando enviavam falsos positivos ao Desenvolvimento, para que pudessem corrigir o erro que avisava sobre eles e não desperdiçar o tempo do Desenvolvimento.

- **Manter fluxo rápido em Infosec por meio de automação:** Mesmo quando a varredura de vulnerabilidade de código foi automatizada, Infosec ainda tinha que fazer muito trabalho manual e esperar bastante. Eles precisavam esperar o fim da varredura, receber a enorme pilha de relatórios, interpretar os relatórios e então encontrar a pessoa responsável por corrigir isso. E quando o código mudava, tudo isso precisava ser feito novamente. Automatizando o trabalho manual, eles tiveram menos tarefas tolas de "pressionar botão", permitindo usar mais criatividade e julgamento.

- **Tornar self-service tudo relacionado à segurança, se possível:** Eles confiaram que a maioria das pessoas queria fazer a coisa certa, de modo que foi necessário fornecer a elas todo o contexto e as informações necessárias para corrigir quaisquer problemas.

- **Adotar uma estratégia holística para atingir os objetivos de Infosec:** O objetivo deles era analisar a partir de todos os ângulos: código-fonte, o ambiente de produção e até o que seus clientes estavam vendo.

O primeiro grande progresso para a equipe de Infosec ocorreu durante uma semana de hack abrangendo a empresa inteira, quando integraram análise de código estática no processo de build do Twitter. A equipe usou Brakeman, que procura vulnerabilidades em aplicativos Ruby on

Rails. O objetivo era integrar varredura de segurança nos primeiros estágios do processo de desenvolvimento, não apenas quando o código era efetivado no repositório de código-fonte.

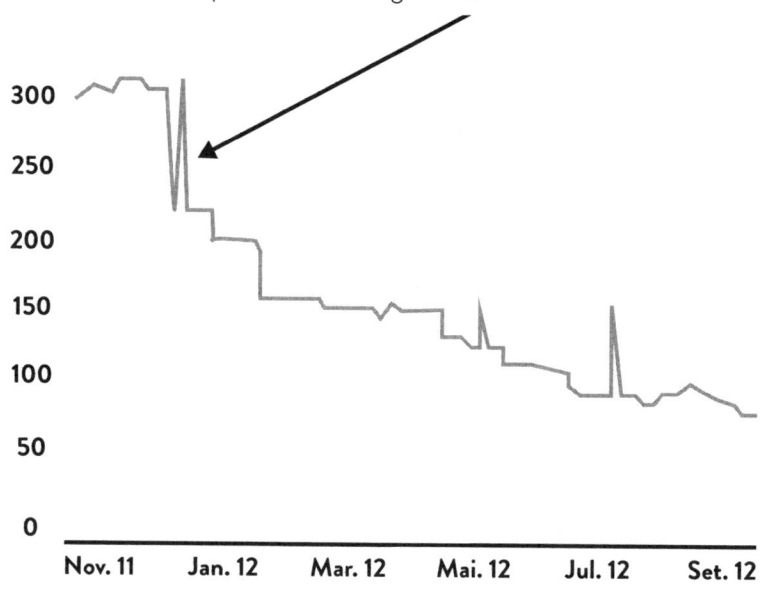

Figura 44: *Número de vulnerabilidades de segurança detectadas pelo Brakeman*

Os resultados da integração de testes de segurança no processo de desenvolvimento foram espantosos. No decorrer dos anos, criando feedback rápido para os desenvolvedores quando eles escreviam código inseguro e mostrando a eles como corrigir as vulnerabilidades, o Brakeman reduziu em 60% a taxa de vulnerabilidades encontradas, como mostrado na Figura 44. (Os picos normalmente são associados a novas versões de Brakeman.)

Este estudo de caso ilustra como é necessário integrar segurança no trabalho diário e em ferramentas de DevOps e como isso pode funcionar eficientemente. Fazer isso reduz o risco à segurança, diminui a probabilidade de vulnerabilidades no sistema e ajuda a ensinar os desenvolvedores a escreverem código mais seguro.

GARANTIR A SEGURANÇA DE NOSSA CADEIA DE ABASTECIMENTO DE SOFTWARE

Josh Corman observou que, como desenvolvedores, "não estamos mais escrevendo software personalizado — em vez disso, montamos o que precisamos a partir de partes open source, que se tornam a cadeia de abastecimento de software da qual dependemos muito". Em outras palavras, quando usamos componentes ou bibliotecas — comerciais ou open source — em nosso software, não apenas herdamos sua funcionalidade, mas também as vulnerabilidades de segurança que contêm.

Ao selecionar software, detectamos quando nossos projetos de software dependem de componentes ou bibliotecas com vulnerabilidades conhecidas e ajudamos os desenvolvedores a escolher os componentes que usam deliberadamente e com o devido cuidado, selecionando aqueles (por exemplo, projetos open source) que têm histórico demonstrado de rápida correção de vulnerabilidades de software. Também procuramos várias versões da mesma biblioteca que está sendo usada em nosso cenário de produção, particularmente a presença de versões mais antigas de bibliotecas que contêm vulnerabilidades conhecidas.

Examinar brechas em dados de titular de cartão mostra como a segurança dos componentes open source que escolhemos pode ser importante. Desde 2008, o Data Breach Investigation Report (DBIR) anual da Verizon PCI tem sido a voz mais dominante sobre brechas em dados, em que dados de titular de cartão foram perdidos ou roubados. No relatório de 2014, eles estudaram mais de 85 mil brechas para entender melhor de onde vinham os ataques, como os dados eram roubados e os fatores que levavam à brecha.

O DBIR descobriu que dez vulnerabilidades (isto é, CVEs) eram responsáveis por quase 97% das explorações usadas nas brechas de dados de titular de cartão estudadas em 2014. Dessas dez vulnerabilidades, oito tinham mais de dez anos.

O *2015 Sonatype State of the Software Supply Chain Report* analisou os dados de vulnerabilidade do Nexus Central Repository. Em 2015, esse repositório forneceu artefatos de build para mais de 605 mil projetos open source, atendendo a mais de 17 bilhões de pedidos de download de artefatos e dependências, principalmente para a plataforma Java, originados de 106 mil organizações.

O relatório incluiu estas descobertas assustadoras:

- A organização típica contava com 7.601 artefatos de build (isto é, fornecedores ou componentes de software) e usava 18.614 diferentes versões (isto é, partes de software).

- Dos componentes sendo usados, 7,5% tinham vulnerabilidades conhecidas, com mais de 66% delas existindo há dois anos sem serem resolvidas.

A última estatística confirma outro estudo sobre segurança da informação feito pelo dr. Dan Geer e Josh Corman, que mostrou que, dos projetos open source com vulnerabilidades conhecidas, registradas no National Vulnerability Database, apenas 41% foram corrigidas, e exigiram, em média, 390 dias para que se publicasse uma correção. Para as vulnerabilidades classificadas com gravidade mais alta (isto é, CVSS nível 10), as correções exigiram 224 dias.[†]

GARANTIR A SEGURANÇA DO AMBIENTE

Nesta etapa devemos fazer o que for necessário para ajudar a garantir que os ambientes estejam em um estado enrijecido, de risco reduzido. Embora já possamos ter criado boas configurações, devemos inserir controles de monitoramento para garantir que todas as instâncias de produção correspondam a esses estados reconhecidamente bons.

Fazemos isso gerando testes automatizados para garantir que todas as configurações adequadas tenham sido aplicadas corretamente para enrijecimento de configuração, ajustes de segurança de banco de dados, comprimentos de chave, e assim por diante. Além disso, usaremos testes para procurar vulnerabilidades conhecidas em nossos ambientes.[‡]

Outra categoria de verificação de segurança é entender os ambientes reais (isto é, "como realmente são"). Exemplos de ferramentas para isso incluem Nmap, para garantir que apenas as portas esperadas estejam abertas, e Metasploit, para garantir que enrijecemos adequadamente nossos ambientes contra vulnerabilidades conhecidas, como o escaneamento com ataques de injeção de SQL. A saída dessas ferramentas deve ser colocada em nosso repositório de artefatos e comparada com a versão anterior, como parte de nosso processo de teste funcional. Isso nos ajuda a detectar quaisquer alterações indesejadas assim que elas ocorrem.

Estudo de Caso
Conformidade com Automação da 18F do Governo Federal com Compliance Masonry

Os órgãos do governo federal dos EUA projetavam gastar quase US$80 bilhões em TI em 2016, apoiando a missão de todos os órgãos do poder executivo. Independente do órgão, levar qualquer sistema de "desenvol-

---

[†] Ferramentas que podem ajudar a garantir a integridade de nossas dependências de software incluem OWASP Dependency Check e Sonatype Nexus Lifecycle.

[‡] Exemplos de ferramentas que podem ajudar nos testes de correção de segurança (isto é, "como deveria ser") incluem sistemas de gerenciamento de configuração automatizados (por exemplo, Puppet, Chef, Ansible, Salt) e ferramentas como ServerSpec e Netflix Simian Army (por exemplo, Conformity Monkey, Security Monkey etc.).

vimento concluído" para "ativo na produção" exige a obtenção de uma Authority to Operate (ATO — autorização de operação) de uma Designated Approving Authority (DAA — autoridade designada para aprovação). As leis e políticas que governam a conformidade no governo compreendem dezenas de documentos que, juntos, ultrapassam 4 mil páginas cheias de acrônimos, como FISMA, FedRAMP e FITARA. Mesmo para sistemas que só exigem baixos níveis de confidencialidade, integridade e disponibilidade, mais de 100 controles precisam ser implementados, documentados e testados. Normalmente, demora entre 8 e 14 meses para conceder uma ATO após o "desenvolvimento concluído".

A equipe 18F da General Services Administration do governo federal norte-americano adotou uma estratégia múltipla para resolver esse problema. Mike Bland explica: "A 18F foi criada dentro da General Services Administration para capitalizar o impulso gerado pela recuperação do Healthcare. gov, para reformar como o governo constrói e compra software".

Um trabalho da 18F é uma plataforma como serviço chamada Cloud.gov, criada a partir de componentes open source. Atualmente, a Cloud.gov executa em AWS GovCloud. Não apenas a plataforma lida com muitas das preocupações operacionais que as equipes de entrega poderiam ter de cuidar sem ela, como registro, monitoramento, alertas e gerenciamento de ciclo de vida de serviço, como também do grosso das preocupações com conformidade. Executando nessa plataforma, a grande maioria dos controles que os sistemas do governo devem implementar pode ser executada em nível de infraestrutura e plataforma. Então, somente os controles restantes que estão no escopo na camada de aplicativo precisam ser documentados e testados, reduzindo significativamente a carga de conformidade e o tempo que leva para receber uma ATO.

A AWS GovCloud já foi aprovada para uso em sistemas de todos os tipos do governo federal, inclusive os que exigem altos níveis de confidencialidade, integridade e disponibilidade. Quando você ler este livro, espera-se que a Cloud.gov esteja aprovada para todos os sistemas que exigem níveis moderados de confidencialidade, integridade e disponibilidade.[†]

Além disso, a equipe do Cloud.gov está construindo uma estrutura para automatizar a criação de planos de segurança de sistema (SSPs), que são "descrições abrangentes da arquitetura do sistema, dos controles implementados e da postura geral em relação à segurança... [que são] muitas vezes incrivelmente complexos, contendo centenas de páginas". Eles desenvolveram uma ferramenta protótipo chamada compliance masonry

---

[†] Essas aprovações são conhecidas como FedRAMP JAB P-ATOs.

para que os dados SSP sejam armazenados em YAML legível por máquina e, então, transformados automaticamente em GitBooks e PDFs.

A 18F se dedica a trabalhar abertamente e publica o open source de seu trabalho no domínio público. A compliance masonry e os componentes do Cloud.gov podem ser encontrados nos repositórios GitHub da 18F — é possível até montar sua própria instância de Cloud.gov. O trabalho na documentação aberta para SSPs está sendo feito em parceria com a comunidade OpenControl.

INTEGRAR SEGURANÇA DA INFORMAÇÃO NA TELEMETRIA DE PRODUÇÃO

Em 2010, Marcus Sachs, um dos pesquisadores da Verizon Data Breach, observou: "Ano após ano, na ampla maioria das brechas de dados de titular de cartão, a organização detectou a brecha de segurança meses ou trimestres depois que ela ocorreu. Pior, o modo de detecção não foi um controle de monitoramento interno, mas muito mais provavelmente alguém de fora da organização, normalmente um parceiro comercial ou o cliente, que notou transações fraudulentas. Uma das principais razões disso é que ninguém na organização estava examinando os arquivos de log regularmente".

Em outras palavras, os controles de segurança internos frequentemente são ineficientes na detecção oportuna de brechas, ou por causa de pontos cegos em nosso monitoramento ou porque ninguém em nossa organização está examinando a telemetria relevante em seu trabalho diário.

No Capítulo 14 discutimos a criação de uma cultura em Dev e Ops em que todos no fluxo de valor criam telemetria e métrica de produção, tornando-as visíveis em locais públicos destacados para que todos possam ver como nossos serviços estão se saindo na produção. Além disso, exploramos a necessidade de procurar sinais de falha cada vez mais fracos continuamente, para podermos encontrar e corrigir problemas antes que resultem em uma falha catastrófica.

Aqui implementamos monitoramento, registro e alertas exigidos para atingir nossos objetivos de segurança da informação em todos os nossos aplicativos e ambientes, assim como garantimos que sejam adequadamente centralizados para promover análise e resposta fáceis e significativas.

Fazemos isso integrando nossa telemetria de segurança nas mesmas ferramentas que Desenvolvimento, QA e Operações estão usando, dando a todos no fluxo de valor visibilidade sobre como seus aplicativos e ambientes estão se comportando em um ambiente de ameaça hostil, onde invasores estão constantemente tentando explorar vulnerabilidades, obter acesso não autorizado, plantar backdoors, cometer fraude, realizar negações de serviço, e assim por diante.

Difundindo como nossos serviços estão sendo atacados no ambiente de produção, reforçamos que todo mundo precisa pensar nos riscos à segurança e projetar contramedidas em seu trabalho diário.

CRIAR TELEMETRIA DE SEGURANÇA EM NOSSOS APLICATIVOS

Para detectar comportamento de usuário problemático que poderia ser um indicador ou capacitador de fraude e acesso não autorizado, devemos criar a telemetria relevante em nossos aplicativos.

Exemplos podem incluir:

- Logins de usuário bem e malsucedidos
- Redefinições de senha de usuário
- Redefinições de endereço de e-mail de usuário
- Alterações em cartão de crédito de usuário

Por exemplo, como um indicador de tentativas de login por força bruta para obter acesso não autorizado, podemos mostrar a relação entre tentativas de login malsucedidas e logins bem-sucedidos. E, evidentemente, devemos criar alertas para eventos importantes para garantir que possamos detectar e corrigir problemas rapidamente.

CRIAR TELEMETRIA DE SEGURANÇA EM NOSSO AMBIENTE

Além de orquestrar nosso aplicativo, também precisamos criar telemetria suficiente em nossos ambientes para podermos detectar indicadores de acesso não autorizado, especialmente nos componentes que estão executando em infraestrutura que não controlamos (por exemplo, ambientes de hospedagem, na nuvem).

Precisamos monitorar e possivelmente alertar sobre itens, incluindo os seguintes:

- Alterações no sistema operacional (por exemplo, na produção, em nossa infraestrutura de build)
- Alterações em grupo de segurança

- Alterações em configurações (por exemplo, OSSEC, Puppet, Chef, Tripwire)
- Alterações em infraestrutura de nuvem (por exemplo, VPC, grupos de segurança, usuários e privilégios)
- Tentativas de XSS (isto é, "ataques de script entre sites")
- Tentativas de SQLi (isto é, "ataques de injeção de SQL")
- Erros de servidor web (por exemplo, erros 4XX e 5XX)

Também queremos confirmar se configuramos corretamente nosso registro, para que toda telemetria esteja sendo enviada para o lugar certo. Quando detectamos ataques, além de registrar que ele aconteceu, também podemos bloquear o acesso e armazenar informações sobre a fonte para nos ajudar na escolha das melhores ações mitigadoras.

Estudo de Caso
Orquestrando o Ambiente na Etsy (2010)

Em 2010, Nick Galbreath era diretor de engenharia da Etsy e responsável por segurança da informação, controle de fraude e privacidade. Galbreath definiu *fraude* como quando "o sistema funciona incorretamente, permitindo entrada inválida ou não inspecionada no sistema, causando perda financeira, perda/roubo de dados, paralisação do sistema, vandalismo ou um ataque em outro sistema".

Para atingir esses objetivos, Galbreath não criou um controle de fraude separado nem um departamento de segurança da informação. Em vez disso, incorporou essas responsabilidades em todo o fluxo de valor de DevOps.

Galbreath criou telemetria relacionada à segurança, que era exibida junto com todas as outras métrica mais voltadas a Dev e Ops, e que todo engenheiro da Etsy via rotineiramente:

- **Términos anormais de programa de produção (por exemplo, falhas de segmentação, despejos de núcleo etc.):** "De particular preocupação era o motivo pelo qual certos processos continuavam repetidamente a despejar núcleo em todo o nosso ambiente de produção, disparados a partir de tráfego proveniente de um endereço IP. Igualmente preocupantes eram aqueles '500 Internal Server Errors' HTTP. Esses são indicadores de que uma vulnerabilidade estava sendo explorada para obter acesso não autorizado aos nossos sistemas e de que um patch precisava ser aplicado urgentemente".

- **Erro de sintaxe de banco de dados:** "Estávamos sempre procurando erros de sintaxe de banco de dados dentro de nosso código — eles permitiam ataques de injeção de SQL ou eram ataques reais em andamento. Por isso, tínhamos tolerância zero para erros de sintaxe de banco de dados em nosso código, pois continua sendo um dos principais vetores de ataque usados para comprometer sistemas".

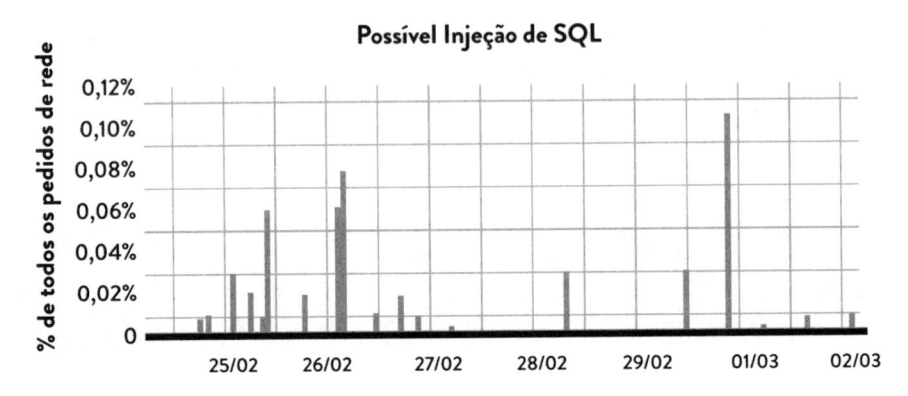

Figura 45: Na Etsy, os desenvolvedores viam tentativas de injeção de SQL no Graphite (Fonte: "DevOpsSec: Applying DevOps Principles to Security, DevOpsDays Austin 2012," SlideShare.net, postado por Nick Galbreath, 12 de abril de 2012, http://www.slideshare.net/nickgsuperstar/devopssec-apply-devops-principles-to-security.)

- **Indicações de ataques de injeção de SQL:** "Esse era um teste ridiculamente simples — apenas alertávamos quando 'UNION ALL' aparecia em campos de entrada de usuário, pois quase sempre indica um ataque de injeção de SQL. Também adicionamos testes unitários para garantir que esse tipo de entrada de usuário descontrolada nunca pudesse aparecer em nossas consultas de banco de dados".

A Figura 45 é um exemplo de gráfico que todo desenvolvedor veria, que mostra o número de ataques de injeção de SQL em potencial tentados no ambiente de produção. Como Galbreath observou: "Nada ajuda mais os desenvolvedores a entender como o ambiente de operação é hostil do que ver seu código sendo atacado em tempo real".

Galbreath observou: "Um dos resultados de mostrar esse gráfico foi que os desenvolvedores perceberam que estavam sendo atacados o tempo todo! E isso foi fantástico, pois mudou o modo de os desenvolvedores pensarem sobre a segurança de seu código ao escreverem-no".

PROTEGER NOSSO PIPELINE DE IMPLEMENTAÇÃO

A infraestrutura que suporta nossos processos de integração e implementação contínuas também apresenta uma nova área de superfície vulnerável a ataques. Por exemplo, se alguém compromete os servidores em execução no pipeline de implementação, que têm as credenciais para nosso sistema de controle de versão, isso poderia permitir roubo de código-fonte. Pior, se o pipeline de implementação tem acesso de escrita, um invasor também poderia injetar alterações mal-intencionadas em nosso repositório de controle de versão e, portanto, injetá-las em nossos aplicativos e serviços.

Como Jonathan Claudius, antigo verificador de segurança sênior da TrustWave SpiderLabs, observou: "Servidores de build e testes contínuos são fantásticos, e eu mesmo os utilizo. Mas comecei a pensar sobre maneiras de usar CI/CD como um modo de injetar código mal-intencionado. O que levou à pergunta: onde seria um bom lugar para ocultar código mal-intencionado? A resposta era óbvia: nos testes unitários. Ninguém examina os testes unitários, e eles executam sempre que alguém efetiva código no repositório".

Isso demonstra que, para proteger adequadamente a integridade de nossos aplicativos e ambientes, também devemos mitigar os vetores de ataque em nosso pipeline de implementação. Os riscos incluem desenvolvedores introduzindo código que permite acesso não autorizado (o que mitigamos por meio de controles como teste de código, revisões de código e teste de penetração) e usuários não autorizados obtendo acesso ao nosso código ou ambiente (o que mitigamos por meio de controles como garantir que as configurações correspondam a estados reconhecidamente seguros e uso de patch eficaz).

Contudo, para proteger nosso build contínuo, a integração ou o pipeline de implementação, nossas estratégias de mitigação podem incluir:

- Enrijecer os servidores de build e integração contínuos e garantir que possamos reproduzi-los de maneira automatizada, exatamente como faríamos para infraestrutura que suporta serviços de produção voltados ao cliente, para evitar o comprometimento de nossos servidores de build e integração contínuos
- Examinar todas as mudanças introduzidas no controle de versão, seja por meio de programação em pares no momento da efetivação ou por um processo de revisão de código entre a efetivação e a mesclagem no trunk, para evitar que servidores de integração contínua executem código não controlado (por exemplo, os testes unitários podem con-

ter código mal-intencionado que permita ou habilite acesso não autorizado)
- Orquestrar nosso repositório para detectar quando código de teste contendo chamadas de API suspeitas (por exemplo, testes unitários acessando o sistema de arquivos ou a rede) é inserido no repositório, talvez deixando-o em quarentena e disparando uma revisão de código imediata
- Garantir que todo processo de CI seja executado em seu próprio contêiner ou VM isolada
- Garantir que as credenciais de controle de versão usadas pelo sistema de CI sejam somente leitura

CONCLUSÃO

Por todo este capítulo descrevemos maneiras de integrar os objetivos da segurança da informação em todos os estágios de nosso trabalho diário. Fazemos isso integrando controles de segurança nos mecanismos que já criamos, garantindo que todos os ambientes sob demanda também estejam em um estado enrijecido, de risco reduzido — integrando testes de segurança no pipeline de implementação e garantindo a criação de telemetria de segurança em ambientes de pré-produção e produção. Fazendo isso, permitimos que a produtividade dos desenvolvedores e a produtividade operacional aumentem, enquanto, simultaneamente, aumentamos nossa segurança global. Nosso próximo passo é proteger o pipeline de implementação.

23 Proteger o Pipeline de Implementação

Por todo este capítulo veremos como proteger nosso pipeline de implementação e como atingir os objetivos de segurança e conformidade em nosso ambiente de controle, incluindo gestão da mudança e separação de tarefas.

INTEGRAR SEGURANÇA E CONFORMIDADE NOS PROCESSOS DE APROVAÇÃO DE MUDANÇA

Quase toda organização de TI de qualquer tamanho significativo terá processos de gestão da mudança, que são principalmente controles para reduzir riscos de operações e segurança. O gerente de conformidade e os gerentes de segurança dependem dos processos de gestão da mudança para requisitos de conformidade e normalmente exigem evidência de que todas as alterações foram adequadamente autorizadas.

Se tivermos construído nosso pipeline de implementação corretamente, de modo que as implementações sejam de baixo risco, a maioria das nossas alterações não precisará passar por um processo de aprovação de mudança manual, pois teremos depositado nossa confiança em controles como testes automatizados e monitoramento de produção proativo.

Nesta etapa faremos o que for necessário para garantir que possamos integrar segurança e conformidade em todo o processo de gestão da mudança existente. Políticas eficazes de gestão da mudança reconhecerão que existem diferentes riscos associados a diferentes tipos de alterações e que todas essas alterações são tratadas de formas diferentes. Esses processos estão definidos no ITIL, que divide as alterações em três categorias:

- **Alterações padrão:** São as mudanças de risco menor, que seguem um processo estabelecido e aprovado, também podendo ser pré-aprovadas. Incluem atualizações mensais de aplicação de tabelas de imposto ou códigos de país, conteúdo de site e mudanças de estilo, e certos tipos de patches de aplicativo ou sistema operacional que têm impacto bem entendido. Quem propõe a mudança não precisa de aprovação antes de implementá-la, e as implementações de mudanças podem ser completamente automatizadas, devendo ser registradas para que haja rastreabilidade.

- **Alterações normais:** São mudanças de risco mais alto, que exigem revisão ou aprovação da autoridade que concordou com elas. Em muitas organizações, essa responsabilidade é inadequadamente imputada ao conselho consultivo de alteração (CAB, change advisory board) ou ao conselho consultivo de alteração de emergência (ECAB, emergency change advisory board), que não têm a expertise exigida para compreender todo o impacto da alteração, frequentemente levando a tempos de execução inaceitavelmente longos. Esse problema é especialmente relevante para grandes implementações de código, que podem conter centenas de milhares (ou mesmo milhões) de linhas de código novo, enviadas por centenas de desenvolvedores no curso de vários meses. Para que as alterações normais sejam autorizadas, o CAB quase certamente terá um formulário de pedido de alteração (RFC, request for change) bem definido, mostrando quais informações são necessárias para a decisão de prosseguir ou não. O formulário de RFC normalmente inclui os resultados comerciais desejados, a utilidade planejada e a garantia,† um caso comercial com riscos e alternativas, e uma proposta de cronograma.‡

- **Alterações urgentes:** São mudanças de emergência e, como consequência, potencialmente de alto risco, que devem ser colocadas na produção imediatamente (por exemplo, patch

---

† O ITIL define utilidade como "o que o serviço faz", enquanto garantia é definida como "o modo pelo qual o serviço é entregue e como pode ser usado para determinar se um serviço é 'adequado para o uso'."

‡ Para gerenciar melhor as alterações de risco, também podemos ter regras definidas, como a de que certas mudanças só podem ser implementadas por determinado grupo ou indivíduo (por exemplo, somente DBAs podem implementar mudanças no esquema de banco de dados). Tradicionalmente, as reuniões do CAB são semanais, e os pedidos de mudança são nela aprovados e agendados. Do ITIL versão 3 em diante, aceita-se que mudanças sejam aprovadas eletronicamente, no modo just-in-time, por meio de uma ferramenta de gestão de mudança. Ele também recomenda especificamente que "alterações padrão devem ser identificadas no início, ao se construir o processo de gestão da mudança, para promover a eficiência. Caso contrário, uma implementação da gestão da mudança pode criar níveis desnecessariamente altos de administração e resistência ao processo de gestão de mudança".

de segurança urgente, serviço de restauração). Essas alterações frequentemente exigem aprovação da alta direção, mas permitem que a documentação seja feita após o fato. Um objetivo importante das práticas de DevOps é otimizar o processo de alteração normal, de modo a também ser conveniente para alterações de emergência.

RECLASSIFICAR COMO ALTERAÇÕES PADRÃO A MAIORIA DAS NOSSAS MUDANÇAS DE RISCO MAIS BAIXO

Idealmente, com um pipeline de implementação confiável em vigor, já teremos a reputação de implementações rápidas, confiáveis e não dramáticas. Nesse ponto, devemos buscar a concordância de Operações e das autoridades de mudança relevantes de que nossas alterações se mostraram ser de risco baixo o suficiente para serem definidas como alterações padrão, pré-aprovadas pelo CAB. Isso nos permite implementar na produção, sem necessidade de mais aprovação, embora as mudanças ainda devam ser corretamente registradas.

Um modo de apoiar a afirmação de que nossas alterações são de baixo risco é mostrar um histórico de mudanças em um período de tempo significativo (por exemplo, meses ou trimestres) e fornecer uma lista completa de problemas de produção durante esse mesmo período. Se podemos mostrar altas taxas de sucesso de mudanças e baixo MTTR, podemos afirmar que temos um ambiente de controle que está evitando erros de implementação com eficiência e provar que podemos detectar e corrigir quaisquer problemas resultantes, rápida e eficientemente.

Mesmo quando nossas mudanças são classificadas como alterações padrão, elas ainda precisam aparecer e ser registradas em nossos sistemas de gestão de mudança (por exemplo, Remedy ou ServiceNow). Idealmente, as implementações serão feitas automaticamente por ferramentas de gerenciamento de configuração e de pipeline de implementação (por exemplo, Puppet, Chef, Jenkins), e os resultados serão gravados automaticamente. Com isso, todos em nossa organização (DevOps ou não) terão visibilidade de nossas mudanças, além de todas as outras que estão acontecendo na organização.

Podemos vincular automaticamente esses registros de pedido de mudança a itens específicos em nossas ferramentas de planejamento de trabalho (por exemplo, JIRA, Rally, LeanKit, ThoughtWorks Mingle), permitindo a criação de mais contexto para nossas alterações, como vincular defeitos de recurso, incidentes de produção ou histórias de usuário. Isso pode ser feito de modo leve, incluindo números de tíquete de ferramentas de planejamento nos comentários associados às inserções no controle de versão.† Com isso, podemos ligar uma implementação na produção às mudanças feitas no controle de versão e, de lá, ligá-las aos tíquetes das ferramentas de planejamento.

Criar essa rastreabilidade e esse contexto deve ser fácil e não gerar uma carga demasiadamente onerosa ou demorada para os engenheiros. Quase certamente é suficiente vincular as histórias de usuário, requisitos ou defeitos — qualquer detalhe a mais, como abrir um tíquete para cada efetivação no controle de versão, provavelmente não é útil e, assim, desnecessário e indesejado, pois vai impor um nível significativo de atrito em seu trabalho diário.

O QUE FAZER QUANDO MUDANÇAS SÃO CLASSIFICADAS COMO ALTERAÇÕES NORMAIS

As mudanças que não podem ser classificadas como alterações padrão serão consideradas *alterações normais* e exigirão aprovação de pelo menos um subconjunto do CAB, antes da implementação. Nesse caso, nosso objetivo ainda é garantir que possamos implementar rapidamente, mesmo que não seja de forma totalmente automatizada.

Nesse caso, devemos garantir que quaisquer pedidos de alteração enviados sejam o mais completos e precisos possível, fornecendo ao CAB tudo o que precisam para avaliar corretamente nossa alteração — afinal, se nosso pedido de alteração for malformado ou incompleto, ele voltará para nós, aumentando o tempo exigido para chegarmos na produção e deixando dúvidas se realmente entendemos os objetivos do processo de gestão de mudança.

Quase certamente podemos automatizar a criação de RFCs completos e precisos, preenchendo o tíquete com detalhes sobre exatamente o que será alterado. Por exemplo, poderíamos criar automaticamente um tíquete de alteração de ServiceNow, com um link para a história de usuário JIRA, junto com os manifestos de build e a saída de teste de nossa ferramenta de pipeline de implementação, e links para os scripts Puppet/Chef que serão executados.

Como nossas alterações submetidas serão avaliadas manualmente por pessoas, é ainda mais importante descrevermos o contexto da mudança. Isso inclui identificar o motivo pelo qual a estamos fazendo (por exemplo, fornecendo um link para os recursos, defeitos ou incidentes), quem será afetado e o que será alterado.

Nosso objetivo é compartilhar a evidência e os artefatos que nos dão confiança de que a alteração funcionará na produção como projetada. Embora

---

† O termo *tíquete* é usado genericamente para indicar qualquer item de trabalho exclusivamente identificável.

os RFCs normalmente tenham campos de texto livre, devemos fornecer links para dados legíveis por máquina, para permitir que outros integrem e processem nossos dados (por exemplo, links para arquivos JSON).

Em muitos toolchains, isso pode ser feito de modo compatível e totalmente automatizado. Por exemplo, Mingle e Go da ThoughtWorks podem vincular automaticamente essas informações, como uma lista de defeitos corrigidos e novos recursos concluídos, associados à alteração, e colocá-las em um RFC.

Ao enviarmos nosso RFC, os membros relevantes do CAB analisarão, processarão e aprovarão as mudanças, como fariam com qualquer outro pedido de alteração enviado. Se tudo correr bem, as autoridades de alteração apreciarão a exatidão e os detalhes das mudanças submetidas, pois permitimos que eles validem rapidamente a exatidão das informações que fornecemos (por exemplo, vendo os links para artefatos de nossas ferramentas de pipeline de implementação). Contudo, nosso objetivo deve ser mostrar continuamente um histórico exemplar de alterações bem-sucedidas, para que possamos finalmente obter sua concordância de que nossas mudanças automatizadas podem ser seguramente classificadas como alterações padrão.

Estudo de Caso
Mudanças de Infraestrutura Automatizadas como Alterações Padrão na Salesforce.com (2012)

A Salesforce foi fundada em 2000, com o objetivo de disponibilizar e entregar facilmente a administração de relação com o cliente como um serviço. As ofertas da Salesforce foram amplamente adotadas pelo mercado, levando a um IPO de sucesso em 2004. Em 2007, a empresa tinha mais de 59 mil clientes empresariais, processando centenas de milhões de transações por dia, com renda anual de US$497 milhões.

Contudo, nessa mesma época sua capacidade de desenvolver e lançar novas funcionalidades para seus clientes parecia estar paralisada. Em 2006, eles tiveram quatro releases importantes para os clientes, mas em 2007 conseguiram fazer apenas um, apesar de terem contratado mais engenheiros. O resultado foi que o número de recursos entregues por equipe continuou diminuindo, e os dias entre releases importantes continuou aumentando.

Como o tamanho de lote de cada release continuava aumentando, os resultados de implementação também pioravam. Karthik Rajan, então vice-presidente de Engenharia de Infraestrutura, relatou, em uma apresentação em 2013, que 2007 marcou "o último ano em que software foi criado e entregue usando um processo em cascata e em que fizemos nossa mudança para um processo de entrega mais incremental".

No 2014 DevOps Enterprise Summit, Dave Mangot e Reena Mathew descreveram a transformação de DevOps resultante de vários anos, iniciada em 2009. De acordo com Mangot e Mathew, implementando princípios e práticas de DevOps, a empresa reduziu seus tempos de execução de implementação de seis dias para cinco minutos, em 2013. Como resultado, puderam escalonar a capacidade mais facilmente, permitindo processar mais de um bilhão de transações por dia.

Um dos principais temas da transformação da Salesforce foi tornar a engenharia de qualidade uma tarefa de todos, independentemente de fazerem parte de Desenvolvimento, Operações ou Infosec. Para isso, eles integraram testes automatizados em todos os estágios da criação de aplicativo e ambiente, assim como na integração contínua e no processo de implementação, e criaram a ferramenta open source Rouster para realizar os testes funcionais de seus módulos Puppet.

Também começaram a realizar *testes destrutivos*, um termo usado na manufatura para se referir à execução de testes de resistência prolongados, sob as mais severas condições de operação, até que o componente sob teste seja destruído. A equipe da Salesforce começou a testar rotineiramente seus serviços sob cargas cada vez maiores até o serviço estragar, o que os ajudou a entender seus modos de falha e a fazer correções apropriadas. Previsivelmente, o resultado foi uma qualidade de serviço significativamente mais alta com as cargas de produção normais.

A Segurança da Informação também trabalhou com Engenharia de Qualidade nos primeiros estágios de seu projeto, colaborando continuamente nas fases críticas, como arquitetura e projeto de teste, assim como integrando corretamente ferramentas de segurança no processo de testes automatizados.

Para Mangot e Mathew, um dos maiores sucessos de toda a repetitividade e rigor que empregaram no processo foi saber pelo grupo de gestão de mudanças que "as mudanças na infraestrutura feitas com o Puppet agora seriam tratadas como 'alterações padrão', exigindo bem menos ou nenhuma aprovação do CAB". Além disso, eles observaram que "as alterações manuais na infraestrutura ainda exigiriam aprovações".

Fazendo isso, eles não apenas integraram seus processos de DevOps no processo de gestão de mudança, mas também deram mais motivação para automatizar o processo de alteração de mais partes de sua infraestrutura.

REDUZIR A DEPENDÊNCIA DA SEPARAÇÃO DE TAREFAS

Por décadas usamos separação de tarefas como um dos principais controles para reduzir o risco de fraude ou erros no processo de desenvolvimento de software. Essa tem sido a prática aceita na maioria dos SDLCs para exigir que alterações de desenvolvedor sejam submetidas a um bibliotecário de código, o qual examina e aprova a alteração, antes que Operações de TI a promova para a produção.

Há muitos outros exemplos de separação de tarefas menos controversos no trabalho de Ops, como administradores de servidor, idealmente, sendo capazes de ver logs, mas não excluí-los ou modificá-los, para impedir que alguém com acesso privilegiado exclua evidência de fraude ou outros problemas.

Quando fazíamos implementações de produção com menos frequência (por exemplo, anualmente) e quando o trabalho era menos complexo, compartimentar o trabalho e fazer transferências eram maneiras defensáveis de conduzir o negócio. Contudo, à medida que a complexidade e a frequência de implementação aumentam, fazer implementações de produção com sucesso exige cada vez mais que todos no fluxo de valor vejam rapidamente os resultados de suas ações.

A separação de tarefas frequentemente pode impedir isso, diminuindo a velocidade e reduzindo o feedback que os engenheiros recebem sobre seu trabalho. Isso impede que os engenheiros assumam total responsabilidade pela qualidade de seu trabalho e reduz a capacidade de uma empresa de criar aprendizado organizacional.

Consequentemente, sempre que possível, devemos evitar o uso de separação de tarefas como controle. Em vez disso, devemos escolher controles como programação em pares, inspeção contínua de inserções de código e revisão de código. Esses controles nos dão a segurança necessária sobre a qualidade do nosso trabalho. Além disso, ao colocar esses controles em vigor, se a separação de tarefas for requerida, podemos mostrar que atingimos resultados equivalentes com os controles que criamos.

Estudo de Caso
Conformidade com PCI e um Conto Moral Sobre a Separação de Tarefas na Etsy (2014)

Bill Massie é gerente de desenvolvimento da Etsy e responsável pelo aplicativo de pagamento chamado ICHT (abreviatura de "I Can Haz Tokens"). O ICHT recebe pedidos de crédito de clientes por meio de um conjunto de aplicativos de processamento de pagamentos desenvolvidos internamente, que manipulam a entrada de pedidos online pegando os dados do titular de cartão inseridos pelo cliente, transformando-os em token, comunicando-se com o processador de pagamentos e completando a transação do pedido.[†]

Como o escopo do ambiente dos dados de titular de cartão (CDE, cardholder data environment) do Payment Card Industry Data Security Standards (PCI DSS) é composto "das pessoas, processos e tecnologia que armazenam, processam ou transmitem dados de titular de cartão ou dados de autenticação sigilosos", incluindo quaisquer componentes de sistema conectados, o aplicativo ICHT tem escopo para o PCI DSS.

Para conter o escopo PCI DSS, o aplicativo ICHT é física e logicamente separado do resto da organização Etsy e é gerenciado por uma equipe completamente separada de desenvolvedores de aplicativos, engenheiros de banco de dados, engenheiros de rede e engenheiros de ops. Cada membro da equipe recebe dois laptops: um para ICHT (que é configurado de forma diferente para satisfazer os requisitos do DSS, bem como trancado em um cofre quando não está em uso) e um para o restante da Etsy.

Ao fazer isso, eles desacoplaram o ambiente CDE do restante da organização Etsy, limitando o escopo dos regulamentos PCI DSS a uma área segregada. Os sistemas que formam o CDE são separados (e gerenciados de forma diferente) do restante dos ambientes da Etsy nos níveis de infraestrutura física, de rede, de código-fonte e lógica. Além disso, o CDE é construído e operado por uma equipe multifuncional, que é responsável unicamente por ele.

A equipe do ICHT teve que modificar suas práticas de entrega contínua para se adaptar à necessidade de aprovações de código. De acordo com a Seção 6.3.2 do PCI DSS v3.1, as equipes devem examinar:

Todo o código personalizado anterior ao release para a produção ou para os clientes, a fim de identificar qualquer vulnerabilidade de codificação em potencial (usando processos manuais ou automatizados), como segue:

- As alterações de código são examinadas por pessoas que não o autor original do código e por pessoas versadas sobre técnicas de revisão de código e práticas de codificação segura?
- As revisões de código garantem que o código é desenvolvido de acordo com as diretrizes de codificação segura?
- As correções apropriadas são implementadas antes do release?

[†] Os autores agradecem a Bill Massie e John Allspaw por passarem um dia inteiro com Gene Kim compartilhando sua experiência com conformidade.

- Os resultados da revisão de código são revistos e aprovados pela gerência antes do release?

Para cumprir esse requisito, a equipe inicialmente decidiu designar Massie como aprovador de alteração responsável por implementar quaisquer mudanças na produção. As implementações desejadas seriam indicadas no JIRA, Massie as marcaria como revistas e aprovadas, e as implementaria manualmente na produção do ICHT.

Isso permitiu que a Etsy satisfizesse os requisitos do PCI DSS e obtivesse o Relatório de Conformidade assinado de seus assessores. Contudo, com relação à equipe, resultaram problemas significativos.

Massie observa que um efeito colateral problemático "é um nível de 'compartimentalização' que está acontecendo na equipe do ICHT, que nenhum outro grupo tem na Etsy. Desde que implementamos a separação de tarefas e outros controles exigidos pela conformidade PCI DSS, ninguém pode ser engenheiro full-stack nesse ambiente".

Como resultado, enquanto o restante das equipes de Desenvolvimento e Operações da Etsy trabalham juntas e implementam alterações harmoniosamente e com confiança, Massie observa que "dentro de nosso ambiente PCI há medo e relutância em torno de implementação e manutenção, porque ninguém tem visibilidade fora de sua parte da pilha de software. As mudanças aparentemente pequenas que fizemos no modo de trabalharmos parecem ter criado uma parede impenetrável entre desenvolvedores e ops, criando uma inegável tensão que ninguém tem na Etsy desde 2008. Mesmo que você tenha confiança em sua parte, é impossível confiar que a alteração de outra pessoa não vá estragar sua parte da pilha".

Este estudo de caso mostra que é possível ter conformidade em organizações que usam DevOps. Contudo, o potencial conto moral aqui é que todas as virtudes que associamos às equipes de DevOps de alto desempenho são frágeis — mesmo uma equipe que compartilhou experiências com alta confiança e objetivos compartilhados pode começar a sofrer quando mecanismos de controle de baixa confiança entram em vigor.

GARANTIR DOCUMENTAÇÃO E PROVA PARA AUDITORES E OFICIAIS DE CONFORMIDADE

À medida que as organizações tecnológicas adotam cada vez mais os padrões de DevOps, há mais tensão do que nunca entre TI e auditoria. Esses novos padrões de DevOps desafiam o pensamento tradicional sobre auditoria, controles e mitigação de risco.

Como Bill Shinn, principal arquiteto de soluções de segurança do Amazon Web Services, observa: "DevOps se resume a conectar as lacunas entre Dev e Ops. De certo modo, o desafio de conectar as lacunas entre DevOps e auditores e oficiais de conformidade é ainda maior. Por exemplo, quantos auditores sabem ler código e quantos desenvolvedores leram o NIST 800-37 ou o Gramm-Leach-Bliley Act? Isso cria uma lacuna de conhecimento, e a comunidade de DevOps precisa ajudar a conectá-la".

Estudo de Caso
Provando a Conformidade em Ambientes Regulamentados (2015)

Ajudar grandes clientes empresariais a mostrar que eles ainda podem obedecer a todas as leis e regulamentos relevantes está entre as responsabilidades de Bill Shinn como principal arquiteto de soluções de segurança do Amazon Web Services. No decorrer dos anos, ele passou tempo com mais de mil clientes empresariais, incluindo Hearst Media, GE, Phillips e Pacific Life, que afirmaram publicamente o uso de nuvens públicas em ambientes altamente regulamentados.

Shinn observa: "Um dos problemas é que os auditores foram treinados em métodos não muito adequados aos padrões de trabalho de DevOps. Por exemplo, se um auditor vir um ambiente com dez mil servidores de produção, ele foi tradicionalmente treinado a solicitar uma amostra de mil servidores, junto com evidência em captura de tela do gerenciamento de ativos, configurações de controle de acesso, instalações de agente, logs de servidor, e assim por diante".

"Isso seria bom para ambientes físicos", continua Shinn. "Mas quando a infraestrutura é código e quando o autoescalonamento faz servidores aparecerem e desaparecerem o tempo todo, como amostrar isso? Você cai nos mesmos problemas quando tem um pipeline de implementação, que é muito diferente do processo de desenvolvimento de software tradicional, em que um grupo escreve o código e outro o implementa na produção".

Ele explica: "No trabalho de campo da auditoria, os métodos mais comuns para reunir evidência ainda são capturas de tela e arquivos CSV preenchidos com ajustes de configuração e logs. Nosso objetivo é criar métodos alternativos de apresentação de dados que mostrem claramente aos auditores que nossos controles estão operando e são eficientes".

Para ajudar a preencher essa lacuna, ele faz as equipes trabalharem com auditores no processo de projeto de controles. Elas usam uma estratégia iterativa, designando um controle para cada sprint, a fim de determinar o que é necessário em termos de evidência para auditoria. Isso tem ajudado a garantir que os auditores recebam as informações de que precisam quando o serviço está em produção, totalmente sob demanda.

Shinn diz que a melhor maneira de fazer isso é "enviar todos os dados para nossos sistemas de telemetria, como Splunk ou Kibana. Assim, os auditores podem conseguir o que precisam, de forma completamente self-service. Eles não precisam pedir uma amostra de dados — em vez disso, fazem login no Kibana e procuram a evidência de auditoria que precisam para determinado intervalo de tempo. Idealmente, eles verão muito rapidamente que há evidência para sustentar que nossos controles estão funcionando".

Shinn continua: "Com registro de auditoria moderno, salas de bate-papo e pipelines de implementação, há visibilidade e transparência sem precedentes sobre o que está acontecendo na produção, especialmente comparado a como Operações costumava fazer, com probabilidade bem menor de introduzir erros e falhas de segurança. Assim, o desafio é transformar toda essa evidência em algo que um auditor reconheça".

Isso exige extrair os requisitos de engenharia dos regulamentos reais. Shinn explica: "Para descobrir o que o HIPAA exige do ponto de vista da segurança da informação, você precisa examinar a legislação 45 CFR Part 160 e ir para as Subparts A e C da Part 164. Mesmo então, precisa continuar lendo até chegar a 'technical safeguards and audit controls' (salvaguardas técnicos e controles de auditoria). Somente lá você verá que é necessário determinar as atividades que serão monitoradas e consideradas pela auditoria relevantes para Patient Healthcare Information, documentar e implementar esses controles, selecionar ferramentas e, finalmente, examinar e capturar as informações apropriadas".

Shinn continua: "O modo de cumprir esse requisito é a discussão que precisa acontecer entre oficiais de conformidade e de regulamento e as equipes de segurança e DevOps, especificamente em torno de como evitar, detectar e corrigir problemas. Às vezes eles podem ser cumpridos em um ajuste de configuração no controle de versão. Outras vezes é um controle de monitoramento".

Shinn dá um exemplo: "Podemos optar por implementar um desses controles usando AWS CloudWatch e testar se o controle está funcionando com uma linha de comando. Além disso, precisamos mostrar para onde os logs estão indo — idealmente, colocamos tudo isso em nossa estrutura de registro, onde podemos vincular a evidência de auditoria ao requisito de controle real".

Para ajudar a resolver esse problema, *DevOps Audit Defense Toolkit* descreve a narrativa de ponta a ponta do processo de conformidade e auditoria de uma organização fictícia (a Parts Unlimited de *O Projeto Fênix*). Ele começa descrevendo os objetivos organizacionais, os processos comerciais, os principais riscos e o ambiente de controle resultante da entidade, e como a administração poderia provar que esses controles existem e são eficazes. Também é apresentado um conjunto de objeções de auditoria e como superá-las.

O documento descreve como controles poderiam ser projetados em um pipeline de implementação para mitigar os riscos declarados, e fornece exemplos de atestados e artefatos de controle para demonstrar a eficácia do controle. Ele foi planejado para ser genérico para todos os objetivos de controle, incluindo o suporte para relatórios financeiros precisos, conformidade regulamentar (por exemplo, SEC SOX-404, HIPAA, FedRAMP, EU Model Contracts e os regulamentos propostos SEC Reg-SCI), obrigações contratuais (por exemplo, PCI DSS, DOD DISA) e operações eficazes e eficientes.

Estudo de Caso
Dependência de Telemetria de Produção para Sistemas ATM

Mary Smith (um pseudônimo) encabeça a iniciativa de DevOps para bens bancários de clientes de uma grande organização de serviços financeiros dos EUA. Ela observou que segurança da informação, auditores e reguladores frequentemente dependem muito de revisões de código para detectar fraudes. Em vez disso, eles deviam contar com controle de monitoramento de produção, além de usar testes automatizados, revisões de código e aprovações para efetivamente mitigar os riscos associados a erros e fraude.

Ela observou:

> Há muitos anos, tivemos um desenvolvedor que plantou uma backdoor no código que implementamos em nossos caixas eletrônicos (ATMs). Ele conseguiu colocar os ATMs no modo de manutenção em certas ocasiões, permitindo retirar dinheiro das máquinas. Conseguimos detectar a fraude muito rapidamente, e não foi por meio de revisão de código. Detectar esses tipos de backdoors é difícil ou mesmo impossível quando os invasores têm meios, motivo e oportunidade suficientes.

Contudo, detectamos a fraude rapidamente, durante nossa reunião de revisão de operações regular, quando alguém notou que os caixas eletrônicos de uma cidade estavam sendo colocados no modo de manutenção em horários não previstos. Descobrimos a fraude antes do processo de auditoria de caixa agendado, quando eles comparam a quantidade de dinheiro nos caixas eletrônicos com as transações autorizadas.

Neste estudo de caso, a fraude ocorreu apesar da separação de tarefas entre Desenvolvimento e Operações e de um processo de aprovação de mudança, mas foi rapidamente detectada e corrigida por meio de uma telemetria de produção eficiente.

CONCLUSÃO

Ao longo deste capítulo discutimos práticas que tornam a segurança da informação uma tarefa de todos, em que todos os nossos objetivos de segurança da informação são integrados no trabalho diário de todos no fluxo de valor. Com isso, melhoramos significativamente a eficácia de nossos controles, de modo que podemos evitar melhor as brechas de segurança, assim como detectar e nos recuperar delas mais rapidamente. E reduzimos significativamente o trabalho associado à preparação e à passagem por auditorias de conformidade.

CONCLUSÃO DA PARTE VI

Em todos os capítulos anteriores exploramos como adotar princípios de DevOps e aplicá-los à Segurança da Informação, ajudando-nos a atingir nossos objetivos e garantindo que a segurança faça parte da tarefa de todo mundo, todos os dias. Uma segurança melhor garante que sejamos defensivos e sensatos em relação aos nossos dados, que possamos nos recuperar de problemas de segurança antes que eles se tornem catastróficos e, ainda mais importante, que possamos tornar a segurança de nossos sistemas e dados melhor do que nunca.

Uma Chamada para a Ação
Conclusão do Manual de DevOps

Chegamos ao final de uma exploração detalhada dos princípios e das técnicas práticas de DevOps. Em um momento em que todo líder de tecnologia é desafiado a promover segurança, confiabilidade e agilidade, e em que brechas de segurança, tempo de lançamento e uma maciça transformação tecnológica estão ocorrendo, DevOps oferece uma solução. Esperamos que este livro tenha fornecido um entendimento aprofundado do problema e um roteiro para a criação de soluções relevantes.

Explorando o *Manual de DevOps*, sabemos que, se não for administrado, pode existir um conflito inerente entre Desenvolvimento e Operações que cria problemas cada vez piores, o que resulta em tempo de lançamento mais lento para novos produtos e recursos, qualidade ruim, mais interrupções e dívida técnica, produtividade reduzida da engenharia, assim como mais insatisfação e esgotamento dos funcionários.

Os princípios e padrões de DevOps nos permitem eliminar esse conflito crônico básico. Esperamos que você, após ler este livro, veja como uma transformação de DevOps pode possibilitar a criação de organizações de aprendizado dinâmicas, atingindo os incríveis resultados de fluxo rápido, confiabilidade e segurança de classe mundial, assim como maior competitividade e satisfação dos funcionários.

DevOps exige normas culturais e de gerenciamento potencialmente novas e mudanças em nossas práticas técnicas e arquitetura. Isso exige uma coalizão que abrange a liderança da empresa, Gerência de Produtos, Desenvolvimento, QA, Operações de TI, Segurança da Informação e até Marketing, onde se originam muitas iniciativas tecnológicas. Quando todas essas equipes trabalham juntas, podemos criar um sistema de trabalho seguro, permitindo que equipes pequenas desenvolvam e validem código rápida e independentemente, que pode ser implementado para os clientes com segurança. Isso resulta na maximização da produtividade dos desenvolvedores, em aprendizado organizacional, na alta satisfação dos funcionários e na capacidade de vencer no mercado.

Nosso objetivo ao escrevermos este livro era codificar suficientemente os princípios e práticas de DevOps para que os fantásticos resultados obtidos dentro da comunidade de DevOps pudesse ser reproduzido por outros. Esperamos acelerar a adoção de iniciativas de DevOps e apoiar suas implementações bem-sucedidas, enquanto diminuímos a energia de ativação exigida para que sejam concluídas.

Sabemos dos perigos de adiar melhorias e de nos contentarmos com alternativas de trabalho, assim como das dificuldades de mudar o modo como priorizamos e realizamos nosso trabalho diário. Além disso, entendemos os riscos e o esforço exigido para fazer as organizações adotarem um modo diferente de trabalhar, assim como a percepção de que DevOps é outra moda passageira, logo substituída pela próxima novidade.

Afirmamos que DevOps transforma o modo como realizamos trabalho tecnológico, exatamente como os princípios Lean transformaram para sempre o modo como o trabalho de manufatura era feito nos anos 1980. Os que adotarem DevOps vencerão no mercado, às custas dos que não adotarem. Eles criarão organizações energizadas e de aprendizado contínuo que superarão o desempenho e a inovação dos concorrentes.

Por isso, DevOps não é apenas um imperativo tecnológico, mas também um imperativo organizacional. A moral da história é que DevOps é aplicável e relevante para toda e qualquer organização tecnológica que precise aumentar o fluxo de trabalho planejado, enquanto mantém qualidade, confiabilidade e segurança para os clientes.

Nossa chamada para ação é esta: independente da função que você exerce em sua organização, comece a encontrar pessoas à sua volta que queiram mudar o modo como o trabalho é realizado. Mostre este livro para os outros e crie uma coalizão de pensadores com ideias afins para fugir da espiral descendente. Peça aos líderes organizacionais para apoiar esses esforços ou, melhor ainda, patrocine e lidere esses esforços você mesmo.

Por fim, como você chegou até aqui, temos um segredo a revelar. Em muitos de nossos estudos de caso, depois de atingir os resultados revolucionários apresentados, muitos dos agentes de mudança foram promovidos — mas em alguns casos houve uma mudança de liderança posterior que resultou na saída de muitas das pessoas envolvidas, acompanhadas por um retrocesso nas mudanças organizacionais que criaram.

Acreditamos que é importante não sermos cínicos em relação a essa possibilidade. As pessoas envolvidas nessas transformações sabiam antecipadamente que o que estavam fazendo tinha uma alta chance de falha, mas fizeram mesmo assim. Ao fazerem isso, talvez ainda mais importante, elas inspiraram o restante de nós, mostrando o que pode ser feito. É impossível inovar sem correr riscos, e se você não conseguiu incomodar pelo menos algumas pessoas da administração, provavelmente não está tentando o suficiente. Não deixe o sistema imunológico de sua organização desanimá-lo ou distraí-lo de sua visão. Como Jesse Robbins, antigo "mestre do desastre" da Amazon, gosta de dizer: "Não lute estupidamente, faça ser mais incrível".

DevOps beneficia a todos nós no fluxo de valor tecnológico, sejamos Dev, Ops, QA, Infosec, donos de produto ou clientes. Ele devolve a alegria de desenvolver ótimos produtos, com menos marchas da morte. Ele permite condições de trabalho humanas com menos perda de fins de semana e feriados com aqueles que amamos. Permite que as equipes trabalhem juntas para sobreviver, aprender, ter sucesso, alegrar os clientes e ajudar a organização a ter sucesso.

Esperamos sinceramente que o *Manual de DevOps* o ajude a atingir esses objetivos.

MATERIAL ADICIONAL

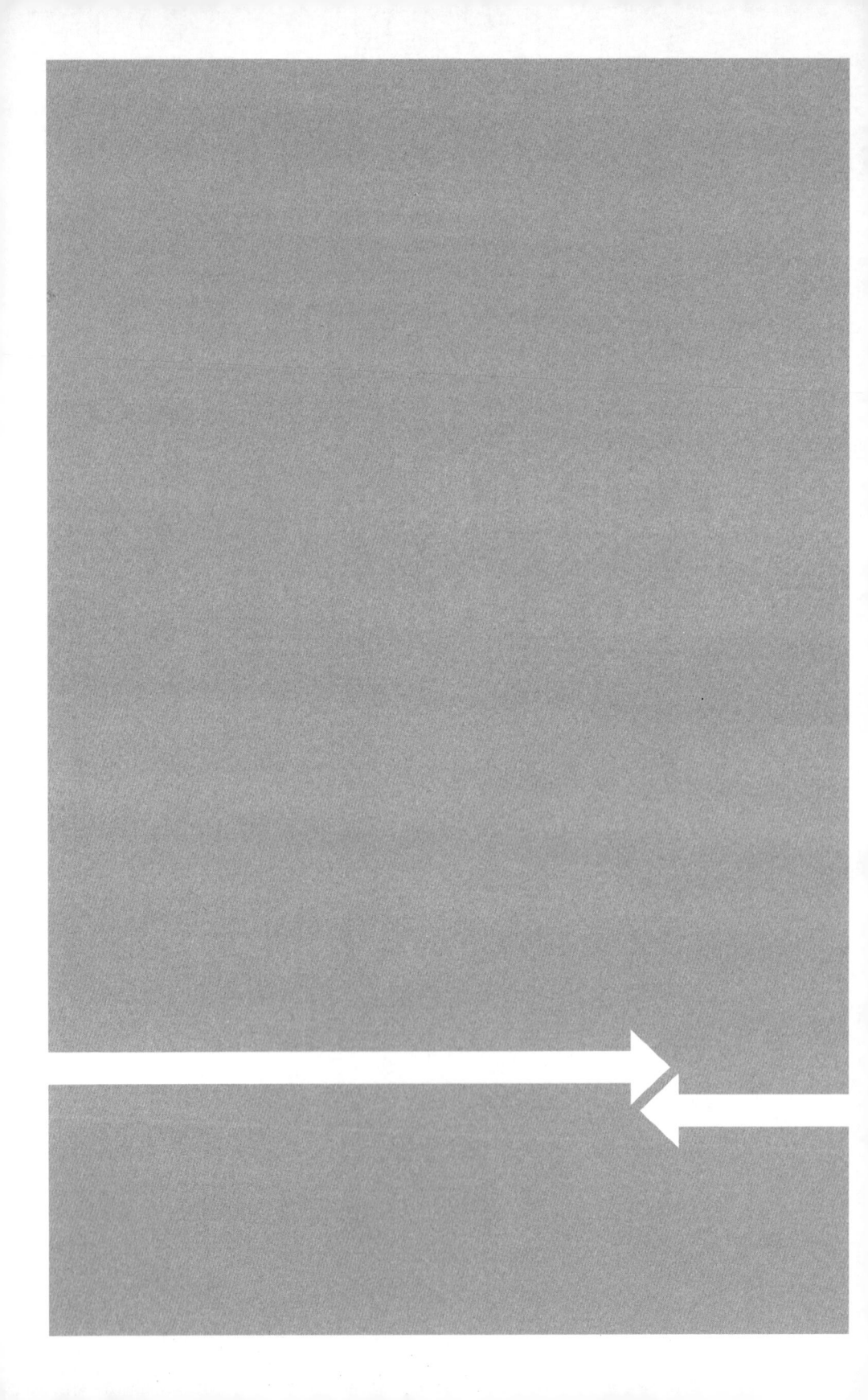

Apêndices

APÊNDICE 1   A CONVERGÊNCIA DE DEVOPS

Acreditamos que DevOps está usufruindo de uma incrível convergência de movimentos de administração, que estão todos se reforçando mutuamente e podem ajudar a criar uma poderosa coalizão para transformar o modo como as organizações desenvolvem e entregam produtos e serviços de TI.

John Willis chamou isso de "a Convergência de DevOps". Os vários elementos dessa convergência estão descritos a seguir, em ordem cronológica aproximada. (Note que as descrições não são exaustivas, mas apenas suficientes para mostrar a progressão de pensamento e as conexões um tanto improváveis que levaram ao DevOps.)

O MOVIMENTO LEAN

O Movimento Lean começou nos anos 1980 como uma tentativa de codificar o Sistema Toyota de Produção, com a popularização de técnicas como Mapeamento de Fluxo de Valor, quadros kanban e Manutenção Produtiva Total.

Dois dogmas importantes do movimento Lean foram a crença arraigada de que o tempo de execução (isto é, o tempo exigido para converter matérias-primas em produtos acabados) era o melhor previsor de qualidade, satisfação dos clientes e felicidade dos funcionários; e de que um dos melhores previsores de tempos de execução curtos eram lotes pequenos, com o ideal teórico sendo o "fluxo de uma peça" (isto é, fluxo "1x1": inventário 1, tamanho de lote 1).

Os princípios Lean focam na geração de valor para o cliente — pensar sistematicamente, criar constância de propósito, abraçar o pensamento científico, criar fluxo e tração (*versus* empurrão), garantir qualidade na fonte, liderar com humildade e respeitar cada indivíduo.

O MOVIMENTO ÁGIL

Iniciado em 2001, o Manifesto Ágil foi criado por 17 dos principais pensadores do desenvolvimento de software, com o objetivo de transformar métodos leves, como DP e DSDM, em um movimento mais amplo que pudesse enfrentar processos de desenvolvimento de software pesados como o desenvolvimento em cascata e metodologias como o Processo Unificado Racional.

Um princípio importante era "entregar software funcional frequentemente, de algumas semanas a alguns meses, preferencialmente no prazo de execução mais curto". Dois outros princípios focam na necessidade de equipes pequenas e motivadas, trabalhando em um modelo de gestão de alta confiança e com ênfase em lotes pequenos. O movimento Ágil também está associado a um conjunto de ferramentas e práticas, como Scrum, Stand-ups etc.

O MOVIMENTO VELOCITY CONFERENCE

Iniciada em 2007, a Velocity Conference foi criada por Steve Souders, John Allspaw e Jesse Robbins para abrigar Operações de TI e a tribo Web Performance. Na conferência Velocity de 2009, John Allspaw e Paul Hammond apresentaram o seminal "10 Deploys per Day: Dev and Ops Cooperation at Flickr".

O MOVIMENTO INFRAESTRUTURA ÁGIL

Na conferência Agile Toronto de 2008, Patrick Dubois e Andrew Schafer organizaram uma sessão "birds of a feather" (uma discussão informal em grupo), sobre a aplicação de princípios Ágeis na infraestrutura, em oposição a código de aplicativo. Rapidamente ganharam adeptos, pensadores de mentalidade afim, incluindo John Willis. Posteriormente Dubois ficou tão entusiasmado com a apresentação "10 Deploys per Day: Dev and Ops Cooperation at Flickr", de Allspaw e Hammond, que criou o primeiro DevOpsDays, em Ghent, Bélgica, em 2009, cunhando a palavra "DevOps".

O MOVIMENTO ENTREGA CONTÍNUA

Com base na disciplina do Desenvolvimento de build, teste e integração contínuos, Jez Humble e David Farley ampliaram o conceito de entrega contínua, que incluía um "pipeline de implementação" para garantir que código e infraestrutura estivessem sempre em um estado implementável e que todo código inserido no trunk fosse implementado na produção.

Essa ideia foi apresentada pela primeira vez na Agile 2006 e também foi desenvolvida independentemente por Tim Fitz em uma postagem de blog intitulada "Continuous Deployment".

O MOVIMENTO TOYOTA KATA

Em 2009, Mike Rother escreveu *Toyota Kata: Gerenciando Pessoas para Melhoria, Adaptabilidade e Resultados Excepcionais*, que descrevia os aprendizados de sua jornada de 20 anos para entender e codificar os mecanismos causais do Sistema Toyota de Produção. *Toyota Kata* descreve as "rotinas gerenciais invisíveis e o pensamento por trás do sucesso da Toyota com melhoria contínua e adaptação... e como outras empresas desenvolvem rotinas e pensamento semelhantes em suas organizações".

Sua conclusão foi a de que a comunidade Lean perdeu a prática mais importante de todas, à qual descreveu como o Kata de Melhoria. Ele explica que toda organização tem rotinas de trabalho, e o fato crítico na Toyota foi tornar o trabalho de melhoria habitual e incorporar isso no trabalho diário de todos na organização. O Toyota Kata institui uma abordagem iterativa, incremental e científica para resolver problemas, na busca de um verdadeiro norte organizacional compartilhado.

O MOVIMENTO LEAN STARTUP

Em 2011, Eric Ries escreveu *A Startup Enxuta: Como os Empreendedores Atuais Utilizam a Inovação Contínua para Criar Empresas Extremamente Bem-sucedidas*, codificando as lições que aprendeu na IMVU, uma startup do Vale do Silício, que se baseou no trabalho de Steve Blank em *Do Sonho à Realização em 4 Passos*, assim como em técnicas de implementação contínua. Eric Ries também codificou práticas e termos relacionados, incluindo Produto Viável Mínimo, o ciclo construir-medir-aprender e muitos padrões técnicos de implementação contínua.

O MOVIMENTO LEAN UX

Em 2013, Jeff Gothelf escreveu *Lean UX: Applying Lean Principles to Improve User Experience* (UX Lean: Aplicando Princípios Lean para Melhorar a Experiência do Usuário — em tradução livre), que codificava como melhorar o "front end impreciso" e explicava como donos de produto podem enquadrar hipóteses comerciais, experimento e ganhar confiança nessas hipóteses comerciais, antes de investirem tempo e recursos nas características resultantes. Adicionando Lean UX, agora temos as ferramentas para otimizar completamente o fluxo entre hipóteses comerciais, desenvolvimento de recursos, testes, implementação e entrega de serviço para os clientes.

O MOVIMENTO COMPUTAÇÃO REFORÇADA

Em 2011, Joshua Corman, David Rice e Jeff Williams examinaram a aparente futilidade de tornar aplicativos e ambientes seguros tardiamente no ciclo de vida. Em resposta, eles criaram uma filosofia chamada "Computação Reforçada", que tenta enquadrar os requisitos não funcionais de estabilidade, escalabilidade, disponibilidade, sobrevivência, sustentabilidade, segurança, suportabilidade, manejabilidade e defensibilidade.

Por causa do potencial para altas taxas de release, DevOps pode colocar uma forte pressão sobre QA e Infosec, pois quando as taxas de implementação vão de mensais ou trimestrais para centenas ou milhares diariamente, os tempos de ciclo de duas semanas para Infosec ou QA não são mais sustentáveis. O movimento Computação Reforçada postulou que não há esperança para a estratégia atual de lutar com o complexo industrial vulnerável empregado pela maioria dos programas de segurança da informação.

APÊNDICE 2 TEORIA DAS RESTRIÇÕES E CONFLITOS CRÔNICOS BÁSICOS

O acervo de conhecimentos da Teoria das Restrições discute extensivamente o uso da criação de nuvens de conflito básico (frequentemente referidas como "C3"). Esta é a nuvem de conflito para TI:

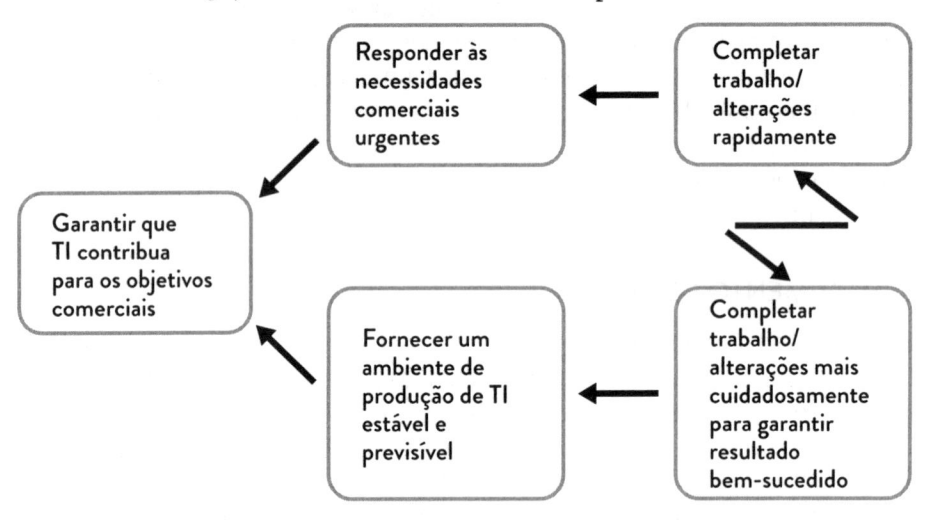

Figura 46: *O conflito crônico básico enfrentado por toda organização de TI*

Durante os anos 1980, havia um conflito crônico básico muito conhecido na manufatura. Todo gerente de fábrica tinha dois objetivos comerciais válidos: proteger as vendas e reduzir os custos. O problema era que, para proteger as vendas, o gerente de vendas era incentivado a aumentar o inventário para garantir que sempre fosse possível atender à demanda dos clientes.

Por outro lado, para reduzir os custos, o gerente de produção era incentivado a diminuir o inventário para garantir que dinheiro não fosse amarrado a trabalho em andamento que não fosse entregue ao cliente imediatamente, na forma de vendas realizadas.

Eles conseguiram quebrar o conflito adotando princípios Lean, como a redução do tamanho dos lotes, a redução de trabalho em andamento e o encurtamento e a ampliação de loops de feedback. Isso resultou em aumentos significativos na produtividade da fábrica, na qualidade do produto e na satisfação dos clientes.

Os princípios por trás dos padrões de trabalho de DevOps são os mesmos que transformaram a manufatura, nos permitindo otimizar o fluxo de valor de TI, convertendo necessidades comerciais em recursos e serviços que forneçam valor para nossos clientes.

APÊNDICE 3   FORMA TABULAR DA ESPIRAL DESCENDENTE

A forma colunar da espiral descendente representada em *O Projeto Fênix* é mostrada a seguir:

Tabela 4: *A Espiral Descendente*

Operações de TI vê...	Desenvolvimento vê...
Aplicativos frágeis são propensos a falha	Aplicativos frágeis são propensos a falha
Longo tempo necessário para descobrir qual parte mudou	Projetos mais urgentes, voltados a datas, colocados na fila
Controle de detecção é um vendedor	Código ainda mais frágil (menos seguro) colocado na produção
Tempo demais exigido para restaurar serviço	Mais releases têm instalações cada vez mais turbulentas
Muito combate a incêndios e trabalho não planejado	Ciclos de releases alongados para amortizar o custo de implementações
Retrabalho urgente de segurança e conserto	Implementações maiores falhando e de diagnóstico mais difícil
Trabalho de projeto planejado não pode ser concluído	A maioria dos recursos sênior e restritos de Operações de TI tem menos tempo para corrigir problemas de processo subjacentes
Clientes saem frustrados	Acúmulo de trabalho sempre crescente que poderia ajudar a empresa a vencer
Fatia de mercado diminui	Tensão sempre crescente entre Operações de TI, Desenvolvimento, Projeto
A empresa perde compras e vendas de ações em Wall Street	
A empresa faz promessas ainda maiores para Wall Street	

APÊNDICE 4   OS PERIGOS DAS TRANSFERÊNCIAS E FILAS

O problema das altas quantidades de tempo na fila é exacerbado quando há muitas transferências, pois é onde as filas são criadas. A Figura 47 mostra o tempo de espera como uma função do quanto um recurso está ocupado em um núcleo de trabalho. A curva assintótica mostra por que uma "simples alteração de 30 minutos" frequentemente demora semanas para terminar — engenheiros e núcleos de trabalho específicos frequentemente se tornam gargalos problemáticos quando operam em alta utilização. Quando um núcleo de trabalho se aproxima de 100% de utilização, qualquer trabalho exigido dele vai mofar em filas e não será feito sem alguém apressando/escalonando.

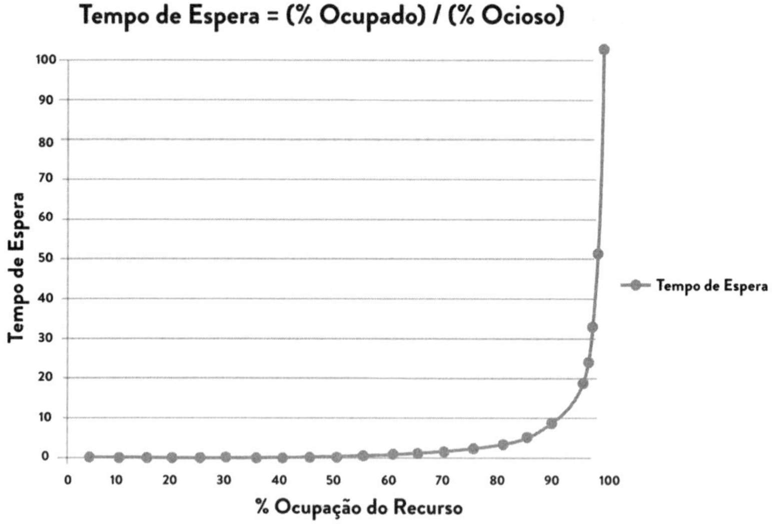

Tempo de Espera = (% Ocupado) / (% Ocioso)

Figura 47: *Tamanho da fila e tempos de espera como função da porcentagem de utilização (Fonte: Kim, Behr e Spafford, O Projeto Fênix, Alta Books, p.235.)*

Na Figura 47, o eixo x é a porcentagem de ocupação para determinado recurso em um núcleo de trabalho, e o eixo y é o tempo de espera aproximado (ou, dito mais precisamente, o comprimento da fila). O que a forma da linha mostra é que, quando a utilização do recurso passa de 80%, o tempo de espera dispara.

Em *O Projeto Fênix*, foi assim que Bill e sua equipe perceberam as consequências devastadoras dessa propriedade nos tempos de execução para os compromissos que estavam fazendo no escritório de gerenciamento de projetos:

> Contei a eles sobre o que Erik me disse na MRP-8, sobre como os tempos de espera dependem da utilização do recurso. "O tempo de espera é a 'porcentagem de tempo de ocupação' divi-

dida pela 'porcentagem de tempo ocioso'. Em outras palavras, se um recurso está 50% ocupado, então está 50% ocioso. O tempo de espera é 50% dividido por 50%; portanto, uma unidade de tempo. Vamos dizer que seja uma hora. Então, em média, nossa tarefa esperaria na fila por uma hora antes de ser trabalhada.

"Por outro lado, se um recurso estiver 90% ocupado, o tempo de espera será '90% dividido por 10%', ou nove horas. Em outras palavras, nossa tarefa esperaria na fila nove vezes mais do que se o recurso estivesse 50% ocioso".

Eu concluo: "Então, para a tarefa do Fênix, supondo que temos sete transferências e que cada um desses recursos esteja ocupado 90% do tempo, as tarefas passariam um total de nove horas vezes os sete passos na fila..."

"O quê? Sessenta e três horas, só na fila?", Wes diz, incrédulo. "Isso é impossível!"

Patty diz, com um sorrisinho: "Ah, é claro! Porque são apenas 30 segundos de digitação, certo?"

Bill e equipe percebem que sua "tarefa simples de 30 minutos" exige, na verdade, sete transferências (por exemplo, equipe de servidor, equipe de rede, equipe de banco de dados, equipe de virtualização e, evidentemente, Brent, o engenheiro 'estrela do rock').

Supondo que todos os núcleos de trabalho estivessem 90% ocupados, a figura nos mostra que o tempo de espera médio em cada núcleo é de nove horas — e como o trabalho teve que passar por sete núcleos de trabalho, o tempo de espera total é sete vezes isso: 63 horas.

Em outras palavras, a % total do *tempo de valor agregado* (às vezes conhecido como tempo de processo) seria de apenas 0,16% do tempo de execução total (30 minutos divididos por 63 horas). Isso significa que, para 99,8% de nosso tempo de execução total, o trabalho só estava na fila, esperando para ser feito.

APÊNDICE 5   MITOS DA SEGURANÇA INDUSTRIAL

Décadas de pesquisa sobre sistemas complexos mostram que as contramedidas são baseadas em vários mitos. Em *Some Myths about Industrial Safety* (*Alguns Mitos sobre Segurança Industrial*, em tradução livre), de Denis Besnard e Erik Hollnagel, eles são resumidos como:

- **Mito 1:** "Erro humano é a maior causa de acidentes e incidentes".

- **Mito 2:** "Os sistemas serão seguros se as pessoas obedecerem aos procedimentos determinados".

- **Mito 3:** "A segurança pode ser melhorada com barreiras e proteção; mais camadas de proteção resultam em maior segurança".

- **Mito 4:** "A análise do acidente pode identificar a causa-raiz (a 'verdade') do motivo de sua ocorrência".

- **Mito 5:** "A investigação de acidentes é a identificação lógica e racional de causas baseada em fatos".

- **Mito 6:** "Segurança sempre tem a prioridade mais alta e nunca será comprometida".

As diferenças entre o que é mito e o que é verdade são mostradas a seguir:

Tabela 5: *Duas Histórias*

Mito	Realidade
Erro humano é visto como a causa de falha.	Erro humano é visto como o efeito de vulnerabilidades sistêmicas profundas dentro da organização.
Dizer o que as pessoas deveriam ter feito é um modo satisfatório de descrever falha.	Dizer o que as pessoas deveriam ter feito não explica por que fez sentido para elas fazer o que fizeram.
Dizer às pessoas para serem mais cuidadosas fará o problema desaparecer.	Somente buscando constantemente suas vulnerabilidades é que as organizações podem melhorar a segurança.

APÊNDICE 6   A CORDA DE ANDON DA TOYOTA

Muitos perguntam como algum trabalho pode ser concluído se a corda de Andon está sendo puxada mais de 5 mil vezes por dia. Para sermos precisos, nem todo puxão na corda de Andon resulta na parada de toda a linha de montagem. Em vez disso, quando a corda de Andon é puxada, o líder da equipe que está supervisionando o núcleo de trabalho especificado tem 50 segundos para resolver o problema. Se o problema não estiver resolvido no final dos 50 segundos, o veículo parcialmente montado cruzará uma linha fisicamente desenhada no chão, e a linha de montagem será parada.

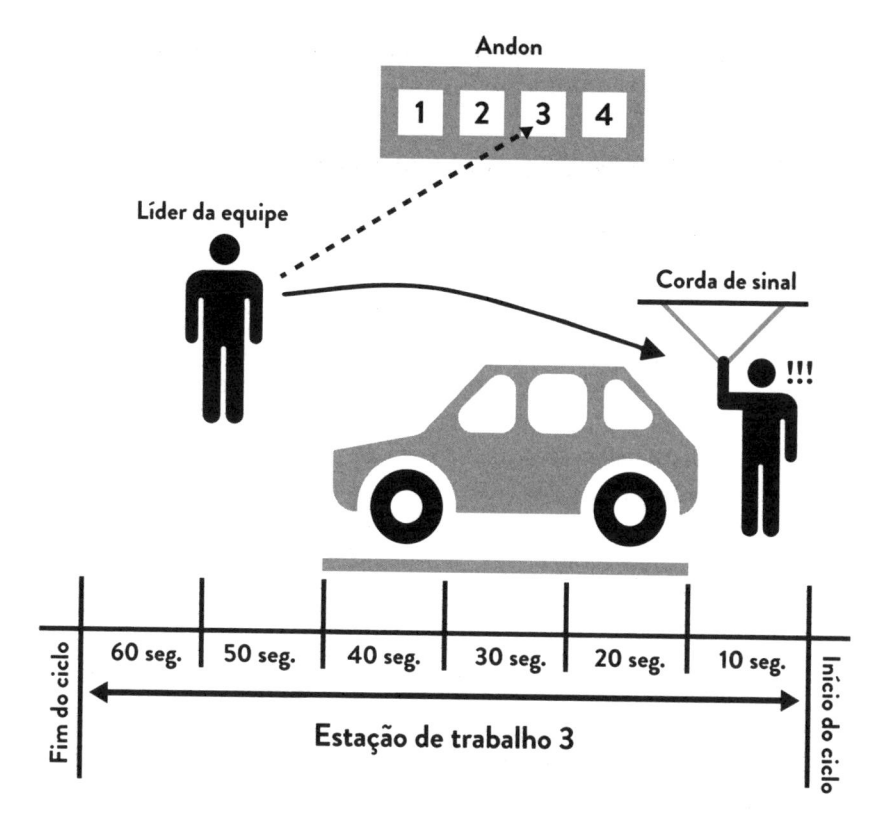

Figura 48: *A corda de Andon da Toyota*

APÊNDICE 7   SOFTWARE DISPONÍVEL COMERCIALMENTE

Atualmente, para colocar um software complexo disponível comercialmente (por exemplo, SAP, IBM WebSphere, Oracle WebLogic) no controle de versão, talvez precisemos eliminar o uso de ferramentas instaladoras gráficas do tipo apontar e clicar do fornecedor. Para isso precisamos descobrir o que o instalador do fornecedor está fazendo, sendo que talvez seja necessário fazer uma instalação em uma imagem de servidor limpa, usar diff no sistema de arquivos e colocar esses arquivos adicionados no controle de versão. Arquivos que não variam de acordo com o ambiente são colocados em um lugar ("instalação básica"), enquanto os específicos do ambiente são colocados em seus próprios diretórios ("teste" ou "produção"). Com isso, as operações de instalação de software se tornam apenas operações de controle de versão, permitindo melhor visibilidade, repetitividade e velocidade.

Talvez também seja preciso transformar quaisquer ajustes de configuração de aplicativo para que estejam no controle de versão. Por exemplo, podemos transformar configurações de aplicativo que estão armazenadas em um banco de dados em arquivos XML, e vice-versa.

APÊNDICE 8 REUNIÕES POST-MORTEM

Um exemplo de cronograma de reunião post-mortem é mostrado a seguir:

- Um relato inicial será feito pelo líder ou facilitador da reunião para reforçar que se trata de um post-mortem sem culpa e que não focaremos em eventos passados nem especularemos sobre o que poderia ou deveria ter sido feito. Os facilitadores podem ler a "Restrospective Prime Directive" (Principal Diretiva Retrospectiva) do site Retrospective.com — conteúdo em inglês.

  Além disso, o facilitador lembrará a todos que quaisquer contramedidas devem ser atribuídas a alguém, e se a ação corretiva não garantir a prioridade mais alta quando a reunião terminar, então não é uma ação corretiva. (Isso serve para evitar que a reunião gere uma lista de boas ideias que nunca são implementadas.)

- Os participantes da reunião chegarão a um acordo sobre a linha do tempo completa do incidente, incluindo quando e quem detectou o problema, como ele foi descoberto (por exemplo, monitoramento automatizado, detecção manual, o cliente nos avisou), quando o serviço foi restaurado satisfatoriamente, e assim por diante. Também integraremos na linha do tempo todas as comunicações externas durante o incidente.

  Quando usamos a frase "linha do tempo", ela pode evocar a imagem de um conjunto linear de etapas sobre como entendemos o problema e finalmente o corrigimos. Na realidade, especialmente em sistemas complexos, provavelmente haverá muitos eventos que contribuíram para o acidente, e muitos caminhos e ações de reparo terão sido tomados no esforço de corrigi-lo. Nessa atividade, procuramos registrar todos esses eventos e as perspectivas dos atores, e estabelecer hipóteses a respeito de causa e efeito, quando possível.

- A equipe criará uma lista de todos os fatores que contribuíram para o incidente, tanto humanos quanto técnicos. Ela pode então classificá-los em categorias, como "decisão de projeto", "conserto", "descoberta de um problema", e assim por diante. A equipe usará técnicas como brainstorm e os "infinite hows" (comos infinitos) para detalhar os fatores contribuintes que julgar particularmente importantes para descobrir níveis mais profundos deles. Todas as perspectivas devem ser incluídas e respeitadas — ninguém deve ter permissão para discutir ou negar a realidade de um fator contribuinte que alguém identificou. É importante o facilitador do post-mortem garantir que tempo suficiente seja gasto nessa atividade e que a equipe não se envolva em comportamento convergente, como tentar identificar uma ou mais "causas-raízes".

- Os participantes da reunião chegarão a um acordo sobre a lista de ações corretivas que receberão as prioridades mais altas após a reunião. A montagem dessa lista exigirá brainstorming e a escolha das melhores ações em potencial para evitar que o problema ocorra ou permitir detecção ou recuperação mais rápida. Outros modos de melhorar os sistemas também podem ser incluídos.

  O objetivo é identificar o menor número de etapas incrementais para atingir os resultados desejados, em oposição às mudanças "big bang", que não apenas demoram mais para serem implementadas, mas retardam as melhorias de que precisamos.

  Também geramos uma lista separada com ideias de prioridade mais baixa e atribuímos a um dono. Se problemas semelhantes voltarem a ocorrer, essas ideias poderão servir como base para futuras contramedidas.

- Os participantes da reunião chegarão a um acordo sobre as métricas do incidente e seu impacto organizacional. Por exemplo, podemos medir nossos incidentes pelas seguintes métricas:

  ▷ **Gravidade do evento:** Qual foi a gravidade desse problema? Isso se relaciona diretamente com o impacto no serviço e em nossos clientes.

  ▷ **Tempo total de paralisação:** Por quanto tempo os clientes não puderam usar o serviço em qualquer grau?

  ▷ **Tempo para detectar:** Quanto tempo levou para que nós ou nossos sistemas percebêssemos que havia um problema?

  ▷ **Tempo para resolver:** Quanto tempo, após sabermos que havia um problema, levou para restaurarmos o serviço?

Bethany Macri, da Etsy, observou: "A inocência em um post-mortem não significa que ninguém tem responsabilidade. Significa que queremos descobrir quais foram as circunstâncias que permitiram que a pessoa fazendo a alteração ou quem introduziu o problema fizesse isso. Qual era o ambiente maior... A ideia é que, eliminando a culpa, você elimina o medo, e eliminando o medo, obtém honestidade".

APÊNDICE 9   O SIMIAN ARMY

Após a paralisação da AWS EAST, em 2011, a Netflix teve numerosas discussões sobre projetar seus sistemas para lidar com falhas automaticamente. Essas discussões evoluíram para um serviço chamado "Chaos Monkey".

Desde então, o Chaos Monkey evoluiu para toda uma família de ferramentas, conhecidas internamente como "Netflix Simian Army" (exército de símios da Netflix), para simular níveis de falhas progressivamente catastróficas:

- **Chaos Gorilla:** Simula a falha de uma zona de disponibilidade AWS inteira
- **Chaos Kong:** Simula a falha de regiões AWS inteiras, como a América do Norte ou Europa

Outros membros do Simian Army agora incluem:

- **Latency Monkey:** Causa atrasos ou paralisações artificiais em sua camada de comunicação cliente-servidor RESTful, para simular degradação de serviço e garantir que serviços dependentes respondam adequadamente
- **Conformity Monkey:** Localiza e desliga instâncias de AWS que não obedecem às melhores práticas (por exemplo, quando instâncias não pertencem a um grupo de escalonamento automático ou quando não há nenhum endereço de email de engenheiro de escalonamento listado no catálogo de serviços)
- **Doctor Monkey:** Conecta-se a verificações de integridade executadas em cada instância e localiza instâncias não íntegras, desligando-as proativamente caso os donos não corrijam a causa-raiz a tempo

- **Janitor Monkey:** Garante que seu ambiente de nuvem esteja livre de confusão e desperdício; procura recursos não utilizados e se desfaz deles
- **Security Monkey:** Uma extensão do Conformity Monkey; localiza e termina instâncias com violações ou vulnerabilidades de segurança, como grupos de segurança AWS configurados incorretamente

APÊNDICE 10   TEMPO DE ATIVIDADE TRANSPARENTE

Lenny Rachitsky escreveu sobre as vantagens do que chamou de "tempo de atividade transparente":

1. Os custos de suporte caem quando seus usuários conseguem identificar problemas em nível de sistema, sem telefonar ou enviar e-mail para seu departamento de suporte. Os usuários não precisarão mais adivinhar se seus problemas são locais ou globais, e poderão chegar mais rapidamente à raiz do problema, antes de reclamar para você.

2. Você consegue se comunicar melhor com seus usuários durante eventos de paralisação, tirando proveito da natureza difundida da internet, em relação à natureza de um para um do e-mail e do telefone. Você gasta menos tempo comunicando a mesma coisa repetidamente e mais tempo resolvendo o problema.

3. Você cria um lugar único e óbvio para seus usuários irem quando houver alguma paralisação. Você economiza o tempo dos seus usuários gasto pesquisando em fóruns, no Twitter ou em seu blog.

4. Confiança é o pilar de qualquer adoção bem-sucedida de SaaS. Seus clientes estão apostando seus negócios e suas subsistências em seu serviço ou plataforma. Clientes atuais e em potencial exigem confiança em seu serviço. Ambos precisam saber que não serão deixados no escuro, sozinhos e desinformados, quando você tiver problemas. Percepção em tempo real no caso de eventos inesperados é a melhor maneira de construir essa confiança. Mantê-los no escuro e sozinhos não é mais uma opção.

5. É apenas uma questão de tempo até que todo provedor de SaaS sério ofereça um painel de integridade público. Seus usuários exigirão isso.

Recursos Adicionais

- Muitos dos problemas comuns enfrentados pelas organizações de TI são discutidos na primeira metade do livro *O Projeto Fênix: Um Romance Sobre TI, DevOps e Sobre Ajudar o Seu Negócio a Vencer*, de Gene Kim, Kevin Behr e George Spafford.

- Este vídeo mostra uma palestra de Paul O'Neill em sua gestão como CEO da Alcoa, incluindo a investigação de que fez parte, depois que um funcionário adolescente foi morto em uma das instalações da Alcoa: https://www.youtube.com/watch?v=tC2ucDs_XJY — conteúdo em inglês.

- Para mais informações sobre mapeamento de fluxo de valor, veja *Value Stream Mapping: How to Visualize Work and Align Leadership for Organizational Transformation*, de Karen Martin e Mike Osterling.

- Para mais informações sobre ORMs, visite Stack Overflow: http://stackoverflow.com/questions/1279613/what-is-an-orm-and-where-can-i-learn-more-about-it — conteúdo em inglês.

- Um manual excelente sobre muitos rituais de desenvolvimento ágil e como usá-los no trabalho de Operações de TI pode ser encontrado em uma série de postagens escritas no blog Agile Admin: http://theagileadmin.com/2011/02/21/scrum-for-operations-what-is-scrum/ — conteúdo em inglês.

- Para mais informações sobre arquitetura para construções rápidas, veja a postagem de blog de Daniel Worthington-Bodart "Crazy Fast Build Times (or When 10 Seconds Starts to Make You Nervous):" http://dan.bodar.com/2012/02/28/crazy-fast-build-times-or-when-10-seconds-starts-to-make-you-nervous/ — conteúdo em inglês.

- Para mais detalhes sobre testes de desempenho no Facebook, junto com algumas informações pormenorizadas sobre o processo de release do Facebook, veja a apresentação de Chuck Rossi "The Facebook Release Process:" http://www.infoq.com/presentations/Facebook-Release-Process — conteúdo em inglês.

- Muito mais variantes de lançamento no escuro podem ser encontradas no Capítulo 8 de *The Practice of Cloud System Administration: Designing and Operating Large Distributed Systems, Volume 2*, de Thomas A. Limoncelli, Strata R. Chalup e Christina J. Hogan.

- Há uma discussão técnica excelente sobre alternâncias de recurso aqui: http://martinfowler.com/articles/feature-toggles.html — conteúdo em inglês.

- Releases são discutidos com mais detalhes em *The Practice of Cloud System Administration: Designing and Operating Large Distributed Systems, Volume 2*, de Thomas A. Limoncelli, Strata R. Chalup e Christina J. Hogan; *Entrega Contínua: Como Entregar Software de Forma Rápida e Confiável*, de Jez Humble e David Farley; e *Release It! Design and Deploy Production-Ready Software*, de Michael T. Nygard.

- Uma descrição do padrão circuit breaker pode ser encontrada aqui: http://martinfowler.com/bliki/CircuitBreaker.html — conteúdo em inglês.

- Para mais informações sobre o custo do atraso, veja *The Principles of Product Development Flow: Second Generation Lean Product Development*, de Donald G. Reinertsen.

- Uma discussão mais profunda sobre estar à frente de falhas para o serviço Amazon S3 pode ser encontrada aqui: https://qconsf.com/sf2010/dl/qcon-sanfran-2009/slides/JasonMcHugh_AmazonS3ArchitectingForResiliencyInTheFaceOfFailures.pdf — conteúdo em inglês.

- Para um guia excelente sobre como realizar pesquisa de usuário, veja *Lean UX: Applying Lean Principles to Improve User Experience*, de Jeff Gothelf e Josh Seiden.

- Which Test Won? é um site que mostra centenas de testes A/B reais e pede para o visitante adivinhar qual variante funcionou melhor, reforçando o segredo de que, a não ser que realmente testemos, estamos apenas supondo. Visite-o aqui: http://whichtestwon.com/ — conteúdo em inglês.

- Uma lista de padrões arquitetônicos pode ser encontrada em *Release It! Design and Deploy Production-Ready Software* de Michael T. Nygard.

- Um exemplo de anotações publicadas de reunião de post-mortem do Chef pode ser encontrado aqui: https://www.chef.io/blog/2014/08/14/cookbook-dependency-api-post-mortem/ — conteúdo em inglês. Um vídeo da reunião pode ser encontrado aqui: https://www.youtube.com/watch?v=R-mi1Tn5oWfI — conteúdo em inglês.

- Uma agenda atualizada dos próximos DevOpsDays pode ser encontrada no site do DevOpsDays: http://www.DevOpsDays.org/ — conteúdo em inglês. Instruções sobre como organizar um novo DevOpsDays podem ser encontradas na página DevOpsDay Organizing Guide: http://www.DevOpsDays.org/pages/organizing/ — conteúdo em inglês.

- Mais informações sobre o uso de ferramentas para gerenciar segredos podem ser encontradas no post de Noah Kantrowitz "Secrets Management and Chef", em seu blog: https://coderanger.net/chef-secrets/ — conteúdo em inglês.

- James Wickett e Gareth Rushgrove colocaram todos os seus exemplos de pipelines seguros no site da GitHub: https://github.com/secure-pipeline — conteúdo em inglês.

- O site National Vulnerability Database e feeds de dados XML podem ser encontrados em: https://nvd.nist.gov/ — conteúdo em inglês.

- Um cenário concreto envolvendo a integração entre Puppet e Go and Mingle da ThoughtWorks (um aplicativo de gerenciamento de projetos) pode ser encontrado em uma postagem de blog do Puppet Labs de Andrew Cunningham e Andrew Myers, e editado por Jez Humble: https://puppetlabs.com/blog/a-deployment-pipeline-for-infrastructure — conteúdo em inglês.

- Preparação e passagem em auditorias de conformidade são mais explorados na apresentação de 2015 de Jason Chan, "SEC310: Splitting the Check on Compliance and Security: Keeping Developers and Auditors Happy in the Cloud": https://www.youtube.com/watch?v=Ioo0_K4v12Y&feature=youtu.be — conteúdo em inglês.

- A história de como os ajustes de configuração de aplicativo foram transformados por Jez Humble e David Farley para Oracle WebLogic foi descrita no livro *Entrega Contínua: Como Entregar Software de Forma Rápida e Confiável*. Mirco Hering descreveu uma estratégia mais genérica para esse processo aqui: http://notafactoryanymore.com/2015/10/19/devops-for-systems-of-record-a-new-hope-preview-of-does-talk/ — conteúdo em inglês.

- Um exemplo de lista de requisitos operacionais para DevOps pode ser encontrado aqui: http://blog.devopsguys.com/2013/12/19/the-top-ten-devops-operational-requirements/ — conteúdo em inglês.

Notas Finais

INTRODUÇÃO

xx   *Antes da revolução...* Eliyahu M. Goldratt, *Beyond the Goal: Eliyahu Goldratt Speaks on the Theory of Constraints* (*Your Coach in a Box*) (Prince Frederick, Maryland: Gildan Media, 2005), Audiobook.

xxii *Dizendo ainda mais...* Jeff Immelt, "GE CEO Jeff Immelt: Let's Finally End the Debate over Whether We Are in a Tech Bubble", *Business Insider*, 9 de dezembro de 2015, http://www.businessinsider.com/ceo-of-ge-lets-finally-end-the-debate-over-whether-we-are-in-a-tech-bubble-2015-12.

Ou, como Jeffrey... "Weekly Top 10: Your DevOps Flavor", *Electric Cloud*, 1º de abril de 2016, http://electric-cloud.com/blog/2016/04/weekly-top-10-devops-flavor/.

xxiii *Dr. Eliyahu M. Goldratt...* Goldratt, *Beyond the Goal*.

xxv *Como Christopher Little...* Christopher Little, correspondência pessoal com Gene Kim, 2010.

xxv *Como Steven J. Spear...* Steven J. Spear, *The High-Velocity Edge: How Market Leaders Leverage Operational Excellence to Beat the Competition* (Nova York, NY: McGraw Hill Education), edição Kindle, cap. 3.

Em 2013, o... Chris Skinner, "Banks have bigger development shops than Microsoft", blog de Chris Skinner, acessado em 28 de julho de 2016, http://thefinanser.com/2011/09/banks-have-bigger-development-shops-than-microsoft.html/.

xxvi *Normalmente os projetos são...* Nico Stehr e Reiner Grundmann, *Knowledge: Critical Concepts, Volume 3* (Londres: Routledge, 2005), 139.

Dr. Vernon Richardson... A. Masli, V. Richardson, M. Widenmier e R. Zmud, "Senior Executive's IT Management Responsibilities: Serious IT Deficiencies and CEO-CFO Turnover", *MIS Quaterly* (publicado eletronicamente em 21 de junho de 2016).

xxvii *Considere o seguinte...* "IDC Forecasts Worldwide IT Spending to Grow 6% in 2012, Despite Economic Uncertainty", *Business Wire*, 10 de setembro de 2012, http://www.businesswire.com/news/home/20120910005280/en/IDC-Forecasts-Worldwide-Spending-Grow

xxx *A primeira surpresa...* Nigel Kersten, IT Revolution e PwC, *2015 State of DevOps Report* (Portland, OR: Puppet Labs, 2015), https://puppet.com/resources/white-paper/2015-state-of-devops-report?_ga=1.6612658.168869.1464412647&link=blog.

xxxii *Isso está destacado...* Frederick P. Brooks, Jr., *The Mitoical Man-Month: Essays on Software Engineering, Anniversary Edition* (Upper Saddle River, NJ: Addison-Wesley, 1995).

xxxii *Como Randy Shoup...* Gene Kim, Gary Gruver, Randy Shoup e Andrew Phillips, "Exploring the Uncharted Territory of Microservices", XebiaLabs.com, webinar, 20 de fevereiro de 2015, https://xebialabs.com/community/webinars/exploring-the-uncharted-territory-of-microservices/.

O 2015 State... Kersten, IT Revolution e PwC, *2015 State of DevOps Report*.

xxxiii *Outro exemplo mais extremo...* "Velocity 2011: Jon Jenkins, 'Velocity Culture'", vídeo no YouTube, 15:13, postado por O'Reilly, 20 de junho de 2011, https://www.youtube.com/watch?v=dxk8b9rSKOo; "Transforming Software Development", vídeo no YouTube, 40:57, postado por Amazon Web Service, 10 de abril de 2015, https://www.youtube.com/watch?v=YCrhemssYuI&feature=youtu.be.

xxxiii *Posteriormente em sua...* Eliyahu M. Goldratt, *A Meta: Um Processo de Melhora Contínua* .

Assim como em... JGFLL, análise de *O Projeto Fênix: Um Romance Sobre TI, DevOps e Sobre Ajudar o Seu Negócio a Vencer*, de Gene Kim, Kevin Behr e George Spafford, análise de Amazon.com, 4 de março de 2013, http://www.amazon.com/review/

R1KSSPTEGLWJ23; Mark L Townsend, análise de *O Projeto Fênix: Um Romance Sobre TI, DevOps e Sobre Ajudar o Seu Negócio a Vencer*, de Gene Kim, Kevin Behr e George Spafford, análise de Amazon.com, 2 de março de 2013, http://uedata.amazon.com/gp/customer-reviews/R1097DFODM12VD/ref=cm_cr_getr_d_rvw_ttl?ie=UTF8&ASIN=B00VATFAMI; Scott Van Den Elzen, análise de *O Projeto Fênix: Um Romance Sobre TI, DevOps e Sobre Ajudar o Seu Negócio a Vencer*, de Gene Kim, Kevin Behr e George Spafford, análise de Amazon.com, 13 de março de 2013, http://uedata.amazon.com/gp/customer-reviews/R2K95XEH5OL3Q5/ref=cm_cr_getr_d_rvw_ttl?ie=UTF8&ASIN=B00VATFAMI.

PARTE I INTRODUÇÃO

5   *Um princípio importante...* Kent Beck et al., "Twelve Principles of Agile Software", AgileManifesto.org, 2001, http://agilemanifesto.org/principles.html.

6   *Ele concluiu que...* Mike Rother, *Toyota Kata: Managing People for Improvement, Adaptiveness and Superior Results* (Nova York: McGraw Hill, 2010), edição Kindle, Parte III.

CAPÍTULO 1

7   *Karen Martin e...* Karen Martin e Mike Osterling, *Value Stream Mapping: How to Visualize Work and Align Leadership for Organizational Transformation* (Nova York: McGraw Hill, 2013), edição Kindle, cap. 1.

9   *Neste livro...* Ibid., cap. 3.

11   *Karen Martin e...* Ibid.

CAPÍTULO 2

17   *Estudos têm mostrado...* Joshua S. Rubinstein, David E. Meyer e Jeffrey E. Evans, "Executive Control of Cognitive Processes in Task Switching", *Journal of Experimental Psychology: Human Perception and Performance* 27, nº 4 (2001): 763-797, doi:

10.1037//0096-1523.27.4.763, http://www.umich.edu/~bcalab/documents/RubinsteinMeyerEvans2001.pdf.

18   *Dominica DeGrandis, uma...* "DOES15—Dominica DeGrandis—The Shape of Uncertainty", vídeo do YouTube, 22:54, postado

por DevOps Enterprise Summit, 5 de novembro de 2015, https://www.youtube.com/watch?v=Gp05i0d34gg.

Taiichi Ohno comparou... Sami Bahri, "Few Patients-In-Process and Less Safety Scheduling; Incoming Supplies are Secondary", Blog do The Deming Institute, 22 de agosto de 2013, https://blog.deming.org/2013/08/fewer-patients-in-process-and-less-safety-scheduling-incoming-supplies-are-secondary/.

Em outras palavras... Reunião entre David J. Andersen e equipe da Motorola com Daniel S. Vacanti, 24 de fevereiro de 2004; história recontada no USC CSSE Research Review com Barry Boehm em março de 2004.

19 *As diferenças significativas...* James P. Womack e Daniel T. Jones, *Lean Thinking: Banish Waste and Create Wealth in Your Corporation* (Nova York: Free Press, 2010), edição Kindle, cap. 1.

20 *Há muitas...* Eric Ries, "Work in small batches", StartupLessonsLearned.com, 20 de fevereiro de 2009, http://www.startuplessonslearned.com/2009/02/work-in-small-batches.html.

21 *Em* Beyond the... Goldratt, *Beyond the Goal.*

22 *Como solução...* Eliyahu M. Goldratt, *The Goal: A Process of Ongoing Improvement* (Great Barrington, MA: North River Press, 2014), edição Kindle, "Five Focusing Steps".

24 *Shigeo Shingo, um...* Shigeo Shingo, *A Study of the Toyota Production System: From an Industrial Engineering Viewpoint* (Londres: Productivity Press, 1989); "The 7 Wastes (Seven forms of Muda)", BeyondLean.com, acessado em 28 de julho de 2016, http://www.beyondlean.com/7-wastes.html.

24 *No livro...* Mary Poppendieck e Tom Poppendieck, *Implementing Lean Software: From Concept to Cash*, (Upper Saddle River, NJ: Addison-Wesley, 2007), 74.

As seguintes categorias... Adaptado de Damon Edwards, "DevOps Kaizen: Find and Fix What Is Really Behind Your Problems", Slideshare.net, postado por dev2ops, 4 de maio de 2015, http://www.slideshare.net/dev2ops/dev-ops-kaizen-damon-edwards.

CAPÍTULO 3

28 *O Dr. Charles Perrow...* Charles Perrow, *Normal Accidents: Living with High Risk Technologies* (Princeton, NJ: Princeton University Press, 1999).

O Dr. Sidney Dekker... Dr. Sidney Dekker, *The Field Guide to Understanding Human Error* (Lund University, Suécia: Ashgate, 2006).

Após ter decodificado... Spear, The High-Velocity Edge, cap. 8.

O Dr. Spear ampliou... Ibid.

29 *O Dr. Peter Senge...* Peter M. Senge, *The Fifth Discipline: The Art & Practice of the Learning Organization* (Nova York: Doubleday, 2006), edição Kindle, cap. 5.

Em um caso bem documentado... "NUMMI", *This American Life*, 26 de março de 2010, http://www.thisamericanlife.org/radio-archives/episode/403/transcript.

30 *Como Elisabeth Hendrickson...* "DOES15 - Elisabeth Hendrickson - Its All About Feedback", vídeo do YouTube, 34:47, postado por DevOps Enterprise Summit, 5 de novembro de 2015, https://www.youtube.com/watch?v=r2BFTXBundQ.

31 *"Fazendo isso...* Spear, *The High-Velocity Edge*, cap. 1.

31 *Como o Dr. Spear...* Ibid., cap. 4.

33 *Exemplos de... ineficientes...* Jez Humble, Joanne Molesky e Barry O'Reilly, *Lean Enterprise: How High Performance Organizations Innovate at Scale* (Sebastopol, CA: O'Reilly Media, 2015), edição Kindle, Parte IV.

Nos anos 1700... Dr. Thomas Sowell, *Knowledge and Decisions* (Nova York: Basic Books, 1980), 222.

34 *Como Gary Gruver...* Gary Gruver, correspondência pessoal com Gene Kim, 2014.

CAPÍTULO 4

37 *Por exemplo, nas...* Paul Adler, "Time-and-Motion Regained", *Harvard Business Review*, janeiro-fevereiro de 1993, https://hbr.org/1993/01/time-and-motion-regained.

38 *O padrão "nomear, culpar...* Dekker, *The Field Guide to Understanding Human Error*, cap. 1.

O Dr. Sidney Dekker... "Just Culture: Balancing Safety and Accountability", Lund University, site Human Factors & System Safety, 6 de novembro de 2015, http://www.humanfactors.lth.se/sidney-dekker/books/just-culture/.

39 *Ele observou que...* Ron Westrum, "The study of information flow: A personal journey", *Proceedings of Safety Science 67* (agosto de 2014): 58-63, https://www.researchgate.net/publication/261186680_The_study_of_information_flow_A_personal_journey.

40 *Assim como o Dr. Westrum...* Nicole Forsgren Velasquez, Gene Kim, Nigel Kersten e Jez Humble, *2014 State of DevOps Report* (Portland, OR: Puppet Labs, IT Revolution Press e ThoughtWorks, 2014), http://puppetlabs.com/2014-devops-report.

Como Bethany Macri... Bethany Macri, "Morgue: Helping Better Understand Events by Building a Post Mortem Tool - Bethany Macri", vídeo do Vimeo, 33:34, postado por info@DevOpsDays.org, 18 de outubro de 2013, http://vimeo.com/77206751.

O Dr. Spear observa... Spear, *The High-Velocity Edge*, cap. 1.

Em The Fifth... Senge, *The Fifth Discipline*, cap. 1.

Mike Rother observou... Mike Rother, *Toyota Kata*, 12.

Foi por isso... Mike Orzen, correspondência pessoal com Gene Kim, 2012.

41 *Considere o exemplo...* "Paul O'Neill", Forbes, 11 de outubro de 2001, http://www.forbes.com/2001/10/16/poneill.html.

Em 1987, a Alcoa... Spear, *The High-Velocity Edge*, cap. 4.

Como o Dr. Spear... Ibid.

42 *Um exemplo notável...* Ibid., cap. 5.

44 *Esse processo de...* Nassim Nicholas Taleb, *Antifragile: Things That Gain from Disorder* (Incerto), (Nova York: Random House, 2012).

De acordo com Womack... Jim Womack, *Gemba Walks* (Cambridge, MA: Lean Enterprise Institute, 2011), edição Kindle, local 4113.

44 Mike Rother formalizou... Rother, *Toyota Kata*, Parte IV.

45 Mike Rother observa... Ibid., Conclusão.

CAPÍTULO 5

51 *Portanto, devemos...* Michael Rembetsy e Patrick McDonnell, "Continuously Deploying Culture [at Etsy]", Slideshare.net, 4 de outubro de 2012, postado por Patrick McDonnel.bl, http://www.slideshare.net/mcdonnps/continuously-deploying-culture-scaling-culture-at-etsy -14588485.

Em 2015, a Nordstrom... "Nordstrom, Inc.", perfil da empresa em Vault. com, http://www.vault.com/company-profiles/retail/nordstrom,-inc/company-overview.aspx.

O estágio da... Courtney Kissler, "DOES14 - Courtney Kissler - Nordstrom - Transforming to a Culture of Continuous Improvement", vídeo do YouTube, 29:59, postado por DevOps Enterprise Summit 2014, 29 de outubro de 2014, https://www.youtube.com/watch?v=0ZAcsrZBSlo.

Essas organizações eram... Tom Gardner, "Barnes & Noble, Blockbuster, Borders: The Killer B's Are Dying", *The Motley Fool*, 21 de julho de 2010, http://www.fool.com/investing/general/2010/07/21/barnes-noble-blockbuster-borders-the-killer-bs-are.aspx.

52 *Como Kissler descreveu...* Kissler, "DOES14 - Courtney Kissler - Nordstrom".

Como Kissler disse... Ibid.; alterações na citação feita por Courtney Kissler via correspondência pessoal com Gene Kim, 2016.

53 *Como Kissler disse...* Ibid.; alterações na citação feita por Courtney Kissler via correspondência pessoal com Gene Kim, 2016.

Em 2015, Kissler... Ibid.

54 *Ela continuou, "Esse...* Ibid.

54 *Kissler concluiu, "De...* Ibid.

55 *Um exemplo de...* Ernest Mueller, "Business model driven cloud adoption: what NI Is doing in the cloud", Slideshare.net, 28 de junho de 2011, postado por Ernest Mueller, http://

www.slideshare.net/mxyzplk /business-model-driven-cloud-adoption-what-ni-is-doing-in-the-cloud.

55 *Embora muitos acreditem...* Cálculo, não publicado, de Gene Kim, após o 2014 DevOps Enterprise Summit.

Na verdade, um dos... Kersten, IT Revolution e PwC, *2015 State of DevOps Report*.

56 *CSG (2013): Em...* Prugh, "DOES14: Scott Prugh, CSG - DevOps and Lean in Legacy Environments", Slideshare.net, 14 de novembro de 2014, postado por DevOps Enterprise Summit, http://www.slideshare.net/DevOpsEnterpriseSummit/scott-prugh.

Etsy (2009): em... Rembetsy and McDonnell, "Continuously Deploying Culture [at Etsy]".

56 *A... de pesquisa Gartner...* Bernard Golden, "What Gartner's Bimodal IT Model Means to Enterprise CIOs", *CIO Magazine*, 27 de janeiro de 2015, http://www.cio.com/article/2875803/cio-role/what-gartner-s-bimodal-it-model-means-to-enterprise-cios.html.

Sistemas de registro... Ibid.

Sistemas de engajamento... Ibid.

57 *Os dados do...* Kersten, IT Revolution e PwC, *2015 State of DevOps Report*.

Scott Prugh, vice-presidente... Scott Prugh, correspondência pessoal com Gene Kim, 2014.

Geoffrey A. Moore... Geoffrey A. Moore e Regis McKenna, *Crossing the Chasm: Marketing and Selling High-Tech Products to Mainstream Customers* (Nova Iorque: HarperCollins, 2009), 11.

58 *Transformações big bang, de cima para baixo...* Linda Tucci, "Four Pillars of PayPal's 'Big Bang' Agile Transformation", TechTarget, agosto de 2014, http://searchcio.techtarget.com/feature/Four-pillars-of-PayPals-big-bang-Agile-transformation.

59 *A lista a seguir...* "Creating High Velocity Organizations", descrição de curso por Roberto Fernandez e Steve Spear, site do MIT Sloan Executive Education, acessado em 30 de maio

	de 2016, http://executive.mit.edu/openenrollment/program/organizational-development-high-velocity-organizations.
60	*Mas como Ron van Kemenade...* Ron Van Kemande, "Nothing Beats Engineering Talent: The Agile Transformation at ING", apresentação no DevOps Enterprise Summit, Londres, Reino Unido, 30 de junho-10 de julho de 2016.
60	*Peter Drucker,...* Leigh Buchanan, "The Wisdom of Peter Drucker from A to Z", *Inc.*, 19 de novembro de 2009, http://www.inc.com/articles /2009/11/drucker.html.

CAPÍTULO 6

61	*Com o passar dos anos...* Kissler, "DOES14 - Courtney Kissler - Nordstrom".
	Kissler explicou:... Ross Clanton e Michael Ducy, entrevista de Courtney Kissler e Jason Josephy, "Continuous Improvement at Nordstrom", *The Goat Farm*, áudio de podcast, 25 de junho de 2015, http://goatcan.do/2015/06/25/the-goat-farm-episode-7-continuous-improvement-at-nordstrom/.
62	*Ela disse orgulhosamente...* Ibid.
63	*Executivo de tecnologia ou...* Brian Maskell, "What Does This Guy Do? Role of Value Stream Manager", *Maskell*, 3 de julho de 2015, http://blog.maskell.com/?p=2106http://www.lean.org/common/display/?o=221.
64	*Damon Edwards... observou...* Damon Edwards, "DevOps Kaizen: Find and Fix What Is Really Behind Your Problems", Slideshare.net, postado por dev2ops, 4 de maio de 2015, http://www.slideshare.net/dev2ops/dev-ops-kaizen-damon-edwards.
66	*Em seu livro...*Vijay Govindarajan e Chris Trimble, *The Other Side of Innovation: Solving the Execution Challenge* (Boston, MA: Harvard Business Review, 2010) edição Kindle.
67	*Com base em sua...* Ibid., Parte I.
70	*Após a... quase morte...* Marty Cagan, *Inspired: How to Create Products Customers Love* (Saratoga, CA: SVPG Press, 2008), 12.
	Cagan observa que... Ibid.

71   *Seis meses depois...* Ashlee Vance, "LinkedIn: A Story About Silicon Valley's Possibly Unhealthy Need for Speed", *Bloomberg*, 30 de abril de 2013, http://www.bloomberg.com/bw/articles/2013-04-29/linkedin -a-story-about-silicon-valleys-possibly-unhealthy-need-for-speed.

O LinkedIn foi criado... "LinkedIn started back in 2003 — Scaling LinkedIn - A Brief History", Slideshare.net, postado por Josh Clemm, 9 de novembro de 2015, http://www.slideshare.net/joshclemm/how-linkedin-scaled-a-brief-history/3-LinkedIn_started_back_in_2003.

Um ano depois... Jonas Klit Nielsen, "8 Years with LinkedIn - Looking at the Growth [Infographic]", MindJumpers.com, 10 de maio de 2011, http://www.mindjumpers.com/blog/2011/05/linkedin-growth-infographic/.

Em novembro de 2015... "LinkedIn started back in 2003", Slideshare.net.

O problema era... "From a Monolith to Microservices + REST: The Evolution of LinkedIn's Architecture", Slideshare.net, postado por Karan Parikh, 6 de novembro de 2014, http://www.slideshare.net/parikhk/restli-and-deco.

Josh Clemm,... "LinkedIn started back in 2003", Slideshare.net.

72   *Em 2013, o jornalista...* Vance, "LinkedIn: A Story About", Bloomberg.

Scott lançou a Operação... "How I Structured Engineering Teams at LinkedIn and AdMob for Success", *First Round Review*, 2015, http://firstround.com/review/how-i-structured-engineering-teams-at-linkedin-and-admob-for-success/.

Scott descreveu um... Ashlee Vance, "Inside Operation InVersion, the Code Freeze that Saved LinkedIn", *Bloomberg*, 11 de abril de 2013, http://www.bloomberg.com/news/articles/2013-04-10/inside-operation-inversion-the-code-freeze-that-saved-linkedin.

Contudo, Vance descreveu... Vance, "LinkedIn: A Story About", Bloomberg.

Como Josh Clemm... "LinkedIn started back in 2003", Slideshare.net.

73	*Kevin Scott disse...* "How I Structured Engineering Teams", *First Round Review*.
73	*Como Christopher Little...* Christopher Little, correspondência pessoal com Gene Kim, 2011.
74	*Como Ryan Martens...* Ryan Martens, correspondência pessoal com Gene Kim, 2013.

CAPÍTULO 7

77	*Ele observou: "Após...* Dr. Melvin E. Conway, "How Do Committees Invent?" MelConway.com, http://www.melconway.com/research/committees.html, publicado anteriormente em *Datamation*, abril de 1968.
	Essas observações levaram... Ibid.
77	*Eric S. Raymond, autor...* Eric S. Raymond, "Conway's Law", catb.org, acessado em 31 de maio de 2016, http://catb.org/~esr/jargon/.
78	*A jornada de DevOps da Etsy...* Sarah Buhr, "Etsy Closes Up 86 Percent on First Day of Trading", Tech Crunch, 16 de abril de 2015, http://techcrunch.com/2015/04/16/etsy-stock-surges-86-percent-at-close-of-first-day-of-trading-to-30-per-share/.
	Como Ross Snyder... "Scaling Etsy: What Went Wrong, What Went Right", Slideshare.net, postado por Ross Snyder, 5 de outubro de 2011, http://www.slideshare.net/beamrider9/scaling-etsy-what-went-wrong-what-went-right.
	Como Snyder observou... Ibid.
	Em outras palavras... Sean Gallagher, "When 'Clever' Goes Wrong: How Etsy Overcame Poor Architectural Choices", *Arstechnica*, 3 de outubro de 2011, http://arstechnica.com/business/2011/10/when-clever-goes-wrong-how-etsy-overcame-poor-architectural-choices/.
79	*Snyder explicou que...* "Scaling Etsy" Slideshare.net.
79	*Inicialmente, a Etsy tinha...* Ibid.
	Na primeiro trimestre... Ibid.
	Como Snyder descreveu... Ross Snyder, "Surge 2011—Scaling Etsy: What Went Wrong, What Went Right", vídeo do YouTube,

postado por Surge Conference, 23 de dezembro de 2011, https://www.youtube.com/watch?v=eenrfm50mXw.

80 *Como Snyder disse...* Ibid.

O Sprouter foi um... "Continuously Deploying Culture: Scaling Culture at Etsy - Velocity Europe 2012", Slideshare.net, postado por Patrick McDonnell, 4 de outubro de 2012, http://www.slideshare.net/mcdonnps/continuously-deploying-culture-scaling-culture-at-etsy-14588485.

Elas são definidas... "Creating High Velocity Organizations", descrição de curso por Roberto Fernandez e Steven Spear.

82 *Adrian Cockcroft observou...* Adrian Cockcroft, correspondência pessoal com Gene Kim, 2014.

84 *No Movimento... Lean...* Spear, *The High-Velocity Edge*, cap. 8.

Como Mike Rother... Rother, *Toyota Kata*, 250.

85 *Refletindo os... compartilhados...* "DOES15 - Jody Mulkey - DevOps in the Enterprise: A Transformation Journey", vídeo do YouTube, 28:22, postado por DevOps Enterprise Summit, 5 de novembro de 2015, https://www.youtube.com/watch?v=USYrDaPEFtM.

85 *Ele continuou: "O...* Ibid.

Pedro Canahuati,... Pedro Canahuati, "Growing from the Few to the Many: Scaling the Operations Organization at Facebook", InfoQ, 16 de dezembro de 2013, http://www.infoq.com/apresentações/scaling-operations-facebook.

86 *Quando departamentos...* Spear, *The High-Velocity Edge*, cap. 1.

87 *Scott Prugh escreve...* Scott Prugh, "Continuous Delivery", Scaled Agile Framework, atualizado em 14 de fevereiro de 2013, http://www.scaledagileframework.com/continuous-delivery/.

"Com o treinamento multifuncional... Ibid.

"Os gerentes tradicionais frequentemente... Ibid.

87 *Além disso, como Prugh...* Ibid.

Quando valorizamos... Dr. Carol Dweck, "Carol Dweck Revisits the 'Growth Mindset'," Education Week, 22 de setembro de

2015, http://www.edweek.org/ew/articles/2015/09/23/carol-dweck-revisits-the-growth-mindset.html.

88   *Como Jason Cox...* Jason Cox, "Disney DevOps: To Infinity and Beyond", apresentação no DevOps Enterprise Summit 2014, São Francisco, CA, outubro de 2014.

88   *Como John Lauderbach...* John Lauderbach, conversa pessoal com Gene Kim, 2001.

90   *Essas propriedades são...* Tony Mauro, "Adopting Microservices at Netflix: Lessons for Architectural Design", NGINX, 19 de fevereiro de 2015, https://www.nginx.com/blog/microservices-at-netflix-architectural-best-practices/.; Adam Wiggins, "The Twelve-Factor App", 12Factor.net, 30 de janeiro de 2012, http://12factor.net/.

90   *Randy Shoup, antigo...* "Exploring the Uncharted Territory of Microservices", vídeo do YouTube, 56:50, postado por XebiaLabs, Inc., 20 de fevereiro de 2015, https://www.youtube.com/watch?v=MRa21icSIQk.

91   *Como parte do...* Humble, O'Reilly e Molesky, *Lean Enterprise*, Parte III.

Na cultura Netflix... Reed Hastings, "Netflix Culture: Freedom and Responsibility", Slideshare.net, 1º de agosto de 2009, http://www.slideshare.net/reed2001/culture-1798664.

92   *O diretor técnico da Amazon, Werner...* Larry Dignan, "Little Things Add Up", Baseline, 19 de outubro de 2005, http://www.baselinemag.com/c/a/Projects-Management/Profiles-Lessons-From-the-Leaders-in-the-iBaselinei500/3.

A Target é... Heather Mickman e Ross Clanton, "DOES15-Heather Mickman & Ross Clanton - (Re)building an Engineering Culture: DevOps at Target", vídeo do YouTube, 33:39, postado por DevOps Enterprise Summit, 5 de novembro de 2015, https://www.youtube.com /watch?v=7s-VbB1fG50.

Como Mickman descreveu... Ibid.

93   *Em uma tentativa...* Ibid.

Como nossa equipe... Ibid.

No dois anos seguintes... Ibid.

94   *Essas mudanças...* Ibid.

      A equipe API Enablement... Ibid.

CAPÍTULO 8

95   *Na Big Fish...* "Big Fish Celebrates 11th Consecutive Year of Record Growth", BigFishGames.com, 28 de janeiro de 2014, http://pressroom.bigfishgames.com/2014-01-28-Big-Fish-Celebrates-11th-Consecutive-Year-of-Record-Growth.

96   *Ele observou que...* Paul Farrall, correspondência pessoal com Gene Kim, janeiro de 2015.

      Farrall definiu dois... Ibid., 2014.

      Ele conclui, "O... Ibid.

97   *Ernest Mueller observou...* Ernest Mueller, correspondência pessoal com Gene Kim, 2014.

      Como Damon Edwards... Edwards, "DevOps Kaizen".

98   *Dianne Marsh, diretora...* "Dianne Marsh 'Introducing Change while Preserving Engineering Velocity'", vídeo do YouTube, 17:37, postado por Flowcon, 11 de novembro de 2014, https://www.youtube.com/watch?v=eW3ZxY67fnc.

99   *Jason Cox disse...* Jason Cox, "Disney DevOps".

100   *Na Etsy, esse...* "DevOpsDays Minneapolis 2015 - Katherine Daniels - DevOps: The Missing Pieces", vídeo do YouTube, 33:26, postado por DevOps Minneapolis, 13 de julho de 2015, https://www.youtube.com/watch?v=LNJkVw93yTU.

102   *Como Ernest Mueller...* Ernest Mueller, correspondência pessoal com Gene Kim, 2015.

      Scrum é uma... Hirotaka Takeuchi e Ikujiro Nonaka, "New Product Development Game", *Harvard Business Review* (janeiro de 1986): 137-146.

CAPÍTULO 9

111   *Em sua apresentação...* Em Campbell-Pretty, "DOES14 - Em Campbell-Pretty - How a Business Exec Led Agile, Lead, CI/CD", vídeo do YouTube, 29:47, postado por DevOps Enterprise

Summit, 20 de abril de 2014, https://www.youtube.com/watch?v=-4pIMMTbtwE.

Campbell-Pretty tornou-se... Ibid.

112   *Eles criaram...* Ibid.

Campbell-Pretty observou... Ibid.

Campbell-Pretty descreveu... Ibid.

115   *A primeira versão...* "Version Control History", PlasticSCM.com, acessado em 31 de maio de 2016, https://www.plasticscm.com/version-control-history.html.

Um controle de versão... Jennifer Davis e Katherine Daniels, Effective DevOps: Building a Culture of Collaboration, Affinity, and Tooling at Scale (Sebastopol, CA: O'Reilly Media, 2016), 37.

118   *Bill Baker,...* Simon Sharwood, "Are Your Servers PETS or CATTLE?", The Register, 18 de março de 2013, http://www.theregister.co.uk/2013/03/18/servers_pets_or_cattle_cern/.

118   *Na Netflix,...* Jason Chan, "OWASP AppSecUSA 2012: Real World Cloud Application Security", vídeo do YouTube, 37:45, postado por Christiaan008, 10 de dezembro de 2012, https://www.youtube.com/watch?v=daNA0jXDvYk.

119   *O último padrão...* Chad Fowler, "Trash Your Servers and Burn Your Code: Immutable Infrastructure and Disposable Components", ChadFowler.com, 23 de junho de 2013, http://chadfowler.com/2013/06/23/immutable-deployments.html.

O aplicativo inteiro... John Willis, "Docker and the Three Ways of DevOps Part 1: The First Way—Systems Thinking", Docker, 26 de maio de 2015, https://blog.docker.com/2015/05/docker-three-ways-devops/.

CAPÍTULO 10

123   Gary Gruver, antigo... Gary Gruver, correspondência pessoal com Gene Kim, 2014.

Eles tiveram problemas... "DOES15 - Mike Bland - Pain Is Over, If You Want It", Slideshare.net, postado por Gene Kim, 18 de novembro de 2015, http://www.slideshare.net/ITRevolution/does15-mike-bland-pain-is-over-if-you-want-it-55236521.

124	*Bland descreve como...* Ibid.
	Bland descreveu que... Ibid.
	Como Bland descreve... Ibid.
	Como Bland observa... Ibid.
125	*Nos próximos...* Ibid.
	Eran Messeri,... Eran Messeri, "What Goes Wrong When Thousands of Engineers Share the Same Continuous Build?", apresentação na GOTO Conference, Aarhus, Dinamarca, 2 de outubro de 2013.
	Messeri explica, "Não... Ibid.
	Todo seu código... Ibid.
126	*Alguns dos...* Ibid.
	Em Desenvolvimento,... Jez Humble e David Farley, correspondência pessoal com Gene Kim, 2012.
	O pipeline de implementação... Jez Humble e David Farley, *Continuous Delivery: Reliable Software Releases through Build, Test, and Deployment Automation* (Upper Saddle River, NJ: Addison-Wesly, 2011), 3.
131	*Humble e Farley...* Ibid., 188.
	Como Humble e... Ibid., 258.
132	*Martin Fowler observa...* Martin Fowler, "Continuous Integration", MartinFowler.com, 10 de maio de 2006, http://www.martinfowler.com/articles/continuousIntegration.html.
132	*Martin Fowler descreveu...* Martin Fowler, "TestPyramid", MartinFowler.com, 10 de maio de 2012, http://martinfowler.com/bliki/TestPyramid.html.
134	*Essa técnica foi...* Martin Fowler, "Test Driven Development", MartinFowler.com, 5 de março de 2005, http://martinfowler.com/bliki/TestDrivenDevelopment.html.
135	*Nachi Nagappan, E. Michael...* Nachiappan Nagappan, E. Michael Maximilien, Thirumalesh Bhat e Laurie Williams, "Realizing quality improvement through test driven development: results and experiences of four industrial teams", *Empir*

Software Engineering, 13, (2008): 289-302, http://research.microsoft.com/en-us/groups/ese/nagappan_tdd.pdf.

Em sua... Elisabeth Hendrickson, "On the Care and Feeding of Feedback Cycles", Slideshare.net, postado por Elisabeth Hendrickson, 10 de novembro de 2013, http://www.slideshare.net/ehendrickson/care-and-feeding-of-feedback-cycles.

Contudo, apenas automatizar... "Decreasing false positives in automated testing", Slideshare.net, postado por Sauce Labs, 24 de março de 2015, http://www.slideshare.net/saucelabs/decreasing-false-positives-in-automated-testing.; Martin Fowler, "Eradicating Non-determinism in Tests", MartinFowler.com, 14 de abril de 2011, http://martinfowler.com/articles/nonDeterminism.html.

136 *Como Gary Gruver...* Gary Gruver, "DOES14 - Gary Gruver - Macy's- Transforming Tradicional Enterprise Software Development", vídeo do YouTube, 27:24, postado por DevOps Enterprise Summit 2014, 29 de outubro de 2014, https://www.youtube.com/watch?v=-HSSGiYXA7U.

139 *Randy Shoup, antigo...* Randy Shoup, "The Virtuous Cycle of Velocity: What I Learned About Going Fast at eBay and Google by Randy Shoup", vídeo do YouTube, 30:05, postado por Flowcon, 26 de dezembro de 2013, https://www.youtube.com/watch?v=EwLBoRyXTOI.

Isso às vezes é... David West, "Water scrum-fall is-reality_of_agile_for_most", Slideshare.net, postado por harsoft, 22 de abril de 2013, http://www.slideshare.net/harsoft/water-scrumfall-isrealityofagileformost.

CAPÍTULO 11

144 *A quantidade surpreendente...* Gene Kim, "The Amazing DevOps Transformation of the HP LaserJet Firmware Team (Gary Gruver)", ITRevolution.com, 2013, http://itrevolution.com/the-amazing-devops-transformation-of-the-hp-laserjet-firmware-team-gary-gruver/.

Gruvery descreveu isso... Ibid.

145 *Flags de compilação (#define...* Ibid.

Gruver admite... Gary Gruver e Tommy Mouser, *Leading the Transformation: Applying Agile and DevOps Principles at Scale* (Portland, OR: IT Revolution Press), 60.

Gruver observou, "Sem... Kim, "The Amazing DevOps Transformation" ITRevolution.com.

147 *Jeff Atwood, fundador...* Jeff Atwood, "Software Branching and Parallel Universes", CodingHorror.com, 2 de outubro de 2007, http://blog.codinghorror.com/software-branching-and-parallel-universes/.

148 *É assim que...* Ward Cunningham, "Ward Explains Debt Metaphor", c2.com, 2011, http://c2.com/cgi/wiki?WardExplicaDebtMetaphor.

149 *Ernest Mueller, que...* Ernest Mueller, "2012: A Release Odyssey", Slideshare.net, postado por Ernest Mueller, 12 de março de 2014, http://www.slideshare.net/mxyzplk/2012-a-release-odyssey.

Nessa época... "Bazaarvoice, Inc. Announces Its Financial Results for the Fourth Fiscal Quarter and Fiscal Year Ended April 30, 2012", BasaarVoice.com, 6 de junho de 2012, http://investors.bazaarvoice.com/releasedetail.cfm?ReleaseID=680964.

150 *Mueller observou, "Isso...* Ernest Mueller, "DOES15 - Ernest Mueller - DevOps Transformations At National Instruments and…", vídeo do YouTube, 34:14, postado por DevOps Enterprise Summit, 5 de novembro de 2015, https://www.youtube.com/watch?v=6Ry4Oh1UAyE.

"Executando esses... Ibid.

151 *Mueller descreveu ainda...* Ibid.

Contudo, os dados... Kersten, IT Revolution e PwC, 2015 State of DevOps Report.

CAPÍTULO 12

153 *Em 2012, Rossi...* Chuck Rossi, "Release engineering and push karma: Chuck Rossi", postagem na página de Chuck Rossi no Facebook, 5 de abril de 2012, https://www.facebook.com/notes/facebook-engineering/release-engineering-and-push-karma-chuck-rossi/10150660826788920.

Imediatamente antes de… Ryan Paul, "Exclusive: a behind-the-scenes look at Facebook release engineering", *Ars Technica*, 5 de abril de 2012, http://arstechnica.com/business/2012/04/exclusive-a-behind-the-scenes-look-at-facebook-release-engineering/1/.

Rossi continuou, "Se… Chuck Rossi, "Release engineering and push karma".

O frontend do Facebook… Paul, "Exclusive: a behind-the-scenes look at Facebook release engineering", *Ars Technica*.

Ele explicou que… Chuck Rossi, "Ship early and ship twice as often", postagem na página de Chuck Rossi no Facebook, 3 de agosto de 2012, https://www.facebook.com/notes/facebook-engineering/ship-early-and-ship-twice-as-often/10150985860363920.

154 *Kent Beck, o…* Kent Beck, "Slow Deployment Causes Meetings", postagem na página de Kent Beck no Facebook, 19 de novembro de 2015), https://www.facebook.com/notes/kent-beck/slow-deployment-causes-meetings/1055427371156793?_rdr=p.

157 *Scott Prugh, seu…* Prugh, "DOES14: Scott Prugh, CSG - DevOps and Lean in Legacy Environments".

Prugh observou, "Isso… Ibid.

158 *Prugh escreve, "Nós…* Ibid.

Prugh também observa:… Ibid.

Em seus experimentos… Puppet Labs e IT Revolution Press, 2013 State of DevOps Report (Portland, OR: Puppet Labs, 2013), http://www.exin-library.com/Player/eKnowledge/2013-state-of-devops-report.pdf.

Prugh relatou que… Scott Prugh e Erica Morrison, "DOES15- Scott Prugh & Erica Morrison - Conway & Taylor Meet the Strangler (v2.0)", vídeo do YouTube, 29:39, postado por DevOps Enterprise Summit, 5 de novembro de 2015, https://www.youtube.com/watch?v=tKdIHCLoDUg.

159 *Considere o seguinte…* Tim Tischler, conversa pessoal com Gene Kim, FlowCon 2013.

Na prática, o… Puppet Labs e IT Revolution Press, *2013 State of DevOps Report.*

161 *No… do Puppet Lab…* Velasquez, Kim, Kersten e Humble, *2014 State of DevOps Report.*

162 *O processo de implementação…* Chad Dickerson, "Optimizing for developer happiness", CodeAsCraft.com, 6 de junho de 2011, https://codeascraft.com/2011/06/06/optimizing-for-developer-happiness/.

Como Noah Sussman… Noah Sussman e Laura Beth Denker, "Divide and Conquer", CodeAsCraft.com, 20 de abril de 2011, https://codeascraft.com/2011/04/20/divide-and-concur/.

Sussman escreve, "Por meio… Ibid.

163 *Se todos os testes…* Ibid.

Quando é a… Erik Kastner, "Quantum of Deployment", CodeAsCraft.com, 20 de maio de 2010, https://codeascraft.com/2010/05/20/quantum-of-deployment/.

168 *Essa técnica foi…* Timothy Fitz, "Continuous Deployment at IMVU: Doing the impossible fifty times a day", TimothyFitz.com, 10 de fevereiro de 2009, http://timothyfitz.com/2009/02/10/continuous-deployment-at-imvu-doing-the-impossible-fifty-times-a-day/.

Esse padrão é… Fitz, "Continuous Deployment", TimothyFitz.com.; Michael Hrenko, "DOES15 - Michael Hrenko - DevOps Insured By Blue Shield of California", vídeo do YouTube, 42:24, postado por DevOps Enterprise Summit, 5 de novembro de 2015, https://www.youtube.com/watch?v=NlgrOT24UDw.

Dan North e Dave… Humble e Farley, *Continuous Delivery,* 265.

171 *O… imune a…* Eric Ries, *The Lean Startup: How Today's Entrepreneurs Use Continuous Innovation to Create Radically Successful Businesses* (Nova Iorque: Random House, 2011), Audiobook.

172 *Um exemplo sofisticado…* Andrew 'Boz' Bosworth, "Building and testing at Facebook", postagem na página de Boz no Facebook, 8 de agosto de 2012, https://www.facebook.com/notes/facebook-engineering/building-and-testing-at-facebook/10151004157328920; "Etsy's Feature flagging API

used for operational rampups and A/B testing", GitHub.com, https://github.com/etsy/feature; "Library for configuration management API", GitHub.com, https://github.com/Netflix/archaius.

173 *Em 2009, quando...* John Allspaw, "Convincing management that cooperation and collaboration was worth it", KitchenSoap.com, 5 de janeiro de 2012, http://www.kitchensoap.com/2012/01/05/convincing-management-that-cooperation-and-collaboration-was-worth-it/.

174 *Analogamente, como...* Rossi, "Release engineering and push karma".

Por quase uma década... Emil Protalinski, "Facebook passes 1.55B monthly active users and 1.01B daily active users", Venture Beat, 4 de novembro de 2015, http://venturebeat.com/2015/11/04/facebook-passes-1-55b-monthly-active-users-and-1-01-billion-daily-active-users/.

174 *Em 2015, o Facebook...* Ibid.

Eugene Letuchy,... Eugene Letuchy, "Facebook Chat", postagem na página de Eugene Letuchy no Facebook, 3 de maio de 2008, http://www.facebook.com/note.php?note_id=14218138919&id=944554719.

Implementar esse... Ibid.

175 *Como Letuchy escreveu...* Ibid.

Contudo, em 2015... Jez Humble, correspondência pessoal com Gene Kim, 2014.

176 *Suas definições atualizadas...* Ibid.

Na Amazon e... Ibid.

CAPÍTULO 13

179 *Esse é o...* Jez Humble, "What is Continuous Delivery", ContinuousDelivery.com, acessado em 28 de maio de 2016, https://continuousdelivery.com/.

Ele observa que... Kim, Gruver, Shoup e Phillips, "Exploring the Uncharted Territory of Microservices".

Ele reflete, "Olhando... Ibid.

A arquitetura do eBay... Shoup, "From Monolith to Microservices".

180 *Charles Betz, autor...* Charles Betz, *Architecture and Patterns for IT Service Management, Resource Planning, and Governance: Making Shoes for the Cobbler's Children* (Witham, MA: Morgan Kaufmann, 2011), 300.

182 *Como Randy Shoup...* Randy Shoup, "From the Monolith to Microservices", Slideshare.net, postado por Randy Shoup, 8 de outubro de 2014, http://www.slideshare.net/RandyShoup/goto-aarhus2014-enterprisearchitecturemicroservices.

Shoup observa, "As organizações... Ibid.

Como Randy Shoup observa... Ibid.

184 *Um dos mais...* Werner Vogels, "A Conversation with Werner Vogels", acmqueque 4, no. 4 (2006): 14-22, http://queue.acm.org/detail.cfm?id=1142065.

Vogel diz a Gray... Ibid.

Descrevendo o processo... Ibid.

Vogel observa, "O... Ibid.

185 *Em 2011, Amazon...* John Jenkins, "Velocity 2011: Jon Jenkins, 'Velocity Culture'", vídeo do YouTube, 15:13, postado por O'Reilly, 20 de junho de 2011, https://www.youtube.com/watch?v=dxk8b9rSKOo.

185 *Em 2015, eles...* Ken Exner, "Transforming Software Development", vídeo do YouTube, 40:57, postado por Amazon Web Services, 10 de abril de 2015, https://www.youtube.com/watch?v=YCrhemssYuI&feature=youtu.be.

O termo estrangulamento... Martin Fowler, "StranglerApplication", MartinFowler.com, 29 de junho de 2004, http://www.martinfowler.com/bliki/StranglerApplication.html.

Quando implementamos... Boris Lublinsky, "Versioning in SOA", *The Architecture Journal,* abril de 2007, https://msdn.microsoft.com/en-us/library/bb491124.aspx.

186 *O aplicativo estrangulador...* Paul Hammant, "Introducing Branch by Abstraction", PaulHammant.com, 26 de abril de

2007, http://paulhammant.com/blog/branch_by_abstraction.html.

Uma observação de... Martin Fowler, "StranglerApplication", MartinFowler.com, 29 de junho de 2004, http://www.martinfowler.com/bliki/StranglerApplication.html.

A Blackboard Inc., é... Gregory T. Huang, "Blackboard CEO Jay Bhatt on the Global Future of Edtech", Xconomy, 2 de junho de 2014, http://www.xconomy.com/boston/2014/06/02/blackboard-ceo-jay-bhatt-on-the-global-future-of-edtech/.

187 *Como David Ashman...* David Ashman, "DOES14 - David Ashman-Blackboard Learn - Keep Your Head in the Clouds", vídeo do YouTube, 30:43, postado por DevOps Enterprise Summit 2014, 28 de outubro de 2014, https://www.youtube.com/watch?v=SSmixnMpsI4.

Em 2010, Ashman... Ibid.

Como isso começou... David Ashman, correspondência pessoal com Gene Kim, 2014.

Ashman observou, "Para... Ibid.

188 *"Na verdade", Ashman...* Ibid.

189 *Ashman concluiu, "Tendo...* Ibid.

CAPÍTULO 14

Em Operações, nós... Kim, Behr e Spafford, *The Visible Ops Handbook: Implementing ITIL in 4 Practical and Auditable Steps* (Eugene, OR: IT Process Institute, 2004), edição Kindle, Introdução.

Em contraste, o... Ibid.

Em outras palavras... Ibid.

196 *Para permitir isso...* "Telemetry", Wikipedia, última modificação em 5 de maio de 2016, https://en.wikipedia.org/wiki/Telemetry.

McDonnell descreveu como... Michael Rembetsy e Patrick McDonnell, "Continuously Deploying Culture: Scaling Culture at Etsy - Velocity Europe 2012", Slideshare.net, postado por Patrick McDonnell, 4 de outubro de 2012, http://www.

slideshare.net/mcdonnps/continuously-deploying-culture-scaling-culture-at-etsy-14588485.

McDonnell explicou ainda... Ibid.

Em 2011, a Etsy... John Allspaw, conversa pessoal com Gene Kim, 2014.

197 *Como Ian Malpass...* Ian Malpass, "Measure Anything, Measure Everything", CodeAsCraft.com, 15 de fevereiro de 2011, http://codeascraft.com/2011/02/15/measure-anything-measure-everything/.

197 *Uma das descobertas...* Kersten, IT Revolution e PwC, *2015 State of DevOps Report*.

As duas principais... "2014 State Of DevOps Findings! Velocity Conference", Slideshare.net, postado por Gene Kim, 30 de junho de 2014, http://www.slideshare.net/realgenekim/2014-state-of-devops-findings-velocity-conference.

198 *Em* The Art... James Turnbull, *The Art of Monitoring* (Seattle, WA: Amazon Digital Services, 2016), edição Kindle, Introdução.

200 *A capacidade resultante...* "Monitorama - Please, no more Minutes, Milliseconds, Monoliths or Monitoring Tools", Slideshare.net, postado por Adrian Cockcroft, 5 de maio de 2014, http://www.slideshare.net/adriancockcroft/monitorama-please-no-more.

201 *Scott Prugh, chefe...* Prugh, "DOES14: Scott Prugh, CSG - DevOps and Lean in Legacy Environments".

Para apoiar esses... Brice Figureau, "The 10 Commandments of Logging", Blog de Mastersen, 13 de janeiro de 2013, http://www.masterzen.fr/2013/01/13/the-10-commandments-of-logging/.

202 *Escolhendo o nível...* Dan North, correspondência pessoal com Gene Kim, 2016.

Para ajudar a garantir... Anton Chuvakin, "LogLogic/Chuvakin Log Checklist", republicado com permissão, 2008, http://juliusdavies.ca/logging/llclc.html.

203 *Em 2004, Kim...* Kim, Behr e Spafford, *The Visible Ops Handbook*, Introdução.

204   *Esse foi o...* Dan North, "Ops and Operability", SpeakerDeck.com, 25 de fevereiro de 2016, https://speakerdeck.com/tastapod/ops-and-operability.

Como John Allspaw... John Allspaw, correspondência pessoal com Gene Kim, 2011.

206   *Frequentemente isso é...* "Information Radiators", AgileAlliance.com, acessado em 31 de maio de 2016, https://www.agilealliance.org/glossary/incremental-radiators/.

207   *Embora possa haver...* Ernest Mueller, correspondência pessoal com Gene Kim, 2014.

Prachi Gupta, diretor... Prachi Gupta, "Visualizing LinkedIn's Site Performance", blog do LinkedIn Engineering, 13 de junho de 2011, https://engineering.linkedin.com/25/visualizing-linkedins-site-performance.

208   *Assim começou...* Eric Wong, "Eric the Intern: the Origin of InGraphs", LinkedIn, 30 de junho de 2011, http://engineering.linkedin.com/32/eric-intern-origin-ingraphs.

Wong escreveu, "Para... Ibid.

Na época... Ibid.

Ao escrever sobre... Gupta, "Visualizing LinkedIn's Site Performance".

210   *Ed Blankenship, ...* Ed Blankenship, correspondência pessoal com Gene Kim, 2016.

212   *Contudo, cada vez mais...* Mike Burrows, "The Chubby lock service for loosely-coupled distributed systems", *OSDI'06: Seventh Symposium on Operating System Design and Implementation*, novembro de 2006, http://static.googleusercontent.com/media/research.google.com/en//archive/chubby-osdi06.pdf.

212   *Consul pode ser...* Jeff Lindsay, "Consul Service Discovery with Docker", Progrium.com, 20 de agosto de 2014, http://progrium.com/blog/2014/08/20/consul-service-discovery-with-docker.

213   *Como Jody Mulkey...* Jody Mulkey, "DOES15 - Jody Mulkey - DevOps in the Enterprise: A Transformation Journey", vídeo do YouTube, 28:22, postado por DevOps Enterprise

Summit, 5 de novembro de 2015, https://www.youtube.com/watch?v=USYrDaPEFtM.

CAPÍTULO 15

215 *Em 2015, a Netflix...* Netflix Letter to Shareholders, 19 de janeiro de 2016, http://files.shareholder.com/downloads/NFLX/2432188684x0x870685/C6213FF9-5498-4084-A0FF-74363CEE35A1/Q4_15_Letter_to_Shareholders_-_COMBINED.pdf.

Roy Rapoport descreve... Roy Rapoport, correspondência pessoal com Gene Kim, 2014.

Uma das estatísticas... Victoria Hodge e Jim Austin, "A Survey of Outlier Detection Methodologies", *Artificial Inteligence Review* 22, no 2 (outubro de 2004): 85-126, http://www.geo.upm.es/postgrado/CarlosLopez/papers/Hodge+Austin_OutlierDetection_AIRE381.pdf.

Rapoport explica que... Roy Rapoport, correspondência pessoal com Gene Kim, 2014.

216 *Rapoport continua, "Nós...* Ibid.

Rapoport diz que... Ibid.

Como John Vincent... Toufic Boubez, "Simple math for anomaly detection toufic boubez - metafor software - monitorama pdx 2014-05-05", Slideshare.net, postado por tboubez, 6 de maio de 2014, http://www.slideshare.net/tboubez/simple-math-for-anomaly-detection-toufic-boubez-metafor-software-monitorama-pdx-20140505.

218 *Tom Limoncelli, coautor...* Tom Limoncelli, "Stop monitoring whether or not your service is up!", EverythingSysAdmin.com, 27 de novembro de 2013, http://everythingsysadmin.com/2013/11/stop-monitoring-if-service-is-up.html.

219 *Como o dr. Toufic...* Toufic Boubez, "Simple math for anomaly detection toufic boubez - metafor software - monitorama pdx 2014-05-05", Slideshare.net, postado por tboubez, 6 de maio de 2014, http://www.slideshare.net/tboubez/simple-math-for-anomaly-detection-toufic-boubez-metafor-software-monitorama-pdx-20140505.

220   *A dra. Nicole Forsgren...* Dr. Nicole Forsgren, correspondência pessoal com Gene Kim, 2015.

221   *A Scryer funciona...* Daniel Jacobson, Danny Yuan e Neeraj Joshi, "Scryer: Netflix's Predictive Auto Scaling Engine", *The Netflix Tech Blog*, 5 de novembro de 2013, http://techblog.netflix.com/2013/11/scryer-netflixs-predictive-auto-scaling.html.

222   *Essas técnicas são...* Varun Chandola, Arindam Banerjee e Vipin Kumar, "Anomaly detection: A survey", *ACM Computing Surveys* 41, no 3 (julho de 2009): artigo no 15, http://doi.acm.org/10.1145/1541880.1541882.

Tarun Reddy, vice-presidente... Tarun Reddy, entrevista pessoal com Gene Kim, sede da Rally, Boulder, CO, 2014.

224   *Na Monitorama, em 2014...* "Kolmogorov-Smirnov Test", *Wikipedia*, última modificação em 19 de maio de 2016, http://en.wikipedia.org/wiki/Kolmogorov%E2%80%93Smirnov_test.

225   *Mesmo dizendo a Kilmogorov-Smirnov...*" Simple math for anomaly detection toufic boubez - metafor software - monitorama pdx 2014-05-05", Slideshare.net, postado por tboubez, 6 de maio de 2014, http://www.slideshare.net/tboubez/simple-math-for-anomaly-detection-toufic-boubez-metafor-software-monitorama-pdx-20140505.

CAPÍTULO 16

227   *Em 2006, Nick...* Mark Walsh, "Ad Firms Right Media, AdInterax Sell To Yahoo", *MediaPost*, 18 de outubro de 2006, http://www.mediapost.com/publications/article/49779/ad-firms-right-media-adinterax-sell-to-yahoo.html?edition=.

Galbreath descreveu... Nick Galbreath, conversa pessoal com Gene, 2013.

Contudo, Galbreath observou... Nick Galbreath, "Continuous Deployment - The New #1 Security Feature, from BSildesLA 2012", Slideshare.net, postado por Nick Galbreath, 16 de agosto de 2012, http://www.slideshare.net/nickgsuperstar/continuous-deployment-the-new-1-security-feature.

Após observar muitos... Ibid.

228   *Galbreath observa que...* Ibid.

231 *Como Patrick Lightbody...* "Velocity 2011: Patrick Lightbody, 'From Inception to Acquisition'", vídeo do YouTube, 15:28, postado pela O'Reilly, 17 de junho de 2011, https://www.youtube.com/watch?v=ShmPod8JecQ.

232 *Como Arup Chakrabarti...* Arup Chakrabarti, "Common Ops Mistakes", apresentação na Heavy Bit Industries, 3 de junho de 2014, http://www.heavybit.com/library/video/common-ops-mistakes/

233 *Mais recentemente, Jeff...* "From Design Thinking to DevOps and Back Again: Unifying Design & Operations", vídeo do Vimeo, 21:19, postado por William Evans, 5 de junho de 2015, https://vimeo.com/129939230.

234 *Como anônimo...* Anônimo, conversa pessoal com Gene Kim, 2005.

Orientações de lançamento e... Tom Limoncelli, "SRE@Google: Thousands Of DevOps Since 2004", vídeo do YouTube of USENIX Association Talk, NYC, postado por USENIX, 45:57, postado em 12 de janeiro de 2012, http://www.youtube.com/watch?v=iIuTnhdTzK0.

238 *Como Treynor Sloss...* Ben Treynor, "Keys to SRE" (apresentação, Usenix SREcon14, Santa Clara, CA, 30 de maio de 2014), https://www.usenix.org/conference/srecon14/technical-sessions/presentation/keys-sre.

Treynor Sloss resistiu... Ibid.

Mesmo quando novos... Limoncelli, "SRE@Google".

Tom Limoncelli observou... Ibid.

239 *Limoncelli observou, "No...* Ibid.

Além disso, Limoncelli observou... Tom Limoncelli, correspondência pessoal com Gene Kim, 2016.

239 *Limoncelli explicou, "Ajudar...*Ibid., 2015.

CAPÍTULO 17

241 *Em geral, Jez...* Humble, O'Reilly e Molesky, *Lean Enterprise*, Parte II.

Em 2012, eles... Intuit, Inc., "2012 Annual Report: Form 10-K", 31 de julho de 2012, http://s1.q4cdn.com/018592547/files/doc_financials/2012/INTU_2012_7_31_10K_r230_at_09_13_12_FINAL_and_Camera_Ready.pdf.

242 *Cook explicou que...* Scott Cook, "Leadership in an Agile Age: An Interview with Scott Cook", Intuit.com, 20 de abril de 2011, https://web.archive.org/web/20160205050418/http://network.intuit.com/2011 /04/20/leadership-in-the-agile-age/

Ele continuou,... Ibid.

243 *Em épocas anteriores...* "Direct Marketing", Wikipedia, última modificação em 28 de maio de 2016, https://en.wikipedia.org/wiki/Direct_marketing.

É interessante notar que... Freakonomics, "Fighting Poverty With Actual Evidence: Full Transcript", Freakonomics.com, 27 de novembro de 2013, http://freakonomics.com/2013/11/27/fighting-poverty-with-actual-evidence-full-transcript/.

244 *Ronny Kohavi, ilustre...* Ron Kohavi, Thomas Crook e Roger Longbotham, "Online Experimentation at Microsoft", (artigo apresentado na Fifteenth ACM SIGKDD International Conference on Knowledge Discovery and Data Mining, Paris, França, 2009), http://www.exp-platform.com/documents/exp_dmcasestudies.pdf.

Kohavi observa... Ibid.

Jez Humble brincou... Jez Humble, correspondência pessoal com Gene Kim, 2015.

245 *Em uma 2014...* Wang, Kendrick, "Etsy's Culture Of Continuous Experimentation and A/B Testing Spurs Mobile Innovation", Apptimize.com, 30 de janeiro de 2014, http://apptimize.com/blog/2014 /01/etsy-continuous-innovation-ab-testing/.

246 *Barry O'Reilly, coautor...* Barry O'Reilly, "How to Implement Hypothesis-Driven Development", BarryOReilly.com, 21 de outubro de 2013, http://barryoreilly.com/2013/10/21/how-to-implement-hypothesis-driven-development/.

Em 2009, Jim... Gene Kim, "Organizacional Learning and Competitiveness: Revisiting the "Allspaw/Hammond 10 Deploys Per Day at Flickr" Story", ITRevolution.com, 2015, http://itrevolution.com/organizational-learning-andcompetitiveness-a-different-view-of-the-allspawhammond-10-deploys-per-day-at-flickr-story/.

247 *Stoneham observa que...* Ibid.

Ele continua, "Essas... Ibid.

Suas espantosas realizações... Ibid.

248 *Stoneham concluiu, "Esse...* Ibid.

CAPÍTULO 18

249 *Uma vez enviado um pull...* Scott Chacon, "Github Flow", ScottChacon.com, 31 de agosto de 2011, http://scottchacon.com/2011/08/31/github-flow.html.

251 *Por exemplo,...* Jake Douglas, "Deploying at Github", GitHub.com, 29 de agosto de 2012, https://github.com/blog/1241-deploying-at-github.

Um erro de implementação... John Allspaw, "Contrafatual Thinking, Rules, and the Knight Capital Accident", KitchenSoap.com, 29 de outubro de 2013, http://www.kitchensoap.com/2013/10/29/contrafatuals-knight-capital/.

253 *Uma das crenças...* Bradley Staats e David M. Upton, "Lean Knowledge Work", *Harvard Business Review*, outubro de 2011, https://hbr.org/2011/10/lean-knowledge-work.

No 2014... Velasquez, Kim, Kersten e Humble, 2014 *State of DevOps Report*.

255 *Como Randy Shoup...* Randy Shoup, entrevista pessoal com Gene Kim, 2015.

256 *Como Giary Özil...* Giray Özil, postagem no Twitter, 27 de fevereiro de 2013, 10:42 a.m., https://twitter.com/girayozil/status/306836785739210752.

257 *Como já mencionado...* Eran Messeri, "What Goes Wrong When Thousands of Engineers Share the Same Continuous Build?", (2013), http://scribes.tweetscriber.com/realgenekim/206.

Em 2010,... John Thomas e Ashish Kumar, "Welcome to the Google Engineering Tools Blog", blog Google Engineering Tools, postado em 3 de maio de 2011, http://google-engtools.

blogspot.com/2011/05/welcome-to-google-engineering-tools.html.

Isso exige... Ashish Kumar, "Development at the Speed and Scale of Google", (apresentação na QCon, São Francisco, CA, 2010), https://qconsf.com/sf2010/dl/qcon-sanfran-2010/slides /AshishKumar_DevelopingProductsattheSpeedandScaleofGoogle.pdf.

258   *Ele disse, "Eu...* Randy Shoup, correspondência pessoal com Gene Kim, 2014.

259   *Jeff Atwood, um...* Jeff Atwood, "Pair Programming vs. Code Reviews", CodingHorror.com, 18 de novembro de 2013, http://blog.codinghorror.com/pair-programming-vs-code-reviews/.

260   *Ele continuou, "A maioria...* Ibid.

A dra. Laurie Williams fez... "Pair Programming", página Wiki ALICE, última modificação em 4 de abril de 2014, http://euler.math.uga.edu/wiki /index.php?title=Pair_programming.

Ela argumenta que... Elisabeth Hendrickson, "DOES15 - Elisabeth Hendrickson - Its All About Feedback", vídeo do YouTube, 34:47, postado por DevOps Enterprise Summit, 5 de novembro de 2015, https://www.youtube.com/watch?v=r2BFTXBundQ.

261   *Em sua... 2015...* Ibid.

O problema que Hendrickson... Ibid.

Pior, desenvolvedores capacitados... Ibid.

Hendrickson lamentou que... Ibid.

262   *Esse foi um...* Ryan Tomayko e Shawn Davenport, entrevista pessoal com Gene Kim, 2013.

É muito... Ibid.

Lendo o... Ibid.

263   *Adrian Cockcroft observou...* Adrian Cockcroft, entrevista de Michael Ducy e Ross Clanton, "Adrian Cockcroft of Battery Ventures – *the Goat Farm* – Episódio 8", The Goat Farm, áudio de podcast, 31 de julho de 2015, http://goatcan.do/2015/07/31/adrian-cockcroft-of-battery-ventures-the-goat-farm-episode-8/.

Analogamente, o dr. Tapabrata Pal... Tapabrata Pal, "DOES15 - Tapabrata Pal - Banking on Innovation & DevOps", vídeo do YouTube, 32:57, postado por DevOps Enterprise Summit, 4 de janeiro de 2016, https://www.youtube.com/watch?v=bbWFCKGhxOs.

Jason Cox,... sênior... Jason Cox, "Disney DevOps".

Na Target... Ross Clanton e Heather Mickman, "DOES14 - Ross Clanton and Heather Mickman - DevOps at Target", vídeo do YouTube, 29:20, postado por DevOps Enterprise Summit 2014, 29 de outubro de 2014, https://www.youtube.com/watch?v=exrjV9V9vhY.

264 *"Quando passamos...* Ibid.

Ela acrescentou, "Eu... Ibid.

Considere uma história... John Allspaw e Jez Humble, correspondência pessoal com Gene Kim, 2014.

CAPÍTULO 19

271 *O resultado é...* Spear, *The High-Velocity Edge*, cap. 1.

"Para tal... Ibid., cap. 10.

Um exemplo notável... Julianne Pepitone, "Amazon EC2 Outage Downs Reddit, Quora", *CNN Money*, 22 de abril de 2011, http://money.cnn.com/2011/04/21/technology/amazon_server_outage.

Em janeiro de 2013... Timothy Prickett Morgan, "A Rare Peek Into The Massive Scale of AWS", *Enterprise Tech*, 14 de novembro de 2014, http://www.enterprisetech.com/2014/11/14/rare-peek-massive-scale-aws/.

272 *Contudo, um...* Adrian Cockcroft, Cory Hicks e Greg Orzell, "Lessons Netflix Learned from the AWS Outage", *The Netflix Tech Blog*, 29 de abril de 2011, http://techblog.netflix.com/2011/04/lessons-netflix-learned-from-aws-outage.html.

Eles fizeram isso... Ibid.

273 *O dr. Sidney Dekker...* Sidney Dekker, *Just Culture: Balancing Safety and Accountability* (Lund University, Suécia: Ashgate Publishing Company, 2007), 152.

Ele afirma que... "DevOpsDays Brisbane 2014 - Sidney Decker - System Failure, Human Error: Who's to Blame?", vídeo do Vimeo, 1:07:38, postado por info@DevOpsDays.org, 2014, https://vimeo.com/102167635.

273 *Como John Allspaw...* Jenn Webb, entrevista com John Allspaw, "Post-Mortems, Sans Finger-Pointing", *The O'Reilly Radar Postcast*, áudio de podcast, 21 de agosto de 2014, http://radar.oreilly.com/2014/08/postmortems-sans-finger-pointing-the-oreilly-radar-podcast.html.

274 *Post-mortems sem culpa, ...* John Allspaw, "Blameless PostMortems and a Just Culture", CodeAsCraft.com, 22 de maio de 2012, http://codeascraft.com/2012/05/22/blameless-postmortems/.

276 *Ian Malpass,...* Ian Malpass, "DevOpsDays Minneapolis 2014 -- Ian Malpass, Fallible humans", vídeo do YouTube, 35:48, postado por DevOps Minneapolis, 20 de julho de 2014, https://www.youtube.com/watch?v=5NY-SrQFrBU.

Dan Milstein,... Dan Milstein, "Post-Mortems at HubSpot: What I Learned from 250 Whys", *HubSpot*, 10 de junho de 2011, http://product.hubspot.com/blog/bid/64771/Post-Mortems-at-HubSpot-What-I -Learned-From-250-Whys.

277 *Randy Shoup, antigo...* Randy Shoup, correspondência pessoal com Gene Kim, 2014.

Também podemos... "Post-Mortem for February 24, 2010 Outage", site do Google App Engine, 4 de março de 2010, https://groups.google.com/forum/#!topic/google-appengine/p2QKJ0OSLc8; "Summary of the Amazon DynamoDB Service Disruption and Related Impacts in the US-East Region", site do Amazon Web Services, acessado em 28 de maio de 2016, https://aws.amazon.com/message/5467D2/.

Esse desejo de... Bethany Macri, "Morgue: Helping Better Understand Events by Building a Post Mortem Tool - Bethany Macri", vídeo do Vimeo, 33:34, postado por info@DevOpsDays.org, 18 de outubro de 2013, http://vimeo.com/77206751.

Por exemplo, como... Spear, *The High-Velocity Edge*, cap. 4.

278 *A dra. Amy C. Edmondson...* Amy C. Edmondson, "Strategies for Learning from Failure", *Harvard Business Review*, abril de 2011, https://hbr.org/2011/04/strategies-for-learning-from-failure.

279 *O dr. Spear resume...* Ibid.

Agora sabemos... Ibid., cap. 3.

Contudo, antes de... Michael Roberto, Richard M.J. Bohmer e Amy C. Edmondson, "Facing Ambiguous Threats", *Harvard Business Review*, novembro de 2006, https://hbr.org/2006/11/facing-ambiguous-threats/ar/1.

Eles descrevem como... Ibid.

280 *Eles observam, "Firmas...* Ibid.

Os autores concluem... Ibid.

Sobre falhas, Roy... Roy Rapoport, correspondência pessoal com Gene Kim, 2012.

Ele continua, "I... Ibid.

281 *Ele conclui, "DevOps...* Ibid.

Como Michael Nygard... Michael T. Nygard, *Release It!: Design and Deploy Production-Ready Software* (Pragmatic Bookshelf: Raleigh, NC, 2007), edição Kindle, Parte I.

281 *Um... ainda mais...* Jeff Barr, "EC2 Maintenance Update", Blog do AWS, 25 de setembro de 2014, https://aws.amazon.com/blogs/aws/ec2-maintenance-update/.

Como Christos Kalantzis... Bruce Wong e Christos Kalantzis, "A State of Xen - Chaos Monkey & Cassandra", *The Netflix Tech Blog*, 2 de outubro de 2014, http://techblog.netflix.com/2014/10/a-state-of-xen-chaos-monkey-cassandra.html.

282 *Mas, Kalantzis continua...* Ibid.

Como Kalantzis e... Ibid.

Ainda mais surpreendente... Roy Rapoport, correspondência pessoal com Gene Kim, 2015.

Padrões arquitetônicos específicos... Adrian Cockcroft, correspondência pessoal com Gene Kim, 2012.

Nesta seção... Jesse Robbins, "GameDay: Creating Resiliency Through Destruction - LISA11", Slideshare.net, postado por

Jesse Robbins, 7 de dezembro de 2011, http://www.slideshare.net/jesserobbins/ameday-creating-resiliency-through-destruction.

Robbins define resiliência... Ibid.

283 *Jesse Robbins observa...* Jesse Robbins, Kripa Krishnan, John Allspaw e Tom Limoncelli, "Resilience Engineering: Learning to Embrace Failure", *amcfila* 10, no 9 (13 de setembro de 2012): https://queue.acm.org/detail.cfm?id=2371297.

Como Robbins graceja... Ibid.

Como Robbins descreve... Ibid.

Robbins explica, "Você... Ibid.

284 *Durante esse tempo...* "Kripa Krishnan: 'Learning Continuously From Failures' at Google", vídeo do YouTube, 21:35, postado por Flowcon, 11 de novembro de 2014, https://www.youtube.com/watch?v=KqqS3wgQum0.

Krishnan escreveu, "Um... Kripa Krishnan, "Weathering the Unexpected", *Communications of the ACM 55*, no 11 (novembro de 2012): 48-52, http://cacm.acm.org/magazines/2012/11/156583-weathering-the-unexpected/abstract.

Alguns dos aprendizados... Ibid.

285 *Como Peter Senge...* Amplamente atribuído a Peter Senge.

CAPÍTULO 20

287 *Como Jesse Newland...* Jesse Newland, "ChatOps at GitHub", SpeakerDeck.com, 7 de fevereiro de 2013, https://speakerdeck.com/jnewland/chatops-at-github.

288 *Como Mark Imbriaco...* Mark Imbriaco, correspondência pessoal com Gene Kim, 2015.

Eles permitiram o Hubot... Newland, "ChatOps at GitHub".

289 *O Hubot frequentemente executava...* Ibid.

289 *Newland observa que...* Ibid.

290 *Em vez de colocar...* Leon Osterweil, "Software processes are software too", artigo apresentado na International Conference

on Software Engineering, Monterey, CA, 1987, http://www.cs.unibo.it /cianca/wwwpages/ids/letture/Osterweil.pdf.

Justin Arbuckle era... Justin Arbuckle, "What Is ArchOps: Chef Executive Roundtable" (2013).

O resultado foi... Ibid.

A conclusão de Arbuckle... Ibid.

291 *Em 2015, a Google...* Cade Metz, "Google Is 2 Billion Lines of Code—and It's All in One Place", Wired, 16 de setembro de 2015, http://www.wired.com/2015/09/google-2-billion-lines-codeand-one-place/.

O Chrome e... Ibid.

Rachel Potvin,... Ibid.

Além disso, como... Eran Messeri, "What Goes Wrong When Thousands of Engineers Share the Same Continuous Build?" (2013), http://scribes.tweetscriber.com/realgenekim/206.

Como Randy Shoup... Randy Shoup, correspondência pessoal com Gene Kim, 2014.

292 *Tom Limoncelli, coautor...* Tom Limoncelli, "Yes, you can really work from HEAD", EverythingSysAdmin.com, 15 de março de 2014, http://everythingsysadmin.com/2014/03/yes-you-really-can-work -from-head.html.

296 *Tom Limoncelli descreve...* Tom Limoncelli, "Python is better than Perl6", EverythingSysAdmin.com, 10 de janeiro de 2011, http://everythingsysadmin.com/2011/01/python-is-better-than-perl6.html.

297 *A Google usou C++...* "Which programming languages does Google use internally?", fórum Quora.com, acessado em 29 de maio de 2016, https://www.quora.com/Which-programming-languages-does-Google-use-internally.; "When will Google permit languages other than Python, C++, Java and Go to be used for internal projects?", fórum Quora.com, acessado em 29 de maio de 2016, https://www.quora.com/When-will-Google-permit-languages-other-than-Python-C-Java-and-Go-to-be-used-for-internal-projects/answer/Neil-Kandalgaonkar.

Em uma apresentação... Ralph Loura, Olivier Jacques e Rafael Garcia, "DOES15 - Ralph Loura, Olivier Jacques, & Rafael Garcia - Breaking Traditional IT Paradigms to...", vídeo do YouTube, 31:07, postado por DevOps Enterprise Summit, 16 de novembro de 2015, https://www.youtube.com/watch?v=q9nNqqie_sM.

Em muitas organizações... Michael Rembetsy e Patrick McDonnell, "Continuously Deploying Culture: Scaling Culture at Etsy - Velocity Europe 2012", Slideshare.net, postado por Patrick McDonnell, 4 de outubro de 2012, http://www.slideshare.net/mcdonnps/continuously-deploying-culture-scaling-culture-at-etsy-14588485.

Nessa época, a Etsy... Ibid.

Nos próximos... Ibid.

Analogamente, Dan McKinley... Dan McKinley, "Why MongoDB Never Worked Out at Etsy", McFunley.com, 26 de dezembro de 2012, http://mcfunley.com/why-mongodb-never-worked-out-at-etsy.

CAPÍTULO 21

Um dos... "Kaizen", *Wikipedia*, última modificação em 12 de maio de 2016, https://en.wikipedia.org/wiki/Kaizen.

O dr. Spear explica... Spear, The High-Velocity Edge, cap. 8.

Spear observa que... Ibid.

Clanton descreve, "Nós... Mickman e Clanton, "(Re)building an Engineering Culture".

Ravi Pandey,... Ravi Pandey, correspondência pessoal com Gene Kim, 2015.

Clanton amplia essa... Mickman e Clanton, "(Re)building an Engineering Culture".

Além de... Hal Pomeranz, "Queue Inversion Week", Righteous IT, 12 de fevereiro de 2009, https://righteousit.wordpress.com/2009/02/12/queue-inversion-week/.

Como o dr. Spear... Spear, *The High-Velocity Edge*, cap. 3.

Em uma entrevista com Jessica... Jessica Stillman, "Hack Days: Not Just for Facebookers", Inc., 3 de fevereiro de 2012, http://www.inc.com/jessica-stillman/hack-days-not-just-for-facebookers.html.

Em 2008, Facebook... AP, "Number of active users at Facebook over the years", Yahoo! News, 10 de maio de 2013, https://www.yahoo.com/news/number-active-users-facebook-over-230449748.html?ref=gs.

Durante um hack... Haiping Zhao, "HipHop for PHP: Move Fast", postagem na página de Haiping Zhao no Facebook, 2 de fevereiro de 2010, https://www.facebook.com/notes/facebook-engineering/hiphop-for-php-move-fast/280583813919.

Em uma entrevista com Cade... Cade Metz, "How Three Guys Rebuilt the Foundation of Facebook", Wired, 10 de junho de 2013, http://www.wired.com/wiredenterprise/2013/06/facebook-hhvm-saga/all/.

303 *Steve Farley, vice-presidente...* Steve Farley, correspondência pessoal com Gene Kim, 5 de janeiro de 2016.

Karthik Gaekwad, que... "Agile 2013 Talk: How DevOps Change Everything", Slideshare.net, postado por Karthik Gaekwad, 7 de agosto de 2013, http://www.slideshare.net/karthequian/howdevopschangeseverythingagile2013karthikgaekwad/.

304 *Como Glenn O'Donnell...* Glenn O'Donnell, "DOES14 - Glenn O'Donnell - Forrester - Modern Services Demand a DevOps Culture Beyond Apps", vídeo do YouTube, 12:20, postado por DevOps Enterprise Summit 2014, 5 de novembro de 2014, https://www.youtube.com/watch?v=pvPWKuO4_48.

305 *A partir de 2014...* Nationwide, 2014 Annual Report, https://www.nationwide.com/about-us/nationwide-annual-report-2014.jsp.

Steve Farley, vice-presidente... Steve Farley, correspondência pessoal com Gene Kim, 2016.

305 *O Capital One, um...* "DOES15 - Tapabrata Pal - Banking on Innovation & DevOps", vídeo do YouTube, 32:57, postado por DevOps Enterprise Summit, 4 de janeiro de 2016, https://www.youtube.com/watch?v=bbWFCKGhxOs.

O dr. Tapabrata Pal... Tapabrata Pal, correspondência pessoal com Gene Kim, 2015.

O objetivo é... "Corporate Fact Sheet", site da empresa Target, acessado em 9 de junho de 2016, https://corporate.target.com/press/corporate.

Casualmente, o primeiro... Evelijn Van Leeuwen e Kris Buytaert, "DOES15 - Evelijn Van Leeuwen and Kris Buytaert - Turning Around the Containership", vídeo do YouTube, 30:28, postado por DevOps Enterprise Summit, 21 de dezembro de 2015, https://www.youtube.com /watch?v=0GId4AMKvPc.

306 *Clanton descreve, "2015...* Mickman e Clanton, "(Re)building an Engineering Culture".

No Capital One... "DOES15 - Tapabrata Pal - Banking on Innovation & DevOps", vídeo do YouTube, 32:57, postado por DevOps Enterprise Summit, 4 de janeiro de 2016, https://www.youtube.com/watch?v=bbWFCKGhxOs.

Bland explica que... Bland, "DOES15 - Mike Bland - Pain Is Over, If You Want It".

Mesmo que eles... Ibid.

Eles usaram vários... Ibid.

Bland descreveu, "O... Ibid.

Bland continua, "Um... Ibid.

307 *Como Bland descreve...* Ibid.

Bland continua, "Nosso ... Ibid.

Ele continua, "O ... Ibid.

Bland descreve fixits... Mike Bland, "Fixits, or I Am the Walrus", Mike-Bland.com, 4 de outubro de 2011, https://mike-bland.com/2011/10/04/fixits.html.

Esses Fixits,... Ibid.

CAPÍTULO 22

313 *Uma das principais...* James Wickett, "Attacking Pipelines-
-Security meets Continuous Delivery", Slideshare.net, postado por James Wickett, 11 de junho de 2014, http://www.

slideshare.net/wickett/attacking-pipelinessecurity-meets-continuous-delivery.

James Wickett, um... Ibid.

Ideias semelhantes foram... Tapabrata Pal, "DOES15 - Tapabrata Pal - Banking on Innovation & DevOps", vídeo do YouTube, 32:57, postado por DevOps Enterprise Summit, 4 de janeiro de 2016, https://www.youtube.com/watch?v=bbWFCKGhxOs.

314 *Justin Arbuckle, antigo...* Justin Arbuckle, entrevista pessoal com Gene Kim, 2015.

Ele continua,... Ibid.

314 *Isso ajudou...* Snehal Antani, "IBM Innovate DevOps Keynote", vídeo do YouTube, 47:57, postado por IBM DevOps, 12 de junho de 2014, https://www.youtube.com/watch?v=s0M1P05-6Io.

315 *Em uma apresentação...* Nick Galbreath, "DevOpsSec: Appling DevOps Principles to Security, DevOpsDays Austin 2012", Slideshare, postado por Nick Galbreath, 12 de abril de 2012, http://www.slideshare.net/nickgsuperstar/devopssec-apply-devops-principles-to-security.

Além disso, ele diz... Ibid.

320 *Além disso, devemos...* "OWASP Cheat Sheet Series", OWASP.org, última modificação em 2 de março de 2016, https://www.owasp.org/index.php/OWASP_Cheat_Sheet_Series.

A escala do... Justin Collins, Alex Smolen e Neil Matatall, "Putting to your Robots to Work V1.1", Slideshare.net, postado por Neil Matatall, 24 de abril de 2012, http://www.slideshare.net/xplodersuv/sf-2013-robots/.

No início de 2009... "What Happens to Companies That Get Hacked? FTC Cases", fórum Giant Bomb, postado por SuicidalSnowman, julho de 2012, http://www.giantbomb.com/forums/off-topic-31/what-happens-to-companies-that-get-hacked-ftc-case-540466/.

321 *Em sua apresentação...* Collins, Smolen e Matatall, "Putting to your Robots to Work V1.1".

322 *O primeiro grande...* Twitter Engineering, "Hack Week @ Twitter", blog do Twitter, 25 de janeiro de 2012, https://blog.twitter.com/2012/hack-week-twitter.

323   *Josh Corman observou...* Josh Corman e John Willis, "Immutable Awesomeness - Josh Corman and John Willis at DevOps Enterprise Summit 2015", vídeo do YouTube, 34:25, postado por Sonatype, 21 de outubro de 2015, https://www.youtube.com/watch?v=-S8-lrm3iV4.

*No 2014...*Verizon, "2014 Data Breach Investigations Report", (Verizon Enterprise Solutions, 2014), https://dti.delaware.gov/pdfs/rp_Verizon-DBIR-2014_en_xg.pdf.

324   *Em 2015, esse...* "2015 State of the Software Supply Chain Report: Hidden Speed Bumps on the Way to 'Continuous'", (Fulton, MD: Sonatype, Inc, 2015), http://cdn2.hubspot.net/hubfs/1958393/White_Papers/2015_State_of_the_Software_Supply_Chain_Report-.pdf?t=1466775053631.

A última estatística... Dan Geer e Joshua Corman, "Almost Too Big to Fail", ;login:: The Usenix Magazine, 39, no. 4 (agosto de 2014): 66-68, https://www.usenix.org/system/files/login/articles/15_geer_0.pdf.

325   *O Governo Federal...* Wyatt Kash, "New details released on proposed 2016 IT spending", FedScoop, 4 de fevereiro de 2015, http://fedscoop.com/what-top-agencies-would-spend-on-it-projects-in-2016.

Como Mike Bland... Bland, "DOES15 - Mike Bland - Pain Is Over, If You Want It".

326   *Além disso, o Cloud.gov...* Mossadeq Zia, Gabriel Ramírez, Noah Kunin, "Compliance masonry: Bulding a risk management platform, brick by brick", 18F, 15 de abril de 2016, https://18f.gsa.gov/2016/04/15/compliance-masonry-buildling-a-risk-management-platform/.

Marcus Sachs, ... Marcus Sachs, correspondência pessoal com Gene Kim, 2010.

328   *Precisamos...* "VPC Best Configuration Practices", blog do Flux7, 23 de janeiro de 2014, http://blog.flux7.com/blogs/aws/vpc-best-configuration-practices.

Em 2010, Nick... Nick Galbreath, "Fraud Engineering, from Merchant Risk Council Annual Meeting 2012", Slideshare.net, postado por Nick Galbreath, 3 de maio de 2012, http://www.slideshare.net/nickgsuperstar/fraud-engineering.

329	*De particular...* Nick Galbreath, "DevOpsSec: Appling DevOps Principles to Security, DevOpsDays Austin 2012", Slideshare.net, postado por Nick Galbreath, 12 de abril de 2013, http://www.slideshare.net/nickgsuperstar/devopssec-apply-devops-principles-to-security.
	Sempre... Ibid.
	Esse era um teste... Ibid.
330	*Como Galbreath observou...* Ibid.
	Galbreath observou, "Um... Ibid.
	Como Jonathan Claudius... Jonathan Claudius, "Attacking Cloud Services with Source Code", Speakerdeck.com, postado por Jonathan Claudius, 16 de abril de 2013, https://speakerdeck.com/claudijd/attacking-cloud-services-with-source-code.

CAPÍTULO 23

334	*O ITIL define utilidade...* Axelos, *ITIL Service Transition* (ITIL Lifecycle Suite) (Belfast, Irlanda: TSO, 2011), 48.
337	*A Salesforce foi fundada...* Reena Matthew e Dave Mangot, "DOES14 - Reena Mathew and Dave Mangot - Salesforce", Slideshare.net, postado por ITRevolution, 29 de outubro de 2014, http://www.slideshare.net/ITRevolution/does14-reena-matthew-and-dave-mangot-salesforce.
	Em 2007, a... Dave Mangot e Karthik Rajan, "Agile.2013.effecting.a.dev ops.transformation.at.salesforce", Slideshare.net, postado por Dave Mangot, 12 de agosto de 2013, http://www.slideshare. net/dmangot/agile2013effectingadev-opstransformationat salesforce.
	Karthik Rajan, então... Ibid.
	No 2014... Matthew e Mangot, "DOES14 - Salesforce".
338	*Para Mangot e...* Ibid.
	Além disso, eles observaram... Ibid.
339	*Bill Massie é...* Bill Massie, correspondência pessoal com Gene Kim, 2014.

340 *Como o escopo...* "Glossary", site do PCI Security Standards Council, acessado em 30 de maio de 2016, https://www.pcisecuritystandards.org/pci_security/glossary.

A revisão de código... PCI Security Standards Council, *Payment Card Industry (PCI) Data Security Stands: Requirements and Security Assessment Procedures, Version 3.1* (PCI Security Standards Council, 2015), Section 6.3.2. https://webcache.googleusercontent.com/search?q=cache:hpRe2COzzdAJ:https://www.cisecuritystandards.org/documents/PCI_DSS_v3-1_SAQ_D_Merchant_rev1-1.docx+&cd=2&hl=en&ct=clnk&gl=us.

341 *Para cumprir esse...* Bill Massie, correspondência pessoal com Gene Kim, 2014.

Massie observa que... Ibid.

Como resultado... Ibid.

342 *Como Bill Shinn...* Bill Shinn, "DOES15 - Bill Shinn - Prove it! The Last Mile for DevOps in Regulated Organizations", Slideshare.net, postado por ITRevolution, 20 de novembro de 2015, http://www.slideshare.net/ITRevolution/does15-bill-shinn-prove-it-the-last-mile-for-devops-in-regulated-organizations.

Ajudar grandes clientes... Ibid.

Shinn observa, "Um... Ibid.

"Isso estava bem... Ibid.

Ele explica, "Na... Ibid.

343 *Shinn diz que...* Ibid.

Shinn continua, "Com... Ibid.

Isso exige extrair... Ibid.

Shinn continua, "Como... Ibid.

Shinn dá um... Ibid.

Para ajudar a resolver... James DeLuccia, Jeff Gallimore, Gene Kim e Byron Miller, *DevOps Audit Defense Toolkit* (Portland, OR: IT Revolution, 2015), http://itrevolution.com/devops-and-auditors-the-devops-audit-defense-toolkit.

344   *Ela observou...* Mary Smith (um pseudônimo), correspondência pessoal com Gene Kim, 2013

Ela observou:... Ibid., 2014.

CONCLUSÃO

349   *Como Jesse Robbins...* "Hacking Culture at VelocityConf", Slideshare.net, postado por Jesse Robbins, 28 de junho de 2012, http://www.slideshare.net/jesserobbins/hacking-culture-at-velocityconf.

APÊNDICE

353   *O movimento enxuto começou...* Ries, The Lean Startup.

354   *Um princípio importante...* Kent Beck et al., "Twelve Principles of Agile Software", AgileManifesto.org, 2001, http://agilemanifesto.org/principles.html.

Baseando... Humble and Farley, Continuous Delivery.

Essa ideia foi... Fitz, "Continuous Deployment at IMVU".

355   *Toyota Kata descreve...* Rother, Toyota Kata, Introdução.

Sua conclusão foi... Ibid..

355   Em 2011, Eric... Ries, The Lean Startup.

358   *Em O Projeto Fênix...* Kim, Behr e Spafford, O Projeto Fênix, 365.

360   *Mito 1: "Erro humano...* Denis Besnard e Erik Hollnagel, *Some Myths about Industrial Safety* (Paris, Centre De Recherche Sur Les Risques Et Les Crises Mines, 2012), 3, http://gswong.com/?wpfb_dl=31.

Mito 2: "Os sistemas... Ibid., 4.

Mito 3: "A segurança... Ibid., 6.

Mito 4: "Análise... Ibid., 8.

Mito 5: "Investigação... Ibid., 9.

Mito 6: Segurança... Ibid., 11.

Em vez disso, quando... John Shook, "Five Missing Pieces in Your Standardized Work (Part 3 of 3)", Lean.org, 27 de outubro de 2009, http://www.lean.org/shook/DisplayObject.cfm?o=1321.

363 *Hora de resolver...* "Post Event Retrospective – Part 1", Rally Blogs, acessado em 31 de maio de 2016, https://www.rallydev.com/blog/engineering/post-event-retrospective-part-i.

Bethany Macri, da... "Morgue: Helping Better Understand events by Building a Post Mortem Tool – Bethany Macri", vídeo do Vimeo, 33:34, postado por info@DevOpsDays.org, 18 de outubro de 2013, http://vimeo.com/77206751.

364 *Essas discussões...* Cockcroft, Hicks e Orzell, "Lessons Netflix Learned".

Desde então, Chaos... Ibid.

365 *Lenny Rachitsky escreveu...* Lenny Rachitsky, "7 Keys to a Successful Public Health Dashboard", Transparent Uptime, 1º de dezembro de 2008, http://www.transparentuptime.com/2008/11/rules-for-successful-public-health.html.

Índice

Símbolos

2PT. *Consulte também* duas pizzas
2013 State of DevOps Report, 160
2014 State of DevOps Report, 117, 161, 255
2015 State of DevOps Report, 55, 152
%C/A, 11

A

AAS. *Consulte* Amazon Auto Scaling
acceptance test-driven development, 135
acidentes, 27
Adams, Keith, 304
Ágil
    conferência, 5
    manifesto, 4
    Mito, xiii
Aisin Seiki Global, 43
Alcoa, 41, 281
ALGOL, 77
Allspaw, John, 174
Allstate, 67
alto desempenho, xxxi
Amazon, xii
    arquitetura, 92
    arquitetura evolutiva, 179, 184
    AWS da, 273
    duas pizzas, 91
    entrega contínua, 177
    organizações voltadas ao mercado, 81
    Reinicialização da, 284

Amazon Auto Scaling, 221
ambiente
    atualizações de, 119
    automação, 114
    de comunicação, 74
    de produção, 109
    em nuvem, 114
    virtualizado, 114
ambiente de produção, 21
ambientes
    construção de, 114
    criação de, 114
    novos, 114
A Meta, xxxiv
Antani, Snehal, 316
API Enablement, 92
APIs, 90, 180, 181, 185
aplicativo em COBOL, 62
aprendizado
    organizacional, 194
Aprendizado
    Contínuo, 3
    organizacional, 27, 279
aquisição de clientes, 245
armazenamentos blob, 117
arquétipos arquitetônicos, 183
arquitetura de software, 89
arquiteturas monolíticas, 182
arquiteturas voltadas ao serviço, 90
Ashman, David, 187
A Terceira Maneira, 268
automação de teste, 121
AWS
    interrupção da, 284

B

Baker, Bill, 118
bancos de dados compartilhados, 90
Barnes & Noble, 51
Beck, Kent, 136
Big Fish Games, 95-96
blitz de melhoria
    exemplo de, 301
    objetivo, 303
    resultado da, 301
Blockbuster, 51
BMW, 67
brechas em dados, 326

C

Cagan, Marty, 70
canais IRC, 74
Chaos Monkey, 274-275
ciclos de feedback. *Consulte também* Feedback
coaching, 98
COBOL, 77
conhecimento global, 43
construção de ambientes, 114
construção verde, 130, 139
controles de segurança, 334
Conway, Melvin, 77
corda de Andon, 140, 141
Cosmetics Business Office (app), 61
Courtney Kissler, 61
criação de ambiente, 118
criptografia, 318
cross-site scripting, 322
CSG International, 56, 87
cultura
    de alta confiança, 37
    de aprendizado, 44, 46, 275
    de inovação, 268
    de medo e baixa confiança, 37
    de segurança, 38
    organizacional, 39

Cultura
    da segurança, 28
Cunningham, Ward, xxiii

D

dados
    de vulnerabilidade, 326
    roubados, 326
Damon Edwards, 64
David J. Anderson, 18
Dekker, Sidney, 38
desempenho, mecanismo de, 67
desempenho organizacional, 117
desenvolvimento de software, 112
Design e Desenvolvimento, 8
DevOps Cafe, 64
DevOps Dojo, 301
Disney, 99
dívida técnica, xxiii
    descrição, 148
    gerenciar, 69
Dominica DeGrandis, 18
duas pizzas
    efeitos, 91
    equipe, 91

E

eBay, 70, 179, 182
efetivações fechadas, 148
Em Campbell-Pretty, 111
empacotamento de código, 116
Engenharia de Sistemas, 88
engenheiro full stack, 86
Enterprise Data Warehouse, 111
entrega
    contínua, 176
entrega contínua, 5, 109
Eric Ries, 20
Eric S. Raymond, 77
erros de implementação
    evitando, 337
estímulo de inovação, 146

estratégia do big bang, 120
Estudo de Caso
    Amazon, 184
    Amazon Web Services, 344-346
    Bazaarvoice, 149-150
    Blackboard Learn, 186-190
    Capital One, 307-308
    Conferências de Tecnologia, 307
    Conformidade em Ambientes Regulamentados, 344-346
    CSG International, 157-159
    Dixons Retail, 169-170
    Etsy, 162-163, 299-300, 331, 341-342
    Facebook, 175-176
    Google, 239-241, 259-260
    governo federal dos EUA, 327-329
    LaserJet Firmware, 144-146
    LinkedIn, 71-73, 208-209
    Nationwide Insurance, 307-308
    Netflix, 221-227
    Pivotal Labs, 263-264
    Salesforce, 339-340
    Sistemas ATM, 346
    Target, 92-94, 307-308
    técnicas de detecção de anomalias, 225
    Twitter, 323
    Yahoo! Answers, 248-249
Etsy, xii, 40, 56, 79
    lucros, 78
    mapeamento objeto-relacional, 79
    Ops designado, 100
    plataforma, 299
    Sprouter, 78-80
    transformação cultural, 79
experimentação contínua, 44

F
Facebook, 85, 153

código PHP, 154
compilador HipHop, 304
estudo de caso, 175
implementações de código, 85
problemas de capacidade, 304
processo de implementação, 155
release de software, 153
falhas, 27
Farley, David, 127
fase de estabilização, 141
Feedback
    lento, 130
    loops de, 30
        detecção e recuperação de problemas, 30
    princípios do, 26
    rápido, 27, 30, 143
ferramenta GRC, 317
ferramentas de análise, 139
ferramentas de planejamento, 337
fluxo
    de comunicação, 67
    de feedback, 13
    de informações, 29
    de trabalho rápido, 8, 13, 15, 77
    de valor, 7, 51, 63
    desempenho, 9
    mapa de, 65
    mapeamento de, 61
    de valor tecnológico, 4, 7, 8, 15, 26, 32, 81
    mapeamento de, 24
Fowler, Martin, 185

G

General Electric, xxii
General Motors, 29
Geoffrey A. Moore, 57
gerenciamento de configuração, 139
gerente de conformidade, 335
Gerentes de releases, 63

gestão da mudança, 335
gestão de manufatura, xxiii
GitHub, 84, 251, 289
Gmail, 182
Goldratt, Eliyahu M., xxiii
Google, xii, 84, 123
    repositório de código-fonte, 293
Google Developer Infrastructure, 125
Google Web Server, 123, 131
Gruver, Gary, 34

H

hackathons, 303
Harvard, 28
Hendrickson, Elisabeth, 30
Hosted LabVIEW, 55
HP, 144

I

implementação
    azul-verde, 168
    contínua, 20, 176
    de código, 23
implementação contínua, 21
Informação, xxiv
    Segurança da, xxiv
informação, segurança da, 68
Infosec, 83, 96, 194, 316
infraestrutura imutável, 119
integração contínua, 129, 146
Inteligência Empresarial, 224
interrupções, 17
ITIL, xiii

J

Jez Humble, 5
JIRA, 74
John Allspaw, 5

K

kanban, quadro. *Consulte* quadro kanban
Knight Capital, 253

L

lançamento no escuro, 174
Lean
    ferramentas, 6
    filosofia, 19, 35
    manufatura, 18
    Manufatura, 7, 9
    princípios, xxxiv, 4
Lean Enterprise Institute, 4
Lean Startup, 245
Lei de Conway, 49, 77, 77-78, 81, 89
ligação de Ops, 96-97
LinkedIn, 71, 179, 208
    arquitetura de computação, 72
    crescimento, 71
    dívida técnica, 73
    escalonamento, 72
    Leo (app), 71-72
    Operação InVersion, 72
    problemas, 72
listas de verificação, 273
Little, Christopher, xiv, xxvi

M

Manifesto Ágil, 4. *Consulte também* Ágil
manufatura, 17
    ausência de feedback, 29
    de alto desempenho, 29
    Lean, 84
mapa de fluxo de valor, 75
Mark Zuckerberg, 304
Martin, Karen, 11
mecanismo de implementação, 156
memória institucional, 67
mentalidade de crescimento, 88

mentalidade fixa, 88
metodologia Ágil, 111
metodologia Scrum, 120
métrica empresarial, 213
Microsoft, xxii, 246
Mike Orzen, 41
Mike Osterling, 7
MIT, 59

N

NASA, 281
Netflix, 44, 81, 274
Nike, 159
Nordstrom, 51, 61, 63
    planejamento contínuo, 52
nuvem
    configuração de, 116
    privada, 114
    pública, 114

O

operação de implementação, 9
Operações de TI tradicionais, 81
O Projeto Fênix, ix, xxxiv
organizações
    burocráticas, 39
    de alto desempenho, 85, 203
    patológicas, 39
    produtivas, 39
    tecnológicas, 69
    voltadas à matriz, 80
    voltadas ao funcional, 80
    voltadas ao mercado, 81
    funcionamento, 82
organizações manufatureiras, xxii
ORM, 79
otimizar
    para custo, 82
    para velocidade, 82
OWASP ZAP, 321

P

painéis de planejamento, 16
painéis de teste, 153
patches de segurança, 85
Patrick Debois, 5
período de estabilização, 214
Peter Drucker, 60
Peter Senge, 287
pipeline de implementação, 128–129, 161
    processo de aprovação, 335
pirâmide de teste ideal, 133
plataformas self-service, 84
Poppendieck, Tom, 24
post-mortem sem culpa, 276
previsão de incidentes, 224
Primeira Maneira
    descrição da, 12
    eliminar o desperdício, 24
    fluxo de trabalho, 15
    quadros kanban, 16
princípios Lean, 35
processo de implementação, 161
processos de auditoria, 313
Processo Unificado Racional, 4
produção
    ambientes de, xxviii
produtividade
    da equipe, 147
    individual, 147
produtividade operacional, 334
Programação Extrema, 154, 261
pull request, 252

Q

quadro kanban, 16, 18, 104

R

reconstrução de infraestrutura, 121
Reddit, 273
Red Hat, 114
registros Docker, 117

repositórios, 117
revisão de código, 257
Rother, Mike, 6, 45
runbooks, 273
ruptura, inovação de, 67

S

Scott Prugh, 87
Scrum, 102
Segunda Maneira, 27
    corda de Andon, 31
    descrição da, 13
    erros, 28
    fluxo de informações, 29
    otimização para núcleos de trabalho, 34
    segurança em sistemas complexos, 29
segurança
    ajustes de configuração, 318
    controles de, 334
    da informação, 34, 313
    falhas de, 8
    testes de, 319
segurança e conformidade, 335
Senge, Peter, 29
ServiceNow, 74, 337
servidor centralizado, 206
servidores FTP, 21
Shingo, Shigeo, 24
siloização, 86
simulação de desastre, 286
sistema
    de aprendizagem contínua, 38
sistemas
    complexos, 273
    de configuração, 118
    de engajamento, 56, 57
sistemas complexos, 27
    falha, 28
sistemas de comando, 33
sistemas de empacotamento, 127

Sistema Toyota, 4, 28, 45, 255, 301
Spear, Steven J., xxv
sprint, 120
startup, 68, 183

T

Taleb, Nassim Nicholas, 44
Target, 302
    equipes, 92
    interações, 93
taxa de transação de pedidos, 224
técnicas estatísticas, 227
telemetria, 30, 193, 202, 330-331
tempo
    de execução, 9
    de processo, 9
Teoria da Maçã Podre, 275
Teoria das Restrições, 4, 358
Terceira Maneira
    aprendizado organizacional, 38
    conhecimento coletivo, 43
    cultura da segurança, 38
    cultura de aprendizagem, 37
    descrição da, 13
    melhoria do trabalho diário, 38
    soluções alternativas, 40
test-driven development, 135
teste
    de penetração, 321
    falha de, 254
Teste de Aceitação do Usuário, 111
Testes
    A/B, 242, 245
    automatizados, 135
    de aceitação, 131
    de integração, 132
    de unidade, 131, 146
    exploratórios manuais, 134
    manuais, 135
    não confiáveis, 137
testes automatizados, 109
testes de regressão, 66

Testes e Operações, 9
Testing Grouplet, 308
TI
    Operações de, xix, xxiv, 83
    organização de, xxv
Ticketmaster, 85
Timberland, 67
Toyota, 6, 31, 85
Toyota Kata, 4, 6, 40, 84
trabalho complexo, 28
tráfego ativo, 167
transações fraudulentas, 329
Três Maneiras, 12

V

valor
    criação de, xxvii
    fluxo de, 7
valor tecnológico
    fluxo de, 10
vantagem competitiva, xxii
Velocity Conference, 285
Velocity, conferência, 5

W

Wall Street Journal, 67
Ward Cunningham, 148
Westrum, Ron, 39
Wickett, . James, 315
William F. Pounds, 59
Williams, Branden, xiii
Willis, John, 5
    convergência de DevOps, 3
WIP, 20, 26
Wong, Eric, 208

Y

Yahoo! Answers, 248

Z

Zed Attack Proxy, 321
Zenoss, 199, 208
Zhao, Haiping, 304
Zuckerberg, Mark, 304

Agradecimentos

JEZ HUMBLE

Criar este livro foi um trabalho de amor por Gene, em particular. É um imenso privilégio e um prazer ter trabalhado com Gene e meus outros coautores, John e Pat, junto com Todd, Anna, Robyn e a equipe editorial e de produção da IT Revolution, preparando esta obra — obrigado a vocês. Também quero agradecer a Nicole Forsgren, cujo trabalho com Gene, Alanna Brown, Nigel Kersten e eu, no *State of DevOps Report* do PuppetLabs/DORA, nos últimos três anos, foi útil para desenvolver, testar e refinar muitas das ideias deste livro. Minha esposa, Rani, e minhas duas filhas, Amrita e Reshmi, me deram amor e apoio ilimitados durante meu trabalho neste livro, como em toda parte de minha vida. Obrigado a vocês. Eu as amo. Por último, tenho muita sorte de fazer parte da comunidade DevOps, que quase sem exceção pratica a empatia e o crescimento de uma cultura de respeito e aprendizagem. Agradeço a cada um e a todos vocês.

JOHN WILLIS

Primeiramente preciso dar o reconhecimento à minha esposa por suportar minha louca carreira. Seria necessário outro livro para expressar o quanto aprendi com meus coautores Patrick, Gene e Jez. Outros influenciadores e conselheiros muito importantes em minha jornada são Mark Hinkle, Mark Burgess, Andrew Clay Shafer e Michael Cote. Também quero agradecer a Adam Jacob por me contratar na Chef e me dar liberdade para explorar, no início, isso a que chamamos de DevOps. Por último, mas definitivamente não menos importante, está meu parceiro de crime, meu coanfitrião no *Devops Cafe*, Damon Edwards.

PATRICK DEBOIS

Gostaria de agradecer àqueles que estiveram nesta jornada. Minha gratidão a todos.

GENE KIM

Não posso agradecer o suficiente a Margueritte, minha amada esposa, por quase 11 maravilhosos anos, por me suportar no modo prazo final por mais de cinco anos, assim como meus filhos, Reid, Parker e Grant. E, é claro, meus pais, Ben e Gail Kim, por me ajudarem a me tornar um nerd no início da vida. Também quero agradecer aos meus coautores por tudo que aprendi com eles, assim como a Anna Noak, Aly Hoffman, Robyn Crummer-Olsen, Todd Sattersten e o restante da equipe IT Revolution, por conduzirem este livro até sua conclusão.

Sou muito grato a todas as pessoas que me ensinaram muitas coisas que foram a base deste livro: John Allspaw (Etsy), Alanna Brown (Puppet), Adrian Cockcroft (Battery Ventures), Justin Collins (Brakeman Pro), Josh Corman (Atlantic Council), Jason Cox (The Walt Disney Company), Dominica DeGrandis (LeanKit), Damon Edwards (DTO Solutions), dra. Nicole Forsgren (Chef), Gary Gruver, Sam Guckenheimer (Microsoft), Elisabeth Hendrickson (Pivotal Software), Nick Galbreath (Signal Sciences), Tom Limoncelli (Stack Exchange), Chris Little, Ryan Martens, Ernest Mueller (AlienVault), Mike Orzen, Scott Prugh (CSG International), Roy Rapoport (Netflix), Tarun Reddy (CA/Rally), Jesse Robbins (Orion Labs), Ben Rockwood (Chef), Andrew Shafer (Pivotal), Randy Shoup (Stitch Fix), James Turnbull (Kickstarter) e James Wickett (Signal Sciences).

Quero agradecer também às muitas pessoas cujas incríveis jornadas em DevOps estudamos, incluindo Justin Arbuckle, David Ashman, Charlie Betz, Mike Bland, dr. Toufic Boubez, Em Campbell-Pretty, Jason Chan, Pete Cheslock, Ross Clanton, Jonathan Claudius, Shawn Davenport, James DeLuccia, Rob England, John Esser, James Fryman, Paul Farrall, Nathen Harvey, Mirco Hering, Adam Jacob, Luke Kanies, Kaimar Karu, Nigel Kersten, Courtney Kissler, Bethany Macri, Simon Morris, Ian Malpass, Dianne Marsh, Norman Marks, Bill Massie, Neil Matatall, Michael Nygard, Patrick McDonnell, Eran Messeri, Heather Mickman, Jody Mulkey, Paul Muller, Jesse Newland, Dan North, dr. Tapabrata Pal, Michael Rembetsy, Mike Rother, Paul Stack, Gareth Rushgrove, Mark Schwartz, Nathan Shimek, Bill Shinn, JP Schneider, dr. Steven Spear, Laurence Sweeney, Jim Stoneham e Ryan Tomayko.

E sou profundamente grato aos muitos revisores que nos deram o retorno fantástico que moldou este livro: Will Albenzi, JT Armstrong, Paul Auclair, Ed Bellis, Daniel Blander, Matt Brender, Alanna Brown, Branden Burton, Ross Clanton, Adrian Cockcroft, Jennifer Davis, Jessica DeVita, Stephen Feldman, Martin Fisher, Stephen Fishman, Jeff Gallimore, Becky Hartman, Matt Hatch, William Hertling, Rob Hirschfeld, Tim Hunter, Stein

Inge Morisbak, Mark Klein, Alan Kraft, Bridget Kromhaut, Chris Leavory, Chris Leavoy, Jenny Madorsky, Dave Mangot, Chris McDevitt, Chris McEniry, Mike McGarr, Thomas McGonagle, Sam McLeod, Byron Miller, David Mortman, Chivas Nambiar, Charles Nelles, John Osborne, Matt O'Keefe, Manuel Pais, Gary Pedretti, Dan Piessens, Brian Prince, Dennis Ravenelle, Pete Reid, Markos Rendell, Trevor Roberts Jr., Frederick Scholl, Matthew Selheimer, David Severski, Samir Shah, Paul Stack, Scott Stockton, Dave Tempero, Todd Varland, Jeremy Voorhis e Branden Williams.

E várias pessoas me deram um espantoso vislumbre do futuro da autoria com toolchains modernos, incluindo Andrew Odewahn (O'Reilly Media), que nos permitiu usar a fantástica plataforma de revisão Chimera, James Turnbull (Kickstarter), por sua ajuda na criação de meu primeiro toolchain de representação de publicação, e Scott Chacon (GitHub), por seu trabalho no GitHub Flow para autores.

ROTAPLAN
GRÁFICA E EDITORA LTDA

Rua Álvaro Seixas, 165
Engenho Novo - Rio de Janeiro
Tels.: (21) 2201-2089 / 8898
E-mail: rotaplanrio@gmail.com